Individualarbeitsrechtliche und
sozialversicherungsrechtliche Probleme
des arbeitnehmerseitigen Widerspruchs
beim Betriebsübergang

Europäische Hochschulschriften
Publications Universitaires Européennes
European University Studies

Reihe II
Rechtswissenschaft

Série II Series II
Droit
Law

Bd./Vol. 3059

PETER LANG
Frankfurt am Main · Berlin · Bern · Bruxelles · New York · Oxford · Wien

Dirk Opitz

Individualarbeitsrechtliche und sozialversicherungsrechtliche Probleme des arbeitnehmerseitigen Widerspruchs beim Betriebsübergang

PETER LANG
Europäischer Verlag der Wissenschaften

Die Deutsche Bibliothek - CIP-Einheitsaufnahme

Opitz, Dirk:

Individualarbeitsrechtliche und sozialversicherungsrechtliche Probleme des arbeitnehmerseitigen Widerspruchs beim Betriebsübergang / Dirk Opitz. - Frankfurt am Main ; Berlin ; Bern ; Bruxelles ; New York ; Oxford ; Wien : Lang, 2001
(Europäische Hochschulschriften : Reihe 2, Rechtswissenschaft ; Bd. 3059)
Zugl.: Gießen, Univ., Diss., 2000
ISBN 3-631-37463-1

D 26
ISSN 0531-7312
ISBN 3-631-37463-1

www.peterlang.de

Meinen Eltern

Vorwort

Die vorliegende Arbeit ist im Sommersemester 2000 vom Fachbereich Rechtswissenschaft der Justus-Liebig-Universität Gießen als Dissertation angenommen worden.

Herzlichen Dank sage ich Herrn Prof. Dr. Wolf-Dietrich Walker für die Betreuung meiner Dissertation, deren Entstehung er hilfreich und fördernd begleitet hat.

Ebenfalls bedanke ich mich bei Herrn Prof. Dr. Raimund Waltermann für die Erstellung des Zweitgutachtens.

Mein Dank gilt aber in erster Linie meiner Ehefrau Marion, die zusammen mit unseren Kindern Lara-Marie und Hannah mit bewundernswerter Ausdauer und Geduld die Belastungen getragen hat, die diese Dissertation mit sich brachte.

Nicht zuletzt möchte ich meine Eltern erwähnen, die meinen Lebensweg durch Ihre in jeder Hinsicht optimale Förderung und Unterstützung maßgeblich mitgeprägt haben. Sie haben die Entstehung dieser Dissertation stets mit Fürsprache begleitet und ihren zügigen Fortgang gefördert. Ihnen widme ich dieses Buch als Zeichen meiner Dankbarkeit.

Frankfurt a.M., im Oktober 2000 Dirk Opitz

Abkürzungsverzeichnis

a.A.	Anderer Ansicht
ABl.EG	Amtsblatt der Europäischen Gemeinschaften
Abs.	Absatz
AFG	Arbeitsförderungsgesetz
AFRG	Arbeitsförderungs-Reformgesetz
AG	Die Aktiengesellschaft (Zeitschrift)
AiB	Arbeitsrecht im Betrieb (Zeitschrift)
Alt.	Alternative
Anh.	Anhang
AnwBl	Anwaltsblatt (Zeitschrift)
AO	Abgabenordnung
AP	Arbeitsrechtliche Praxis, Nachschlagewerk des Bundesarbeitsgerichts
ArbG	Arbeitsgericht
AR-Blattei	Arbeitsrecht-Blattei
ArbuR	Arbeit und Recht (Zeitschrift)
Art.	Artikel
AuA	Arbeit und Arbeitsrecht (Zeitschrift)
Aufl.	Auflage
AVAVG	Gesetz über Arbeitsvermittlung und Arbeitslosenversicherung
BAG	Bundesarbeitsgericht
BAGE	Entscheidungen des Bundesarbeitsgerichts
BAT	Bundesangestelltentarif
BB	Der Betriebsberater (Zeitschrift)
BetrVG	Betriebsverfassungsgesetz
BGB	Bürgerliches Gesetzbuch
BGBl.	Bundesgesetzblatt
BGH	Bundesgerichtshof
BR-Drucks.	Bundesrats-Drucksache
BSG	Bundessozialgericht
BSGE	Entscheidungen des Bundessozialgerichts
BT-Drucks.	Bundestags-Drucksache
bzw.	beziehungsweise
DA	Durchführungsanweisung der Bundesanstalt für Arbeit
DB	Der Betrieb (Zeitschrift)
DBl.BA	Dienstblatt der Bundesanstalt für Arbeit
ders.	derselbe
d.h.	das heißt

Diss.	Dissertation
DJT	Deutscher Juristentag
DZWir	Deutsche Zeitschrift für Wirtschaftsrecht
EG	Europäische Gemeinschaft
Einf. v.	Einführung vor
EuGH	Europäischer Gerichtshof
EuZW	Europäische Zeitschrift für Wirtschaftsrecht
EWG	Europäische Wirtschaftsgemeinschaft
EWiR	Entscheidungen zum Wirtschaftsrecht
EzA	Entscheidungssammlung zum Arbeitsrecht
f., ff.	folgende, fortfolgende
FN	Fußnote
FS	Festschrift
GG	Grundgesetz
gem.	gemäß
GmbH	Gesellschaft mit beschränkter Haftung
HGB	Handelsgesetzbuch
h.M.	herrschende Meinung
Hrsg.	Herausgeber
i.d.F.	in der Fassung
insbes.	insbesondere
i.S.v.	im Sinne von
JA	Juristische Arbeitsblätter (Zeitschrift)
JZ	Juristen-Zeitung (Zeitschrift)
KR	Gemeinschaftskommentar zum Kündigungsschutzgesetz und zu sonstigen kündigungsschutzrechtlichen Vorschriften
krit.	kritische, kritischer
KSchG	Kündigungsschutzgesetz
LAG	Landesarbeitsgericht
LAGE	Entscheidungen der Landesarbeitsgerichte
m. Anm.	mit Anmerkung
Münch-Komm	Münchener Kommentar zum Bürgerlichen Gesetzbuch
m.w.N.	mit weiteren Nachweisen
NJW	Neue Juristische Wochenschrift (Zeitschrift)
Nr., Nrn.	Nummer, Nummern

NZA	Neue Zeitschrift für Arbeitsrecht
NZS	Neue Zeitschrift für Sozialrecht
RdA	Recht der Arbeit (Zeitschrift)
RGBl.	Reichsgesetzblatt
RGRK	Kommentar zum BGB mit besonderer Berücksichtigung der Rechtsprechung des Reichsgerichts und des Bundesgerichtshofes, herausgegeben von Reichsgerichtsräten und Bundesrichtern
RN, RNrn.	Randnummer, Randnummern
RVO	Reichsversicherungsordnung
S.	Seite, Seiten
SAE	Sammlung arbeitsrechtlicher Entscheidungen
SG	Sozialgericht
SGB	Sozialgesetzbuch
SGB I	Allgemeiner Teil
SGB III	Arbeitsförderung
SGB IV	Gemeinsame Vorschriften für die Sozialversicherung
SGB V	Gesetzliche Krankenversicherung
SGB VI	Gesetzliche Rentenversicherung
SGB VII	Gesetzliche Unfallversicherung
SGB X	Verwaltungsverfahren
SozR	Sozialrecht, Entscheidungssammlung des Bundessozialgerichts
Tz.	Textziffer
u.a.	unter anderem
UmwBerG	Umwandlungs-Bereinigungsgesetz
UmwG	Umwandlungsgesetz
Urt.	Urteil
usw.	und so weiter
v.	vom, von
vgl.	vergleiche
VVG	Versicherungsvertragsgesetz
z.B.	zum Beispiel
ZfA	Zeitschrift für Arbeitsrecht
ZIP	Zeitschrift für Wirtschaftsrecht
zit.	zitiert
zust.	zustimmend, zustimmender

Inhaltsverzeichnis

Einleitung

Der Übergang eines Betriebes oder Betriebsteils hat nach § 613a Abs. 1 BGB zur Folge, daß der neue Inhaber Kraft Gesetzes in die Rechte und Pflichten der im Zeitpunkt des Übergangs bestehenden Arbeitsverhältnisse eintritt. Dies bedeutet für den Arbeitnehmer, der von diesem Übergang betroffen ist, einen gesetzlich angeordneten Austausch seines Vertragspartners. Das BAG hat dem Arbeitnehmer daher in nunmehr über 25-jähriger Rechtsprechungspraxis das Recht zugesprochen, dem Betriebsinhaberwechsel mit der Folge zu widersprechen, daß sein Arbeitsverhältnis mit dem bisherigen Arbeitgeber und ursprünglichen Betriebsinhaber fortbesteht.[1]

Dies scheint für den Arbeitnehmer auf den ersten Blick durchaus vorteilhaft zu sein. Der Widerspruch bietet ihm die Möglichkeit – aus welchen Gründen auch immer – den Übergang auf einen anderen Betriebsinhaber zu verhindern. Bei näherer Betrachtung wird jedoch deutlich, daß die Ausübung des Widerspruchsrechts für den Arbeitnehmer auch Risiken in sich birgt. Mit welchen Folgeproblemen die vom Betriebsübergang betroffenen Personen zu rechnen haben, wenn sie dem Übergang ihrer Arbeitsverhältnisse widersprechen, soll im Rahmen dieser Arbeit dargestellt und erörtert werden. Hauptsächlich soll das Augenmerk auf die individualrechtliche Frage gerichtet werden, ob und unter welchen Voraussetzungen zwischen dem widersprechenden Arbeitnehmer, dessen Arbeitsverhältnis beim ursprünglichen Betriebsinhaber verbleibt, und den übrigen Arbeitnehmern der Restbelegschaft eine soziale Auswahl nach § 1 Abs. 3 KSchG stattfindet, wenn ihm mangels vorhandener freier Arbeitsplätze aus betriebsbedingten Gründen gekündigt wird. Ob der Arbeitnehmer im Falle dieser Kündigung nach ausgeübtem Widerspruch und sich anschließender Arbeitslosigkeit mit einer Sperrfrist für das Arbeitslosengeld rechnen muß, ist daneben ein für die Praxis in sozialversicherungsrechtlicher Hinsicht bedeutendes Problem. Dies ist von der Rechtsprechung und von der Literatur bisher weitgehend vernachlässigt worden.[2]

Ausgangspunkt der Untersuchung ist, daß die Diskussion um die Zulässigkeit eines Widerspruchsrechts des Arbeitnehmers bei Betriebsveräußerungen beendet ist. Das BAG hat allen kritischen Stimmen im Schrifftum[3] zum Trotz seine Rechtsprechung zum Widerspruchsrecht endgültig bestätigt,[4] nachdem der EuGH festgestellt hat, daß die bisherige Rechtsprechung des BAG nicht im Widerspruch zum europäischen Recht steht.[5] Gleichwohl soll im 1. Teil der Arbeit aufgezeigt werden, auf welchen Überlegungen die Zubilli-

1 Dies ist seit dem Grundsatzurteil des BAG v. 2.10.1974 (= AP Nr. 1 zu § 613a BGB m. Anm. *Seiter*) ständige Rechtsprechung.

2 Lediglich *Commandeur*, NJW 1996 S. 2537 ff. und *Pottmeyer*, NZA 1988 S. 521 ff. setzen sich ausführlicher mit dieser Problematik auseinander.

3 Siehe dazu die ausführlichen Nachweise in FN 23.

4 BAG AP Nr. 22 zu § 1 KSchG 1969 Soziale Auswahl m. Anm. *Gentges*.

5 EuGH AP Nr. 97 zu § 613a BGB.

gung des Widerspruchsrechts basiert. Das Verständnis der Funktion und der Wirkungen des Widerspruchsrechts sowie die notwendige Unterscheidung der Ausübung des Widerspruchsrechts von den sich daraus ergebenden Folgen ist Grundlage der Erörterung und Argumentation bei der Untersuchung der durch den Widerspruch entstehenden Probleme.

Widerspricht der Arbeitnehmer und wird ihm daraufhin mangels freier Arbeitsplätze aus betriebsbedingten Gründen vom Betriebsveräußerer gekündigt, kann dies dazu führen, daß nicht er, sondern ein vom Betriebsübergang nicht betroffener Arbeitnehmer entlassen werden muß, wenn dieser sich in der Sozialauswahl nach § 1 Abs. 3 KSchG als der sozial Stärkere erweist. Dies ist nicht ohne weiteres einsehbar, wenn man bedenkt, daß der Bestand und der Inhalt des Arbeitsverhältnisses des widersprechenden Arbeitnehmers an sich durch § 613a Abs. 1 Satz 1 BGB gesichert war. Es fragt sich daher, ob die hinsichtlich der Sozialauswahl geltenden Grundsätze uneingeschränkt oder nur unter bestimmten Voraussetzungen auf den widersprechenden Arbeitnehmer Anwendung finden können. Das BAG und ihm folgend die Instanzgerichte versuchen, die höchst fragwürdige Rechtsfolge der Kündigung eines vom Betriebsinhaberwechsel nicht betroffenen Arbeitnehmers dadurch zu entschärfen, daß vom Arbeitnehmer für seinen Widerspruch nachvollziehbare Gründe verlangt werden. Im Schrifttum findet sich diesbezüglich ein breites Meinungsspektrum. Im 2. Teil der Arbeit werden die einzelnen Lösungsansätze auf deren Brauchbarkeit hin untersucht. Dabei wird der Frage nachgegangen, ob im Interesse der Rechtssicherheit und des gerechten Ausgleichs der entgegenstehenden Arbeitnehmerinteressen der widersprechende Arbeitnehmer nur in eng begrenzten Ausnahmefällen die Sozialwidrigkeit einer ihm gegenüber ausgesprochenen betriebsbedingten Kündigung geltend machen darf.

Danach soll im 3. Teil auf weitere individualrechtliche Probleme des Widerspruchs eingegangen werden. Da der Arbeitnehmer in dem Zeitpunkt, in dem er seinen Widerspruch ausüben muß, in der Regel nicht abschätzen kann, wie sich das Arbeitsverhältnis mit dem neuen Betriebsinhaber gestalten wird, fragt es sich, ob ihm nicht ein Widerspruchsrecht unter dem Vorbehalt einzuräumen ist, daß sich für seinen Widerspruch (zu einem späteren Zeitpunkt) ein nachvollziehbarer Grund realisiert. Ferner fragt es sich, ob bei einer fristlosen Kündigung eines ordentlich unkündbaren Arbeitnehmers in der Interessenabwägung die Ausübung des Widerspruchs zu seinen Lasten berücksichtigt werden muß, wenn er dadurch seinen Arbeitsplatz ohne erkennbare Not aufs Spiel gesetzt hat. In diesem Zusammenhang ist auch zu untersuchen, ob statt dem widersprechenden ordentlich unkündbaren Arbeitnehmer einem vom Betriebsübergang nicht betroffenen ordentlich kündbaren Arbeitnehmer vorrangig zu kündigen ist. Schließlich ist problematisch, ob der Betriebserwerber einen gesetzlichen Anspruch auf Rückgängigmachung oder Rückabwicklung der Betriebsveräußerung hat und welche Möglichkeiten sich ihm zur vertraglichen Absicherung gegenüber dem Widerspruchsrecht bieten.

Hinsichtlich der sozialversicherungsrechtlichen Behandlung des widersprechenden Arbeitnehmers ist im 4. Teil der Arbeit zunächst zu untersuchen, wie sich der Widerspruch auf die Beitragspflicht zur Sozialversicherung auswirkt. Daran schließt sich die für die Praxis bedeutsame und eingangs bereits erwähnte Frage an, ob der durch die Ausübung seines Widerspruchsrechts arbeitslos gewordene Arbeitnehmer mit einer Sperrzeit für das Arbeitslosengeld nach § 144 SGB III rechnen muß, in der der Anspruch auf Arbeitslosengeld ruht. Dies hängt primär von der Frage ab, ob der Widerspruch ein „Lösen“

des Beschäftigungsverhältnisses gemäß § 144 Abs. 1 Nr. 1 SGB III darstellt. Problematisch ist insbesondere, ob die Verhängung einer Sperrzeit mit dem Sinn und Zweck des Widerspruchsrechts in Einklang zu bringen ist. Daneben ist zu untersuchen, in welchen Sachverhalten die Sanktion einer Sperrzeit von vornherein ausgeschlossen werden kann. Hierbei ist insbesondere von Bedeutung, ob das Tatbestandsmerkmal des „wichtigen Grundes" im Sinne von § 144 Abs. 1 SGB III, bei dessen Vorliegen eine Sperrzeit nicht eintritt, wegen des Verzichts auf den Bestandsschutz nach § 613a Abs. 1 Satz 1 BGB durch den Widerspruch auf einige wenige Anwendungsfälle zu beschränken ist.

Erster Teil: Das Widerspruchsrecht des Arbeitnehmers beim Betriebsübergang

A. Bestehende Rechtslage hinsichtlich des Widerspruchsrechts

Seit seiner grundlegenden Entscheidung aus dem Jahre 1974[6] billigt das BAG in ständiger Rechtsprechung[7] dem von einem Betriebsübergang betroffenen Arbeitnehmer das Recht zu, dem Übergang seines Arbeitsverhältnisses zu widersprechen. Ein solches Widerspruchsrecht geht über den Wortlaut des § 613a BGB hinaus und ist vom BAG in richterlicher Rechtsfortbildung „erfunden“[8] worden. Diese Gesetzeskorrektur[9] des § 613a Abs. 1 BGB, nach dessen Wortlaut eine Vermutung gerade dafür besteht, daß der Betriebserwerber automatisch in die Arbeitsverhältnisse mit den Arbeitnehmern eintritt, hat einige Jahre lang wie kaum ein anderes arbeitsrechtliches Problem „die Gemüter erhitzt“.[10]

Nachdem im Schrifttum die Zulässigkeit eines Widerspruchsrechts des Arbeitnehmers bei Betriebsveräußerungen kontrovers diskutiert worden war, hat der EuGH mit Urteil vom 16.12.1992[11] klargestellt, daß die bisherige Rechtsprechung des BAG nicht im Widerspruch zum europäischen Recht steht. Er hat bestätigt, daß das Widerspruchsrecht mit der EG-Richtlinie 77/187[12] zur Wahrung von Ansprüchen der Arbeitnehmer beim Übergang von Unternehmen, Betrieben und Betriebsteilen vereinbar ist und darüber hinaus die freie Wahl des Vertragspartners durch den Arbeitnehmer als durch das gemeinschaftliche Grundrecht der Berufsfreiheit als geschützt angesehen.[13]

Das BAG hat im Anschluß daran seine bisherige Rechtsprechung zum Widerspruchsrecht abschließend und endgültig bestätigt,[14] so daß die Frage für die Praxis als endgültig geklärt gelten kann.[15]

---

6 BAG Urt. v. 2.10.1974, AP Nr.1 zu § 613a BGB m. Anm. *Seiter*.

7 BAG Urt. v. 21.7.1977, 17.11.1977, 6.2.1980, 15.2.1984, 30.10.1986, 20.4.1989, 21.5.1992, 22.4.1993 = AP Nrn. 8, 10, 21, 37, 55, 81, 96, 102, 103 zu § 613a BGB.

8 So: *Ingelfinger*, ZfA 1996, S. 591 (595).

9 So : *Seiter*, Anm. zum Urt. des BAG v. 2.10.1974, AP Nr.1 zu § 613a BGB (I 2 der Gründe).

10 So : *Ehrich*, NZA 1993, S. 635 f.

11 EuGH Urt. v. 16.12.1992, AP Nr. 97 zu § 613a BGB.

12 Richtlinie des Rates vom 14.2.1977 zur Angleichung der Rechtsvorschriften der Mitgliedstaaten über die Wahrung von Ansprüchen der Arbeitnehmer beim Übergang von Unternehmen, Betrieben oder Betriebsteilen (77/187/EWG), ABl.EG 1977 Nr. L 61, S. 26; abgedruckt in RdA 1977, S. 162.

13 Vgl. dazu ausführlicher : *Oetker*, DZWir 1993, S. 136 (138 f.).

14 Vgl. BAG Urt. v. 7.4.1993, AP Nr. 22 zu § 1 KSchG 1969 Soziale Auswahl mit krit. Anm. *Gentges*, der feststellt, daß die Erwägungen des BAG zu den Auswirkungen des Widerspruchs des Arbeitnehmers nicht vollständig zu überzeugen vermögen; BAG Urt. v. 22.4.1993, AP Nr. 102 zu § 613a BGB; BAG Urt. v. 22.4.1993, AP Nr. 103 zu § 613a BGB m. Anm. *Moll*.

15 *Commandeur*, NJW 1996, S. 2537 (2538); *Ingelfinger*, ZfA 1996, S. 591 (592).

Die Diskussion zum Widerspruchsrecht der Arbeitnehmer wurde daher rückblickend als Verschwendung knapper juristischer Ressourcen bezeichnet, die durch einen Federstrich des Richtliniengebers der europäischen Union hätte vermieden werden können.[16] Da nicht davon auszugehen ist, daß das BAG von seiner Linie der Bejahung eines Widerspruchsrechts abrücken wird, muß (und kann) sich die Praxis darauf einstellen.

An dieser Stelle soll lediglich aufgezeigt werden, auf welchen Grundlagen das Widerspruchsrecht vom BAG entwickelt und was dem im Schrifttum entgegen gehalten wurde. Dies dient einem besseren Verständnis der nachfolgenden Untersuchungen, da nur bei einer näheren Betrachtung des Widerspruchsrechts unter Heranziehung der Auffassungen von Rechtsprechung und Schrifttum dessen Funktion bzw. Rechtsnatur deutlich wird. Nur vor diesem Hintergrund kann beurteilt werden, ob das Widerspruchsrecht – was noch zu untersuchen sein wird – eingeschränkt werden kann und wie die Folgeprobleme zu behandeln sind, die sich durch die Ausübung des Widerspruchs durch den Arbeitnehmer ergeben.

1. Die Rechtsprechung des BAG zum Widerspruchsrecht

Nach Inkrafttreten des § 613a BGB am 15.1.1972[17] beschäftigte sich das BAG in seiner ersten Entscheidung zu dieser Norm mit der Frage, ob „das Arbeitsverhältnis auch gegen den Widerspruch des Arbeitnehmers auf den Erwerber des Betriebes oder Betriebsteils übergeht mit der Folge, daß der bisherige Arbeitgeber nur noch nach Maßgabe des § 613a Abs. 2 BGB verpflichtet bleibt, oder ob der Widerspruch des Arbeitnehmers einen Übergang des Arbeitsverhältnisses auf den Erwerber ausschließt."[18] Das BAG geht zunächst davon aus, daß der Wortlaut des § 613a BGB nicht eindeutig sei und weder in positivem noch in negativem Sinne eine ausdrückliche Regelung über die Erforderlichkeit einer Zustimmung des Arbeitnehmers enthalte.[19] Im Wege der Auslegung des § 613a BGB kommt das BAG unter Berücksichtigung der allgemeinen Grundsätze des Arbeitsvertragsrechts zu dem grundlegenden Ergebnis, „daß dem Arbeitnehmer gegen seinen Willen ein anderer Arbeitgeber nicht aufgezwungen werden" und ein „Verkauf" des Arbeitnehmers „schon um der menschlichen Würde willen" nicht in Betracht kommen könne.

Vielmehr umfasse das Recht des Arbeitnehmers, seinen Arbeitsplatz nach Art. 12 Abs. 1 GG frei zu wählen, auch die Entscheidung darüber, mit welchem Arbeitgeber er ein Arbeitsverhältnis begründen wolle. Das „personale Element des Arbeitsverhältnisses" dürfe insoweit nicht außer Acht gelassen werden.[20] Dies sei von besonderer Bedeutung, weshalb es eine „Verdinglichung" des Arbeitsverhältnisses wegen dessen „starker perso-

16 *Junker*, JZ 1994 S. 277 (282).

17 § 613a BGB wurde durch § 122 des Betriebsverfassungsgesetzes vom 15.1.1972 in das Bürgerliche Gesetzbuch eingeführt, BGBl. Teil I S. 13.

18 BAG Urt. v. 2.10.1974, AP Nr. 1 zu § 613a BGB (II 2 der Gründe).

19 BAG AP Nr. 1 zu § 613a BGB (III 1 der Gründe).

20 BAG AP Nr. 1 zu § 613a BGB (III 2 b der Gründe).

nenrechtlicher Prägung“ im Gegensatz zum Sozialschutz des § 571 BGB im Mietrecht nicht geben könne.[21]

Das BAG hat im folgenden seine Rechtsprechung betreffend des Widerspruchsrechts auf dieser Linie fortgeführt und ausgebaut.[22]

2. Auffassung im Schrifttum

Die Rechtsprechung des BAG zum Widerspruchsrecht war von Anfang an umstritten und ist im Schrifttum überwiegend kritisiert worden.[23] Demgegenüber ist die Widerspruchsmöglichkeit der vom Betriebsübergang betroffenen Arbeitnehmer nur teilweise auf Zustimmung gestoßen.[24]

Von den Kritikern wird insbesondere geltend gemacht, die Vorschrift des § 613a BGB sei klar und eindeutig und enthalte keine im Wege der Auslegung zu füllende Lücke.[25] Da dem Gesetzgeber bei Schaffung des § 613a BGB der ganze Problemkreis aus der Entwicklungsgeschichte wohlvertraut gewesen sei,[26] müsse wegen des Fehlens einer das Widerspruchsrecht eines Arbeitnehmers begründenden Regelung in § 613a BGB davon ausgegangen werden, daß der Gesetzgeber dies nicht für notwendig erachtet habe.[27] In dem Wortlaut des § 613a BGB, der weder für noch gegen die Annahme eines Widerspruchsrechts etwas hergebe,[28] habe der gesetzgeberische Wille deutlich Ausdruck gefunden.[29]

---

21 BAG AP Nr. 1 zu § 613a BGB (III 4 a der Gründe).

22 Vgl. BAG AP Nrn. 8, 10, 21, 37, 55, 81, 96, 102, 103 zu § 613a BGB.

23 *Birk*, Anm. zu BAG AP Nr. 10 zu § 613a BGB; *Borngräber*, S.108 (109, 118); *Bracker*, S. 39 ff.; *Commandeur*, Betriebsübernahme S. 10 ff.; *Gaul*, Arbeitsrecht S. 116 f. RN 31; *ders.* in Boewer, Aktuelle Aspekte S. 140 (156 ff.): *ders.*, Betriebsübergang S. 213 ff.; *ders.*, ZfA 1990 S. 87 ff.; *Gitter*, FS BAG (1979) S. 133 (141, 143 ff.); *Heinze*, DB 1980 S. 205 (206); *Herschel*, ArbuR 1975 S. 382 (383 f.); *ders.*, ZfA 1977 S. 219 (231); *ders.*, Anm. zu BAG AP Nrn. 21 und 37 zu § 613a BGB; *Hess*, BB 1977 S. 501 f.; *Kaestel*, BB 1978 S. 155; *Kraft*, FS BAG (1979) S. 299 (307 ff.); *Lüke*, Anm. zu BAG AP Nr. 55 zu § 613a BGB; *Pietzko*, S. 229 ff.; *Roemheld*, BB 1976 S. 845 ff.; *ders.*, Anm. zu BAG SAE 1976, S. 199 f.; *Schmitt*, ZfA 1979 S. 503 (506 ff.); *Schramm*, S. 34, 44, 72, 77; *Schreiber*, RdA 1982 S. 137 ff.; *Schwerdtner*, Anm. zu BAG SAE 1978 S. 60 f., *ders.*, FS G. Müller (1981) S. 557 ff. (574 ff.), *Stratmann*, Anm. zu BAG SAE 1976 S. 78 f. ; *Ziege*, BB 1978 S. 203 f.; vgl. des weiteren die Nachweise bei *Kreitner*, S. 149 f. in FN 254, 255 und *Pietzko*, S. 230 in FN 7.

24 *Konzen*, ZfA 1978, S. 451 ff. (502 f.); *Liessem*, S. 63 ff.; *Palandt-Putzo*, § 613a RN 15; *Posth*, S. 51 ff. (55, 58); *Schaub*, Handbuch § 117 VI 4; *Schlüter*, ZfA 1975, S. 437 ff. (476); *Seiter*, Anm. zu BAG AP Nr. 1 zu § 613a BGB, *ders.*, Betriebsinhaberwechsel S. 66 ff.; *Tschöpe*, S. 24 ff.; *Wolf*, Anm. zu BAG SAE 1981 S. 12, vgl. des weiteren die Nachweise bei *Pietzko*, S. 230 in FN 6.

25 *Gaul* in Boewer, Aktuelle Aspekte S. 157; *Gitter* und *Kraft*, FS BAG (1979), S. 133 (141), 308; *Heinze*, DB 1980 S. 205; *Herschel*, Anm. zu BAG AP Nr. 37 zu § 613a BGB (I. der Anm.); *Lüke*, Anm. zu BAG AP Nr. 55 zu § 613a BGB (2 b der Anm.).

26 *Gitter* und *Kraft*, FS BAG (1979), S. 133 (144 f.); S. 299 (309).

27 *Gaul*, Betriebsübergang S. 214, *Hess*, DB 1977 S. 501 ff.

28 *Posth*, S. 45; *Tschöpe*, S. 10.

29 *Bracker*, S. 40; *Roemheld*, BB 1976 S. 845.

Darüber hinaus wurden *alle* vom BAG vorgetragenen Argumente für eine restriktive Interpretation des § 613a BGB (Hinweis auf §§ 613 Satz 2, 415 Abs. 1 BGB, Offenheit des Wortlauts, Vergleich mit der Rechtsfolge vor Inkrafttreten des § 613a BGB, personale Würde des Arbeitnehmers) von den Gegnern des Widerspruchsrechts einer kritischen Würdigung unterzogen und sowohl von der Begründung als auch vom Ergebnis her abgelehnt. So mußte sich das BAG sogar den Vorwurf gefallen lassen, es habe sich einen ideologischen Ausrutscher geleistet.[30]

Gegen die Wertung des BAG, die menschliche Würde der Arbeitnehmer lasse deren „Verkauf" nicht zu, wird zum einen eingewandt, die betroffenen Arbeinehmer seien gerade nicht Objekt eines Verkaufes, da § 613a BGB die Arbeitnehmer gerade vor unbeeinflußter Objektstellung schütze.[31] Eine degradierende Objektstellung des Arbeitnehmers sei jedoch bereits dadurch ausgeschlossen, daß der Arbeitnehmer die Möglichkeit zur Kündigung besitze, weshalb der grundsätzlich gebotene Schutz der Vertragsfreiheit und der Intimsphäre gesichert sei.[32]

Schließlich wird eingewandt, auch aus Art. 3 Abs. 1 der Richlinie 77/187/EWG[33] ergebe sich der automatische Übergang der Arbeitsverhältnisse ohne die Widerspruchsmöglichkeit der betroffenen Arbeitnehmer.[34] Für eine Beibehaltung der nationalen „deutschen" Auslegung des § 613a BGB durch das BAG sei kein Spielraum mehr, denn anderenfalls verstieße die bisherige Interpretation des § 613a BGB gegen den Geist des europäischen Gemeinschaftsrechts.[35]

3. Die Entscheidungen des EuGH vom 5.5.1988 und 16.12.1992

Nachdem das BAG trotz der vorgebrachten Kritik weiterhin an seiner Rechtsprechung zum Widerspruchsrecht festhielt, verloren die kritischen Stimmen in der Literatur an Vehemenz.[36] Der Meinungsstreit wurde erst mit Bekanntwerden der Entscheidung des EuGH vom 5.5.1988[37] neu belebt[38], diesmal unter dem Gesichtspunkt „Vereinbarkeit mit Euro-

---

30 *Herschel*, ZfA 1977 S. 219 (231).

31 *Pietzko*, S. 261 f..

32 *Borngräber*, S. 109 (111); *Bracker*, S. 43 f., *Hess*, DB 1977 S. 501 (502); *Ziege*, BB 1978 S.203 (204). Einschränkend : *Schwerdtner*, Anm. zu BAG SAE 1978 S. 60 (61).

33 ABl.EG 1977 Nr. L 61, S. 26. Art. 3 Abs. 1 der Richlinie lautet: „Die Rechte und Pflichten des Veräußerers aus einem zum Zeitpunkt des Übergangs im Sinne des Artikels 1 Absatz 1 bestehenden Arbeitsvertrag oder Arbeitsverhältnis gehen auf Grund des Übergangs auf den Erwerber über. ..."

34 *Birk*, Anm. zu BAG AP Nr. 10 zu § 613a BGB (II 1 der Anm.).

35 *Birk*, Anm. zu BAG AP Nr. 10 zu § 613a BGB (II 1 der Anm.).

36 *Pietzko*, S. 230 spricht insofern von einem Gewöhnungseffekt.

37 EuGH NZA 1990 S. 885 ff.

38 *Bauer*, NZA 1990 S. 881 ff.; *ders.*, NZA 1991 S. 139 f.; *Berger-Delhey*, Anm. zu BAG EzA § 613a BGB Nr. 89; *Däubler*, NZA 1991 S. 134 f.; *Heither*, NZA 1991 S. 136 f.; *Hitzfeld*, BB 1991 S. 199 ff.; *Joost*, ZIP 1991 S. 220 f.; *Lenz/Mölls*, DB 1990, Beilage 15, S. 10; *Löw*, DB 1991 S. 546 ff.; *Meilicke*, DB 1990 S. 1770; *ders.*, DB 1991 S. 1326 ff.; *Moll*, AnwBl 1991 S. 282 (296); *Oetker*, NZA 1991 S. 137 ff.

parecht".[39] Dieses Urteil beschäftigte sich mit der Anwendung des Art. 3 der Richtlinie 77/187/EWG und erklärte ausdrücklich den Übergang der Arbeitsverhältnisse für zwingend. Diese Entscheidung des EuGH wurde von einem Teil des Schrifttums erneut dazu genutzt, die ständige Rechtsprechung des BAG zum Widerspruchsrecht der Arbeitnehmer zu kritisieren.

Da die Entscheidung des EuGH vom 5.5.1988[40] das konkrete Problem der Zulässigkeit eines Widerspruchs nach Auffassung des BAG nicht abschließend geklärt hatte, legte das BAG im Rahmen eines Vorlagebeschlusses – wie zuvor das ArbG Hamburg und das ArbG Bamberg[41] – dem EuGH die Frage vor, ob ein Widerspruchsrecht europarechtskonform sei oder nicht.[42]

Der EuGH hat das Widerspruchsrecht des Arbeitnehmers auf die vorhergehenden Vorlagebeschlüsse des ArbG Hamburg und des ArbG Bamberg,[43] die dem Inhalt des Vorlagebeschlusses des BAG entsprechen, in vollem Umfang bestätigt,[44] wodurch auch die Vorlage des BAG sachlich erledigt worden ist.

Der EuGH stützt sich für die Anerkennung des Widerspruchsrechts bereits im Rahmen von Art. 3 Abs. 1 der Richtlinie 77/187/EWG auf das Grundrecht des Arbeitnehmers auf freie Wahl des Arbeitgebers.[45] Insofern ähnelt die Argumentation des EuGH der des BAG, welches aus den Grundrechten der Art. 12 Abs.1 und Art. 2 Abs. 1 GG folgert, daß sich der Arbeitnehmer einen unerwünschten Arbeitgeber nicht aufdrängen lassen muß.[46] Die Vereinbarkeit des Widerspruchsrechts mit Art. 3 Abs. 1 der Richlinie 77/187/EWG hat der EuGH unter diesem Gesichtspunkt jüngst noch einmal bestätigt.[47]

Das BAG hat im Anschluß daran entschieden, daß sich sein Vorlagebeschluß erledigt habe. Dadurch hat es das Widerspruchsrecht abschließend und endgültig bestätigt.[48] Das Widerspruchsrecht kann damit für die Praxis als endgültig geklärt gelten.[49] Trotz der

---

39 So: *Ehrich*, NZA 1993 S. 635 (637).

40 EuGH NZA 1990 S. 885 ff.

41 ArbG Hamburg, EuZW 1992 S. 31 f.; ArbG Bamberg, DB 1991 S. 1382.

42 BAG Urt. v. 21.5.1992, AP Nr. 96 zu § 613a BGB. So auch zuvor die Vorlagebeschlüsse des ArbG Hamburg v. 4.4.1991, EuZW 1992 S.31 f. und des ArbG Bamberg v. 7.5.1991, DB 1991 S. 1382.

43 ArbG Hamburg, EuZW 1992 S. 31 f.; ArbG Bamberg, DB 1991 S. 1382.

44 EuGH Urt. v. 16.12.1992 AP Nr. 97 zu § 613a BGB = EuGH NZA 1993 S.169. Kritisch dazu: *Birk*, EuZW 1993 S. 156 ff.; *Commandeur*, NJW 1996 S. 2537 f.; zustimmend hingegen: *Ehrich*, NZA 1993 S. 635 (638) der dieses Urteil als Sensation bezeichnet; *Ende*, NZA 1994 S. 494 ff.; *Joost*, ZIP 1993 S. 178 ff.

45 EuGH AP Nr.97 zu § 613a BGB (Tz. 32).

46 BAG AP Nr. 1 zu § 613a BGB (III 2 b, 5 der Gründe).

47 EuGH Urt. v. 7.3.1996, AP Nr. 143 zu § 613a BGB = DB 1996 S. 683 (684, Tz. 34) = EuZW 1996 S. 212 mit Anm. *Waas*. Zum bisherigen Diskussionsstand siehe auch: *Oetker*, DZWir 1993 S. 136 (137 f.).

48 BAG AP Nr. 22 zu § 1 KSchG 1969 Soziale Auswahl, mit krit. Anm. *Gentges;* BAG AP Nrn. 102 und 103 zu § 613a BGB.

49 Vgl. BAG AP Nr. 103 zu § 613a BGB mit Anm. *Moll*, der in diesem Zusammenhang von der Beendigung einer „unendlichen Geschichte" spricht und folgert, daß die Diskussion über Bestehen oder Nichtbestehen eines Widerspruchsrechts des Arbeitnehmers nun künftig in den Ländern und Rechtsordnungen zu führen sein werde, die ein derartiges Widerspruchsrecht

vielfach geäußerten – und auch durchaus berechtigten – Kritik[50] wird sich die Praxis damit abzufinden und darauf einzustellen haben.

II. Stellungnahme

1. Keine Einschränkung des Arbeitnehmerschutzes in der Literatur

Die Zweifel an dem vom BAG in Rechtsfortbildung entwickelten Widerspruchsrecht richten sich nicht gegen die mit diesem Recht verbundene Schutzrichtung bzw. den Schutzzweck an sich, sich keinen anderen Arbeitgeber aufdrängen lassen zu müssen. Vielmehr wurde im Schrifttum hauptsächlich die vom BAG in Anspruch genommene Legitimation zur Rechtsfortbildung an sich kritisiert.[51] Es wurde zu bedenken gegeben, daß die Kritik an der Rechtsprechung des BAG zum Widerspruchsrecht des Arbeitnehmers letztlich weniger darauf zurückzuführen sei, daß die einzelnen Argumente des Gerichts für eine Auslegung des § 613a BGB angreifbar seien. Vielmehr habe das BAG eine Vielzahl von Argumenten für seine Auffassung ins Feld geführt, ohne jedoch die Vorschrift des § 613a BGB eindeutig zu qualifizieren.[52]

Es finden sich – soweit ersichtlich – keine Stimmen in der Literatur, die den Schutz des Arbeitnehmers bei Betriebsveräußerungen einzuschränken versuchen. Es wird jedoch folgendes eingewandt: Zwar stehe bei der Regelung des § 613a BGB unbestrittenermaßen der Arbeitnehmerschutz im Vordergrund, allerdings verkenne das BAG, daß § 613a BGB auch eine kollektive Dimension besitze[53] und daher die Interessen aller Beteiligten einem sachgerechten Ausgang zuführen wolle.[54]

Es sei bedenklich, wenn in der Arbeitsgerichtsbarkeit die Neigung bestehe, das Wohl des Arbeitnehmers zum (alleinigen) Leitstern der Rechtsfortbildung zu machen.[55] Der Gesetzgeber habe nämlich bei der Schaffung des § 613a BGB unter anderem auch die Interessen des Veräußerers und Erwerbers des Betriebes in hinreichendem Maße mit dem Ziel des Arbeitnehmerschutzes in Einklang bringen wollen. Diese Interessen würden indes sämtlich durch die Anerkennung des Widerspruchsrechts gefährdet oder beeinträchtigt.[56] Daher erscheine es durchaus angemessen, daß die Interessen einzelner Arbeitnehmer an der Zustimmungsverweigerung hinter den angeführten Interessen der anderen vom Betriebsübergang betroffenen Personen zurückstehen müßten. Dem Vorteil des Bestands-

---

bislang nicht anerkannt oder angewandt hätten. In Deutschland müsse sich die Aufmerksamkeit nun auf die Modalitäten und Rechtsfolgen einer Ausübung des Widerspruchsrechts konzentrieren (1. der Anm.).

50 *Pietzko,* S. 234 ff. unterzieht die gesamte Argumentation des BAG unter Zugrundelegung aller Gegenargumente im Schrifttum erneut einer umfassenden Überprüfung mit dem Ergebnis der Unzulässigkeit eines Widerspruchsrechts. So auch: *Gaul,* Betriebsübergang S. 213 ff.

51 So auch: *Ingelfinger,* ZfA 1996 S. 591 (595); *Pietzko,* S. 241, 266 ff.

52 *Schmitt,* ZfA 1979 S. 503 (507).

53 *Roemheld,* Anm. zu BAG SAE 1976 S. 199 (200).

54 *Bracker,* S. 40 ff.; *Herschel,* Anm. zu BAG AP Nr. 21 zu § 613a BGB (III der Anm.).

55 *Pietzko,* S. 252.

56 *Pietzko,* S. 253.

schutzes auf der einen Seite entspreche auf der anderen Seite der Nachteil der Zwangsübertragung des Arbeitsverhältnisses, wodurch den Interessen aller Beteiligten weitestgehend Rechnung getragen werde. Eine Interpretation des § 613a BGB als einseitige Arbeitnehmerschutzvorschrift sei damit ausgeschlossen.[57]

Dieser Auffassung ist zuzugestehen, daß sie versucht, von vornherein die durchaus berechtigten Interessen der übrigen am Betriebsübergang Beteiligten in eine Abwägung mit einzubeziehen. Dies ist auch nachvollziehbar wenn man bedenkt, daß es durch die Ausübung des Widerspruchsrechts durchaus zu einer Beeinträchtigung einer Betriebsveräußerung kommen kann. Der Entschluß eines möglichen Betriebserwerbers zur Fortführung des Betriebes wird unter Umständen dann revidiert werden, wenn dieser sich darauf eingestellt hat, mit der vorhandenen Belegschaft weiterzuarbeiten, von dieser jedoch einzelne know-how-Träger bzw. mehrere Arbeitnehmer einem Übergang widersprechen.[58]

Den kritischen Stimmen in der Literatur ist aber nicht zu entnehmen, daß der Arbeitnehmer sich deshalb einen unliebsamen Arbeitgeber gegen seinen Willen aufdrängen lassen müßte.

2. Widerspruchsrecht als subjektives Gestaltungsrecht mit freiheitlicher Schutzfunktion

a) Möglichkeit des grundlosen Widerspruchs

Jedoch führt auch die Überlegung einer Interessenabwägung nicht an der Tatsache vorbei, daß es sich bei der Regelung des § 613a BGB in erster Linie um eine Arbeitnehmerschutzvorschrift handelt, die im wesentlichen drei Zwecke verfolgt, nämlich den Schutz des Arbeitnehmers durch Sicherung des Arbeitsplatzes, den Schutz der Funktion und der Kontinuität des Betriebsrats sowie die Regelung der Haftung des bisherigen und des neuen Betriebsinhabers. Insofern wird auch nicht bezweifelt, daß dem Selbstbestimmungsrecht und der Vertragsfreiheit des Arbeitnehmers ein hoher Stellenwert beizumessen ist. Wenn das BAG demnach versucht, die individuelle Vertragsfreiheit des Arbeitnehmers dadurch zu stärken, indem es ihm ein Widerspruchsrecht einräumt, so geht es im Kern stets davon aus, daß sich der Arbeitnehmer einen unerwünschten Arbeitgeber gegen seinen Willen nicht oktroyieren lassen muß. Dieser Argumentation hat sich der EuGH angeschlossen. Er hat ausgeführt, daß eine Verpflichtung des Arbeitnehmers, sein Arbeitsverhältnis mit dem Erwerber fortzusetzen, gegen Grundrechte des Arbeitnehmers verstoße, „der bei der Wahl seines Arbeitgebers frei sein muß und nicht verpflichtet werden kann, für einen Arbeitgeber zu arbeiten, den er nicht frei gewählt hat."[59]

Das BAG erblickt in dem Widerspruch nicht die Verweigerung der rechtsgeschäftlichen Zustimmung zum Übergang des Arbeitsverhältnisses, sondern „ein Gestaltungsrecht des Arbeitnehmers, mit dem er den Übergang des Arbeitsverhältnisses verhindern oder

57 *Pietzko*, S. 254.

58 *Kaestel*, BB 1978 S. 155.

59 EuGH AP Nr. 97 zu § 613a BGB (Tz. 32). Siehe dazu *Oetker*, DZWir S.136 (139).

rückgängig machen kann."[60] Im Hinblick auf die Art und Weise der Widerspruchsausübung ist der Arbeitnehmer keinen Einschränkungen dahin gehend unterworfen, daß irgendwelche Gründe für den Widerspruch vorliegen müßten. Entscheidend ist allein die Überlegung, daß der Person des beim Veräußerer Beschäftigten kein größeres Maß an Selbstbestimmung zukäme als den vom Übergang betroffenen Gegenständen, wenn man dieser Person kein Mitwirkungsrecht in Form der Widerspruchsbefugnis zusprechen würde. Die Zuweisung eines neuen Vertragspartners kraft Gesetzes würde einen Eingriff in die Privatautonomie bedeuten, der nicht gebilligt werden kann, da die Wahl des Vertragspartners einen elementaren Bestandteil der Vertragsfreiheit darstellt. Die (Vertrags-)Freiheit des Arbeitnehmers, sich für oder gegen die Person des Unternehmenserwerbers zu entscheiden, ist von keinen Rechtmäßigkeitsvoraussetzungen abhängig.

b) Unabhängigkeit der Widerspruchsbefugnis von der reinen Bestandsschutznorm des § 613a Abs. 1 Satz 1 BGB

Dies zeigt, daß die Widerspruchsbefugnis als Gestaltungsrecht bezüglich der Ausübung an sich als ein dem Arbeitnehmer individuell eingeräumtes Freiheitsrecht angesehen werden muß, welches *neben* der Regelung des § 613a BGB als *Bestandsschutznorm* steht.[61]

aa) § 613a BGB als Arbeitnehmerschutzvorschrift

Deutlich wird dies, wenn man sich die immer wieder zitierte wesentliche Funktion des § 613a BGB als Arbeitnehmerschutzvorschrift vor Augen führt.

Ohne daß es auf den ansonsten im Zivilrecht geforderten Abschluß einer dreiseitigen Übertragungsvereinbarung ankäme, vollzieht sich ein Vertragsübergang ohne Zustimmungserklärung kraft Gesetzes. Im Anschluß an die Gesetzesbegründung[62] sind allgemein drei Zwecke des § 613a Abs. 1 Satz 1 BGB anerkannt.[63] Neben der Gewährleistung der Kontinuität eines im Betrieb bestehenden Betriebsrats und einer Verteilung des Haftungsrisikos geht es beim Hauptzweck des § 613a BGB darum, daß eine Lücke im Kündigungsschutzsystem geschlossen werden soll. Damit wird erreicht, daß die Arbeitsverhältnisse in gleicher Weise fortbestehen wie in Fällen einer Gesamtrechtsnachfolge oder einer Veräußerung von Gesellschaftsanteilen. Die Arbeitsverhältnisse sollen so geschützt werden, wie sie sich im Augenblick des Betriebsübergangs darstellen, indem die Vertragsfreiheit des Betriebserwerbers durch die Verpflichtung zur Übernahme sämtlicher Arbeitsverhältnisse eingeschränkt wird. Dies bedeutet einen Schutz des Arbeitnehmers vor Verlust seines Arbeitsplatzes durch einen automatischen Übergang auf den Erwerber bei

---

60 BAG AP Nr. 55 zu § 613a BGB (II 2 b der Gründe) mit Anm. *Lüke*. Zur Bestimmung der Rechtsnatur der Widerspruchsbefugnis im Schrifttum vgl.: *Pietzko*, S.272 ff.; *Pottmeyer*, ZfA 1989 S. 239 (241 ff.).

61 So auch: *Ingelfinger*, ZfA 1996 S. 591 (596 f.); *Oetker*, DZWir 1993 S. 136 (138 f.).

62 Vgl. BT – Drucks. 6/1786, S.59.

63 Zu dieser „Zwecktrias" (so: *Staudinger-Richardi*, § 613a BGB RNrn. 10 ff.) vgl. BAG AP Nr. 18 (II 2 der Gründe) und Nr. 87 (II 3 d aa der Gründe) zu § 613a BGB; *Henckel*, FS für Heinsius S.261 (266 ff.).

gleichzeitiger Beendigung seines Arbeitsverhältnisses mit dem Veräußerer. Da § 613a BGB den Arbeitsplatz und das Arbeitsverhältnis miteinander verknüpft, ist die Arbeitnehmerschutzvorschrift des § 613a BGB als eine reine Bestandsschutznorm zu sehen.

bb) Schutz der Selbstbestimmung als eigentlicher Zweck der Widerspruchsbefugnis

Mit dieser Betrachtungsweise allein wäre ein Selbstbestimmungsrecht des Arbeitnehmers jedoch nur unzureichend geschützt bzw. gewährleistet. Ohne Einräumung des Widerspruchsrechts, welches im Falle der Ausübung zur Folge hat, daß das Arbeitsverhältnis mit dem Veräußerer fortgeführt wird, wäre es mithin möglich, dem Arbeitnehmer gegen seinen Willen einen kapitalkräftigen Arbeitgeber zu entziehen und an seine Stelle einen „blutleeren" Arbeitgeber zu setzen.[64]

Hiergegen wird zum einen eingewandt, durch § 613a BGB solle derjenige Rechtszustand erhalten werden, der ohne den Betriebsübergang bestehen würde. Der Austausch des Arbeitgebers solle rechtlich *ignoriert* und auf diese Weise eine fiktive Arbeitgeberkontinuität hergestellt werden, d. h. § 613a BGB solle allein den status quo sichern.[65] Insofern sei Schutzgut des Art. 12 GG die Tätigkeit des Arbeitnehmers als solche, d. h. dessen Arbeitsplatz mit seinen rechtlichen und tatsächlichen Arbeitsbedingungen, nicht jedoch ein Anspruch auf Beibehaltung eines bestimmten Arbeitgebers.[66] Zum anderen beziehe sich die ratio des § 613a BGB nicht auf die Bonität des Arbeitsverhältnisses, weshalb der Arbeitnehmer den Entzug der ursprünglichen Haftungsmasse nicht verhindern könne.[67]

Dem ist entgegenzuhalten, daß die faktischen Arbeitsbedingungen am Arbeitsplatz sehr wohl von der Person des übernehmenden Arbeitgebers beeinflußt bzw. verändert werden können. Hinter der Ausübung des Widerspruchsrechts kann z. B. die Überlegung des Arbeitnehmers stehen, in einem Großunternehmen, welches vermeintlich wirtschaftlich leistungsfähiger ist und günstigere bzw. sicherere Arbeitsbedingungen bietet als ein Kleinbetrieb, besser aufgehoben zu sein. Es ist immerhin denkbar, daß ein Wechsel in einen solchen Kleinbetrieb für die betreffenden Arbeitnehmer Nachteile haben kann. Diese können sich dahin gehend auswirken, daß bei Kündigungen für eine soziale Auswahl nur ein kleiner Kollegenkreis zur Verfügung steht oder der Betrieb nicht sozialplanpflichtig ist bzw. für einen Sozialplan geringere Mittel zur Verfügung stehen.[68] Darüber hinaus kann für einen Arbeitnehmer zur Ausübung seines Widerspruchsrechts die Überlegung ausschlaggebend sein, ein Kleinbetrieb lasse nicht wie bisher eine flexible Urlaubsplanung oder Arbeitseinteilung (Gleitzeit, Schichtarbeit usw.) zu. Des weiteren wird zu bedenken gegeben, daß vor allem für obere Führungskräfte der Betriebsübergang dadurch einen gewichtigen Einschnitt in das Berufsleben begründen kann, daß der Erwerber bei

---

64 *Tschöpe*, S.25.

65 *Pietzko*, S.255.

66 *Pietzko*, S. 260, dort m. w.N. in FN 190.

67 *Pietzko*, S. 257 f. sieht die haftungsrechtlichen Risiken bei einem Betriebsübergang auf einen unterkapitalisierten Rechtsnachfolger als ein speziell gesellschaftsrechtliches Problem, welches mit dessen Mitteln gelöst werden müsse.

68 *Schlachter*, NZA 1995 S. 705.

Aufrechterhaltung der Betriebsidentität einen völlig veränderten Führungsstil anwendet und statt eines bislang verwirklichten kooperativen und freiheitlichen Denkens die Umstellung in formale Befehlsstrukturen und Abhängigkeiten fordert.[69] Auch völlig veränderte unternehmenspolitische Ziele können dazu führen, bislang zukunftsorientiert erscheinende Positionen verkümmern zu lassen, weil z.B. bestimmte Produkte nicht mehr favorisiert, Entwicklungsvorhaben eingestellt und Aktivitäten verändert werden.[70]

Während es also Widerspruchsgründe geben mag, denen handfeste wirtschaftliche und praktische Überlegungen zugrunde liegen, so gibt es auf der anderen Seite auch Gründe, die dem Gefühlsleben des Arbeitnehmers entspringen können und nicht unbedingt rationalen Erwägungen zugänglich sind. Es ist möglich, daß sich der Arbeitnehmer auf rein subjektive Motive beruft, indem er sich etwa dahingehend einläßt, er wolle im Falle einer Teilbetriebsübertragung in seiner gewohnten Umgebung mit den beim Veräußerer verbleibenden Kollegen arbeiten bzw. der neue Arbeitgeber „gefalle" ihm nicht.

Somit entpuppt sich das auf der Schaffung des § 613a BGB basierende Widerspruchsrecht im Gegensatz zu § 613a BGB selbst nicht als Bestandschutzrecht, sondern als ein dem Arbeitnehmer individuell eingeräumtes Freiheitsrecht, sich – *aus welchen Gründen auch immer* – keinen unerwünschten Arbeitgeber aufdrängen lassen zu müssen.[71] Wenn das BAG und ihm folgend der EuGH einen gesetzlich angeordneten Vertragspartnerwechsel als Eingriff in die Grundrechte der Art. 1 Abs. 1, 2 Abs.1 und 12 Abs. 1 GG verstehen, ist es nachvollziehbar, wenn sie dem Betroffenen eine Abwehr gegen diesen Eingriff in Form des Widerspruchsrechts erlauben. Ob dies allerdings zwingend ist, ist damit allein noch nicht gesagt[72] und wird noch zu untersuchen sein. Konsequenz der Anerkennung auch eines *grundlosen Widerspruchs* ist jedoch, daß allein der Arbeitnehmer zu entscheiden hat, wann ein Arbeitgeber unerwünscht ist. Daran ändert selbst die Überlegung nichts, daß der Arbeitnehmer trotz des Wiederauflebens des ursprünglichen Arbeitsverhältnisses in der Regel mit einer Kündigung rechnen muß, wenn eine anderweitige Beschäftigungsmöglichkeit beim Veräußerer nicht besteht. Die Frage, warum der Arbeitnehmer gerade in einer angespannten Wirtschaftslage ein Interesse haben soll, sich der für ihn an sich günstigen Rechtsfolge des § 613a BGB zu begeben, kann man sich zwar stellen. Sie braucht indes nicht beantwortet zu werden, da die Möglichkeit der Ausübung des Widerspruchs letztlich aus der grundrechtlich geschützten Freiheit des Arbeitnehmers gemäß Art. 1 Abs. 1, 2 Abs. 1 und 12 Abs. 1 GG folgt.

---

69 *Gaul*, Betriebsübergang S. 233.

70 *Gaul*, Betriebsübergang S. 234.

71 So im Ergebnis auch: *Ingelfinger*, ZfA 1996 S. 591 (597).

72 *Herschel*, Anm. zu BAG AP Nr. 1 zu § 613a BGB in ArbuR 1975 S. 382 f. spricht insoweit von einem argumentativen Mißbrauch des GG. Da das GG ohne Not ins Spiel gebracht worden sei, bestehe die Gefahr, die Grundrechte zu überdehnen. *Oetker*, DZWir 1993 S.136 (140) vermag aus dem Grundrecht der Berufsfreiheit keinen Zwang zugunsten des Widerspruchsrechts als der aus verfassungsrechtlicher Sicht allein möglichen Auslegungsalternative abzuleiten.

3. Eigenkündigung durch den Arbeitnehmer

Fraglich könnte die Legitimation des BAG zur Einführung eines Widerspruchs allenfalls sein, wenn man folgendes bedenkt:

Selbst wenn man sich auf den Standpunkt stellen würde, daß der Übergang des Arbeitsverhältnisses auf den Betriebserwerber zwingend ist, so besagt dies keineswegs automatisch, daß der Arbeitnehmer seinen arbeitsvertraglichen Verpflichtungen nachzugehen hätte. In der Literatur wird daher die Auffassung vertreten, daß es dem Arbeitnehmer unbenommen bleibe, von sich aus das Arbeitsverhältnis mit dem Betriebserwerber zu kündigen.[73] Insofern wird der Hinweis des BAG auf eine Verletzung der menschlichen Würde für nicht begründet erachtet, da durch die Möglichkeit der Kündigung auch im Falle der Zwangsübertragung des Arbeitsverhältnisses die Gefahr einer degradierenden Objektstellung des Arbeitnehmers nicht bestehe.[74]

Es fragt sich also, ob aus den Grundrechten des Persönlichkeitsschutzes bzw. der Berufsfreiheit dennoch zwingend ein Widerspruchsrecht herzuleiten ist. Es ist insoweit richtig, daß dem Arbeitnehmer die jeweiligen Kündigungsmöglichkeiten offenstehen. Er kann also unter Einhaltung einer regelmäßigen Kündigungsfrist von vier Wochen (§ 622 Abs. 1 BGB) oder gegebenenfalls aus wichtigem Grund außerordentlich kündigen (§ 626 BGB). Eine solche Kündigungsmöglichkeit ist auch nach der Entscheidung des EuGH vom 16.12.1992[75] europarechtskonform. Danach bietet die Richtlinie 77/187/EWG dem Arbeitnehmer die Möglichkeit, sein Arbeitsverhältnis mit dem Erweber fortzusetzen, sie verpflichtet ihn jedoch nicht dazu.

Ob damit aber im wesentlichen derselbe Erfolg wie mit der Einräumung eines Widerspruchsrechts erzielt wird,[76] ist fraglich und ist im Ergebnis zu verneinen.

Kündigt der Arbeitnehmer sein Arbeitsverhätnis, weil er nicht für den Betriebserwerber arbeiten will, so weiß er, daß er auf den Bestandsschutz seines Arbeitsverhältnisses aufgrund seiner Eigenkündigung verzichtet. Widerspricht er dagegen dem Übergang seines Arbeitsverhältnisses auf den Erwerber, so besteht dieses zunächst mit dem Veräußerer fort und ist lediglich mit dem Risiko der betriebsbedingten Kündigung durch den Veräußerer behaftet.[77] Der Unterschied zur Eigenkündigung besteht also darin, daß er auf den Fortbestand des Arbeitsverhältnisses mit dem Veräußerer hoffen kann, während er bei einer Eigenkündigung von vornherein weiß, daß er letztlich in gar keinem Arbeitsverhältnis mehr steht.

Die Einräumung eines Widerspruchsrechts hat dann Vorteile und macht Sinn, wenn der veräußernde Arbeitgeber über andere Beschäftigungsmöglichkeiten verfügt, was insbesondere bei der Veräußerung lediglich eines Teils des Betriebes oder eines von mehre-

73 *Gaul*, Arbeitsrecht S. 116 RN 31; *Borngräber*, S. 100; *Commandeur*, NJW 1996 S. 2537 (2538); *Gitter*, FS BAG (1979) S. 133 (143, 145); *Gaul* in Boewer, Aktuelle Aspekte S. 140 (157); *ders.*, Betriebsübergang S. 217 f.; *Schlachter*, NZA 1995 S. 705 (706); *Stratmann*, Anm. zu BAG SAE 1976 S. 78 (79).

74 *Borngräber*, S. 111; *Bracker*, S. 43; *Hess*, BB 1977 S. 501 (502); *Pietzko*, S.263 ff.

75 EuGH NZA 1993 S. 169 = AP Nr. 97 zu § 613a BGB.

76 So: *Gitter*, FS BAG (1979) S. 133 (150).

77 So bereits: BAG AP Nr. 1 zu § 613a BGB (III 3 b der Gründe).

ren Betrieben der Fall sein kann. In diesem Fall ist die Hoffnung des Arbeitnehmers nicht unberechtigt, er werde vielleicht beim bisherigen Arbeitgeber verbleiben können. Er hat sozusagen weniger zu verlieren, als bei der Eigenkündigung gegenüber dem Betriebsveräußerer bzw. Betriebserwerber. Dies folgt daraus, daß die Ausübung des Widerspruchsrechts den Bestand des Arbeitsverhältnisses im Gegensatz zur Eigenkündigung nicht unmittelbar berührt. Und auch mittelbar muß ein Widerspruch nicht zwangsläufig eine Kündigung des Veräußerers nach sich ziehen.[78] Die Einschätzung der Rechtsfolgen und der damit verbundenen Konsequenzen, die durch die Ausübung des Widerspruchsrechts entstehen, hat der EuGH letztlich der Eigenverantwortlichkeit des Arbeitnehmers überlassen.[79] Dieser kann dementsprechend auch mit einer betriebsbedingten Kündigung des veräußernden Arbeitgebers rechnen, wenn eine anderweitige Beschäftigungsmöglichkeit für ihn nicht besteht.

Festzustellen ist somit, daß die Eigenkündigung und der Widerspruch durchaus unterschiedliche Rechtsfolgen haben können.[80] Eine Eigenkündigung führt in jedem Fall zum Verlust des Arbeitsplatzes. Ein Widerspruch dagegen kann zu dessen Erhalt führen.[81] Auch wenn man sich auf den Standpunkt stellen will, daß der Arbeitnehmer nach einem Widerspruch mangels anderweitiger Beschäftigungsmöglichkeit in der Regel seinen Arbeitsplatz letztlich doch verlieren wird – was freilich bei Ausübung des Widerspruchs gegen eine Betriebsteilübertragung nur eine Vermutung sein kann – so ist damit dem Widerspruchsrecht nicht der Boden entzogen. Diese Überlegung reicht zumindest nicht aus, das Widerspruchsrecht generell abzulehnen. Dafür spricht auch folgende Erwägung:

Die immer schneller voranschreitende technologische Entwicklung, der wachsende nationale und internationale Wettbewerbsdruck und der Zwang zu Kostenminimierungen haben zu dem Trend geführt, Funktionsreduzierungen und -auslagerungen (outsourcing) unter dem Gesichtspunkt von lean-production (-service, -management usw.) vorzunehmen. Diese Auslagerung von Prozessen, die extern kostengünstiger und rationeller erbracht werden können, ist in der Praxis „in".[82] Dies bedeutet, daß die Anwendung der Regelungen über den Betriebsübergang zunehmend bei unternehmens- oder konzerninternen Organisationsmaßnahmen Bedeutung gewinnt. Soweit es also hauptsächlich darum geht, eine Schwächung der Haftungsmasse und damit eine Verschlechterung der Rechtsstellung der Arbeitnehmer zu verhindern, wenn ein Betrieb oder Betriebsteil aus einem größeren, wirtschaftlich potenten Unternehmen ausgegliedert wird, geht es in erster Linie um die

---

78 BAG AP Nr. 96 zu § 613a BGB (S. 8 der Gründe). *Gaul*, Betriebsübergang S. 243 gibt zu Bedenken, daß vor einer Kündigung des Vertrages alle anderen Möglichkeiten, das Vertragsverhältnis gegebenenfalls unter veränderten Bedingungen aufrecht zu erhalten, auszuschöpfen seien. Unter Umständen müsse auch geprüft werden, inwieweit dem Arbeitgeber zuzumuten sei, durch Umschulungsmaßnahmen eine anderweitig mögliche Verwendung herbeizuführen.

79 *Ende*, NZA 1994 S. 494.

80 A. A. *Oetker*, DZWir 1993 S. 136 (138), der eine Differenzierung zwischen Kündigung und Widerspruch ablehnt, da der Arbeitnehmer in beiden Fällen durch rechtsgestaltende Erklärung eine Fortsetzung des Arbeitsverhältnisses mit dem Erwerber verhindern könne. Gleichzeitig räumt er jedoch ein, daß durch einen Widerspruch der Bestand des Arbeitsverhältnisses nicht unmittelbar beeinträchtigt wird.

81 So auch: *Ende*, NZA 1994 S. 494.

82 *Wendeling-Schröder*, ArbuR 1995 S. 126 (127).

immer stärker in den Vordergrund tretende rechtsgeschäftliche Übertragung von Betriebsteilen. Wenn somit nach deren Übertragung ein Restbetrieb beim Betriebsveräußerer verbleibt, kann der widersprechende Arbeitnehmer dort auch generell (weiter)beschäftigt werden. Ob und unter welchen Voraussetzungen er durch die Erhebung einer Kündigungsschutzklage nach einer anschließend erfolgten betriebsbedingten Kündigung durch den veräußernden Arbeitgeber einen anderen Arbeitnehmer im Rahmen der Sozialauswahl von dessen Arbeitsplatz verdrängen kann, ist damit noch nicht gesagt und wird noch zu untersuchen sein. Das Widerspruchsrecht ist aufgrund der Kündigungsmöglichkeit durch den Arbeitnehmer aus verfassungsrechtlicher Sicht somit zwar nicht die allein mögliche, jedoch zumindest im Falle der Betriebsteilübertragung die günstigere Möglichkeit.

Eine Eigenkündigung ist dem Arbeitnehmer auch schon deshalb nicht zu empfehlen, da er in diesem Fall nach § 144 Abs. 1 Nr. 1 SGB III mit einer Sperrzeit hinsichtlich der Zahlung von Arbeitslosengeld rechnen muß, innerhalb derer der Anspruch auf Arbeitslosengeld ruht (§ 144 Abs. 2 Satz 2 SGB III), wenn er nach der Kündigung arbeitslos wird.[83]

III. Ausgangspunkt für die nachfolgenden Untersuchungen

Für die Bejahung des Widerspruchsrechts ist letztlich die Tatsache entscheidend, daß es sich um ein dem Arbeitnehmer vom BAG in Rechtsfortbildung[84] eingeräumtes notwendiges subjektives Gestaltungsrecht mit grundrechtsgerichteter freiheitlicher Schutzfunktion handelt, welches dem Arbeitnehmer ermöglicht, sich keinen unliebsamen Arbeitgeber aufdrängen lassen zu müssen. Darin besteht der Unterschied zum § 613a Abs. 1 BGB, der eine reine Bestandsschutznorm darstellt, da er dem Arbeitnehmer den vorhandenen betrieblichen Arbeitsplatz des veräußerten Betriebes, den der Arbeitnehmer bereits innehat, erhalten will. Die grundrechtlich geschützte Freiheit des Arbeitnehmers nach Art. 1 Abs. 1, 2 Abs. 1 und 12 Abs. 1 GG ist der entscheidende Ansatzpunkt, wenn man die Rechtsfortbildung des BAG zum Widerspruchsrecht legitimieren will. Das Argument, ein eingeräumtes Widerspruchsrecht könne den Bestand des Arbeitsverhältnisses in den meisten Fällen nicht sichern, sondern erweise sich im Gegenteil „als bester Garant für den Verlust des innegehaltenen Arbeitsplatzes“[85], ist nicht von der Hand zu weisen. Es setzt jedoch am falschen Punkt an, nämlich bei den *Folgen* des ausgeübten Widerspruchs. Diese müssen von der Ausübung des Widerspruchsrechts selbst klar unterschieden werden. Insoweit trägt der Arbeitnehmer mit der Ausübung seines Widerspruchsrechts, d. h. seiner grundrechtlich geschützten Freiheit eigenverantwortlich auch die damit verbundene Konsequenz, daß beim Veräußerer eine weitere Beschäftigungsmöglichkeit nicht besteht. Ausgangspunkt muß jedoch die *Ausübung* des Widerspruchs selbst bleiben, die aber keiner

---

83 Zur Sperrzeitproblematik nach § 144 SGB III und zu der Frage, ob die Ausübung des Widerspruchsrechts Auswirkungen auf die Sperrzeit haben kann, siehe die Ausführungen unter 4. Teil B.

84 *Pietzko*, S. 266 ff. kommt zu dem Ergebnis, daß die Rechtsprechung des BAG zum Widerspruchsrecht die Grenzen zulässiger richterlicher Rechtsfortbildung überschreitet.

85 *Tschöpe*, S. 62.

Beschränkung unterworfen werden kann. Nur eine Widerspruchsmöglichkeit ist letztlich in der Lage, die beim Betriebsübergang für den Arbeitnehmer entstehende grundrechtliche Gefährdungslage zu bewältigen.

Insofern steht letztlich nicht das Ziel des § 613a BGB im Vordergrund, den Arbeitnehmern den rechtlichen status quo zu sichern, sondern die Möglichkeit, sich frei für oder gegen einen Betriebsübergang – sei es begründet oder unbegründet – zu entscheiden. Daraus kann aber nicht gefolgert werden, daß der Arbeitnehmer darüber hinausgehend auswählen kann, bei welchem Arbeitgeber er in Zukunft bleiben möchte. Ein solches Wahlrecht widerspräche der Funktion und Schutzrichtung des Widerspruchsrechts.[86]

Die Möglichkeit von Widersprüchen seitens der Arbeitnehmer muß und kann bei gegenwärtigen Entscheidungen, einen Betrieb zu übernehmen, in die Planung der Transaktion sowohl auf Erwerber- als auch auf Veräußererseite bedacht werden. Dann ist es auch möglich, eine durch einen arbeitnehmerseitigen Widerspruch begründete Konfliktsituation angemessen zu lösen.

Wenn ein Arbeitgeber seinen Betrieb oder Betriebsteil veräußern will und sich hierfür ein Interessent findet, so werden im Zuge der Verhandlungen in aller Regel eingehende Feststellungen über Inhalt und Umfang der ins Auge gefaßten Veränderungen getroffen werden. Diese werden sich nicht nur auf Betriebsgrundstücke, Betriebsgebäude und betriebliche Einrichtungen zu erstrecken haben, sondern insbesondere auch auf die Arbeitsverhältnisse der im Betrieb Beschäftigten.[87] Insbesondere, wenn der Erwerber an dem know-how einzelner oder mehrerer Arbeitnehmer in Schlüsselpositionen interessiert ist, muß er sich dahin gehend absichern, daß er diese Arbeitnehmer letztlich auch bekommt. Dies kann dadurch geschehen, daß der Betriebsübertragungsvertrag davon abhängig gemacht wird, daß kein Arbeitnehmer oder nur eine bestimmte Anzahl von Arbeitnehmern dem Betriebsübergang innerhalb einer bestimmten Frist widerspricht.[88] Aus diesem Grund ist das vorgebrachte Argument, für den Arbeitgeber bestehe eine erhebliche Unsicherheit darüber, ob der Betriebs(-teil)übergang wirklich eine sinnvolle wirtschaftliche Maßnahme darstelle, falls die betroffenen Arbeitnehmer widersprechen könnten,[89] nicht stichhaltig. In der Praxis wird sich der vernünftig planende Betriebserwerber entsprechend absichern. Dies gilt umso mehr, als das Widerspruchsrecht nunmehr allgemein anerkannt ist und zwingend berücksichtigt werden muß.

Auch und insbesondere der vom Betriebsübergang betroffene Arbeitnehmer muß sich vor Augen führen und sehr sorgfältig prüfen, welche Konsequenzen die mögliche Ausübung des Widerspruchs gegen die Überleitung des Arbeitsvertrages hat. Bestehen nämlich beim Betriebsveräußerer keine anderweitigen Beschäftigungsmöglichkeiten, kann die Ausübung des Widerspruchs zu seinen Lasten gehen, wenn der Betriebsveräußerer ihm

86 *Ingelfinger*, ZfA 1996 S. 591 (597).

87 *Roemheld*, BB 1976 S. 845 (846).

88 *Gaul*, Betriebsübergang S. 381 ff. (382, Nr. 4; 385, Nr. 13), der eine Prüfliste für Betriebsveräußerer, Betriebserwerber und vom Betriebsübergang betroffene Arbeitnehmer vorschlägt, um Gefährdungen auszuschließen, einzuschränken oder jedenfalls wirtschaftlich auszugleichen.

89 So: *v. Hoyningen-Huene*, Anm. zu BAG Urt. v. 7.4.1993 AR-Blattei ES 1020.1.2, Nr. 1 (S. 7), der insofern weiterhin kritisiert, daß sich das BAG zwar auf das Grundrecht der freien Arbeitsplatzwahl des Arbeitnehmers nach Art. 12 GG berufe, jedoch die Berufsausübungsfreiheit des Arbeitgebers vergessen habe.

insofern aus betriebsbedingten Gründen kündigt und eine eventuell durchzuführende Sozialauswahl – ob und wie eine solche überhaupt durchzuführen ist, wird noch Gegenstand der folgenden Untersuchungen sein – diese Kündigung rechtfertigt.[90]

B. Ausübung des Widerspruchs

Nachfolgend ist zunächst zu untersuchen, welche Modalitäten bei der Ausübung des Widerspruchs gelten und was hierbei vom Arbeitgeber und vom Arbeitnehmer zu beachten ist. Dies dient dem besseren Verständnis der sich daraus ergebenden Folgewirkungen eines arbeitnehmerseitigen Widerspruchsrechts.

I. Unterrichtung des Arbeitnehmers

Der Arbeitgeber hat den Arbeitnehmer *rechtzeitig* über den Betriebsübergang zu unterrichten. Die Information hat zu erfolgen, bevor der Betriebsübergang stattfindet.

Das folgt zunächst daraus, daß Betriebserwerber und Betriebsveräußerer in der Regel wissen wollen, ob und in welchem Umfang die Arbeitnehmer die Überleitung ihrer Arbeitsverhältnisse akzeptieren werden. Zum anderen können dem Betriebsveräußerer durch eine Nichtunterrichtung der Arbeitnehmer Nachteile entstehen. Teilt er nämlich den Betriebsübergang nicht mit, so kann sich ein Arbeitnehmer auch noch nach geraumer Zeit darauf berufen, er habe von der Veräußerung nichts gewußt. Widerspricht dieser nunmehr zu einem späteren Zeitpunkt der Überleitung seines Arbeitsverhältnisses, so kann dies dazu führen, daß der Veräußerer rückwirkend Lohn zahlen muß, da das Arbeitsverhältnis durch den Widerspruch bei ihm verblieben ist.[91]

Zu der Information über den Betriebsübergang gehören insbesondere Angaben über den Erwerber und über den Zeitpunkt des Betriebsübergangs. Dies ist notwendig, damit die Arbeitnehmer über für sie bedeutsame Umstände Kenntnis erlangen und über die Ausübung des Widerspruchs eine Entscheidung fällen können. Art. 6 der Richtlinie 77/187/EWG[92] sieht darüber hinaus u. a. eine umfassende Unterrichtung durch den Betriebsinhaber über den Grund für den Übergang und die Folgen des Übergangs vor.[93] Um einer Aushöhlung des Widerspruchsrechts entgegenzuwirken, hat das BAG[94] die recht-

---

90 *Gaul*, Betriebsübergang S. 238, 381 ff. (387, Nr. 4) regt u.a. an, neben den substantiellen Veränderungen auch zu bedenken, ob eine Weiterbeschäftigungsmöglichkeit beim Veräußerer besteht, ob besonderer Kündigungsschutz besteht oder ob unter Umständen mit einer Sperrfrist des Arbeitsamtes für das Arbeitslosengeld nach § 119 AFG (jetzt § 144 SGB III) zu rechnen ist.

91 *Pottmeyer*, ZfA 1989 S. 239 (260 f.).

92 ABl.EG Nr. L 61, S.26.

93 *Pietzko*, S. 289 f. ist der Auffassung, daß zur Anwendung des Art. 6 der EG-Richtlinie keine Veranlassung bestehe, da sie dem Arbeitnehmer eine vollständige Entscheidungsgrundlage zur Verfügung stellen wolle, was nach der Rechtsprechung des BAG jedoch nicht notwendig sei.

94 BAG AP Nr. 10 zu § 613a BGB (I 2 a der Gründe).

zeitige Information der Belegschaft gefordert,[95] damit diese die Möglichkeit besitzt, Rat und Erkundigungen einzuziehen.[96] Die Unterrichtung ist rechtzeitig, wenn sie in dem Zeitpunkt erfolgt, in dem die Tatsache des Betriebsübergangs und die Person des Betriebserwerbers feststehen. Der Arbeitnehmer kann dann für ihn interessante weitere Einzelheiten beim Arbeitgeber erfragen.

II. Zeitpunkt des Widerspruchs

1. Fristsetzung durch den Arbeitgeber

Der Widerspruch ist eine einseitige empfangsbedürftige Willenserklärung[97] und muß in der Regel vor dem Betriebsübergang erfolgen.[98] Eine Ausübung des Widerspruchsrechts *nach* dem Zeitpunkt des Betriebsübergangs ist aber dann möglich, wenn der Arbeitnehmer nicht rechtzeitig (vorher) über den Betriebsübergang informiert worden ist.[99] Da es im Interesse des Erwerbers und des Veräußerers des Unternehmens liegt, möglichst zügig zu erfahren, in welchem Umfang mit einem Widerspruch von Arbeitnehmern zu rechnen ist, wird ihnen die Möglichkeit eingeräumt, den Arbeitnehmern eine angemessene Frist zur Erklärung des Widerspruchs zu setzen, nach deren Ablauf die Ausübung des Widerspruchs unbeachtlich ist.[100] Angesichts der von dem widerspruchsberechtigten Arbeitnehmer einseitig herbeiführbaren Rechtsfolgen (Verhinderung des Übergangs seines Arbeitsverhältnisses auf den Betriebserwerber bei gleichzeitigem Verbleib beim Betriebsveräußerer) kann die Möglichkeit zur Ausübung des Widerspruchsrechts nach Betriebsübergang nicht zeitlich unbegrenzt, d.h. auf Dauer eingeräumt sein.

2. Fristdauer

Im Schrifttum ist umstritten, welche Erklärungsfrist in der Regel angemessen ist. Es werden Zeiträume von zwei, drei oder vier Wochen diskutiert.[101] Das BAG hat sich dafür

---

95 Ausreichend dürfte es sein, wenn der Betriebsrat als Interessenvertreter der Arbeitnehmer und Ansprechpartner des Arbeitgebers rechtzeitig über die Betriebsveräußerungsabsicht des Arbeitgebers informiert wurde.

96 Zum Inhalt und zur Art und Weise der Information siehe: *Pietzko*, S. 290 f., der eine Informationspflicht annimmt (291 f.), während das BAG von einer Informationsobliegenheit ausgeht: BAG AP Nr. 103 zu § 613a BGB (II 6 b der Gründe).

97 *Bauer*, Unternehmensveräußerung S. 55; *Liessem*, S. 67; *Staudinger-Richardi*, § 613a RN 124; *Tschöpe*, S. 30.

98 BAG AP Nrn. 10 (I 2 a der Gründe), 37 (III 1 der Gründe) zu § 613a BGB; *Bauer*, Unternehmensveräußerung S. 56; *Seiter*, Betriebsinhaberwechsel S. 70.

99 BAG AP Nrn. 102 zu § 613a BGB (B V 1 der Gründe) und 103 zu § 613a BGB (II 4 der Gründe) m. Anm. *Moll*; LAG Frankfurt, ArbuR 1980 S. 249.

100 BAG AP Nr. 10 zu § 613a BGB (I 2 a der Gründe).

101 Zwei Wochen: *Gaul*, Betriebsübergang S. 227; *Moll*, NJW 1993 S. 2016; *Pietzko*, S. 287 ff.; *Pottmeyer*, ZfA 1989 S. 239 (256 ff.); drei Wochen: *Bauer*, Unternehmensveräußerung S. 57; *Birk*, Anm. zu BAG AP Nr. 10 zu § 613a BGB (II 1 der Anm.); vier Wochen: *Seiter*, Betriebs-

ausgesprochen, daß die Frist für eine *nach* Betriebsübergang noch mögliche Ausübung des Widerspruchsrechts im Regelfall mit der ausreichenden Unterrichtung des Arbeitnehmers über den Betriebsinhaberwechsel beginnt, ohne daß es einer Fristsetzung durch den Betriebsveräußerer oder Betriebserwerber bedarf.[102] Der Arbeitnehmer müsse sich auch ohne Fristsetzung durch den Betriebsveräußerer oder Betriebserwerber darüber im klaren sein, daß sowohl dem Betriebsveräußerer als auch dem Betriebserwerber an einer zügigen Klärung der Rechtsbeziehungen gelegen sei und der Widerspruch dementsprechend rasch erklärt werden müsse.[103] Nach Auffassung des BAG muß der Arbeitnehmer den Widerspruch in Anknüpfung an § 4 KSchG spätestens innerhalb einer Regelfrist von drei Wochen nach ausreichender Unterrichtung erklären.[104]

Soweit es um den Widerspruch *vor* Betriebsübergang geht, ist dieser nach der Rechtsprechung des BAG *nicht* fristgebunden.[105] Dafür sprächen Gründe, die zur Einräumung des Widerspruchsrechts überhaupt führten. So habe der Arbeitnehmer längere Zeit vor dem Betriebsübergang häufig keinen Anlaß, dem Betriebsübergang zu widersprechen, auch wenn er dessen Zeitpunkt und den Betriebserwerber kenne. Gründe für den Widerspruch könnten sich aber noch bis zum Betriebsübergang ergeben. Die entscheidende Zäsur für den Arbeitnehmer trete erst mit dem Übergang des Betriebs ein. Schon deshalb werde die Übertragung der Grundsätze über den Widerspruch nach Betriebsübergang auf den Widerspruch vor Betriebsübergang der unterschiedlichen Situation nicht gerecht.[106] Offengelassen hat das BAG jedoch, ob der Arbeitgeber dem Arbeitnehmer eine vor dem Betriebsübergang ablaufende Frist mit der Folge setzen kann, daß der Arbeitnehmer nur noch innerhalb dieser Frist widersprechen kann.

---

inhaberwechsel S.71; *Tschöpe*, S. 37. Im Fall einer Betriebsveräußerung im Konkurs hat das LAG Nürnberg angenommen, daß den betroffenen Arbeitnehmern gar keine Überlegungsfrist zuzubilligen sei: BB 1986 S. 941 f.

102 BAG AP Nr. 102 zu § 613a BGB (B V 2 a der Gründe).

103 BAG AP Nr. 102 zu § 613a BGB (B V 2 a der Gründe).

104 BAG AP Nr. 102 zu § 613a BGB (B V 2 c cc der Gründe); BAG, BB 1998 S. 1421 ff. (I 3 c aa der Gründe). *Boecken*, Unternehmensumwandlungen S.68 f. RN 93, ist der Auffassung, die Anknüpfung des BAG an die Dreiwochenfrist der §§ 4, 13 KSchG überzeuge schon deshalb nicht ganz, da das BAG darauf verweise, daß der Arbeitnehmer bei einem Widerspruch gegen den Betriebsübergang ebenso wie bei einer gegen eine Beendigungs- oder Änderungskündigung gerichteten Kündigungsschutzklage sein bisheriges Arbeitsverhältnis *erhalten* wolle. Das BAG stelle für die Rechtfertigung des Widerspruchsrechts wesentlich darauf ab, daß dem Arbeitnehmer kein neuer Arbeitgeber ohne seinen Willen solle aufgezwungen werden können. Dann müsse es dem Arbeitnehmer aber nicht unbedingt um den Erhalt seines Arbeitsverhältnisses mit dem bisherigen Arbeitgeber gehen. Das ist richtig. Jedoch wird in der Praxis dem Arbeitnehmer daran gelegen sein, nach Ausübung seines Widerspruchs nicht arbeitlos zu werden. Insofern wird eben doch der Erhalt seines bisherigen Arbeitsplatzes beim Betriebsveräußerer in der Regel im Vordergrund stehen.

105 BAG, BB 1998 S. 1421 ff. (I 3 c bb der Gründe).

106 BAG, BB 1998 S. 1421 ff. (I 3 c bb der Gründe).

3. Unverzügliche Ausübung des Widerspruchs

Im Schrifttum wird vertreten, daß in allen Fällen vom Arbeitnehmer erwartet werden könne, daß ein Widerspruch *unverzüglich*[107] nach Unterrichtung über den Betriebsübergang erklärt wird, und zwar unabhängig davon, ob dem Arbeitnehmer eine Frist für die Ausübung des Widerspruchsrechts gesetzt worden sei.[108]

Dies entspricht der Rechtsprechung des BAG, wonach der Arbeitnehmer, der noch *nach* Betriebsübergang widersprechen kann und dem weder der Betriebsveräußerer noch der Betriebserwerber eine Erklärungsfrist gesetzt haben, unverzüglich nach ausreichender Unterrichtung über den Betriebsinhaberwechsel seinen Widerspruch erklären muß.[109] Dabei wird – wie bereits ausgeführt – im Anschluß an die §§ 4, 13 KSchG eine Erklärungsfrist von höchstens drei Wochen angenommen.[110]

Fraglich ist, ob dies auch für den Fall gelten muß, daß der Arbeitnehmer *vor* dem Betriebsübergang unterrichtet worden ist. Dafür spricht, daß Betriebsveräußerer und Betriebserwerber auch hier ein Interesse daran haben, zu erfahren, ob das Arbeitsverhältnis von dem alten auf den neuen Arbeitgeber übergeht oder nicht. Wie bereits dargelegt hat das BAG jedoch eine unverzügliche Ausübung des Widerspruchsrechts vor Betriebsübergang für nicht notwendig erachtet und eine Fristgebundenheit des Widerspruchs bis zum Betriebsübergang abgelehnt.[111] Dem ist zuzustimmen. Es ist nicht von der Hand zu weisen, daß der Arbeitnehmer vor dem Übergang des Betriebs häufig keinen Anlaß zum Widerspruch haben wird, da sich Gründe für den Widerspruch auch noch bis zum Betriebsübergang ergeben können. Zudem dürfte der Übernehmer in der Lage sein, rechtzeitig eine bindende Erklärung des Arbeitnehmers herbeizuführen.[112]

Die Entscheidung des BAG verlangt hinsichtlich des Widerspruchs nach Betriebsübergang Unverzüglichkeit, nennt aber gleichzeitig eine Regelfrist von drei Wochen, was eher zu einer Rechtsunsicherheit führt. Zustimmung verdient allein die Orientierung an der Unverzüglichkeit des § 121 BGB.[113] Unverzüglich ist nicht gleichbedeutend mit sofort. Auch hier steht dem Arbeitnehmer eine angemessene Überlegungsfrist zu, innerhalb der er nach Rücksprache mit dem Erwerber oder Veräußerer entscheiden kann, ob er seinen Widerspruch ausübt oder nicht, wobei als Obergrenze in der Regel eine Frist von zwei Wochen angesehen wird.[114] Gleichwohl sollte auf die Festlegung einer starren Höchstgrenze verzichtet werden. Zum einen ist dem Arbeitnehmer mit dem Erfordernis einer unverzüglichen Ausübung des Widerspruchs bereits ein ausreichender wie auch genügend enger Fristrahmen vorgegeben. Zum anderen versteht das BAG die Dreiwochenfrist als eine Regelfrist, was an sich schon eine absolute Höchstfrist für die Wahrnehmung des Widerspruchsrechts ausschließt. Dies gewährleistet, daß bei Vorliegen objektiv nach-

---

107 *Schmalenberg*, NZA 1989, Beil. 3, S. 14 (25).

108 *Moll*, Anm. zu BAG AP Nr. 103 zu § 613a BGB (2 der Anm.).

109 BAG AP Nr. 102 zu § 613a BGB (B V 2 c bb der Gründe).

110 BAG AP Nr. 102 zu § 613a BGB (B V 2 c cc der Gründe).

111 BAG, BB 1998 S. 1421 ff. (I 3 c bb der Gründe).

112 So auch: BAG, BB 1998 S. 1421 ff. (I 3 c bb der Gründe).

113 So auch: *Henssler*, NZA 1994 S. 913 (921).

114 *Palandt-Heinrichs*, § 121 RN 3.

vollziehbarer Gründe unter Umständen eine längere Erklärungsfrist zuzubilligen ist, was der Fall sein wird, wenn der Arbeitnehmer ohne schuldhaftes Zögern nicht innerhalb von drei Wochen sein Widerspruchsrecht ausüben kann, etwa im Falle einer schweren Krankheit.[115] Eine Abwägung der Interessen von Betriebsveräußerer und Betriebserwerber einerseits und den Arbeitnehmern andererseits ergibt demnach, daß eine unverzügliche Erklärung des Widerspruchs für den Arbeitnehmer nach Betriebsübergang zumutbar und nicht etwa unbillig ist.

4. Möglichkeit der konkludenten Ausübung des Widerspruchsrechts

Die Ausübung des Widerspruchs stellt eine empfangsbedürftige Willenserklärung dar, auf die die Vorschriften über die Willenserklärung gemäß §§ 116 ff. BGB anwendbar sind.[116] Der Widerspruch kann sowohl ausdrücklich als auch konkludent erklärt werden.[117] Es sind Situationen denkbar, in denen der Arbeitnehmer das Gewollte, d.h. die Ausübung des Widerspruchs, nicht mit Worten ausdrückt, sondern stattdessen ein anderes Zeichen mit derselben rechtsgeschäftlichen Bedeutung setzt. Widerspricht etwa ein Arbeitnehmer dem Betriebsübergang nicht ausdrücklich, verweigert er jedoch die Weiterarbeit beim neuen Betriebsinhaber, so kann darin ein konkludenter Widerspruch zu sehen sein.[118] Ist bei einer Betriebsveräußerung nicht ohne weiteres ersichtlich, ob der Arbeitnehmer nach seiner überwiegenden Tätigkeit dem veräußerten Betrieb oder dem verbleibenden Restbetrieb zuzuordnen ist, so kann umgekehrt in einer vorbehaltlosen Weiterarbeit beim bisherigen Arbeitgeber ein konkludenter Widerspruch gegen den Übergang des Arbeitsverhältnisses auf den neuen Inhaber gesehen werden. Auch in dem Fall, in dem der Arbeitnehmer bei einer Betriebsveräußerung, die mit einer Verlegung des Arbeitsortes verbunden ist, die Arbeitsaufnahme an dem neuen Beschäftigungsort ablehnt, kann durchaus ein Widerspruch gegen den Übergang des Arbeitsverhältnisses liegen.

Das BAG hat in dem Umstand, daß ein Arbeitnehmer im Hinblick auf einen erfolgten Betriebsübergang einen Auflösungsantrag gegen den bisherigen Arbeitgeber gestellt hat, die Möglichkeit eines Widerspruchs gegen den Übergang des Arbeitsverhältnisses aufgrund des Betriebsübergangs gesehen.[119] Voraussetzung für die konkludente Ausübung eines Widerspruchs sei jedoch, *daß für den Arbeitgeber erkennbar werde, der Arbeitnehmer wolle von einem Übergang des Arbeitsverhältnisses auf den neuen Betriebsinhaber nichts wissen, sondern sich allein an den bisherigen Arbeitgeber halten.*[120] Ein bloßes

---

115 So auch: *Boecken*, Unternehmensumwandlungen S. 69 RN 95.

116 *Bauer*, Unternehmensveräußerung S. 55; *Pietzko*, S. 281; *Seiter*, Betriebsinhaberwechsel S. 68; *Tschöpe*, S. 30.

117 BAG AP Nr. 8 zu § 613a BGB (II 2 b der Gründe); BAG BB 1997 S. 1745 (1747 mit Verweis auf BAG AP Nr. 128 zu § 613a BGB (B II 4 der Gründe); BAG Urt. v. 21.11.1996 – AZR 265/95, nicht veröffentlicht (I 1 der Gründe) jeweils m.w.N.); *Pietzko*, S. 283; *Seiter*, Betriebsinhaberwechsel S. 68.

118 So auch: *Pietzko*, S. 283.

119 BAG BB 1997 S. 1745 (1748 unter B II 5 c der Gründe).

120 BAG, BB 1997 S. 1745 (1748 unter B II 5 c der Gründe). *Tschöpe*, S. 30 f. ist ebenfalls der Auffassung, daß in jedem Fall eindeutig feststehen müsse, daß der Arbeitnehmer die Rechtsfolgen des Widerspruchs herbeiführen wolle.

Schweigen bzw. die Weiterarbeit des Arbeitnehmers beim Betriebserwerber, ohne daß sein dem Betriebsübergang entgegenstehender Wille in irgendeiner Form zum Ausdruck kommt, reicht für die Annahme eines konkludenten Widerspruchs demnach keinesfalls aus und ist von der Rechtsprechung des BAG vielmehr als konkludente Zustimmung zum Eintritt des Erwerbers in das Arbeitsverhältnis gewertet worden.[121]

III. Adressat

1. Wahlrecht bei unterlassener Unterrichtung

Die Frage, ob der Widerspruch nach erfolgtem Betriebsübergang an den Betriebsveräußerer oder an den Betriebserwerber zu richten ist, wird in der Literatur kontrovers diskutiert.[122] Das BAG geht davon aus, daß dem Arbeitnehmer jedenfalls dann ein Wahlrecht zusteht, wenn er weder von dem einen noch von dem anderen unterrichtet worden ist.[123] Es hat ausgeführt, daß die Arbeitnehmer mit erheblichen, außerhalb ihrer Einflußsphäre liegenden Unsicherheiten belastet würden, wenn sich der Widerspruch auch in diesen Fällen vor und nach erfolgtem Betriebsübergang an unterschiedliche Adressaten richten müßte. Der genaue Zeitpunkt des Betriebsübergangs sei den Arbeitnehmern bei dieser Fallkonstellation nicht bekannt. Wenn der Betriebsübergang in mehreren Schritten erfolge, könne es außerdem sehr schwierig sein, den Zeitpunkt, ab dem ein Betriebsübergang im Sinne des § 613a BGB vorliege, exakt zu bestimmen.[124] Insoweit können Unklarheiten über den genauen Zeitpunkt des Betriebsübergangs nicht zu Lasten des Arbeitnehmers gehen.

2. Wahlrecht bei erfolgter Unterrichtung

Fraglich ist, ob dies zu verallgemeinern ist, d. h. ob dies auch dann gelten soll, wenn eine entsprechende Unterrichtung erfolgt ist.

---

121 BAG AP Nr. 10 zu § 613a BGB (2. Leitsatz und I 2 a der Gründe). *Pietzko*, S. 285 gibt allerdings zu bedenken, daß sich die Rechtsnatur des Widerspruchsrechts als Gestaltungsrecht und die Notwendigkeit einer Zustimmung gegenseitig ausschließen, weshalb dem Schweigen bzw. der Zustimmung des Arbeitnehmers nach vollzogenem Betriebsübergang überhaupt keine rechtsgeschäftliche Bedeutung zukämen. Es liege lediglich die Nichtausübung eines Gestaltungsrechts vor.

122 *Gaul*, ZfA 1990 S. 87 (92); *ders.*, Betriebsübergang S. 228; *Moll*, AnwBl 1991 S. 282 (297) sprechen sich für den jeweiligen Betriebsinhaber (vor oder nach Betriebsübergang) aus. *Erman-Hanau*, § 613a RN 51; *Staudinger-Richardi*, § 613a RN 124; *Tschöpe*, S. 32 f. lassen die Erklärung einem der Beteiligten gegenüber gelten.

123 BAG AP Nr. 103 zu § 613a BGB (II 5 b der Gründe) m. Anm. *Moll*.

124 BAG AP Nr. 103 zu § 613a BGB (II 5 b aa der Gründe) m. Anm. *Moll*.

a) Risikoverteilung auf Betriebserwerber und -veräußerer

Entgegen den Ausführungen des BAG wird es so sein, daß der Arbeitnehmer mit „erheblichen Unsicherheiten" gerade dann nicht belastet wird, wenn er durch eine entsprechende Information über den Betriebsübergang in Kenntnis gesetzt wird.[125] Insofern steht jedoch eine andere Überlegung im Vordergrund. Das BAG hat darauf hingewiesen, daß der Widerspruch sowohl den Betriebserwerber als auch den Betriebsveräußerer betrifft, unabhängig davon, ob der Widerspruch vor oder nach Betriebsübergang erfolgt. Daher sei es auch ihre Sache, sich im Innenverhältnis aufgrund ihrer nebenvertraglichen Pflichten gegenseitig über einen Widerspruch zu unterrichten.[126] Wenn insoweit etwaige Risiken der Abstimmung und Koordination dem Verhältnis zwischen Betriebserwerber und Betriebsveräußerer zugewiesen werden, ist dies sach- und interessengerecht. Nutznießer der Veräußerung eines Unternehmens sind in erster Linie der Verkäufer und der Erwerber. Der Veräußerer kann mit einem Verkaufserlös rechnen, der in der Regel dem Wert des Unternehmens entsprechen wird. Gleichzeitig braucht er für die übergehenden Arbeitsverhältnisse keine Löhne und Sozialversicherungsabgaben mehr zu zahlen, und die laufenden Betriebskosten brauchen von ihm nicht mehr getragen zu werden. Der Erwerber erhält auf der anderen Seite die Betriebsmittel, sowie die Arbeitskraft und das know-how der Arbeitnehmer mit der Möglichkeit, das Unternehmen zum Zweck der Gewinnerzielung weiterzuführen. Nachteile, die sich durch die Ausübung des arbeitnehmerseitigen Widerspruchs bei der Veräußerung ergeben können, sind daher auch von diesen beiden Parteien zu tragen, zumal sie – wie bereits dargelegt wurde[127]- die Möglichkeit haben, diese Nachteile durch entsprechende Vertragsklauseln bereits bei Abschluß des Kaufvertrages zu minimieren bzw. auszuschließen.

b) Sinn und Zweck des § 613a BGB

Darüber hinaus entspricht dies dem Sinn und Zweck des § 613a BGB als Bestandsschutz- und Kontinuitätsnorm. Danach soll das Arbeitsverhältnis so behandelt werden, als habe es keinen Arbeitgeberwechsel gegeben. Dies wird dadurch erreicht, daß § 613a BGB Arbeitsplatz und Arbeitsverhältnis zu einer Einheit verknüpft und dadurch den Bestand des Arbeitsverhältnisses gewährleistet. Dem Arbeitnehmer soll gerade dieser Arbeitsplatz erhalten bleiben. Der Arbeitnehmer soll also so stehen, als stehe er nur einem Arbeitgeber gegenüber.[128] Wenn der Arbeitnehmer nunmehr dem Übergang seines Arbeitsverhältnisses widerspricht, handelt es sich um einen einheitlichen Gestaltungsakt, weshalb die Erklärung gegenüber einem der betroffenen Arbeitgeber ausreicht.[129]

---

125 *Moll*, Anm. zu BAG AP Nr. 103 zu § 613a BGB (2 der Anm.).

126 BAG AP Nr. 103 zu § 613a BGB (II 5 b bb der Gründe) m. Anm. *Moll.*

127 Siehe dazu die Ausführungen unter 1. Teil A. III.

128 *Moll*, Anm. zu BAG AP Nr. 103 zu § 613a BGB (2 der Anm.).

129 BAG AP Nr. 103 zu § 613a BGB (II 5 b bb der Gründe) m. Anm. *Moll.*

C. Möglichkeit eines Ausschlusses des Widerspruchsrechts

Der Betriebserwerber wird oft ein Interesse an der Aufrechterhaltung der Betriebsgemeinschaft haben. Dem Betriebsveräußerer wird ebenfalls daran gelegen sein, zu verhindern, daß eine spätere Veräußerung wegen des Widerspruchs einzelner oder mehrerer besonders qualifizierter Arbeitnehmer für potentielle Interessenten unattraktiv wird und letztlich hieran scheitert. Um den Fortbestand der vorhandenen Betriebsgemeinschaft zu garantieren und deren Verkehrsfähigkeit zu erhöhen, besteht unter Umständen ein Interesse daran, das Widerspruchsrecht der Arbeitnehmer auszuschließen.

I. Verzicht des Arbeitnehmers

Zur Vermeidung des Widerspruchs kommt zunächst ein Verzicht des Arbeitnehmers auf dessen Ausübung in Betracht. Hat sich der Arbeitnehmer mit dem bisherigen (oder mit dem neuen) Arbeitgeber darüber geeinigt, daß er das Widerspruchsrecht nicht ausübe, so ist er hieran gebunden. Dies führt dazu, daß die Ausübung des Widerspruchsrechts gegen Treu und Glauben verstoßen und deshalb unbeachtlich sein kann, wenn der Arbeitnehmer zuvor (im Zusammenhang mit einer Betriebsveräußerung) erklärt hat, er werde dem Übergang des Arbeitsverhältnisses nicht widersprechen und wenn Betriebsinhaber oder Betriebsübernehmer hierauf vertrauen.[130] In einem solchen Fall ist der sehende Verzicht des Arbeitnehmers lediglich Ausdruck der ihm eingeräumten Dispositionsbefugnis bzw. Entscheidungsfreiheit.[131]

Anders dagegen ist der Fall zu beurteilen, in dem der Arbeitnehmer bereits bei Abschluß des Arbeitsvertrages „blind" auf sein Widerspruchsrecht verzichtet, d. h. zu jeder nur denkbaren, konkret noch nicht geplanten Übertragung seines Arbeitsverhältnisses auf einen neuen Arbeitgeber zustimmt.[132] Ein Arbeitnehmer ist vor Abschluß eines Arbeitsvertrages in der Regel noch nicht in der Lage, die Tragweite einer solchen Verzichtsklausel zu überblicken. Zum einen kennt er weder die Person des zukünftigen Inhabers, noch die näheren Umstände des Betriebsübergangs. Andererseits kann nicht ausgeschlossen werden, daß der Arbeitnehmer einem Verzicht allein deshalb zustimmt, um den begehrten Arbeitsplatz zu erhalten.[133] Darüber hinaus könnte durch formularmäßige Klauseln im Arbeitsvertrag die Regelung des § 613a BGB und damit das (nicht geregelte) Widerspruchsrecht weitgehend außer Kraft gesetzt werden.[134] Vereinbarungen darüber, ob der Arbeitnehmer einem Arbeitgeberwechsel widerspricht oder nicht, sind daher erst *im Zusammenhang mit einem konkreten Betriebsübergang* möglich.

---

130 BAG AP Nr. 37 zu § 613a BGB (III 2 a der Gründe).

131 *Pietzko*, S. 295; *Gaul*, Betriebsübergang S. 229 f. hält einen solchen Verzicht insbesondere dann für rechtlich unbedenklich, wenn er von Mitarbeitern eines Betriebes erklärt wird, die Spezialisten auf einem bestimmten Gebiet sind.

132 *Liessem*, S. 106. *Pottmeyer*, ZfA 1989 S. 239 (251 f.) hält dagegen unzutreffend eine solche Handhabung bedenkenlos für möglich.

133 *Pietzko*, S. 295.

134 *Seiter*, Betriebsinhaberwechsel S. 98. Anders dagegen: *Pottmeyer*, ZfA 1989 S. 239 (251 f.).

II. Abschluß befristeter oder auflösend bedingter Arbeitsverträge

Der zweite denkbare Weg, den möglichen Widerspruch der Arbeitnehmer auszuschalten, besteht im Abschluß von befristeten bzw. auflösend bedingten Arbeitsverträgen, die jeweils mit dem Betriebsübergang beim Veräußerer enden sollen. Damit wird verhindert, daß das Arbeitsverhältnis als Folge eines Widerspruchs mit dem Veräußerer fortbesteht. Der in § 613a Abs. 1 Satz 1 BGB intendierte Bestandsschutz und das mit dem Widerspruchsrecht eingeführte Wahlrecht würde daher bereits im voraus umgangen. Mit Rücksicht auf § 613a Abs. 4 BGB, wonach der Betriebsübergang eine Kündigung nicht rechtfertigen kann, ist gemäß der ratio legis des § 613a BGB davon auszugehen, daß der Bestandsschutz des Arbeitsverhältnisses nicht restriktiv auf die kündigungsrechtlichen Gefahren beschränkt werden kann, sondern der Schutzzweck sich gleichermaßen auch auf die Auflösungsgründe wie Beendigung und Befristung erstrecken muß.[135]

III. Betriebsvereinbarungen und Tarifverträge

Schließlich könnte man den Ausschluß des Widerspruchs durch Betriebsvereinbarungen und Tarifverträge in Erwägung ziehen. Das BAG hat bereits in seiner Grundsatzentscheidung zum Widerspruchsrecht entschieden, daß in einer Betriebsvereinbarung kein Verzicht auf das Widerspruchsrecht vereinbart werden kann.[136] Die Entscheidung, mit welchem Vertragspartner das Arbeitsverhältnis fortgesetzt werden soll, sei Sache des Arbeitnehmers und unterliege deshalb nicht der Zuständigkeit des Betriebsrates.[137] Dies müsse allein schon deshalb gelten, da dies mit Rücksicht auf die verfassungsrechtlich geschützte Vertragsfreiheit sogar dem Gesetzgeber nicht zugestanden werde.[138] Betriebsrat und Arbeitgeber bleibt es dagegen unbenommen, freiwillige Betriebsvereinbarungen über die äußere Gestaltung des Widerspruchsrechts (Form, Umfang der Information durch den Arbeitgeber usw.[139]) zu treffen.[140]

Da es sich beim Widerspruchsrecht um ein subjektives Gestaltungsrecht mit grundrechtsgerichteter Schutzfunktion handelt, das dem Arbeitnehmer eine eigenständige und selbstverantwortliche Entscheidung einräumt,[141] ist dessen Durchsetzung auch ohne Mitwirkung von Tarifparteien gewährleistet. Somit sind auch tarifvertragliche Regelungen, die dem Arbeitnehmer die Entscheidung über die Ausübung des Widerspruchsrechts abnehmen, unzulässig.

---

135 *Liessem*, S. 107 f.; *Pietzko*, S. 294 f.

136 BAG AP Nr. 1 zu § 613a BGB (IV 2 b der Gründe).

137 BAG AP Nr. 1 zu § 613a BGB (IV 2 b der Gründe). *Bauer*, Unternehmensveräußerung S. 57; *Liessem*, S. 105; *Seiter*, Anm. zu BAG AP Nr. 1 zu § 613a BGB (III der Anm.); *ders.*, Betriebsinhaberwechsel S. 99 f.; *Tschöpe*, S. 40.

138 *Seiter*, Betriebsinhaberwechsel S. 99 f.

139 Siehe dazu: *Pietzko*, S. 290 f.

140 *Bauer*, Unternehmensveräußerung S 57; *Liessem*, S. 104 f.

141 Siehe dazu die Ausführungen unter 1. Teil A. II. 2., III.

D. Ex tunc-Wirkung des Widerspruchs

Der nach dem Betriebsübergang erklärte Widerspruch wirkt nach der Rechtsprechung des BAG auf den Zeitpunkt des Betriebsübergangs zurück, d. h. er beendet ein nach § 613a Abs. 1 Satz 1 BGB bereits entstandenes Arbeitsverhältnis zum Betriebserwerber und stellt gleichzeitig das Arbeitsverhältnis zum Betriebsveräußerer wieder her[142] (ex tunc-Wirkung des Widerspruchs[143]). Das BAG führt damit seine Rechtsprechung zum Widerspruchsrecht konsequent fort, da eine ex tunc-Wirkung den von ihm in den Vordergrund gestellten Sinn und Zweck des Widerspruchs – dem Arbeitnehmer soll ein unerwünschter Arbeitgeber nicht gegen seinen Willen aufgezwungen werden – am ehesten entspricht. Denn eine (auch nur zeitweilige) Inkaufnahme des neuen Betriebsinhabers ist mit diesem Grundsatz nicht vereinbar.

Dies wirft die Frage auf, von wem der Arbeitnehmer seinen Arbeitslohn verlangen kann, wenn er nach Übergang des Betriebsteils oder eines von mehreren Betrieben bis zum später erklärten Widerspruch an seinem Arbeitsplatz weitergearbeitet hat. Einerseits hat er dem Betriebserwerber bis zur Ausübung seines Widerspruchs seine Arbeitskraft zur Verfügung gestellt. Andererseits hat das Arbeitsverhältnis mit dem Betriebserwerber zu keiner Zeit bestanden, da es durch den Widerspruch beim Veräußerer verblieben ist.

Im Schrifttum wird auf der einen Seite die Ansicht vertreten, der Arbeitnehmer könne die Vergütung von dem Betriebserwerber nach den Grundsätzen des faktischen Arbeitsverhältnisses (genauer: Arbeitsverhältnis auf fehlerhafter Vertragsgrundlage[144]) verlangen.[145] Demgegenüber wird ohne nähere Begründung vertreten, der Arbeitnehmer habe Anspruch auf Arbeitsentgelt primär gegen den Betriebsveräußerer, der ja sein Arbeitgeber geblieben ist.[146]

I. Annahmeverzug des Betriebsveräußerers

Fraglich ist, ob eine solche Entgeltzahlungspflicht des Betriebsveräußerers überhaupt zu begründen ist, oder ob in jedem Fall der Betriebserwerber zur Zahlung herangezogen werden kann. Ein Anspruch auf Lohnzahlung gegen den Veräußerer könnte sich allenfalls aus § 615 Satz 1 BGB ergeben.[147] Danach kann der Arbeitnehmer die vereinbarte Vergü-

---

142 BAG AP Nr. 103 zu § 613a BGB (II 7 der Gründe) m. Anm. *Moll.*

143 Zum Für und Wider einer ex tunc oder ex nunc-Wirkung des Widerspruchs siehe: *Pietzko*, S. 296 ff.

144 So: *Erman-Hanau*, § 611 RN 267. Ausführlich zu dieser individualrechtlichen Problematik: *Walker*, JA 1985 S. 138 ff.

145 RGRK-*Ascheid*, § 613a RN 169; *Erman-Hanau*, § 613a RN 61; *Moll*, Anm. zu BAG AP Nr. 103 zu § 613a BGB (3 der Anm.).

146 *Staudinger-Richardi*, § 613a RN 128. *Pietzko*, S. 297, 299 hält eine Haftung des ehemaligen Betriebsinhabers aus § 615 BGB neben dem Betriebserwerber für die nach dem Betriebsübergang erbrachten Arbeitsleistungen für möglich, ohne hierauf näher einzugehen.

147 § 615 BGB gewährt dem Arbeitnehmer beim Annahmeverzug des Arbeitgebers an sich keinen eigenen Anspruch, sondern erhält den ursprünglichen Vergütungsanspruch als Erfüllungsan-

tung verlangen, ohne zur Nachleistung verpflichtet zu sein, wenn der Arbeitgeber die ihm ordnungsgemäß angebotene Arbeitsleistung nicht annimmt und deshalb in Annahmeverzug kommt.[148]

1. Keine Erfüllbarkeit und Leistungsmöglichkeit des Arbeitnehmers hinsichtlich der Arbeitsleistung

Ein rechtswirksamer Dienstvertrag (Arbeitsvertrag) ist ursprünglich zwischen dem Betriebsveräußerer und dem widersprechenden Arbeitnehmer geschlossen worden, der aufgrund des Widerspruchs fortbestanden hat. Entscheidende Voraussetzung des § 615 BGB ist, daß der Dienstberechtigte (Arbeitgeber) mit der Annahme der Dienste in Verzug geraten ist. Die Voraussetzungen für den Annahmeverzug ergeben sich aus den allgemeinen Regeln über den Gläubigerverzug gemäß §§ 293 ff. BGB. Danach muß zunächst ein Anspruch gegeben sein, der für den Schuldner (Arbeitnehmer) erfüllbar ist. Der Anspruch des Arbeitgebers aus dem Arbeitsvertrag auf Arbeitsleistung ist für den Arbeitnehmer regelmäßig erfüllbar.

Dies ist zumindest dann der Fall, wenn der Arbeitnehmer widersprochen hat, bevor der Betriebsteil übergegangen ist. Der Arbeitnehmer arbeitet hier nach wie vor auf seinem dem Betriebsveräußerer zuzurechnenden Arbeitsplatz. Fraglich ist, ob dies auch für den hier eigentlich problematischen Fall zu gelten hat, wenn der Arbeitnehmer erst nach dem Betriebsübergang sein Widerspruchsrecht ausgeübt hat. Rechtlich besteht das Arbeitsverhältnis aufgrund der ex tunc-Wirkung des Widerspruchs zwar beim Betriebsveräußerer fort. Tatsächlich wurde der Betriebsteil und damit der Arbeitsplatz des Arbeitnehmers als Folge der Bestandsschutznorm des § 613a Abs. 1 Satz 1 BGB jedoch auf den Betriebserwerber übertragen. Dieser Arbeitsplatz besteht faktisch beim Betriebsveräußerer nicht mehr, was eine Erfüllbarkeit der Arbeitsleistung des Arbeitnehmers gerade für den Betriebsveräußerer ausschließt.

Darüber hinaus ist auch fraglich, ob der Arbeitnehmer überhaupt zur Leistung gemäß § 297 BGB imstande ist. Dies ist zu verneinen, wenn der Arbeitnehmer die Arbeitsleistung für den Betriebsveräußerer nicht mehr erbringen kann, weil der Arbeitsplatz bzw. der Betriebsteil oder der von mehreren Betrieben veräußerte Betrieb aufgrund des Betriebsübergangs bei diesem nicht mehr vorhanden ist. Vor allem aber ist der Arbeitnehmer zur Leistung beim Veräußerer nicht imstande, wenn er seine Arbeitskraft dem Erwerber zur Verfügung gestellt hat.

Eine Entgeltzahlungspflicht des Betriebsveräußerers unter dem Gesichtspunkt des Annahmeverzugs erscheint demnach nicht begründbar.

---

spruch aufrecht, vgl. *Schaub*, Handbuch § 95 I 2; *Palandt-Putzo*, § 615 RN 3; Münchener Handbuch-*Boewer*, § 76 RN 2.

148 Zu der schwierigen Abgrenzung von Annahmeverzug gem. § 615 BGB und Unmöglichkeit gem. §§ 323-325 BGB vgl.: Münchener Handbuch-*Boewer*, § 76 RN 9 ff. mit den dortigen Hinweisen auf Literatur und Rechtsprechung.

2. *Keine Mitwirkungsmöglichkeit des Betriebsveräußerers zur Beendigung des Annahmeverzugs*

Nähme man eine Entgeltzahlungspflicht trotzdem an, stellt sich die Frage, wie der veräußernde Arbeitgeber den Annahmeverzug verhindern, bzw. beenden kann. Dies könnte nur dadurch geschehen, daß er den Arbeitnehmer, wie im Fall einer außerordentlichen Kündigung nach deren Zugang oder bei einer ordentlichen Kündigung nach Ablauf der Kündigungsfrist, nach dem Betriebsübergang zur Arbeitsaufnahme auffordert und die Leistung des Arbeitnehmers als Erfüllung des abgeschlossenen Arbeitsvertrages entgegennimmt. Der Arbeitgeber muß im Falle einer Kündigung nach Auffassung des BAG mit dem Weiterbeschäftigungsangebot sogar unmißverständlich klarstellen, daß die Kündigung unwirksam ist.[149] Beharre er nämlich auf der Wirksamkeit einer ausgesprochenen Kündigung, so bringe er zum Ausdruck, daß er die Leistung nicht als Erfüllung des mit dem Arbeitnehmer abgeschlossenen Arbeitsvertrages annehme.[150]

Diese Rechtsprechung erscheint auch und gerade im Hinblick auf eine Betriebsveräußerung nicht unproblematisch. Der Arbeitgeber nimmt durch die Aufforderung zur (uneingeschränkten) Arbeitsaufnahme den Verkauf des Betriebes und damit den Übergang des bisherigen Arbeitsverhältnisses praktisch zurück. Er macht sich vielmehr unglaubwürdig, wenn er eine weitere Zusammenarbeit mit dem „verkauften" Arbeitnehmer für möglich hält. Der Arbeitgeber wäre daran gehindert, dem Arbeitnehmer nach dessen Widerspruch aus betrieblichen Gründen zu kündigen, wenn er wegen der Betriebsveräußerung keine Beschäftigungsmöglichkeiten mehr hat. Er würde sich vielmehr mit seinem vorhergehenden Verhalten – Aufforderung zur Arbeitsaufnahme – in Widerspruch setzen.

Dieses Problem dürfte für die Praxis jedoch eher theoretischer Natur sein. Will nämlich der Arbeitnehmer den Übergang seines Arbeitsverältnisses und damit verbunden den Übergang seines Arbeitsplatzes auf einen unerwünschten Erwerber verhindern, muß er dem Übergang in jedem Fall widersprechen. Denn nur in diesem Fall besteht sein Arbeitsverhältnis mit dem Veräußerer fort. Darüber hinaus liegt es auch im Interesse des Erwerbers und Veräußerers des Unternehmens, zu wissen, ob und wieviel Arbeitnehmer dem Übergang widersprechen werden. Auch aus diesem Grund ist der Arbeitnehmer gezwungen, einen Widerspruch (unverzüglich) auszuüben.[151] Da in dem Widerspruch des Arbeitnehmers aber in jedem Fall ein – wenn auch entbehrliches – Angebot gesehen werden kann, stellt sich somit das Problem der Mitwirkungspflicht des Arbeitgebers (Aufforderung zur Arbeitsaufnahme) nicht.

II. Anspruch aus fehlerhaftem Arbeitsverhältnis gegen den Betriebserwerber

Demgegenüber ist die Verpflichtung des Betriebserwerbers zur Lohnzahlung unter dem Gesichtspunkt des fehlerhaften Arbeitsverhältnisses unproblematisch, wenn der Arbeit-

---

149 BAG AP Nr. 32 zu § 615 BGB (II 1 c der Gründe) mit Verweis auf BAG AP Nr. 39 zu § 615 BGB (I 2 a der Gründe).

150 BAG AP Nr. 39 zu § 615 BGB (I 2 e bb der Gründe).

151 Siehe dazu die Ausführungen unter 1. Teil B. II. 3.

nehmer bis zur Ausübung seines Widerspruchs bei ihm gearbeitet hat. Er hat in diesem Fall mit dem Arbeitnehmer eine gewisse Zeitspanne zusammengearbeitet bzw. diesen beschäftigt, obwohl dem rückblickend kein wirksamer Arbeitsvertrag zugrunde lag. Gerade für diese Konstellation, in der ein Arbeitsverhältnis ohne wirksamen Arbeitsvertrag vollzogen wird, ist das Institut des fehlerhaften Arbeitsverhältnisses entwickelt worden.[152] Da dem Arbeitnehmer wegen seines Vertrauens in ein fehlerhaftes Arbeitsverhältnis nicht rückwirkend Lohnansprüche entzogen werden können, wird das unwirksame Arbeitsverhältnis (mit dem Betriebserwerber) für die Vergangenheit grundsätzlich wie ein fehlerfrei zustandegekommenes behandelt, wenn es vollzogen ist, d. h. wenn die Arbeit aufgenommen wird.[153]

Der Erwerber des Unternehmens kann daher unter diesem Gesichtspunkt vom Arbeitnehmer zur Zahlung der Vergütung herangezogen werden. Der Abwicklung nach den Grundsätzen des fehlerhaften Arbeitsverhältnisses ist der Vorzug zu geben. Dafür sprechen eher praktische Gesichtspunkte.

Wenn der Arbeitnehmer bis zum Zeitpunkt der Erklärung seines Widerspruchs tatsächlich beim Erwerber gearbeitet hat, so bestand nach Erklärung des Widerspruchs lediglich im nachhinein kein wirksames Arbeitsverhältnis mit dem Betriebserwerber. Dies ändert jedoch nichts an der Tatsache, daß dieser für eine gewisse Zeitspanne die Arbeitskraft des Arbeitnehmers in Anspruch genommen und diese zur Gewinnerzielung genutzt hat. Der mit dem Widerspruch realisierte Persönlichkeitsschutz des Arbeitnehmers kann insofern nicht die Faktizität aus der Welt schaffen, daß der Arbeitnehmer bis zum Widerspruch tatsächlich für den Betriebserwerber tätig gewesen ist.[154] Es ist daher nicht einzusehen, weshalb nun ein anderer, nämlich der Betriebsveräußerer, den Arbeitslohn zahlen soll. Damit würde der Grundsatz außer Acht gelassen, daß die Arbeitspflicht des Arbeitnehmers im Synallagma zu der Vergütungspflicht als der Hauptpflicht des Arbeitgebers steht.

---

152 Vgl. dazu: *Walker*, JA 1985 S. 138 (148 f.).

153 *Schaub*, Handbuch § 35 III 3.

154 *Moll*, Anm. zu BAG AP Nr. 103 zu § 613a BGB (3 der Anm.).

Zweiter Teil: Betriebsbedingte Kündigung und Sozialauswahl nach ausgeübtem Widerspruch

In der bisherigen Untersuchung ist bereits angeklungen, daß die Bejahung eines Widerspruchsrechts und dessen Ausübung durch den Arbeitnehmer, dessen Arbeitsverhältnis auf den Erwerber übergehen soll, nicht in jedem Fall bedeutet, daß dieser Arbeitnehmer letztlich auch beim Veräußerer verbleibt. Vielmehr muß der widersprechende Arbeitnehmer dann mit einer betriebsbedingten Kündigung des veräußernden Arbeitgebers rechnen, wenn dieser keine anderweitige Beschäftigungsmöglichkeit für den Arbeitnehmer hat.[155]

Eine Kündigung kommt aber nur dann in Betracht, wenn das Arbeitsverhältnis mit dem Betriebsveräußerer als Folge des Widerspruchs *fortbesteht*. Der Fortbestand des Arbeitsverhältnisses mit dem Betriebsveräußerer nach ausgeübtem Widerspruch ist die bestehende Rechtslage unter Geltung von § 613a Abs.1 Satz 1 BGB, von der in den bisherigen Ausführungen ausgegangen wurde. Ob diese jedoch zwingend ist, wird zunächst zu untersuchen sein, denn der EuGH hat diesbezüglich erklärt, die Auswirkungen des Widerspruchs auf das Arbeitsverhältnis mit dem Betriebsveräußerer seien durch das jeweilige nationale Recht zu regeln. Insofern sei es mit Art. 3 Abs. 1 der Richtlinie 77/187/EWG auch vereinbar, wenn ein Mitgliedstaat als Rechtsfolge des Widerspruchs die *Beendigung* des Arbeitsverhältnisses mit dem Betriebsveräußerer anordne.[156] Darüber hinaus ist fraglich, wie der Fortbestand zu beurteilen ist, wenn der bisherige Arbeitgeber aufgrund von Verschmelzung, Aufspaltung oder Vermögensvollübertragung nach dem Umwandlungsgesetz nicht mehr existiert. In diesem Fall kann nämlich der Zweck des Widerspruchs – Verbleib beim übertragenden Arbeitgeber – nicht mehr erreicht werden und geht deshalb ins Leere.

Ist mit der Rechtsprechung des BAG im Zusammenhang mit der Betriebsübertragung nach § 613a BGB von dem Fortbestand des Arbeitsverhältnisses mit dem Betriebsveräußerer als Konsequenz des ausgeübten Widerspruchs auszugehen, schließt sich hieran die für die Praxis eigentlich bedeutsame Frage an, ob und unter welchen Voraussetzungen der Betriebsveräußerer den widersprechenden Arbeitnehmern kündigen kann.

Soweit der Betriebsveräußerer keinen Betrieb oder Betriebsteil mehr unterhält, steht ein Arbeitsplatz für den Arbeitnehmer aufgrund des Wegfalls des betrieblichen Substrats nicht mehr zur Verfügung. Eine Kündigung wird dann regelmäßig aus betrieblichen Gründen nach § 1 Abs. 2 KSchG sozial gerechtfertigt sein. Soweit der Betriebsveräußerer seine Betriebstätigkeit nicht gänzlich eingestellt hat, sind das Vorhandensein freier Arbeitsplätze und die Gesichtspunkte der betriebsbezogenen Sozialauswahl zu überprüfen. Letzteres kann zu nicht ohne weiteres einsehbaren Ergebnissen führen. Denn statt des widersprechenden Arbeitnehmers muß unter Umständen ein in einem bei dem Veräußerer verbleibenden Betrieb oder Betriebsteil beschäftigter Arbeitnehmer entlassen werden.

---

155 Siehe dazu die Ausführungen unter 1. Teil A. II. 3.

156 EuGH AP Nr. 97 zu § 613a BGB (Tz. 36).

Unbehagen erweckt dabei die Tatsache, daß diese Entlassung einen Arbeitnehmer trifft, der im Gegensatz zum widersprechenden Arbeitnehmer möglicherweise bereit war, dem Übergang seines Arbeitsverhältnisses auf den Erwerber zuzustimmen. Einerseits beraubt sich der widersprechende Arbeitnehmer also durch seinen Widerspruch selbst des Arbeitsplatzes beim neuen Inhaber, andererseits wird dadurch eventuell einem Arbeitnehmer gekündigt, der zu keiner Zeit die Option des Übergangs seines Arbeitsverhältnisses auf den neuen Arbeitgeber hatte. Der widersprechende Arbeitnehmer entscheidet somit zumindest indirekt über den Fortbestand des Arbeitsverhältnisses eines Kollegen und zwar durch eigene freie Willensentscheidung. Dies bedeutet die Ausübung des Widerspruchs zu Lasten Dritter.

Zu der Frage, wie diese höchst fragwürdige Rechtsfolge des Widerspruchs vemieden werden kann, findet sich im Schrifttum ein breites Meinungsspektrum. Die einzelnen Ansätze zur Lösung dieses Konflikts werden insoweit unter Berücksichtigung der diesbezüglichen Rechtsprechung des BAG aufzuzeigen und zu bewerten sein, bevor ein eigener Lösungsvorschlag unterbreitet werden kann.

A. Fortbestand des Arbeitsverhältnisses zum Betriebsveräußerer

I. Rechtslage unter Geltung des § 613a Abs. 1 Satz 1 BGB

Der erste Leitsatz des Grundsatzurteils des BAG zum Widerspruchsrecht[157] lautet:

„Wird ein Betriebsteil durch Rechtsgeschäft auf einen anderen Inhaber übertragen, so schließt der Widerspruch eines in diesem Betriebsteil beschäftigten Arbeitnehmers den Übergang des Arbeitsverhältnisses auf den Erwerber aus. *In einem solchen Fall bleibt das Arbeitsverhältnis zu dem Veräußerer bestehen.*“

Diese Rechtsprechung, wonach bei einem Widerspruch das Arbeitsverhältnis mit dem Veräußerer fortbesteht, hat das BAG in seinen weiteren Entscheidungen zum Widerspruchsrecht bestätigt.[158] Eine Beendigung des Arbeitsverhältnisses als mögliche Folge der Ausübung des Widerspruchsrechts hat es dagegen noch nicht einmal ansatzweise in Erwägung gezogen.

Dies verstößt nicht gegen Art. 3 Abs. 1 der Richtlinie 77/187/EWG,[159] wonach die Rechte und Pflichten des Veräußerers aus einem zum Zeitpunkt des Übergangs im Sinne des Art. 1 Abs. 1 der Richtlinie 77/187/EWG bestehenden Arbeitsvertrages oder Arbeitsverhältnisses auf Grund des Übergangs ipso iure auf den Erwerber übergehen. Der EuGH hat dazu in seinem Urteil vom 16.12.1992 erklärt, daß Art. 3 Abs. 1 der Richtlinie 77/187/EWG es dem Arbeitnehmer nicht verwehre, dem Übergang des Arbeitsverhältnisses zu widersprechen und damit auf den Schutz der Richtlinie zu verzichten.[160] Die Auswirkungen des Widerspruchs auf das Arbeitsverhältnis mit dem Betriebsveräußerer seien

157 BAG Urt. v. 2.10.1974, AP Nr. 1 zu § 613a BGB.
158 BAG AP Nrn. 8, 10, 21, 37, 55, 81, 96, 102, 103 zu § 613a BGB.
159 Abl.EG 1977 Nr. L 61, S. 26.
160 EuGH AP Nr. 97 zu § 613a BGB (Tz. 33).

insofern durch das nationale Recht zu regeln. Die Richtlinie 77/187/EWG verpflichte die Mitgliedstaaten entgegen der Handhabung des BAG nicht, die Aufrechterhaltung des Arbeitsverhältnisses mit dem Veräußerer für den Fall vorzusehen, daß der Arbeitnehmer sich frei dafür entscheidet, den Arbeitsvertrag nicht mit dem Erwerber fortzusetzen.[161] Es sei mit Art. 3 Abs. 1 der Richtlinie 77/187/EWG auch vereinbar, wenn ein Mitgliedstaat als Rechtsfolge des Widerspruchs entweder vorsehe, daß der Arbeitsvertrag in diesem Fall als entweder vom Arbeitnehmer oder vom Arbeitgeber gekündigt gilt oder daß der Arbeitsvertrag mit dem Veräußerer bestehen bleibt.[162] Diese Rechtsprechung hat der EuGH jüngst noch einmal bestätigt.[163]

1. Kritik im Schrifttum am Fortbestand des Arbeitsverhältnisses

Diese Entscheidung des EuGH wird für bedenklich gehalten, da dem Arbeitnehmer erlaubt werde, über den ihm von der Richtlinie eingeräumten Schutz in vollem Umfang frei zu verfügen und auf die ihm zustehenden Rechte zu verzichten.[164] Noch in der sogenannten Daddy's Dance Hall – Entscheidung des EuGH[165] sei ausdrücklich klargestellt worden, daß der in der Richtlinie 77/187/EWG vorgesehene Schutz der Verfügung der Parteien des Arbeitsvertrages entzogen sei und der Arbeitnehmer nicht auf seine ihm nach der Richtlinie zustehenden Rechte verzichten könne.[166] Da der EuGH daneben selbst ein Beschäftigungsverhältnis mit dem neuen Arbeitgeber zu gleichen Bedingungen befürworte, also eine Beendigung des Arbeitsverhältnisses mit dem Veräußerer aufgrund des automatischen Übergangs für möglich halte,[167] setze er sich damit zu seiner eigenen Rechtprechung in Widerspruch.[168]

2. Stellungnahme

Dazu ist zunächst zu sagen, worauf auch das BAG zutreffend hingewiesen hat,[169] daß der automatische Übergang des Arbeitsverhältnisses unabhängig von der Frage behandelt werden muß, ob überhaupt ein Widerspruchsrecht zugestanden wird. Zweck des automatischen und für alle Beteiligten zwingenden Übergangs ist zwar in erster Linie der Schutz des Arbeitnehmers vor einer Ablehnung der Übernahme durch den Erwerber. Das bedeutet aber nicht, daß der Arbeitnehmer diesen Schutz zwingend in Anspruch nehmen muß. Wenn man mit dem EuGH und dem BAG eine Widerspruchsbefugnis einräumt und diese auch ausgeübt wird, so bedeutet dies zwangsläufig, daß die Rechtsfolge des Art. 3 Abs. 1 der Richtlinie 77/187/EWG, nämlich die Fortsetzung des Beschäftigungsverhältnisses mit

161 EuGH AP Nr. 97 zu § 613a BGB (Tz. 35).

162 EuGH AP Nr. 97 zu § 613a BGB (Tz. 36).

163 EuGH Urt. v. 7. 3.1996, AP Nr. 143 zu § 613a BGB = EuZW 1996, S. 212 (214, Tz. 34,35) mit Anm. *Waas.*

164 *Birk*, EuZW 1993 S. 156 (159); *Commandeur*, NJW 1996 S.2537 (2538).

165 Sammlung der Rechtsprechung des Gerichtshofes S. 739 (754).

166 *Commandeur*, NJW 1996 S. 2537 (2538).

167 EuGH AP Nr. 97 zu § 613a BGB (Tz. 9, 12, 20).

168 *Commandeur*, NJW 1996 S. 2537 (2538 f.).

169 BAG AP Nr. 21 zu § 613a BGB (III 2 a der Gründe).

dem Erwerber, nicht eintritt. Der EuGH hat dies der eigenen Entscheidung des Arbeitnehmers überlassen. Dies ist auch konsequent, denn der EuGH argumentiert wie das BAG bei der Bejahung des Widerspruchsrechts mit den Grundrechten des Arbeitnehmers[170] (auf freie Entfaltung der Persönlichkeit und der Berufsfreiheit).[171] Nur damit kann letztlich das in richterlicher Rechtsfortbildung vom BAG entwickelte Widerspruchsrecht legitimiert werden, welches es dem Arbeitnehmer ermöglicht, sich ohne Angabe von Gründen frei für oder gegen den Übergang seines Arbeitsverhältnisses zu entscheiden.[172]

Die Auswirkungen des Widerspruchs können nach der Entscheidung des EuGH so aussehen, daß der Arbeitsvertrag als entweder vom Arbeitnehmer oder vom Arbeitgeber gekündigt gilt oder das Arbeitsverhältnis mit dem Veräußerer bestehen bleibt.[173] Wenn man von der Intention des BAG ausgeht, den Arbeitnehmer davor zu schützen, an einen unerwünschten Arbeitgeber „verkauft" zu werden, so kann dies im Ergebnis nur eine Fortführung des Arbeitsverhältnisses mit dem Veräußerer bedeuten.[174] Denn eine Regelung, wonach das Arbeitsverhältnis als vom Arbeitnehmer oder vom Arbeitgeber gekündigt gilt, würde nach Ausübung des Widerspruchs keinen Sinn mehr machen.

Zum einen kann eine Kündigung durch den Arbeitnehmer auch ohne dessen Widerspruch erfolgen. Eine solche Eigenkündigung ist für den Arbeitnehmer aber nachteilhafter als ein Widerspruch, da sie das Arbeitsverhältnis in jedem Fall beendet, was jedoch vom Arbeitnehmer regelmäßig nicht gewollt sein wird, während das Arbeitsverhältnis selbst durch den Widerspruch zunächst nicht unmittelbar berührt wird.[175] Zum anderen würde auch eine Kündigung durch den Arbeitgeber bedeuten, daß der Arbeitnehmer letztlich ohne Beschäftigung dasteht. Dieses Ergebnis wird durch die Regelung des Fortbestands des Arbeitsverhältnisses mit dem ursprünglichen Arbeitgeber zunächst vermieden. Denn Sinn und Zweck des Widerspruchs ist nicht, dem Arbeitnehmer überhaupt einen Arbeitsplatz zu erhalten – diesen Zweck erfüllt vielmehr bereits die Norm des § 613a Abs. 1 Satz 1 BGB, welche Arbeitsplatz und Arbeitsverhältnis miteinander verknüpft und dadurch den Bestandsschutz des Arbeitsverhältnisses gewährleistet – sondern gerade den Arbeitsplatz beim Betriebsveräußerer. *Dies ist der alleinige Grund, weshalb der Arbeitnehmer von seinem Widerspruchsrecht Gebrauch macht.* Zwar besteht die Primärfunktion des Widerspruchsrechts darin, dem Arbeitnehmer keinen unerwünschten Arbeitgeber aufzudrängen. Da der Arbeitnehmer nach seinem Widerspruch aber kein Interesse daran haben wird, arbeitslos zu sein, geht es ihm letztlich doch darum, seinen Arbeitsplatz beim ursprünglichen Arbeitgeber zu behalten. Daß der Betriebsveräußerer letztlich unter Umständen doch gezwungen sein wird, dem Arbeitnehmer zu kündigen, steht dem nicht entgegen. Dies ist vielmehr eine mögliche Folge des ausgeübten Widerspruchs, die der Ar-

---

170 EuGH AP Nr. 97 zu § 613a BGB (Tz. 32).

171 Zustimmend: *Oetker*, DZWir S. 136 (139), der die supranationale Grundrechtsdogmatik des EuGH erläutert und die nahezu völlig fehlende Begründung durch den EuGH bemängelt.

172 Siehe dazu die Ausführungen unter 1. Teil A. III.

173 EuGH AP Nr. 97 zu § 613a BGB (Tz. 36).

174 *Commandeur*, NJW 1996 S. 2537 (2539) ist der Ansicht, ein Widerspruch dürfe nicht den Fortbestand des Arbeitsverhältnisses zur Folge haben, und er leitet dies insbesondere aus dem Wortlaut des Art.3 Abs. 1 der Richtlinie 77/187/EWG her.

175 Siehe dazu die Ausführungen unter 1. Teil A. II. 3.

beitnehmer selbst und eigenverantwortlich einschätzen muß. Sie bildet die mögliche Kehrseite des subjektiven Gestaltungsrechts.

Auch das BAG hat gesehen und gleichwohl in Kauf genommen, daß gerade ein Widerspruch zum Verlust des ansonsten nach § 613a BGB geschützten Arbeitsplatzes führen kann. Dazu hat es ausgeführt, daß der tragende Gedanke für die Gewährung eines Widerspruchsrechts, daß nämlich der Arbeitnehmer einen Wechsel des Arbeitgebers gegen seinen Willen nicht hinzunehmen brauche, unabhängig davon sei, ob dem Arbeitnehmer bei einem Übergang des Arbeitsverhältnisses auf den Betriebserwerber Nachteile entstünden oder nicht.[176] Diese Auffassung hat es später bestätigt und klarstellend formuliert: „Selbstverständlich geht ein Arbeitnehmer, der dem Übergang seines Arbeitsverhältnisses auf einen neuen Arbeitgeber widerspricht, ein Risiko ein. Er muß damit rechnen, daß der bisherige Arbeitgeber das Arbeitsverhältnis kündigt, weil er den Arbeitnehmer nicht mehr weiterbeschäftigen kann. Auch das rechtfertigt aber noch nicht, jedem Arbeitnehmer das Widerspruchsrecht zu nehmen mit der Begründung, er habe sich der Wohltat des § 613a BGB begeben.“[177]

II. Wegfall des übertragenden Arbeitgebers durch Verschmelzung, Aufspaltung und Vermögensvollübertragung

Widerspricht ein Arbeitnehmer, so bleibt sein Arbeitsverhältnis mit dem Betriebsveräußerer zwar bestehen. Fraglich ist aber, wie rechtlich zu verfahren ist, wenn der übertragende Rechtsträger *untergegangen* und damit nicht mehr existent ist. In einem solchen Fall ginge das Widerspruchsrecht ins Leere, da ein Verbleib beim ursprünglichen Arbeitgeber nicht mehr möglich ist.

1. Das Gesetz zur Bereinigung des Umwandlungsrechts (UmwBerG)

Ein Untergang des übertragenden Rechtsträgers kommt insbesondere durch eine Umwandlung im Sinne des Gesetzes zur Bereinigung des Umwandlungsrechts (UmwBerG) vom 28.10.1994 in Betracht, welches am 1.1.1995 in Kraft getreten ist.[178] Durch dieses Gesetz, welches in Art. 1 das neue Umwandlungsgesetz (UmwG) enthält, ist die Frage der Anwendbarkeit des § 613a BGB auf die Umwandlung von Unternehmen völlig neu geregelt worden. Es wurden Umwandlungsvorgänge, die vorher in unterschiedlichen Gesetzen geregelt waren, zusammengefaßt und erweitert. Mit dem neuen Umwandlungsrecht soll es den Unternehmen durch die Erweiterung von Umwandlungsmöglichkeiten erleichtert werden, ihre Strukturen den wirtschaftlichen Verhältnissen und deren Änderungen anzupassen.[179]

---

176 BAG AP Nr. 21 zu § 613a BGB (IV der Gründe).
177 BAG AP Nr. 37 zu § 613a BGB (II 3 der Gründe).
178 BGBl. I S. 3210. Vgl. dazu auch *Boecken*, ZIP 1994 S. 1087 ff.; *Hennrichs*, ZIP S. 794 ff.; *Wlotzke*, DB 1995 S. 40 ff.
179 BT-Drucks. 12/6699 S. 71; *Wlotzke*, DB 1995 S. 40.

2. Anwendbarkeit des § 613a Abs. 1 und Abs. 4 BGB

Dem Widerspruchsrecht der von einem Betriebsübergang betroffenen Arbeitnehmer wird insofern vom Gesetzgeber ein größerer Anwendungsbereich eingeräumt, als § 613a BGB nunmehr auch auf Verschmelzungen, Spaltungen und Vermögensübertragungen Anwendung findet. Dies ergibt sich indirekt aus § 324 UmwG, wonach § 613a Abs. 1 und Abs. 4 BGB „durch die Wirkungen der Eintragung einer Verschmelzung, Spaltung oder Vermögensübertragung unberührt" bleibt. Die Formulierung „unberührt bleibt" ist mißverständlich und bedeutet gerade *nicht*, daß der Tatbestand des § 613a BGB von einer Umwandlung nicht erfüllt wird und demzufolge die bekannten Rechtsfolgen des § 613a BGB nicht ausgelöst werden. Dies vermag auf den ersten Blick nicht zu überzeugen, da der Übergang der Arbeitverhältnisse nach § 613a BGB voraussetzt, daß ein Betrieb oder Betriebsteil *durch Rechtsgeschäft* übergeht. Nach der bislang herrschenden Meinung sollte § 613a BGB auf die Fälle der Gesamtrechtsnachfolge gerade deshalb nicht anzuwenden sein, da in diesen Fällen der Betriebsübergang gesetzlich begründet ist.[180]

Nachdem in der neueren Literatur und Rechtsprechung in dieser Richtung ein Umdenken stattgefunden hat,[181] soll § 613a Abs.1 und Abs. 4 BGB nun auch in den Fällen der übertragenden Umwandlung gelten. Dies ergibt sich zum einen aus der Regierungsbegründung zu § 126 Nr. 9 sowie § 132 UmwG,[182] wonach unter anderem durch das neue Umwandlungsgesetz auch die dem § 613a BGB zugrundeliegende EG-Richtlinie 77/187/EWG[183] umgesetzt werden soll, die in Art. 1 ihren Geltungsbereich auf den Übergang von Unternehmen, Betrieben oder Betriebsteilen auf einen anderen Inhaber durch vertragliche Übertragung oder durch Verschmelzung festschreibt. Diese Erwägungen hat

---

180 Münchener Handbuch-*Wank*, § 120 RN 67 dort m. w. N. in FN 131,132.

181 *Wlotzke*, DB 1995 S. 40 (42) mit ausführlichen Nachweisen in FN 24-26.

182 BT-Drucks. 12/6699 S. 118,121. Dort heißt es auf S. 118 unter anderem: „Nr. 9 gewährt für die Aufteilung des Vermögens des sich spaltenden Rechtsträgers erhebliche Freiheit. Die Beteiligten können grundsätzlich jeden Gegenstand jedem beliebigen übernehmenden Rechtsträger zuweisen. *Eine Einschränkung erfährt diese Freiheit für die Überleitung von Arbeitsverhältnissen. Geht nämlich bei einer Spaltung ein Betrieb oder Betriebsteil auf den übernehmenden Rechtsträger über, gilt für die Überleitung der in diesem Betrieb oder Betriebsteil bestehenden Arbeitsverhältnisse zwingend die Regelung des § 613a Abs. 1 Satz 1 BGB.* Zum einen folgt dies schon daraus, daß auch die Spaltung „Rechtsgeschäft" i. S. dieser Vorschrift ist, wie sich bereits aus § 126 Abs. 1 Nr. 2 ergibt. Zum anderen ist die Anwendung des § 613a BGB auf Vorgänge übertragender Umwandlungen auch EG-rechtlich zwingend vorgeschrieben. Entgegen einer bisher zu § 613a BGB vertretenen Meinung ist nach der Richtlinie des Rates der Europäischen Gemeinschaften vom 14.12.1977 zur Angleichung der Rechtsvorschriften der Mitgliedstaaten über die Wahrung von Ansprüchen der Arbeitnehmer beim Übergang von Unternehmen, Betrieben oder Betriebsteilen (Richtlinie 77/187/EWG), auf der § 613a BGB beruht, nicht zwischen sachenrechtlichen Übergängen aufgrund einer Singular- oder einer Universalsukzession zu unterscheiden. Für die Verschmelzung und Aufspaltung von Aktiengesellschaften ist darüber hinaus die Geltung des § 613a BGB auch aufgrund von Art. 12 der Dritten Richtlinie und von Art. 11 der Sechsten Richtlinie zwingend. Durch § 132 Abs. 1 Satz 1 soll die Geltung von § 613a Abs. 1 Satz 1 BGB auch im Gesetzestext klargestellt werden (vgl. die Begründung zu § 132)."

183 ABl.EG 1977 Nr. L 61, S. 26.

der Gesetzgeber im neuen Umwandlungsrecht aufgenommen und in § 324 UmwG umsetzen wollen, so daß sich in Fällen der Verschmelzung, Spaltung und Vermögensübertragung der Übergang von Arbeitsverhältnissen nicht als gesetzliche Konsequenz der Gesamtrechtsnachfolge, sondern aus § 613a Abs. 1 Satz 1 BGB ergibt. Zum anderen läßt sich aus dem Wortlaut von § 613a Abs. 1 Satz 1 BGB[184] und aus dessen Sinn und Zweck[185] nichts für eine Ausklammerung von Betriebs- oder Betriebsteilübertragungen im Wege gesellschaftsrechtlicher Gesamtrechtsnachfolge entnehmen.

Gleichzeitig ergibt sich aus der Anwendbarkeit des § 613a Abs. 1 Satz 1 BGB, daß den von einer Umwandlung betroffenen Arbeitnehmern im Falle eines arbeitsrechtlichen Übergangs ihrer Arbeitsverhältnisse ein Widerspruchsrecht zusteht.[186] Das Bestehen eines Widerspruchsrechts ist bei der Kodifizierung des UmwG unter Verweis auf die Rechtsprechung des BAG ohne weiteres zugrunde gelegt worden.[187]

3. Wegfall des übertragenden Arbeitgebers nach den Bestimmungen des Umwandlungsgesetzes

Das neue Umwandlungsgesetz stellt in § 1 UmwG vier unterschiedliche Umwandlungsarten zur Verfügung: Die Verschmelzung (§§ 2 – 122 UmwG), die Spaltung (Aufspaltung, Abspaltung, Ausgliederung, §§ 123 – 173 UmwG), die Vermögensübertragung als Voll- oder Teilübertragung (§§ 174 – 189 UmwG) sowie den Formwechsel (§§ 190 – 304 UmwG).[188]

Der Vorgang der *Verschmelzung* ist in § 2 UmwG definiert. Danach übertragen ein oder mehrere Rechtsträger, d. h. Unternehmen unter Auflösung ohne Abwicklung ihr Vermögen als Ganzes auf einen anderen, schon bestehenden bzw. neu gegründeten Rechtsträger. Als Ausgleich erhalten die Anteilsinhaber des übertragenden Rechtsträgers Anteile oder Mitgliedschaften am übernehmenden oder neuen Rechtsträger. Entschließt sich ein Arbeitgeber für diese Form der Umwandlung seines Unternehmens, so *erlischt* er ohne Liquidation mit Eintragung der Verschmelzung im Handelsregister nach § 20 Abs. 1 Nr. 2 UmwG.

Die *Spaltung* von Unternehmen ist neben der Abspaltung (§ 123 Abs. 2 UmwG) und der Ausgliederung (§ 123 Abs. 3 UmwG) als *Aufspaltung* (§ 123 Abs. 1 UmwG) möglich. Auch bei der Aufspaltung *erlischt* der übertragende Rechtsträger und zwar in der Weise, daß das Unternehmen in mindestens zwei (Vermögens-)Teile zerlegt und auf andere schon bestehende oder neu gegründete Rechtsträger gegen Gewährung von Anteilen oder Mitgliedschaften der übernehmenden Rechtsträger übertragen wird. Die rechtliche Existenz des ursprünglichen Unternehmens endet dabei mit Eintragung der Aufspaltung im

---

184 Dazu: *Boecken*, ZIP 1994 S. 1087 (1090).

185 Dazu: *Wlotzke*, DB 1995 S. 40 (42).

186 Vgl. insoweit: *Boecken*, Unternehmensumwandlungen S. 59 RN 80, dort m.w.N. in FN 81. In der Literatur besteht weitgehend Einigkeit über die Anerkennung eines Widerspruchsrechts, soweit der umwandelnde Rechtsträger nicht untergeht und der Übergang der Arbeitsverhältnisse arbeitsrechtlich gemäß § 613a Abs. 1 Satz 1 BGB erfolgt.

187 Siehe die Begründung zum Entwurf des UmwG: BR-Drucks. 75/94 zu Art. 1, § 132, S. 121.

188 Dazu näher: *Neye*, DB 1994 S. 2069 (2070 f.); *Willemsen*, NZA 1996 S. 791 (792 ff.).

Handelsregister (§ 131 Abs. 1 Nr. 2 UmwG). Auch in diesem Fall ist der ursprüngliche Arbeitgeber nicht mehr existent.

Die dritte Konstellation des Erlöschens des ursprünglichen Arbeitgebers ist die mit der Verschmelzung vergleichbare *Vermögensvollübertragung* nach § 174 Abs. 1 UmwG (im Gegensatz zur Vermögensteilübertragung nach § 174 Abs. 2 UmwG). Der wesentliche Unterschied zur Verschmelzung liegt darin, daß als Gegenwert den Anteilsinhabern des übertragenden Rechtsträgers keine Beteiligung am übernehmenden Rechtsträger gewährt wird, sondern eine Gegenleistung in anderer Form, vor allem in Geld. Auch in diesem Fall verschwindet der übertragende Arbeitgeber durch Eintragung der Vermögensvollübertragung im Handelsregister nach § 176 Abs. 3 Satz 2 UmwG.

4. Auffassungen im Schrifttum

Da bei der Verschmelzung, der Aufspaltung und der Vermögensvollübertragung das übertragende Unternehmen erlischt, kann der Arbeitnehmer sein mit dem Widerspruch verfolgtes Ziel – Verbleib beim bisherigen Arbeitgeber – nicht erreichen. In diesem Fall wird im Schrifttum teilweise angenommen, daß das Arbeitsverhältnis automatisch hinfällig werde, weil es mit einem untergegangenen Rechtsträger nicht aufrecht erhalten werden könne.[189] Von anderen wird für eine Widerspruchsmöglichkeit kein Ansatz mehr gesehen[190] oder dem Arbeitnehmer ein Recht zur außerordentlichen Kündigung eingeräumt,[191] da wegen des Erlöschens des umwandelnden Rechtsträgers die Ausübung eines Widerspruchs „ins Leere“ gehe bzw. deshalb „ohnehin keinen Sinn“ mache.[192]

5. Stellungnahme

Da sich der Übergang von Arbeitsverhältnissen im Falle einer Umwandlung gemäß § 324 UmwG nach § 613a Abs. 1 und Abs. 4 BGB vollzieht, muß auch in diesem Fall dem Arbeitnehmer ein Widerspruchsrecht eingeräumt werden. Die Interessenlage ist nämlich in beiden Fällen vergleichbar. Sowohl bei einer rechtsgeschäftlichen Übertragung nach § 613a BGB als auch bei einer Umwandlung eines Unternehmens nach dem Umwandlungsgesetz ändert sich die Person des Arbeitgebers. Es geht somit hier wie dort darum, den Arbeitnehmer davor zu schützen, für einen Arbeitgeber arbeiten zu müssen, den er nicht frei gewählt hat und für den er nicht arbeiten will. Da der Arbeitnehmer auch im Falle einer Umwandlung für einen aufgezwungenen Arbeitgeber tätig werden müßte, muß ihm aus denselben verfassungsrechtlichen Erwägungen wie im Rahmen des Betriebsübergangs nach § 613a BGB ein Widerspruchsrecht zugestanden werden.[193]

---

189 *Bauer/Lingemann*, NZA S. 1057 (1061); *Boecken*, ZIP 1994 S. 1087 (1092); *Däubler*, RdA 1995 S. 136 (140) nimmt an, daß ein Widerspruch auf ein fristloses Lösungsrecht hinausläuft.

190 *Wlotzke*, DB 1995 S. 40 (43).

191 *Bachner*, NJW 1995 S. 2881 (2882).

192 Vgl. die umfassenden Hinweise auf das einschlägige Schrifttum bei: *Boecken*, Unternehmensumwandlungen S. 60, dort in FN 83.

193 So auch: *Däubler*, RdA 1995 S. 136 (140).

Die Auffassung, die im Falle des Untergangs des bisherigen Rechtsträgers bei der Verschmelzung, der Aufspaltung und der Vermögensvollübertragung jedwede Möglichkeit für einen Widerspruch verneint,[194] geht deshalb fehl. Die konstruktive Schwierigkeit, daß der bisherige Arbeitgeber nicht mehr existiert, vermag nicht zu begründen, warum ein Widerspruchsrecht nicht eingeräumt werden soll. Angesichts der Rechtfertigung des Widerspruchsrechts durch das BAG – dem Arbeitnehmer soll kein anderer als der von ihm selbst gewählte Arbeitgeber aufgezwungen werden können – macht die Einräumung der Möglichkeit des Widerspruchs und damit zur Hinderung der Rechtsübertragung auch bei den zum Erlöschen des übertragenden Rechtsträgers führenden Umwandlungsvorgängen deshalb Sinn, da der Arbeitnehmer dieses Ziel auch hier erreichen kann.[195] Auch hat der EuGH seine zustimmende Entscheidung zum Widerspruchsrecht[196] nicht daran geknüpft, daß der Widerspruch den Fortbestand des alten Arbeitsverhältnisses bewirkt. Es soll vielmehr allein dem nationalen Recht obliegen, die Folgen der Ausübung des Widerspruchs zu regeln, einschließlich der Anordnung, daß das bisherige Arbeitsverhältnis erlischt.[197] Dieser Deutung steht insbesondere nicht die Regierungsbegründung zu § 132 UmwG[198] entgegen. Diese Begründung zeigt, daß der Gesetzgeber die Rechtsfolge des Widerspruchs bei einer Aufspaltung gesehen hat. Ihr läßt sich jedoch nicht entnehmen, daß der Gesetzgeber ein Widerspruchsrecht bei der Aufspaltung überhaupt verneinen wollte.[199]

Zudem bleibt es dem Arbeitnehmer überlassen, die möglichen Folgen seines Widerspruchs einzuschätzen. Aus der Pflicht des Arbeitgebers, den Arbeitnehmer rechtzeitig über einen geplanten Betriebsübergang zu unterrichten,[200] folgt eine entsprechende Pflicht auch bei der Umwandlung im Sinne des § 1 UmwG. Gemäß § 5 Abs. 1 Nr. 9 (Verschmel-

---

194 *Wlotzke*, DB 1995 S. 40 (43).

195 *Boecken*, Unternehmensumwandlungen S. 60 RN 81 m. w. N. in FN 84.

196 EuGH AP Nr. 97 zu § 613a BGB.

197 EuGH AP Nr. 97 zu § 613a BGB (Tz. 36).

198 BT-Drucks. 12/6699 (= BR-Drucks. 75/94). Dort heißt es auf S. 121 unter anderem: „Macht ein Arbeitnehmer von dem ihm nach der Rechtsprechung des Bundesarbeitsgerichts und des Gerichtshofs der Europäischen Gemeinschaften zustehenden Widerspruchsrechts Gebrauch, so gehen bei einer Abspaltung oder Ausgliederung die Rechte und Pflichten aus dem diesen Arbeitnehmer betreffenden Arbeitsverhältnis nicht auf den übernehmenden oder neuen Rechtsträger über, dem sie nach dem Spaltungs- und Übernahmevertrag oder nach dem Spaltungsplan zugeordnet sein sollten. *Bei einer Aufspaltung ist ein Widerspruchsrecht wegen des Erlöschens des übertragenden Rechtsträgers allerdings insoweit gegenstandslos, als seine Ausübung nicht zur Fortführung des bisherigen Arbeitsverhältnisses bei dem aufgespaltenen Rechtsträger führen kann.*"
Die „insoweit"-Formulierung bringt zum Ausdruck, daß der Gesetzgeber dem Widerspruchsrecht bei der Aufspaltung seine Sinnhaftigkeit bezogen auf die Verhinderung des Übergangs des Arbeitsverhältnisses auf einen nicht gewollten Arbeitgeber-Rechtsträger nicht absprechen wollte.

199 So aber: *Hennrichs*, ZIP 1995 S. 794 (799), der einem Widerspruchsrecht grundsätzlich ablehnend gegenübersteht. *Boecken*, Unternehmensumwandlungen S. 61 RN 82, dort in FN 86 setzt sich mit dieser Auffassung kritisch auseinander und kommt zu dem zutreffenden Ergebnis, daß diese die Ablehnung eines Widerspruchsrechts nicht zu begründen vermag.

200 Siehe dazu die Ausführungen unter 1. Teil B. I.

zungsvertrag oder sein Entwurf), § 126 Abs. 1 Nr. 11 (Spaltungs- und Übernahmevertrag oder sein Entwurf), § 136 (Spaltungsplan), § 176 (Vermögensvollübertragung), § 177 (Vermögensteilübertragung), § 194 Abs. 1 Nr. 7 (Formwechsel) des UmwG sind die Folgen der jeweiligen Umwandlung für die Arbeitnehmer und ihre Vertretungen sowie die insoweit vorgesehenen Maßnahmen im Umwandlungsvertrag zwingend aufzuführen. Dem Arbeitnehmer muß auch in diesen Fällen ermöglicht werden, sich ein Bild von den näheren Umständen und Folgen einer Umwandlung im Hinblick auf seinen Arbeitsplatz zu machen. Insoweit erweist sich die rechtzeitige Zuleitung des Umwandlungsvertrages an den Betriebsrat als wichtige Informationsquelle für die Arbeitnehmer. Gerade in den Fällen der Verschmelzung, der Aufspaltung und der Vermögensvollübertragung wird der Arbeitnehmer nach entsprechender Einziehung von Erkundigungen wissen, daß eine Weiterbeschäftigungsmöglichkeit beim ursprünglichen Arbeitgeber nicht mehr bestehen wird. Diese aus der Ausübung des Widerspruchs resultierende Folge entspricht dem Grundsatz, daß der Arbeitnehmer die Konsequenzen seines Widerspruchs eigenverantwortlich einzuschätzen und zu tragen hat. Dies wurde in den bisherigen Ausführungen im Rahmen des § 613a BGB im Zusammenhang mit dem Fall diskutiert, daß der Betriebsveräußerer mangels (Weiter-)Beschäftigungsmöglichkeit gezwungen sein wird, dem widersprechenden Arbeitnehmer betriebsbedingt zu kündigen.[201]

Die Ausübung des Widerspruchs läuft demnach in den Fällen der Verschmelzung, der Aufspaltung und der Vermögensvollübertragung auf ein Erlöschen des Arbeitsverhältnisses bei dem übertragenden Arbeitgeber hinaus: Der übertragende Rechtsträger erlischt im Zeitpunkt des Wirksamwerdens der Umwandlung. Gleichzeitig führt der Widerspruch zu einer Hinderung des Rechtsübergangs mit der Folge, daß ein Übergang des Arbeitsverhältnisses nicht stattfinden kann. Der Widerspruch hat in diesen Fällen dieselbe Konsequenz wie eine Eigenkündigung des Arbeitnehmers oder eine ordentliche bzw. außerordentliche Kündigung durch den übertragenden Arbeitgeber,[202] ohne daß dem Arbeitnehmer jedoch das Recht zum Widerspruch abgesprochen werden kann oder muß. Vielmehr ist auch hier der primäre Sinn des Widerspruchsrechts sichergestellt, daß der Arbeitnehmer nicht ohne seinen Willen einen neuen Arbeitgeber erhält.[203] Daß der Arbeitnehmer

---

201 Siehe dazu die Ausführungen unter 1. Teil A. II. 3., III.; 2. Teil A. I. 2.

202 *Boecken*, ZIP 1994 S. 1087 (1092); *ders.*, Unternehmensumwandlungen S. 62 f. RN 84 weist zutreffend darauf hin, daß es einer Kündigung des nicht übergehenden Arbeitsverhältnisses durch den übertragenden Rechtsträger jedoch nicht bedarf, da dieses gleichzeitig mit dessen durch die Eintragung der Umwandlung erfolgenden Untergang erlösche.

203 Demgegenüber geht *Mertens*, AG 1994 S. 66 ff. (73) davon aus, daß im Fall der Aufspaltung die Ausübung des Widerspruchsrechts zu einer *Fortsetzung* des Arbeitsverhältnisses mit einem anderen spaltungsberechtigten Rechtsträger führe und dieses deshalb auch nicht mit dem Untergang des aufspaltenden Rechtsträgers erlösche. Das Widerspruchsrecht solle dem Arbeitnehmer vielmehr die Entscheidung ermöglichen, welchem Betrieb er angehören wolle. Diese Auffassung ist abzulehnen. Sie widerspricht dem bereits gewonnenen Ergebnis, daß das Widerspruchsrecht über seine eigentliche Funktion – dem Arbeitnehmer soll gegen seinen Willen kein anderer Arbeitgeber aufgezwungen werden – hinaus nicht als ein Wahlrecht des Arbeitnehmers interpretiert werden kann, bei welchem Arbeitgeber er in Zukunft tätig werden will. Siehe dazu die Ausführungen unter 1. Teil A. III.; vgl. ebenso: *Boecken*, Unternehmensumwandlungen S. 63 RN 85 FN 91-93.

arbeitslos wird und nicht beim ursprünglichen Arbeitgeber verbleiben kann, ist ein Risiko, daß er in eigenverantwortlicher Wahrnehmung seiner Entscheidungsfreiheit zu tragen hat.

Die Situationen, in der ein Arbeitnehmer einem Übergang seines Arbeitsverhältnisses auf einen neuen Arbeitgeber widerspricht, wenn der übertragende Arbeitgeber erlischt, werden daher in der Praxis nicht häufig vorkommen. In allen anderen Fällen einer Umwandlung, die im übrigen öfter relevant sein werden, bleibt dem widersprechenden Arbeitnehmer der übertragende Arbeitgeber erhalten, so daß es hier (wie auch im Falle der Betriebsteilübertragung) durchaus sinnvoll sein kann, wenn die betroffenen Arbeitnehmer von ihrem Widerspruchsrecht Gebrauch machen.[204]

III. Zusammenfassung

Eine Argumentation dahin gehend, der Arbeitnehmer müsse im Hinblick auf die möglichen Folgen des Widerspruchs praktisch vor sich selbst geschützt werden, geht insofern fehl. Denn diesen Schutz – Fortbestand des Arbeitsverhältnisses mit dem Erwerber auf der Grundlage des Art. 3 Abs. 1 der Richtlinie 77/187/EWG – müßte sich der Arbeitnehmer gerade dadurch erkaufen, daß er entgegen seinem Willen bei einem Arbeitgeber (Betriebsübernehmer) arbeiten muß, mit dem er unter Umständen nie selbst einen Arbeitsvertrag abgeschlossen hätte. Der Zweck des § 613a Abs. I Satz 1 BGB und des Art. 3 Abs. I der Richtlinie 77/187/EWG, der darauf abzielt, dem Arbeitnehmer im Zusammenhang mit der Übertragung eines Betriebes seinen Arbeitsplatz möglichst zu erhalten, muß in den Hintergrund treten, wenn man dem Arbeitnehmer aus verfassungsrechtlichen Überlegungen ein Widerspruchsrecht zugesteht, weil ihm ohne seinen Willen kein anderer Arbeitgeber aufgezwungen werden soll. Erkennt man also ein Widerspruchsrecht an, so ist der Fortbestand des Arbeitverhältnisses mit dem Betriebsveräußerer nach der Ausübung des Widerspruchs die logische Konsequenz.

Erlischt der ursprüngliche Arbeitgeber durch Verschmelzung, Aufspaltung oder Vermögensvollübertragung nach dem UmwG, geht der Widerspruch ins Leere, da ein Verbleib bei diesem Arbeitgeber nicht mehr möglich ist. Dies ist eine mögliche Folge des Widerspruchs bei einer Unternehmensumwandlung, die der Arbeitnehmer eigenverantwortlich einzuschätzen hat. Insofern gilt nichts anderes als bei einem Widerspruch gegen einen Betriebsübergang nach § 613a BGB, bei dem der Arbeitnehmer mangels einer Weiterbeschäftigungsmöglichkeit mit einer betriebsbedingten Kündigung durch den veräußernden Arbeitgeber rechnen muß. Gleichwohl steht dem Arbeitnehmer auch im Falle einer Unternehmensumwandlung ein Widerspruchsrecht zu. Zum einen macht der EuGH ein Widerspruchsrecht nicht vom Fortbestand des alten Arbeitsverhältnisses abhängig und zum anderen hat der Gesetzgeber des UmwG das Problem gesehen, sich aber nicht gegen ein Widerspruchsrecht ausgesprochen. Darüber hinaus gelten auch hier dieselben verfassungsrechtlichen Überlegungen wie im Fall der Betriebsübertragung nach § 613a BGB.

---

204 *Wollenschläger/Pollert*, ZfA 1996 S. 547 (558).

B. Kündigungsmöglichkeit des Betriebsveräußerers

Da bei einem Widerspruch des Arbeitnehmers gegen eine Betriebsveräußerung dessen Arbeitsverhältnis beim Veräußerer bestehen bleibt, stellt sich für die arbeitsrechtliche Praxis die Frage, ob und unter welchen Voraussetzungen der Betriebsveräußerer einem widersprechenden Arbeitnehmer kündigen kann. Der Arbeitsplatz des widersprechenden Arbeitnehmers als sachliches Substrat des Arbeitsverhältnisses wurde nach § 613a BGB auf den Betriebserwerber übertragen. Ein Interesse bzw. eine Notwendigkeit für eine Kündigung resultiert nun für den Veräußerer aus dem Umstand, daß er den widersprechenden Arbeitnehmer aufgrund der Übertragung des Arbeitsplatzes auf den Erwerber unter Umständen nicht mehr bei sich (weiter-) beschäftigen kann.

Die Vorschrift des § 613a Abs. 4 BGB, wonach „die Kündigung des Arbeitsverhältnisses eines Arbeitnehmers durch den bisherigen Arbeitgeber oder durch den neuen Inhaber wegen des Übergangs eines Betriebs oder Betriebsteils unwirksam" ist, hat keinen Einfluß auf die Kündigungsmöglichkeit des Veräußerers. Dies ist allgemein anerkannt.[205] Betriebsbedingte Kündigungen sind nach dem Wortlaut des Gesetzes dann unwirksam, wenn sie „wegen" des Übergangs eines Betriebs oder Betriebsteils erfolgen. D. h. der Kündigungsschutz nach § 613a Abs. 4 BGB greift nur dann ein, wenn das Arbeitsverhältnis auf den Erwerber übergeht, weshalb sich der Arbeitnehmer bei Ausübung des Widerspruchs zugleich des Schutzes des § 613a Abs. 4 BGB begibt.[206] Bei einer Kündigung aufgrund eines ausgeübten Widerspruchs handelt es sich gerade nicht um eine Kündigung „wegen" Betriebsübergangs, weil die Kündigung nur in mittelbarem Zusammenhang mit dem Betriebsübergang steht.[207] Die Betriebsveräußerung ist zwar ursächlich für die spätere Kündigung , jedoch gewinnt sie erst Bedeutung durch den Widerspruch des Arbeitnehmers, der sich weigert, zum neuen Betriebsinhaber überzuwechseln und daher nicht weiterbeschäftigt werden kann. Demgegenüber verblaßt die Beriebsveräußerung zu einem „bloßen Hintergrundgeschehen".[208]

Bei der Beantwortung der Frage, ob der Arbeitsplatz beim Betriebsveräußerer ersatzlos weggefallen ist, ist zwischen zwei Grundkonstellationen zu unterscheiden. Die eine betrifft den Fall, daß der Arbeitgeber nur einen einzigen Betrieb besitzt und diesen vollständig veräußert. Die andere Konstellation zeichnet sich dadurch aus, daß die Veräußerung sich lediglich auf einen Betriebsteil oder auf einen von mehreren Betrieben eines Unternehmens bezieht. Hieraus können sich für den Arbeitnehmer jeweils unterschiedliche Rechtsfolgen ergeben.

---

205 *Bauer*, DB 1983 S. 713 (714); *ders.*, Unternehmensveräußerung S.84; *Busche*, DZWir 1994 S. 115 ff.; *Gaul*, Betriebsübergang S. 246 f.; *Oetker*, DZWir 1993 S. 136 (142); *Schiefer*, RdA 1994 S. 83 (92); *Tschöpe*, S. 45 ff.; vgl. im übrigen die weiteren Nachweise bei *Pietzko*, S. 299, dort in FN 380.

206 So auch: *Pietzko*, S. 299, dort in FN 380.

207 *Bauer*, DB 1983 S. 713 (714); *ders.*, Unternehmensveräußerung S. 84.

208 *Tschöpe*, S. 47. *Wickler*, S. 115, ist dagegen der Auffassung, daß es unerheblich sei, ob erst der Widerspruch und nicht der Betriebsübergang als solcher die unmittelbare Kündigungsursache gesetzt habe.

I. Gesamtbetriebsübertragung

Hat der Arbeitgeber nur einen einzigen Betrieb und überträgt er ihn vollständig, so bestehen bei ihm keine Arbeitsplätze mehr. Er ist wegen des Wegfalls des betrieblichen Substrats nicht mehr in der Lage, Arbeitnehmer zu beschäftigen. Für ihn ist der Betrieb quasi „stillgelegt".[209] Dies hat für den widersprechenden Arbeitnehmer zur Konsequenz, daß ihm der veräußernde Arbeitgeber ordentlich kündigen wird. Aufgrund des Wegfalls des Arbeitsplatzes wird diese Kündigung auch nach § 1 Abs. 2 Satz 1 KSchG aus dringenden betrieblichen Erfordernissen sozial gerechtfertigt sein.[210] Da ein Widerspruch in dieser Fallkonstellation zwangsläufig eine betriebsbedingte Kündigung nach sich ziehen wird, werden in der Praxis die wenigsten Arbeitnehmer einen Widerspruch in Betracht ziehen. Denn wie im Falle einer Umwandlung im Sinne einer Verschmelzung, Aufspaltung oder Vermögensvollübertragung nach dem UmwG entfaltet der Widerspruch hier nicht die ihm zugedachte (Sekundär)Wirkung, da der Verbleib beim veräußernden Arbeitgeber nicht mehr möglich ist. Das Widerspruchsrecht soll den Arbeitnehmer zwar in erster Linie davor bewahren, daß ihm ein unerwünschter Arbeitgeber aufgezwungen wird, und es soll nicht primär den Verbleib beim ursprünglichen Arbeitgeber ermöglichen. Die Arbeitnehmer werden aber wegen der drohenden Arbeitslosigkeit im Falle einer Kündigung durch den Betriebsveräußerer nach dessen Gesamtbetriebsübertragung den Bestandsschutz ihrer Arbeitsplätze bzw. Arbeitsverhältnisse, welcher durch § 613a Abs. 1 Satz 1 BGB und Art. 3 Abs. 1 der Richtlinie 77/187/EWG gewährt wird, einem Widerspruch vorziehen und auf ihrem bisherigen Arbeitsplatz beim neuen Betriebsinhaber weiterarbeiten. Da bei dem vollständigen Verkauf des einzigen Betriebes sämtliche Arbeitsplätze wegfallen, wird hier das Problem, ob und wie eine Sozialauswahl nach § 1 Abs. 3 KSchG durchzuführen ist, nicht relevant.

II. Teilbetriebsübertragung bzw. Übertragung eines von mehreren Betrieben

Anders ist der Fall zu beurteilen, in dem sich der Betriebsinhaberwechsel lediglich auf einen Betriebsteil oder auf einen von mehreren Betrieben des Unternehmens bezieht. Da der veräußernde Arbeitgeber hier generell über andere Beschäftigungsmöglichkeiten verfügt, was aber nicht automatisch mit freien Arbeitsplätzen gleichzusetzen ist, ist die Hoffnung des Arbeitnehmers nicht unberechtigt, er werde nach seinem Widerspruch beim bisherigen Arbeitgeber verbleiben können.[211] Auch wenn für den Betriebsveräußerer keine tatsächliche Möglichkeit mehr besteht, den durch den Widerspruch gegen die Vertragsüberleitung nach § 613a BGB bei ihm verbleibenden Arbeitnehmer mit den ursprünglichen Aufgaben auch weiterhin zu beschäftigen, hat er dennoch in Betracht zu ziehen, inwieweit es ihm möglich ist, den Arbeitnehmer im übrigen Betriebsbereich, der nicht vom Betriebsübergang betroffen ist, weiterzubeschäftigen. Dies folgt aus dem dem Kündigungsschutzrecht zugrundeliegenden ultima-ratio-Prinzip, wonach eine in Betracht zu

---

209 *Tschöpe*, S.44 f.

210 So bereits: BAG AP Nr. 1 zu § 613a BGB (III 3 b der Gründe); KR-*Etzel*, § 1 KSchG RN 562.

211 Siehe dazu die Ausführungen unter 1. Teil A. II. 3.

ziehende Kündigung des Vertragsverhältnisses nur dann ausgesprochen werden darf, wenn ein weniger einschneidendes Mittel nicht zur Verfügung steht.[212] In diesem Fall kann eine Kündigung nach § 1 Abs. 2 KSchG aus betriebsbedingten Gründen sozial ungerechtfertigt sein, wenn der widersprechende Arbeitnehmer im Restbetrieb oder in einem anderen Betrieb des Unternehmens weiterbeschäftigt werden kann, wobei – unabhängig von dem Vorliegen eines Widerspruchs des Betriebsrats – grundsätzlich von einer unternehmensbezogenen Weiterbeschäftigungspflicht auszugehen ist.[213] Die Unternehmensbezogenheit der Weiterbeschäftigungsmöglichkeit ergibt sich aus § 1 Abs. 2 Satz 2 Nr. 1b KSchG, wonach vor jeder Beendigungskündigung zu prüfen ist, ob eine Weiterbeschäftigungsmöglichkeit des Arbeitnehmers in demselben Betrieb oder in einem anderen Betrieb desselben Unternehmens möglich ist.[214] Solange ein freier Arbeitsplatz vorhanden ist, gilt der Grundsatz, daß der Arbeitgeber auch vor einer auf betriebsbedingte Gründe gestützten ordentlichen Beendigungskündigung dem Arbeitnehmer eine zumutbare Weiterbeschäftigung auch zu geänderten, gegebenenfalls für den Arbeitnehmer ungünstigeren Bedingungen anbieten muß.[215]

1. Betriebs- oder unternehmensbezogener Kündigungsschutz des widersprechenden Arbeitnehmers?

Problematisch ist an dieser Stelle bereits – unabhängig von der noch zu untersuchenden Problematik der Sozialauswahl bei ausgeübtem Widerspruch – ob sich der widersprechende Arbeitnehmer gegenüber einer betriebsbedingten ordentlichen Beendigungskündigung gemäß § 1 Abs. 2 Satz 2 Nr. 1b KSchG darauf berufen kann, auf einem freien Arbeitsplatz in demselben Betrieb oder in einem anderen Betrieb des Unternehmens weiterbeschäftigt zu werden. Fraglich ist also, ob der Arbeitgeber gehalten ist, den widersprechenden Arbeitnehmer *betriebs-* oder *unternehmensbezogen* zu versetzen.

a) Auffassungen in der Literatur

In der Literatur wird teilweise vertreten, daß der Umfang der allgemeinen kündigungsrechtlichen Grundsätze bezüglich der betriebsbedingten Kündigung im Rahmen der Möglichkeit einer anderweitigen Beschäftigung nach § 1 Abs. 2 Satz 2 KSchG mit Rücksicht auf die Ausübung des Widerspruchs zu modifizieren bzw. einzuschränken ist. Dies soll in der Weise geschehen, daß der Widerspruch in der Form berücksichtigt wird, daß eine un-

---

212 *Gaul,* Betriebsübergang S. 243 weist darauf hin, daß vor einer Kündigung des Vertrags alle anderen Möglichkeiten auszuschöpfen seien, das Vertragsverhältnis gegebenenfalls unter veränderten Bedingungen aufrecht zu erhalten. Unter Umständen müsse geprüft werden, inwieweit es dem Arbeitgeber zuzumuten sei, durch Umschulungsmaßnahmen eine anderweitig mögliche Verwendung herbeizuführen.

213 KR-*Etzel,* § 1 KSchG RN 555.

214 Zu den Voraussetzungen des unternehmensbezogenen Kündigungsschutzes nach § 1 Abs. 2 Satz 2 Nr. 1b KSchG siehe: *Erdmann,* S. 64 ff.

215 KR-*Etzel,* § 1 KSchG RNrn. 241 ff., 248 ff.

ternehmensbezogene Weiterbeschäftigungspflicht des Arbeitgebers ausscheidet und nur eine betriebsbezogene Weiterbeschäftigungspflicht in Betracht kommen soll.[216]

Begründet wird dies damit, daß der Grundsatz der Zurechnung von betrieblichen Kündigungsgründen in den Risikobereich des Arbeitgebers gerade dann nicht gelte, wenn ein Arbeitnehmer dem Betriebsübergang widersprochen habe. Die klassische Fallkonstellation der betriebsbedingten Kündigung liege nicht vor, da zum einen der Arbeitsplatz des Arbeitnehmers nicht wegfalle, sondern lediglich einem anderen Inhaber zugeordnet werde. Zum anderen verlagere sich das Weiterbeschäftigungsrisiko auf den Arbeitnehmer, da er durch den Widerspruch die Notwendigkeit einer betriebsbedingten Kündigung mitverursacht habe, was zu einer wertungsmäßigen Annäherung zur verhaltensbedingten Kündigung führe.[217] Des weiteren habe der Betriebsveräußerer die Nachteile zu tragen, die sich aus den Rechtsfolgen des § 613a BGB als solche und der Möglichkeit des Widerspruchs ergeben. Eine Interessenabwägung zu seinen Gunsten ergebe, daß er nicht zusätzlich durch einen unternehmensbezogenen Kündigungsschutz belastet werden könne, wenn der Arbeitnehmer durch den Widerspruch freiwillig auf den Bestandsschutz nach § 613a BGB verzichte. Schließlich sei § 613a BGB ausweislich seines Wortlauts ausschließlich auf den Übergang eines Betriebes bzw. Betriebsteils begrenzt und habe im Gegensatz zu § 1 Abs. 2 Satz 2 KSchG gerade keinen unternehmensbezogenen Charakter, weshalb auch das Widerspruchsrecht auf einen betriebsbezogenen Kündigungsschutz eingeschränkt sei.[218]

Da für den widersprechenden Arbeitnehmer bereits eine unternehmensbezogene Weiterbeschäftigungspflicht abzulehnen sei, müsse dies auch für eine konzernbezogene Weiterbeschäftigungspflicht gelten.[219] In diesem Zusammenhang wird die Auffassung vertreten, die Arbeitnehmer, die auf ihrem Vertrag mit der Konzernmutter beharrten und den Übergang ihres Arbeitsverhältnisses zur Konzerntochter ablehnten, verhielten sich widersprüchlich und damit rechtsmißbräuchlich, da bei der Konzerntochter ihre ursprünglichen Beschäftigungsmöglichkeiten weiterhin bestünden. Dies gelte insbesondere dann, wenn die Konzerntochter im Hinblick auf Größe, finanzielle Leistungsfähigkeit und Beschäftigungsmöglichkeiten die gleiche Sicherheit bieten könne wie die Obergesellschaft.[220]

Den angeführten Argumenten gegen eine unternehmensbezogene Weiterbeschäftigung des Arbeitnehmers wird im Schrifttum auf der anderen Seite entgegengehalten, die in § 1 Abs. 2 Satz 2 KSchG normierte Versetzungspflicht als milderes Mittel gegenüber einer Kündigung bestehe nach der klaren gesetzlichen Wertung unabhängig von der indi-

---

216 *Pietzko*, S. 302 ff.

217 *Pietzko*, S. 302 f.

218 *Pietzko*, S. 303 f.

219 *Pietzko*, S. 304. Dies gilt schon deshalb, weil der allgemeine Kündigungsschutz bei der betriebsbedingten Kündigung nicht konzernbezogen ausgestaltet ist (BAG AP Nr. 1 zu § 1 KSchG 1969 Konzern (B II 3 a-c der Gründe) mit zust. Anm. *Wiedemann*; BAG AP Nr. 6 zu § 1 KSchG 1969 Konzern (III 1 der Gründe) mit zust. Anm. *Windbichler*), weshalb eine Kündigung nicht schon deshalb unwirksam ist, weil die Möglichkeit der Weiterbeschäftigung in einem anderen Konzernunternehmen besteht. Siehe dazu: *Helle*, S. 49 ff. (71).

220 *Helle*, S. 144 f.

viduellen Schutzbedürftigkeit des Arbeitnehmers.[221] Die aus § 613a BGB entnommene Wertung eines ausschließlich betriebsbezogenen Arbeitnehmerschutzes erweise sich letztlich als nicht durchschlagend. Da das Widerspruchsrecht den bisherigen status quo des Arbeitnehmers erhalten wolle, entspreche es auch dem Zweck des Widerspruchsrechts, daß sich die bisherige kündigungsrechtliche Position des Arbeitnehmers zumindest dann nicht verschlechtere, wenn er auf einem anderen freien Arbeitsplatz im verbliebenen Betrieb desselben Unternehmens beschäftigt werden könne.[222]

Daneben wird geltend gemacht, dem Argument, der Betriebsbezogenheit des § 613a BGB müsse im Falle des Widerspruchs auch eine Betriebsbezogenheit des Kündigungsschutzes nach § 1 Abs. 2 KSchG folgen, stehe bereits § 612a BGB entgegen. Da der anerkannte Widerspruch eine zulässige Rechtsausübung sei, dürfe die betriebsbedingte Kündigung als Maßnahme im Sinne des § 612a BGB demnach nicht zu einer Benachteiligung des Arbeitnehmers führen. Dies sei aber dann anzunehmen, wenn die grundsätzliche Unternehmensbezogenheit der anderweitigen Beschäftigungsmöglichkeit nur bei widersprechenden Arbeitnehmern auf den Betriebsbereich reduziert werde.[223]

b) Stellungnahme

Zu folgen ist der erstgenannten Auffassung, wonach eine unternehmensbezogene Weiterbeschäftigungsmöglichkeit des Arbeitnehmers ausscheidet. Für sie sprechen die besseren Argumente. Das KSchG ist darauf ausgerichtet, einen Interessenausgleich zwischen Arbeitgeber- und Arbeitnehmerinteressen herbeizuführen, indem es die unternehmerische Entscheidungsfreiheit im Interesse der wirtschaftlichen und sozialen Existenzsicherung des Arbeitnehmers einschränkt. Den Arbeitgeber trifft gemäß § 1 Abs. 2 Satz 4 KSchG die Darlegungs- und Beweislast dafür, daß die Beschäftigungsmöglichkeit für den gekündigten Arbeitnehmer weggefallen ist. Es hängt weitgehend von seinem Begründungsinhalt in der prozessualen Auseinandersetzung ab, ob er sich mit seinen Argumenten durchsetzen kann und vor allem schlüssig darlegen kann, daß aufgrund einer Umsetzung einer betrieblichen bzw. unternehmerischen Maßnahme das Bedürfnis für die Weiterbeschäftigung eines oder mehrerer Arbeitnehmer auf dem bisherigen Arbeitsplatz entfallen ist. Gelingt ihm dieser Beweis nicht, ist seine Kündigung nach § 1 Abs. 2 KSchG sozial ungerechtfertigt und damit unwirksam.

Das Weiterbeschäftigungsrisiko kann aber dann nicht allein dem Verantwortungsbereich des Arbeitgebers zugewiesen werden, wenn die betriebsbedingte Kündigung durch den Widerspruch des Arbeitnehmers mitverursacht wurde. Der Kündigungsgrund entspringt in diesem Fall nicht der autonomen unternehmerischen Entscheidungsfreiheit des Arbeitgebers, sondern wird ihm vom Arbeitnehmer „aufgezwungen". Der Hinweis, der Widerspruch sei ein nicht unerheblicher eigener Beitrag des Arbeitnehmers für den drohenden Arbeitsplatzverlust und führe damit zu einer wertungsmäßigen Annäherung zu ei-

---

221 *Oetker*, DZWir 1993 S. 136 (142).

222 *Busche*, DZWir 1994 S. 115 (116).

223 *Preis/Steffan*, Anm. zum Urt. des BAG v. 7.4.1993, EzA Nr. 30 zu § 1 KSchG Soziale Auswahl (II. der Anm.).

nem verhaltensbedingten Kündigungsgrund,[224] ist insofern zutreffend, da er das Problem am ehesten beschreibt. Gleichwohl wird die Ausübung des Widerspruchs nie einen Grund für eine verhaltensbedingte Kündigung abgeben können, da dies gerade dem Schutzzweck des Widerspruchsrechts zuwiderläuft.

Es ist auch nicht einzusehen, weshalb dem widersprechenden Arbeitnehmer ein unternehmensbezogener Kündigungsschutz zuteil werden soll und der Arbeitgeber somit zusätzlich belastet wird, wenn der Arbeitnehmer freiwillig auf seinen Bestandsschutz verzichtet hat, der ihm nach § 613a Abs. 1 Satz 1 BGB und Art. 3 Abs. 1 der Richtlinie 77/187/EWG gesichert wird. Er muß gegenüber den Arbeitnehmern, die ohne eigenes Zutun der Gefahr einer betriebsbedingten Kündigung ausgesetzt sind, als weniger schutzwürdig gelten. Dies macht deutlich, daß es hier auch um einen Konflikt auf der Arbeitnehmerseite geht. Hierfür trifft aber die Regelung des § 612a BGB, mit der gegen eine Betriebsbezogenheit des Kündigungsschutzes argumentiert wird, keine Aussage. Daneben ist die betriebsbedingte Kündigung keine Maßregelung, sondern notwendige Folge des Widerspruchs, wenn keine freien Arbeitsplätze beim alten Arbeitgeber vorhanden sind.

Das in diesem Zusammenhang von der Gegenmeinung vorgebrachte Argument, das Widerspruchsrecht solle gerade den status quo des Arbeitnehmers sichern, weshalb sich auch die bisherige kündigungsrechtliche Position des Arbeitnehmers beim neuen Inhaber nicht verschlechtern könne, kann aus folgendem Grund nicht überzeugen: Es ist gerade nicht das Ziel des Widerspruchs, dem Arbeitnehmer bei einem Betriebsübergang den rechtlichen status quo zu sichern. Diese Funktion obliegt einzig und allein der Bestandsschutznorm des § 613a Abs. 1 Satz 1 BGB, da durch sie das Arbeitsverhältnis und der Arbeitsplatz zu einer Einheit verknüpft werden. Ihr Wesen liegt gerade darin begründet, daß der *Austausch des Arbeitgebers rechtlich unbeachtlich* sein und dadurch eine fiktive Arbeitgeberkontinuität hergestellt werden soll.[225] *Mit dieser Funktion des § 613a Abs. 1 Satz 1 BGB läßt sich ein Widerspruchsrecht aber gerade nicht vereinbaren.* Mit dem Widerspruch verfolgt der Arbeitnehmer das durch § 613a Abs. 1 Satz 1 BGB nicht mehr gedeckte Ziel, sich gegen den Übergang seines Arbeitsverhältnisses auf den neuen Inhaber zur Wehr zu setzen mit der Folge des (zumindest vorübergehenden) Verbleibens beim Veräußerer. Richtig ist zwar, daß das Widerspruchsrecht auf der Norm des § 613a Abs. 1 Satz 1 BGB basiert, jedoch werden mit dem Widerspruch auf der einen und § 613a Abs. 1 Satz 1 BGB auf der anderen Seite unterschiedliche Ziele verfolgt.[226] Wenn also der Arbeitnehmer primär daran interessiert ist, bei der Person des ursprünglichen Arbeitgebers zu verbleiben und nur sekundär ein Interesse am Erhalt seines Arbeitsplatzes hat, so muß dies bereits bei der Berücksichtigung einer Weiterbeschäftigungsmöglichkeit nach § 1 Abs. 2 Satz 2 Nr. 1b KSchG aus den genannten Gründen zu seine Lasten gehen. Es ist daher interessen- und sachgerecht, wenn ein unternehmensbezogener Kündigungsschutz des widersprechenden Arbeitnehmers zugunsten eines betriebsbezogenen ausscheidet.

---

224 *Pietzko*, S. 303.

225 So auch: *Pietzko*, S. 255.

226 Siehe zu der Notwendigkeit einer Unterscheidung zwischen dem Bestandsschutz nach § 613a Abs. 1 Satz 1 BGB und dem darauf beruhenden Widerspruchsrecht als Mittel zum Verbleib bei dem bisherigen Arbeitgeber die Ausführungen unter 1. Teil A. II. 2. b.

Die Auffassung des BAG[227], der Arbeitgeber müsse eine Weiterbeschäftigung im Betrieb bzw. *im Unternehmen* in Betracht ziehen, vermag nicht zu überzeugen. Es setzt sich nicht mit der Tatsache auseinander, daß der widersprechende Arbeitnehmer freiwillig auf seinen Bestandsschutz verzichtet und die betriebsbedingte Kündigung dadurch erst verursacht hat. Wenn es vielmehr das Weiterbeschäftigungsrisiko ohne Bedenken allein dem Arbeitgeber aufbürdet, ist dies aus den oben genannten Gründen nicht gerechtfertigt.

Es wird zu bedenken gegeben, bei einer Veräußerung eines gesamten Betriebes würde dann der Widerspruch des Arbeitnehmers immer zu einer betriebsbedingten Kündigung führen, auch wenn eine Versetzungsmöglichkeit (in einen anderen Betrieb des Unternehmens) bestehe, was im Ergebnis dem Widerspruchsrecht kaum gerecht werde.[228] Dem ist entgegenzuhalten, daß es nicht Ziel und Zweck des Widerspruchsrechts ist, den Arbeitnehmer vor einer betriebsbedingten Kündigung zu bewahren, sondern den (zumindest vorläufigen) Verbleib beim bisherigen Arbeitgeber zu erreichen, indem der Übergang auf den unerwünschten Arbeitgeber verhindert wird. Die Folgen, die sich dadurch ergeben, muß der Arbeitnehmer selbst einschätzen und das Risiko einer eventuellen arbeitgeberseitigen Kündigung abwägen. Dem Arbeitnehmer wird dadurch die Ausübung des Widerspruchs auch nicht unzumutbar, da die Prüfung einer Weiterbeschäftigungsmöglichkeit lediglich auf die Betriebsebene beschränkt, jedoch nicht gänzlich ausgeschlossen wird.

Bei der Berücksichtigung des Widerspruchs zu Lasten des Arbeitnehmers bezüglich der Weiterbeschäftigungsmöglichkeit darf aber nicht unter dem Blickwinkel des Rechtsmißbrauchs argumentiert werden.[229] Solange es um die Ausübung des Widerspruchs an sich geht, ist diese keinen Schranken unterworfen und bedarf keiner Begründung. Dies folgt aus der bereits angesprochenen Funktion des Widerspruchs als grundrechtsgerichtetes Freiheitsrecht, sich keinen unerwünschten neuen Arbeitgeber aufdrängen lassen zu müssen.[230] Die Rechtsfolgen des Widerspruchs treten daher unabhängig davon ein, ob es sich im Sinne kündigungsrechtlicher Wertungen um einen „begründeten“ oder „grundlosen“ Widerspruch handelt.[231] Widerspricht der Arbeitnehmer, geht es in erster Linie um die Ausübung eines Grundrechts. *Da der Bestandsschutz hinter der Ausübung des Widerspruchs zurücktritt*, kann auch nicht argumentiert werden, der Arbeitnehmer verhielte sich widersprüchlich und damit rechtsmißbräuchlich, wenn er auf seinem Vertrag mit dem Veräußerer beharre, der Erwerber aber die gleichen wirtschaftlichen Voraussetzungen biete. Solange es um die Ausübung des Widerspruchs selbst geht, ist dies der falsche Ausgangspunkt.

Dies bedeutet jedoch nicht, daß dieses Verhalten des Arbeitnehmers – Verzicht auf den Schutz des § 613a Abs. 1 Satz 1 BGB – in keinem Fall berücksichtigt werden könnte. Die Funktion der Bestandsschutznorm des § 613a Abs. 1 Satz 1 BGB wird insbesondere dann in die Betrachtung mit einzubeziehen sein, wenn es um die Beurteilung geht, ob das Bestandsschutzinteresse des widersprechenden Arbeitnehmers als geschmälert angesehen werden kann. Dies wird relevant werden, wenn es im Rahmen der noch zu behandelnden

---

227 BAG, NZA 1999 S. 258 (261) m.w.N.

228 *Hoffmeister*, ArbuR 1995 S. 132 (133).

229 So aber: *Helle*, S. 144 f.

230 Siehe dazu die Ausführungen unter 1. Teil A. III.

231 So auch: *Busche*, Anm. zum Urt. des BAG v. 7.4.1993, DZWir 1994 S. 115 (117).

Sozialauswahl darum geht, eine Interessenabwägung zwischen den widersprechenden Arbeitnehmern und den nicht vom Betriebsübergang betroffenen Arbeitnehmern des Restbetriebes durchzuführen.

2. *Relativierung der Widerspruchsmöglichkeit durch die Darlegungs- und Beweislast im Kündigungsschutzprozeß?*

Daß bei dem Betriebsveräußerer ein Betriebsteil oder einer von mehreren Betrieben verbleibt, bedeutet zwar, daß Arbeitnehmer beschäftigt werden. Dies heißt aber nicht zwangsläufig, daß zugleich auch freie Arbeitsplätze vorhanden sind. Nur im günstigsten Fall wird für den widersprechenden Arbeitnehmer in dem beim Veräußerer verbleibenden Teilbetrieb ein freier Arbeitsplatz zur Verfügung stehen. Deshalb wird im Schrifttum zu bedenken gegeben, daß an die Ausübung des Widerspruchs in den meisten Fällen keine allzu große Hoffnung geknüpft werden könne, zumal es auch in prozessualer Hinsicht für den Arbeitnehmer erhebliche Schwierigkeiten bereite, im Kündigungsschutzprozeß einen Anspruch auf Weiterbeschäftigung durchzusetzen, was ihm regelmäßig nicht gelingen werde.[232] Es fragt sich, ob die bereits getroffene Feststellung, daß es für den Arbeitnehmer zumindest im Falle einer Betriebsteilübertragung Sinn macht, von seinem Widerspruchsrecht Gebrauch zu machen,[233] in dieser Form aufrecht erhalten werden kann. Das ist sicher der Fall, wenn wirklich ein freier Arbeitsplatz vorhanden ist. Zwar wird zutreffend darauf hingewiesen, die Chance, einen im beim Betriebsveräußerer verbleibenden Betriebsteil vorhandenen freien Arbeitsplatz zu erhalten, sinke proportional zur Anzahl der dem Teilbetriebsübergang widersprechenden Arbeitnehmer.[234] Dies besagt jedoch nicht, daß immer mehrere Arbeitnehmer dem Übergang ihrer Arbeitsverhältnisse widersprechen werden. Zumindest wird bei einem freien Arbeitsplatz auch ein widersprechender Arbeitnehmer weiterbeschäftigt werden können.

Wenn man die Spruchpraxis des BAG betrachtet, ist festzustellen, daß der Kündigungsschutz des Arbeitnehmers gegenüber Kündigungen aus dringenden betrieblichen Gründen nicht übermäßig ausgeprägt ist. Dies liegt daran, daß das BAG in ständiger Rechtsprechung von dem Grundsatz der freien Unternehmerentscheidung ausgeht. Danach unterliegen organisatorische, technische und wirtschaftliche Unternehmensentscheidungen des Arbeitgebers, welche sich konkret nachteilig auf die Einsatzmöglichkeiten des gekündigten Arbeitnehmers auswirken, nur einer gerichtlichen Mißbrauchskontrolle dahingehend, ob sie offensichtlich unsachlich, unvernünftig oder willkürlich sind.[235] Wenn der von einer betriebsbedingten Kündigung betroffene Arbeitnehmer den Wegfall seines Arbeitsplatzes bestreitet, genügt der allgemeine Vortrag des Arbeitgebers, daß eine Weiterbeschäftigung des Arbeitnehmers nicht mehr möglich sei. Der Arbeitgeber ist insofern

---

232 *Tschöpe*, S. 49 f.

233 Siehe dazu die Ausführungen unter 1. Teil A. II. 3.

234 *Tschöpe*, S. 50 f.

235 BAG AP Nr. 6 (II 1 b der Gründe) m. Anm. *Reuter*, Nr. 8 (II 2 a der Gründe) m. Anm. *Herschel*, Nr. 10 (3 b der Gründe), Nr. 12 (B I 1 der Gründe) m. Anm. *Meisel* zu § 1 KschG 1969 Betriebsbedingte Kündigung; BAG AP Nr. 31 zu § 2 KSchG 1969 (II 2 der Gründe) m. Anm. *Waas*.

gegenüber dem Arbeitnehmer in einer günstigeren Position, als er nunmehr nicht unter Darlegung genauer Einzelheiten behaupten muß, eine anderweitige Beschäftigungsmöglichkeit sei nicht gegeben. Vielmehr obliegt es dem Arbeitnehmer konkret darzulegen, wie er sich eine anderweitige Beschäftigung vorstellt, wenn sein bisheriger Arbeitsplatz tatsächlich weggefallen sein sollte. Erst danach ist der Arbeitgeber an der Reihe eingehend darzulegen, aus welchen Gründen eine Versetzung auf einen entsprechend freien Arbeitsplatz nicht möglich ist.[236] Diese Grundsätze gelten auch für die Umsetzung innerhalb des Betriebes und für die Versetzung in einen anderen Betrieb des Unternehmens.[237] Ein konkreter Sachvortrag des Arbeitnehmers, an welche Art der Beschäftigung er beim Wegfall seines bisherigen Arbeitsplatzes denkt, wird für ihn in den meisten Fällen ein nicht zu überwindendes Hindernis bedeuten, da ihm dies in den meisten Fällen faktisch nicht möglich sein wird.

Unabhängig von der Frage, ob in dem beim veräußernden Arbeitgeber verbleibenden (Teil-) Betrieb ein freier Arbeitsplatz vorhanden ist, ist eine betriebsbedingte Kündigung aber dann nach § 1 Abs. 3 Satz 1 KSchG sozial ungerechtfertigt und damit unwirksam, wenn der Arbeitgeber bei der Auswahl der zu kündigenden Arbeitnehmer soziale Gesichtspunkte nicht oder nicht ausreichend berücksichtigt hat. Ob ein widersprechender Arbeitnehmer beim ursprünglichen Arbeitgeber weiterbeschäftigt werden kann bzw. muß, hängt somit nicht ausschließlich von dem Vorhandensein eines freien Arbeitsplatzes ab. Vielmehr besteht das Arbeitsverhältnis auch dann zwingend fort, wenn die Kündigung unwirksam war, weil eine Sozialauswahl nur unzureichend durchgeführt worden ist. Die Notwendigkeit einer Sozialauswahl stellt sich damit als mittelbare Folge der Ausübung eines Widerspruchs gegen einen Betriebsübergang dar. Für den Arbeitnehmer kann daher die Ausübung eines Widerspruchs auch beim Fehlen freier Arbeitsplätze sinnvoll sein, da er im Rahmen der durchzuführenden Sozialauswahl die Chance erhält, einen sozial stärkeren Arbeitnehmer aus dem Restbetrieb zu verdrängen. Damit realisiert sich das eingangs skizzierte Problem, daß unter Umständen einem Arbeitnehmer gekündigt werden muß, der von dem Betriebsübergang nicht betroffen war und deshalb dem Bestandsschutz des § 613a Abs. 1 Satz 1 BGB nicht unterliegt.

---

236 Siehe dazu: BAG AP Nr. 1 zu § 1 KSchG 1969 Krankheit (II 3 b der Gründe) m. Anm. *Trieschmann*; BAG AP Nr. 14 zu § 102 BetrVG 1972 (II 4 b der Gründe) m. Anm. *von Stebut*; BAG DB 1983 S. 1822 (B II 2 a der Gründe); BAG EzA § 1 KSchG Betriebsbedingte Kündigung Nr. 74 (B III 2 d der Gründe). Zu den Beweislastfragen im Kündigungsschutzprozeß siehe *Ascheid*, S. 61 ff. m. w. N.

237 BAG AP Nr. 12 zu § 1 KSchG 1969 Betriebsbedingte Kündigung (B II 2 a der Gründe) m. Anm. *Meisel*.

C. Soziale Auswahl

I. Zu beachtende Grundsätze bei der Durchführung einer Sozialauswahl

An die Prüfung anderweitiger Beschäftigungsmöglichkeiten schließt die Prüfung der Sozialauswahl an.[238] Drei grundsätzliche Problemkreise sind bei der Prüfung der sozialen Auswahl zu unterscheiden: Zunächst geht es um die Bestimmung des Kreises derjenigen Arbeitnehmer, unter denen die soziale Auswahl getroffen werden muß, die sog. „Vergleichbarkeit". Danach sind bei den ausgewählten Arbeitnehmern die sozialen Gesichtspunkte gegeneinander abzuwägen, es wird also die eigentliche Sozialauswahl durchgeführt. Auf der dritten Stufe müssen noch gemäß § 1 Abs. 3 Satz 2 KSchG der Auswahl nach sozialen Gesichtspunkten entgegenstehende betriebliche Bedürfnisse berücksichtig werden.[239]

1. Bestimmung des auswahlrelevanten Personenkreises

In die soziale Auswahl sind nur *vergleichbare* Arbeitnehmer einzubeziehen. Der Kreis der in die Sozialauswahl einzubeziehenden vergleichbaren Arbeitnehmer bestimmt sich nach gefestigter Judikatur des BAG in erster Linie nach arbeitsplatzbezogenen Merkmalen, also zunächst nach der ausgeübten Tätigkeit,[240] wobei sich der Vergleich allein auf derselben Ebene der Betriebshierarchie (sog. horizontale Vergleichbarkeit)[241] zu vollziehen [242]hat.

Für den widersprechenden Arbeitnehmer, dem vom Betriebsveräußerer aus betriebsbedingten Gründen gekündigt wurde, bedeutet dies folgendes: Zunächst ist festzustellen, welcher Arbeitsplatz des widersprechenden Arbeitnehmers mit welchem Anforderungsprofil weggefallen ist. Ist beispielsweise ein Arbeitsplatz mit einer bestimmten Sachbearbeitertätigkeit im kaufmännischen Bereich durch die Veräußerung des Betriebes weggefallen, ist als nächstes zu prüfen, welche Arbeitnehmer auf Arbeitsplätzen gleichen Anforderungsprofils beschäftigt sind, wobei der arbeitsvertragliche Funktionsbereich (d.h. der betriebliche Einsatzbereich) zu berücksichtigen ist. Ist der widersprechende Arbeitnehmer laut Arbeitsvertrag für sämtliche Sachbearbeitertätigkeiten des Betriebes eingestellt worden, so ist er nunmehr mit allen im Betrieb beschäftigten Sachbearbeitern sozial

---

238 Zu dem systematischen Verhältnis von § 1 Abs. 2 zu § 1 Abs. 3 KSchG und zu der Handhabung der Prüfung der Sozialwidrigkeit durch das BAG siehe: *Gentges*, Anm. zu BAG AP Nr. 22 zu § 1 KSchG 1969 Soziale Auswahl (II 2 b der Anm.).

239 Siehe dazu: *Stahlhacke/Preis/Vossen* RNrn. 659a (664 ff.; 672 ff.).

240 BAG AP Nr. 7 (B II 3 der Gründe), Nr. 9 (IV 1 a der Gründe), Nr. 18 (B II 1 der Gründe) zu § 1 KSchG 1969 Soziale Auswahl.

241 *Berkowsky*, S. 92 f. RN 43 nennt als Beispiele für die horizontale Vergleichbarkeit im *kaufmännischen Bereich*: Geschäftsleitung, Leitende Angestellte, Abteilungsleiter, Sachbearbeiter, Sekretärinnen, Stenotypistinnen, Angelernte Kräfte, Bürohilfen und im *technischen* Bereich: Betriebsleiter, Leitender Ingenieur, Entwicklungsingenieure, Qualifizierte Techniker, Meister in Vorgesetztenfunktion, Meister ohne wesentliche Vorgesetztenfunktion, Facharbeiter, Angelernte Arbeiter, Hilfskräfte.

242 BAG AP Nr. 50 zu § 1 KSchG 1969 Betriebsbedingte Kündigung (B III 2 a der Gründe); BAG AP Nr. 22 zu § 1 KSchG 1969 Soziale Auswahl (II 5 a der Gründe) m. Anm. *Gentges*.

zu vergleichen. Ist er dagegen lediglich als eine angelernte Kraft und nicht als Sachbearbeiter eingestellt, jedoch als Sachbearbeiter beschäftigt worden, so ist er über den Bereich der Sachbearbeiter hinaus mit allen angelernten Kräften zu vergleichen.[243]

Im Gegensatz zu der anderweitigen Beschäftigungsmöglichkeit, welche nach § 1 Abs. 2 KSchG unternehmensbezogen ist, fehlt es an einer entsprechenden gesetzlichen Regelung für die nach § 1 Abs. 3 KSchG zu treffende Auswahl. Aufgrund dieser gesetzlichen Wertung ist für den Bereich der sozialen Auswahl von der grundsätzlichen *Betriebsbezogenheit* des individuellen Kündigungsschutzes auszugehen.[244] Das bedeutet, daß eine betriebsübergreifende Sozialauswahl ebensowenig in Betracht kommt, wie eine solche, die sich nur auf eine bestimmte Abteilung oder einen bestimmten Betriebsteil beschränkt.[245] Auch dies muß der widersprechende Arbeitnehmer bereits vor Ausübung seines Widerspruchsrechts bedenken. Es ist zu beachten, daß er nach der Gesetzeslage gemäß § 1 Abs. 3 Satz 3 KSchG aufgrund einer ihn treffenden Darlegungs- und objektiven Beweislast für die Unrichtigkeit der Sozialauswahl unter Angabe ihrer individuellen Sozialdaten (insbesondere Alter, Betriebszugehörigkeit und Unterhaltspflichten) diejenigen Arbeitnehmer *namentlich* benennen muß, die nach seiner Meinung die Kündigung weniger hart treffen würde.[246] Übt also ein Arbeitnehmer sein Widerspruchsrecht aus und wird ihm anschließend vom Betriebsveräußerer gekündigt, so ist ein sozialer Vergleich zwischen ihm und den Arbeitnehmern ausgeschlossen, die in den eventuell beim Betriebsveräußerer verbleibenden anderen Betrieben beschäftigt sind.[247]

2. Soziale Auswahlkriterien

Mit der Neufassung des § 1 Abs. 3 Satz 1 KSchG durch das Arbeitsrechtliche Beschäftigungsförderungsgesetz von 1996[248] hatte der Gesetzgeber die bei der betriebsbedingten Kündigung vorzunehmende Sozialauswahl bereits zum alten Recht von der Rechtprechung entwickelten, vorrangig zu berücksichtigenden Zahl der sozialen Kriterien[249] auf die auch schon bisher wichtigsten Grunddaten Dauer der Betriebzugehörigkeit, das Lebensalter und die Unterhaltspflichten des Arbeitnehmers begrenzt. Damit sollten andere soziale Gesichtspunkte wie etwa Aussichten auf dem Arbeitsmarkt, Krankheiten und wirtschaftliche Lage im Interesse der besseren Berechenbarkeit der Kündigung für den Arbeitgeber aus der Betrachtung ausscheiden.[250]

---

243 Zur Systematik der Sozialauswahl vgl. die differenzierte Darstellung mit Beispielsfällen bei: *Berkowsky*, S. 84 ff. (99 f. RN 75 ff.).

244 KR-*Etzel*, § 1 KSchG RN 625 m. w. N.

245 Siehe dazu: *Färber*, NZA 1985 S. 175; *Weller*, ArbuR 1986 S. 225 (230).

246 BAG AP Nr. 10 (A III 2 b aa der Gründe), Nr. 17 (II 2 a der Gründe) zu § 1 KSchG 1969 Soziale Auswahl.

247 So auch: *Wickler*, S. 117.

248 Arbeitsrechtliches Beschäftigungsförderungsgesetz vom 25.9.1996, gültig ab dem 1.10.1996 (BGBl. I S. 1476).

249 Siehe hierzu: KR-*Etzel*, § 1 KSchG RN 684 ff., 701 f.; *Kittner-Kittner*, § 1 KSchG RN 469 ff.

250 Siehe die Begründung zum Entwurf des Arbeitsrechtlichen Beschäftigungsförderungsgesetzes: BT-Drucks. 13/4612, A. S. 8 f., B. S. 13.

Mit dem Gesetz zu Korrekturen in der Sozialversicherung und zur Sicherung der Arbeitnehmerrechte[251] ist der Gesetzgeber zur alten Formulierung zurückgekehrt und hat die Wörter „die Dauer der Betriebszugehörigkeit, das Lebensalter und die Unterhaltspflichten des Arbeitnehmers“ durch die Wörter „soziale Gesichtspunkte“ ersetzt.[252] Zwar besitzen die Gesichtspunkte „Dauer der Betriebszugehörigkeit“, „Lebensalter“ und „Unterhaltspflichten“ – wie auch nach der bisherigen Rechtsprechung des BAG – entscheidendes Gewicht, jedoch können daneben – wie bisher – auch andere Umstände (Schwerbehinderung, Berufskrankheiten, unverschuldete Arbeitsunfälle, Chancen auf dem Arbeitsmarkt usw.) in Betracht kommen, wobei die Abwägung zwischen diesen Faktoren auf der Grundlage einer „Gesamtschau“ unter Berücksichtigung aller Umstände des Einzelfalles erfolgen muß.[253]

3. Der Sozialauswahl entgegenstehende betriebliche Belange nach § 1 Abs. 3 Satz 2 KSchG

Der durch das Arbeitsrechtliche Beschäftigungsförderungsgesetz[254] geänderte § 1 Abs. 3 Satz 2 KSchG bestimmte, daß in die soziale Auswahl nach § 1 Abs. 3 Satz 1 KSchG Arbeitnehmer *nicht einzubeziehen* waren, deren Weiterbeschäftigung wegen ihrer Kenntnisse, Fähigkeiten und Leistungen oder zur Sicherung einer ausgewogenen Personalstruktur des Betriebes im berechtigten betrieblichen Interesse lag.

Auch hier ist der Gesetzgeber mit dem Gesetz zu Korrekturen in der Sozialversicherung und zur Sicherung der Arbeitnehmerrechte[255] zur ursprünglichen Fassung des § 1 Abs. 3 Satz 2 KSchG zurückgekehrt, wonach nunmehr die Notwendigkeit einer Sozialauswahl nur entfällt, wenn betriebstechnische, wirtschaftliche oder sonstige berechtigte betriebliche Bedürfnisse die Weiterbeschäftigung eines oder mehrerer bestimmter Arbeitnehmer bedingen und damit der Auswahl nach sozialen Gesichtspunkten entgegenstehen.[256]

II. Anwendung dieser Grundsätze auf widersprechende Arbeitnehmer?

Im folgenden soll nun auf die bereits erwähnte Problematik[257] eingegangen werden, ob diese Grundsätze der Sozialauswahl nach § 1 Abs. 3 KSchG auf einen Arbeitnehmer, der dem Betriebsübergang aufgrund des ihm zustehenden Widerspruchsrechts widersprochen hat, Anwendung finden können. Damit ist die eigentlich problematische Frage angeschnitten, ob zwischen dem widersprechenden Arbeitnehmer und der übrigen Restbelegschaft überhaupt und wenn ja, unter welchen Voraussetzungen, eine Sozialauswahl statt-

---

251 Gesetz v. 19.12.1998, BGBl. I S. 3843.
252 Art. 6 Nr. 1 a aa des Gesetzes, BGBl. I S. 3849.
253 Siehe hierzu: *Däubler*, NJW 1999 S. 601 (602) m.w.N.
254 BGBl. I S. 1476.
255 BGBl. I S. 3843.
256 Siehe hierzu: *Däubler*, NJW 1999 S. 601 (602) m.w.N.
257 Siehe dazu die Ausführungen unter 2. Teil .

zufinden hat. Die Ausübung des Widerspruchsrechts ist letztlich kausal für die Durchführung einer Sozialauswahl. Dies bedeutet im Ergebnis, daß der widersprechende Arbeitnehmer sein Widerspruchsrecht und damit seine individuelle Vertragsfreiheit auf Kosten eines anderen Arbeitnehmers ausgeübt hat, wenn statt seiner das Arbeitsverhältnis mit einem anderen Arbeitnehmer beendet werden muß. Dieser Arbeitnehmer, der ursprünglich von der Betriebsveräußerung gar nicht betroffen war und dessen Arbeitsverhältnis bzw. Arbeitsplatz nicht dem Bestandsschutz des § 613a Abs. 1 Satz 1 BGB unterfällt, erhält keine Option auf den Übergang seines Arbeitsverhältnisses auf den Betriebserwerber. Er sitzt vielmehr nach erfolgter Sozialauswahl und anschließender Kündigung „auf der Straße", wenn er gegenüber dem widersprechenden Arbeitnehmer der sozial Stärkere ist. Die Gefahr einer einseitigen Rechtsverschlechterung für diesen Arbeitnehmer durch seinen widersprechenden Kollegen könnte dann vermieden bzw. minimiert werden, wenn eine Sozialauswahl zwischen dem widersprechenden Arbeitnehmer und der Restbelegschaft entweder gar nicht oder nur unter bestimmten Voraussetzungen stattfinden würde.

1. Auffassung der Rechtsprechung hinsichtlich der Anwendung des § 1 Abs. 3 KSchG auf widersprechende Arbeitnehmer

a) Die Entscheidungen des BAG vom 21.5.1992 und 7.4.1993

Das BAG hat in einem Vorlagebeschluß vom 21.5.1992[258] erstmals die Frage aufgeworfen, ob sich ein Arbeitnehmer, dem ohne Widerspruch gegen die Betriebsübernahme ein Arbeitsplatz bei dem Übernehmer erhalten geblieben wäre, auf eine mangelnde Sozialauswahl nach § 1 Abs. 3 KSchG mit Erfolg berufen könnte. Der 2. Senat des BAG hatte – vereinfacht dargestellt – über folgenden Sachverhalt zu entscheiden:

Ein Unternehmen verkaufte seinen Betriebsteil „Stauerei" an einen Dritten. Dem Übergang widersprach ein in diesem Betriebsteil als Hafenarbeiter beschäftigter Arbeitnehmer. Diesem wurde daraufhin betriebsbedingt gekündigt. In dem sich anschließenden Kündigungsschutzprozeß berief er sich darauf, er hätte in anderen, nicht übergegangenen Betriebsteilen weiterbeschäftigt werden können. In diesen Betriebsteilen seien weniger schutzwürdige Arbeitnehmer beschäftigt, denen man hätte zunächst kündigen müssen.

Nach dem Hinweis darauf, daß die Frage, ob sich ein widersprechender Arbeitnehmer überhaupt auf eine mangelnde Sozialauswahl berufen kann, in der bisherigen Rechtsprechung noch nicht entschieden worden sei und in der einschlägigen arbeitsrechtlichen Literatur kontrovers behandelt werde, führt das BAG dazu ohne Begründung lediglich aus: „Der Senat neigt ebenfalls zu der Auffassung, daß – bejaht man überhaupt das Widerspruchsrecht – *die Gründe für den Widerspruch Berücksichtigung finden müssen.*" Offen bleibt dagegen, wie diese Auffassung in dogmatischer Hinsicht zu realisieren ist.[259]

---

258 BAG AP Nr. 96 zu § 613a BGB (B II 2 b der Gründe) = BAG AR-Blattei ES 500 Nr. 92 Betriebsinhaberwechsel (B II 2 b der Gründe) m. Anm. *Hergenröder.*

259 Auf dieses Dilemma macht *Hergenröder* in seiner Anmerkung zu dem Vorlagenbeschluß aufmerksam und weist zutreffend darauf hin, daß in den meisten Fällen daher die Gewichtung des Widerspruchs mehr oder minder zur Eizelfallbetrachtung bzw. -wertung gerate. Da der Arbeitnehmer schon durch die Zubilligung des Widerspruchsrechts gegenüber der legislativen Regel

Das BAG hat mit Urteil vom 7.4.1993[260] seinen Vorlagebeschluß vom 21.5.1992 für erledigt erklärt und seinen Standpunkt zum Problem der Sozialauswahl, welches sich bei der betriebsbedingten Kündigung eines Arbeitnehmers stellt, der dem Betriebsübergang widerspricht, etwas konkretisiert. Es vertritt nunmehr die Auffassung, „daß *objektiv vertretbare Gründe* für den Widerspruch Berücksichtigung finden müssen."[261] Am Ende dieser Entscheidungsgründe werden diese objektiv vertretbaren Gründe dann als *sachliche und damit erhebliche Gründe* bezeichnet, wie es schon im 2. Leitsatz zum Ausdruck kommt.[262] Weshalb das BAG zwischen objektiv vertretbaren und sachlichen Gründen unterscheidet, wird nicht deutlich. Unklar bleibt auch, ob das BAG diesen beiden Kriterien eine unterschiedliche Gewichtung beimißt. Mangels entsprechender Anhaltspunkte dürfte dies zu verneinen sein.[263]

Das BAG erwägt also, die Probleme, die sich bei der Beurteilung der sozialen Schutzwürdigkeit der in die Sozialauswahl einzubeziehenden Arbeitnehmer ergeben, dadurch zu entschärfen, daß es demjenigen Arbeitnehmer die Berufung auf eine mangelnde soziale Auswahl verwehren will, der keine sachlichen oder objektiv vertretbaren Gründe für den Widerspruch angibt. Umgekehrt soll sich der Arbeitnehmer dann auf eine Fehlerhaftigkeit der Sozialauswahl berufen können, wenn entsprechende Widerspruchsgründe vorgetragen werden. Das BAG schweigt sich dazu aus, wann ein entsprechender Widerspruchsgrund vorliegt. Dies ist den Ausführungen des BAG auch nicht mittelbar zu entnehmen. Es gibt weder eine Begründung dafür, warum es zwischen gerechtfertigtem und nicht gerechtfertigtem Widerspruch unterscheidet, noch wie dies im Verhältnis zur Ausübung des Widerspruchsrechts selbst zu sehen ist.

b) Die Entscheidung des BAG vom 21.03.1996

Das BAG hatte in der Folgezeit einen weiteren Fall zu beurteilen, in welchem das Arbeitsverhältnis eines widersprechenden Arbeitnehmers vom bisherigen Betriebsinhaber wegen fehlender Weiterbeschäftigungsmöglichkeit gekündigt wurde. Der widersprechende Arbeitnehmer hatte im Kündigungsrechtsstreit u.a. geltend gemacht, die ihm gegenüber ausgesprochene Kündigung sei unwirksam, da der Gesamtbetriebsrat hierzu nicht angehört worden sei. Es sei auch keine ordnungsgemäße Sozialauswahl durchgeführt worden, da beim kündigenden Arbeitgeber zahlreiche Arbeitnehmer beschäftigt seien, die jünger als er seien, eine geringere Betriebszugehörigkeit aufwiesen und leichter als er auf dem Arbeitsmarkt zu vermitteln seien.

---

privilegiert sei, bestehe kein Grund, seinetwegen nicht vom Betriebsübergang betroffene Arbeitnehmer um ihren Arbeitsplatz zu bringen. Insoweit spreche viel für die These, den Widerspruch nur ausnahmsweise nicht zu Lasten des widersprechenden Arbeitnehmers zu werten (3 a, b der Anm.).

260 BAG AP Nr. 22 zu § 1 KSchG 1969 Soziale Auswahl.

261 BAG AP Nr. 22 zu § 1 KSchG 1969 Soziale Auswahl (II 5 b der Gründe).

262 Der 2. Leitsatz lautet: „Widerspricht der Arbeitnehmer dem Übergang seines Arbeitsverhältnisses auf einen Betriebs(teil)übernehmer (§ 613a BGB), dann kann er sich auf eine fehlerhafte Sozialauswahl nach § 1 Abs. 3 KSchG nur berufen, wenn für den Widerspruch ein *sachlicher* Grund vorliegt."

263 So auch: *Ingelfinger*, S. 591 (605) dort in FN 71.

In seinem Urteil vom 21.03.1996[264] entschied das BAG, daß im Falle der Kündigung eines Arbeitnehmers aufgrund seines Widerspruchs zu dieser Kündigung der Gesamtbetriebsrat im Unternehmen des bisherigen Betriebsinhabers nicht anzuhören ist.[265] Hinsichtlich der vom Arbeitnehmer geltend gemachten mangelhaften Sozialauswahl vertrat das BAG die Auffassung, daß diese nicht zu beanstanden sei. Es sei schon kein *vernünftiger Grund* erkennbar, weshalb der Arbeitnehmer dem Betriebsübergang widersprochen habe. Die Begründung, er habe die Vorteile des bisherigen Arbeitgebers schätzen gelernt, reiche insoweit jedenfalls nicht aus. Der Arbeitnehmer könne sich nach der Senatsrechtsprechung[266] deshalb *nur in ganz eingeschränktem Umfang* auf § 1 Abs. 3 KSchG berufen.[267]

Das BAG bekräftigt insoweit also seine Auffassung, daß der Arbeitnehmer nicht grundlos dem Betriebsübergang widersprechen darf, wenn er im nachhinein eine mangelhafte Sozialauswahl geltend machen will. Was es jedoch unter einem „vernünftigen" Widerspruchsgrund versteht, bei dessen Vorliegen sich der Arbeitnehmer auf § 1 Abs. 3 KSchG berufen können soll, bleibt weiterhin unklar. Zumindest soll nach Auffassung des BAG nicht ausreichend sein, wenn der widersprechende Arbeitnehmer geltend macht, er habe „die Vorteile seines bisherigen Arbeitgebers schätzen gelernt."

c) Die Entscheidung des BAG vom 18.03.1999

In seiner Entscheidung vom 18.03.1999[268] hat das BAG nochmals zum Problem der Sozialauswahl bei Kündigung eines Arbeitnehmers, der einem Betriebs- oder Betriebsteilübergang widersprochen hat, Stellung genommen. Es macht wiederum deutlich, daß bei der Sozialauswahl berücksichtigt werden muß, daß die Weiterbeschäftigung des Arbeitnehmers im Regelfall dazu führt, daß ein Arbeitskollege, der nicht die Möglichkeit hatte, beim Betriebserwerber weiterbeschäftigt zu werden, seinen Arbeitsplatz verliert. Die Widerspruchsgründe, die den Arbeitnehmer zur Geltendmachung einer fehlerhaften Sozialauswahl berechtigen sollen, werden vom BAG in dieser Entscheidung erstmals konkretisiert.

Dem Urteil des BAG liegt zusammengefaßt folgender Sachverhalt zugrunde:

Der Arbeitnehmer war darüber informiert worden, daß der Teilbetrieb, in dem er beschäftigt war, auf eine Tochtergesellschaft des Arbeitgebers übergehen werde. Nachdem der Arbeitnehmer dem Übergang seines Arbeitsverhältnisses widersprochen hatte, kündigte der Arbeitgeber das Arbeitsverhältnis mit der Begründung, der Arbeitsplatz sei durch den Übergang des Betriebsteils weggefallen. Im Kündigungsschutzverfahren machte der Arbeitnehmer geltend, er habe dem Übergang seines Arbeitsverhältnisses aus sachlichen Gründen widersprochen. Diese bestünden in der schlechten wirtschaftlichen Situation des Tochterunternehmens, seiner wesentlich geringeren Arbeitnehmerzahl und der daraus folgenden günstigeren Position – auch hinsichtlich der finanziellen Ausstat-

264 BAG AP Nr. 81 zu § 102 BetrVG 1972.
265 BAG AP Nr. 81 zu § 102 BetrVG 1972 (1. Leitsatz).
266 BAG AP Nr. 22 zu § 1 KSchG 1969 Soziale Auswahl.
267 BAG AP Nr. 81 zu § 102 BetrVG 1972 (III 2 der Gründe).
268 BAG, ZIP 1999 S. 1537 ff.

tung eines Sozialplans – bei dem beklagten Unternehmen. Eine langfristige Verschlechterung der Arbeitsbedingungen bei dem Tochterunternehmen sei zudem nicht auszuschließen, da dieses nicht tarifgebunden sei. Er sei bereit gewesen, das bisherige Arbeitsverhältnis zu geänderten Arbeitsbedingungen fortzusetzen. Einsatzmöglichkeiten habe es gegeben.

aa) Grundsätzliche Möglichkeit der Berufung auf eine fehlerhafte Sozialauswahl

Nach Ansicht des BAG war die Kündigung nicht gem. § 1 Abs. 3 KSchG sozial ungerechtfertigt. Unter Berücksichtigung der Tatsache, daß der Arbeitnehmer das Arbeitsverhältnis bei der Tochtergesellschaft hätte fortsetzen können, und bei Abwägung der Gründe, die ihn zu seinem Widerspruch gegen den Übergang des Arbeitsverhältnisses veranlaßt hätten, sei die Auswahl des Klägers unter den vergleichbaren Arbeitnehmern nicht fehlerhaft gewesen.[269] Das BAG stellt hinsichtlich des „Ob" einer Sozialauswahl zunächst klar, daß nach seiner Rechtsprechung sich auch der Arbeitnehmer, dem ohne seinen Widerspruch gegen den Übergang des Arbeitsverhältnisses der Arbeitsplatz bei dem Übernehmer erhalten geblieben wäre, auf eine mangelhafte Sozialauswahl bei einer Kündigung durch den bisherigen Betriebsinhaber berufen könne. Das Gesetz gebe keine Handhabe, „etwa im Falle eines Widerspruchs ohne vernünftigen Grund von einer Sozialauswahl ganz abzusehen."[270]

bb) Konkretisierung der zu berücksichtigenden Widerspruchsgründe

Bezüglich der Frage des „Wie", d.h. unter welchen Voraussetzungen die Sozialauswahl zwischen dem gekündigten Arbeitnehmer und den vergleichbaren Arbeitnehmern der Restbelegschaft stattzufinden hat, vertritt das BAG nach wie vor die Ansicht, daß bei der Prüfung der sozialen Gesichtspunkte die Gründe für den Widerspruch zu berücksichtigen sind. Diese Widerspruchsgründe werden jedoch erstmals konkretisiert. Das BAG führt hierzu aus: „Je geringer die Unterschiede hinsichtlich der sozialen Gesichtspunkte unter den vergleichbaren Arbeitnehmern sind, desto *gewichtiger* müssen die Gründe dafür sein, einen vom Betriebsübergang nicht betroffenen Arbeitnehmer zu verdrängen.....Ist der widersprechende Arbeitnehmer nicht ganz erheblich, sondern nur geringfügig schutzwürdiger als die vergleichbaren Arbeitnehmer, verdient er allenfalls dann den Vorrang, wenn seinem Widerspruch die *berechtigte Befürchtung eines baldigen Arbeitsplatzverlustes* oder einer *baldigen wesentlichen Verschlechterung seiner Arbeitsbedingungen bei dem Erwerber* zugrunde liegt."[271]

Das BAG erwägt also, dem widersprechenden Arbeitnehmer die Berufung auf eine fehlerhafte Sozialauswahl dann zu versagen, wenn er nur geringfügig schutzwürdiger ist und eine alsbaldige Beendigung des Arbeitsverhältnisses oder eine erhebliche Verschlechterung der Arbeitsbedingungen nicht befürchten muß. Damit wird die Problematik, wann handfeste Gründe für die Ausübung des Widerspruchsrechts vorliegen, auf zwei

---

269 BAG, ZIP 1999 S. 1539 (B II 2 der Gründe).
270 BAG, ZIP 1999 S. 1539 (B II 2 a der Gründe).
271 BAG, ZIP 1999 S. 1539 (B II 2 b der Gründe).

Fallgruppen begrenzt, wenn dem widersprechenden Arbeitnehmer kein gesteigerter sozialer Schutz zukommt.

Dieses Ergebnis begründet das BAG damit, daß bei der Prüfung der sozialen Schutzwürdigkeit aller vergleichbaren Arbeitnehmer die Tatsache zu berücksichtigen sei, daß der Arbeitnehmer seine bisherige Arbeitsmöglichkeit aus freien Stücken aufgegeben habe und erst dadurch ein dringendes betriebliches Erfordernis geschaffen worden sei. Der soziale Besitzstand des gekündigten Arbeitnehmers könne nicht unabhängig von den Gründen beurteilt werden, aus denen er die Fortsetzung des Arbeitsverhältnisses mit einem anderen Arbeitgeber ablehne. Solle statt seiner einem anderen Arbeitnehmer gekündigt werden, der die Möglichkeit der Fortsetzung des Arbeitsverhältnisses nicht habe, müßten *berechtigte Gründe* des Arbeitnehmers vorliegen, der sich auf die soziale Auswahl zu Lasten des Arbeitskollegen berufe.[272] Dabei sei kein großzügiger Maßstab zugunsten des widersprechenden Arbeitnehmers geboten,[273] denn eine echte Wahlfreiheit des Arbeitnehmers könne nur bestehen, wenn sie nicht zu Lasten eines – an sich unbeteiligten – Arbeitskollegen gehe. Hierin liege keine „Entwertung des Widerspruchsrechts", da vielmehr die rechtsgeschäftliche Abschlußfreiheit des Arbeitnehmers mit den berechtigten und schutzwürdigen Belangen der vom Widerspruch betroffenen Arbeitskollegen in Einklang zu bringen sei und das KSchG auch diese Arbeitnehmer vor dem ungerechtfertigten Verlust des Arbeitsplatzes schütze.[274]

d) Die Entscheidung des LAG Hamm vom 19.7.1994

Das LAG Hamm hat in einem Urteil vom 19.7.1994[275] ebenfalls die Auffassung vertreten, daß der Arbeitnehmer sich nur dann auf eine fehlerhafte soziale Auswahl berufen kann, wenn für seinen Widerspruch sachliche Gründe vorliegen. Es hatte folgenden Sachverhalt zu beurteilen:

Ein Unternehmen, welches mit 300 Arbeitnehmern Artikel aus Kunststoff produzierte, hatte eine Abteilung mit 23 Arbeitnehmern an eine neugegründete GmbH veräußert, welche die Produktion mit 18 Arbeitnehmern fortführte. Das Unternehmen kündigte einem Arbeitnehmer, der dem Übergang seines Arbeitsverhältnisses auf die GmbH widersprochen hatte, aus betrieblichen Gründen, wogegen sich dieser mit einer Kündigungsschutzklage zur Wehr setzte. Er hielt die Kündigung deshalb für unbegründet, weil das Unternehmen soziale Gesichtspunkte nicht ausreichend berücksichtigt habe, denn im Vergleich zu 60 von insgesamt 120 im Stammbetrieb weiterbeschäftigten Kunststoffarbeitern sei er nach seinen sozialen Daten schutzwürdiger.

Das LAG Hamm stellt zunächst klar, daß trotz des Verbleibs des Arbeitnehmers im Betrieb des veräußernden Unternehmens noch nicht entschieden sei, ob dieser Arbeitnehmer als Widersprechender *überhaupt* in eine Sozialauswahl einzubeziehen sei.[276] Es bejaht diese Frage jedoch aus zweierlei Gründen: Zum einen mache die Vorschrift des § 1

---

272 BAG, ZIP 1999 S. 1539 (B II 2 a der Gründe).

273 So aber: KR-*Pfeiffer*, § 613a RNrn. 65 f.

274 BAG, ZIP 1999 S. 1539 (B II 2 b der Gründe).

275 LAG Hamm, DB 1994 S. 2242 ff.

276 LAG Hamm, DB 1994 S. 2242 (2243 unter 2 der Gründe).

Abs. 3 KSchG keine Ausnahme für widersprechende Arbeitnehmer, woraus grundsätzlich zu folgern sei, daß der Arbeitgeber auch hinsichtlich *dieser* Arbeitnehmer zu einer Auswahl des zu Kündigenden nach sozialen Gesichtspunkten verpflichtet sei. Zum anderen folge bereits aus dem Widerspruchsrecht selbst, daß diesen Arbeitnehmern konsequenterweise auch vom Ansatz her der Schutz des § 1 Abs. 3 Satz 1 KSchG zuzubilligen sei, da ansonsten das Widerspruchsrecht zur Wahrung der Grundrechte aus Art. 1, 2, 12 GG entwertet werde. Dies wird damit begründet, daß der Widersprechende bei einer Nichtdurchführung der Sozialauswahl *stets* mit einer Kündigung rechnen müsse, falls nicht ausnahmsweise andere freie Arbeitsplätze beim Veräußerer zur Verfügung stehen sollten.[277]

Auf der anderen Seite, so das LAG Hamm, erscheine es jedoch unbillig, den sozialen Schutz der im Betrieb Verbliebenen völlig zu negieren. Es führt dazu aus: „Setzt der Arbeitnehmer seinen Arbeitsplatz zu Lasten der im Betrieb Verbliebenen ohne *schwerwiegenden Grund* leichtfertig aufs Spiel, wird sein Widerspruch wohl keine Berücksichtigung finden dürfen."[278] Das LAG Hamm schließt sich daraufhin der Auffassung des BAG an, wonach entscheidend darauf abgestellt wird, ob sich objektiv nachvollziehbare Gründe für den Widerspruch anführen lassen. Es stellt sich dabei auf den Standpunkt, daß der Widersprechende *rechtsmißbräuchlich* handle, wenn er grundlos von seinem Widerspruchsrecht Gebrauch mache, also ohne objektive Veranlassung seinen vorhandenen Arbeitsplatz aufs Spiel setze.[279]

Nachdem das BAG in seiner Entscheidung vom 07.04.1993 offengelassen hatte, was es unter „sachlichen und damit erheblichen Gründen" versteht, hat das LAG Hamm versucht, objektiv vertretbare Gründe für das Widerspruchsrecht zu finden. Erwähnt werden „Extremfälle" wie feststehende Stillegungsabsicht des Erwerbers, frühere Konkurse des Erwerbers bzw. Betriebsteilveräußerung zur Umgehung von betriebsverfassungsrechtlichen Mitbestimmungsregelungen.[280] Daneben sollen aber auch solche Gründe berücksichtigt werden, die weniger deutlich zutage treten. Dabei hat das LAG Hamm insbesondere die Konstellation im Auge, daß ein Arbeitnehmer ohne seinen Widerspruch anstatt in einem mittelständischen Betrieb seine Arbeit in einem Kleinbetrieb fortsetzen müßte, womit eine Schmälerung seines sozialen Schutzes verbunden wäre. Es hat dazu ausgeführt: „So ist es mit *Neef*[281]verständlich und beachtlich, daß ein Arbeitnehmer von einem um so sichereren Arbeitsplatz ausgeht, je größer der Kreis der vergleichbaren Arbeitneh-

---

277 LAG Hamm, DB 1994 S. 2242 (2243 unter 2 a der Gründe).

278 Der Terminus des „schwerwiegenden" Grundes dürfte sich nicht von den vom BAG verlangten „sachlichen", „erheblichen", „berechtigten" bzw. „gewichtigen" Gründen unterscheiden, zumal das LAG Hamm in seinem 2. Leitsatz und auch unter 2 d der Gründe von einem „sachlichen" Grund für die Ausübung des Widerspruchs spricht.

279 LAG Hamm, DB 1994 S. 2242 (2243 unter 2 d der Gründe). Das LAG Hamm folgt damit (ausdrücklich) wie auch das BAG dem dogmatischen Ansatz von *Kreitner*, S. 162 ff., der unter Hinweis auf § 242 BGB dem grundlos widersprechenden Arbeitnehmer rechtsmißbräuchliches Handeln vorwirft. Zu diesem Lösungsansatz siehe die nachfolgenden Ausführungen unter 2. Teil C. II. 2. d aa, 2. Teil C. II. 3. e ee (2) (b).

280 LAG Hamm, DB 1994 S. 2242 (2243 unter 2 d der Gründe).

281 *Neef*, NZA 1994 S. 97 (102).

mer oder die potentielle Anzahl der freien Stellen ist."[282] Dagegen sollen für einen objektiv vertretbaren bzw. sachlichen Grund eine unzureichende Kapitalausstattung des Unternehmens des Erwerbers, zu befürchtende Lohnminderungen sowie ein fehlender Betriebsrat, zumindest wenn die Möglichkeit zur Bildung eines solchen besteht, nicht ausreichend sein.[283]

Das LAG Hamm hat im vorliegenden Fall der Kündigungsschutzklage des widersprechenden Arbeitnehmers stattgegeben, da die Beschäftigung in einem Kleinbetrieb gegenüber der Beschäftigung in einem mittelständischen Betrieb die Schmälerung seines sozialen Schutzes bedeutet hätte. Dem wird deshalb entscheidendes Gewicht zugemessen, da bei der neugegründeten GmbH mit 18 Arbeitnehmern im Vergleich zum alten Unternehmen mit ca. 280 Arbeitnehmern relativ weniger Arbeitnehmer beschäftigt seien und damit der Schutz nach § 1 Abs. 3 KSchG vermindert werde. Daneben gebe es in einem größeren Unternehmen aufgrund stärkerer Fluktuation eine größere Anzahl freier Arbeitsplätze, weshalb der widersprechende Arbeitnehmer beim veräußernden Unternehmen im Fall eines möglichen Personalabbaus auch deshalb besser geschützt sei, als bei einer Fortsetzung des Arbeitsverhältnisses bei der übernehmenden GmbH. Schließlich kämen bei der GmbH aufgrund deren Belegschaftsgröße von lediglich 18 Arbeitnehmern die §§ 111 ff. BetrVG nicht zur Anwendung. Da der Arbeitnehmer somit im Falle einer Einschränkung oder Stillegung des Betriebes durch den Erwerber nicht mit einer Sozialplanleistung rechnen könne, sei hierin ein weiterer sachlicher Grund für den Widerspruch des Arbeitnehmers zu sehen.

e) Die Entscheidung des LAG Berlin vom 26.5.1997[284]

In dem vom LAG Berlin zu entscheidenden Fall ging ein Betrieb durch Rechtsgeschäft vom bisherigen Betriebsinhaber auf den neuen Inhaber über. Eine zuletzt als Verkäuferin in dem übergehenden Betrieb beschäftigte Arbeitnehmerin machte daraufhin von ihrem Widerspruchsrecht hinsichtlich des Übergangs ihres Arbeitsverhältnisses Gebrauch, so daß weiterhin arbeitsvertragliche Beziehungen zwischen ihr und dem veräußernden Arbeitgeber bestanden, obwohl der von der Arbeitnehmerin innegehabte Arbeitsplatz infolge der Ausübung ihres Widerspruchsrechts weggefallen war.

Die daraufhin vom Veräußerer ausgesprochene ordentliche Kündigung sah das LAG Berlin trotz des Vorliegens dringender betrieblicher Erfordernisse als sozial ungerechtfertigt an, weil der Veräußerer bei der Auswahl der Arbeitnehmerin soziale Gesichtspunkte nicht oder nicht ausreichend berücksichtigt habe. Das LAG Berlin vertrat die Auffassung, es habe eine Sozialauswahl zwischen der widersprechenden Arbeitnehmerin und vergleichbaren Arbeitnehmern stattfinden müssen, da ein sachlicher bzw. objektiv vertretbarer Grund für den Widerspruch vorgelegen habe. Dieser wird darin gesehen, daß der Betriebserwerber weniger als 20 Arbeitnehmer beschäftige und daher bei einer betrieblichen Maßnahme i.S. der §§ 111 ff. BetrVG nicht verpflichtet sei, einen Interessenausgleich herbeizuführen und gegebenenfalls einen Sozialplan abzuschließen. Das LAG Berlin nimmt

282 LAG Hamm, DB 1994 S. 2242 (2244 unter 2 d der Gründe).
283 LAG Hamm, DB 1994 S. 2242 (2244 unter 2 d aa der Gründe).
284 LAGE § 1 KSchG Soziale Auswahl Nr. 20.

dabei ausdrücklich Bezug auf das Urteil des LAG Hamm, wonach ein sachlicher Grund für den Widerspruch jedenfalls dann gegeben sei, wenn der bislang in einem mittelständischen Unternehmen beschäftigte Arbeitnehmer die Arbeit in einem nicht sozialplanpflichtigen Kleinbetrieb fortsetzen soll.

f) Die Entscheidung des ArbG Hamburg vom 17.8.1994

Das ArbG Hamburg hat zunächst in einer Entscheidung vom 14.2.1991 die Sozialauswahl uneingeschränkt zugelassen[285] und sich dann in einer nachfolgenden unveröffentlichten Entscheidung vom 17.8.1994 der Ansicht des BAG in dessen Urteil vom 7.4.1993 angeschlossen,[286] wonach ein widersprechender Arbeitnehmer eine fehlerhafte Sozialauswahl nur dann einwenden können soll, wenn für den Widerspruch ein sachlicher Grund vorgelegen hat.

Bei dieser nicht veröffentlichten Entscheidung ging es um folgendenden Sachverhalt: Ein Unternehmen veräußerte seine mechanische Werkstatt an eine andere Firma. Diesem Übergang widersprach ein als Rohrschlosser in der Werkstatt beschäftigter Arbeitnehmer, dem daraufhin ordentlich aus betriebsbedingten Gründen vom veräußernden Unternehmen gekündigt wurde. In dem sich anschließenden Kündigungsschutzprozeß machte der Arbeitnehmer neben einer Weiterbeschäftigungsmöglichkeit bei seinem bisherigen Arbeitgeber geltend, dieser habe die Grundsätze der sozialen Auswahl mißachtet. In die Auswahl seien u.a. die Wieger der Abfüllstation, die gewerblichen Arbeitnehmer des Bereichs Gleiswaage sowie die Facharbeiter im Bereich Schiffsabfertigung einzubeziehen gewesen. Für seinen Widerspruch habe es sachliche Gründe gegeben, da sich bei Zugrundelegen der für die Nachfolgeinhaberin geltenden Tarifverträge eine Lohneinbuße von jährlich ca. DM 5000,- ergebe.

Das ArbG Hamburg hat die Kündigungsschutzklage mit der Begründung abgewiesen, daß für den Arbeitnehmer eine Weiterbeschäftigungsmöglichkeit in anderen Bereichen des veräußernden Unternehmens nicht bestanden hätte.[287] Darüber hinaus könne sich der Arbeitnehmer auf eine fehlerhafte Sozialauswahl im Hinblick auf seinen Widerspruch gegen den Übergang des Arbeitsverhältnisses auf die übernehmende Firma nicht berufen. Unter Hinweis auf das Urteil des BAG vom 7.4.1993[288] stellt das ArbG Hamburg zunächst fest, daß ein dem Übergang seines Arbeitsverhältnisses auf einen Betriebsteilübernehmer widersprechender Arbeitnehmer eine fehlerhafte Sozialauswahl nach § 1 Abs. 3 KSchG nur einwenden könne, wenn für den Widerspruch ein *sachlicher* Grund vorliege.[289] Als Grund für einen Widerspruch müsse sicherlich die erkennbare Illiquidität der Betriebsgesellschaft angesehen werden.[290]

---

285 ArbG Hamburg, DB 1991 S. 1333. Hier sind lediglich die Leitsätze abgedruckt. Der 3. Leitsatz lautet: „Der Widerspruch des Arbeitnehmers beim Betriebsteilübergang ist kein nachteiliger Faktor bei der Sozialauswahl (wie *Helpertz*, DB 1990 S. 1562).“

286 ArbG Hamburg, Urt. v. 17.8.1994 – 9 Ca 74/94 – unveröffentlicht.

287 ArbG Hamburg, Urt. v. 17.8.1994 (S. 7 f. der Gründe).

288 BAG AP Nr. 22 zu § 1 KSchG 1969 Soziale Auswahl.

289 ArbG Hamburg, Urt. v. 17.8.1994 (S. 9 f. der Gründe).

290 ArbG Hamburg, Urt. v. 17.8. 1994 (S. 9 der Gründe) mit Verweis auf *Henssler*, NZA 1994 S. 294 (296).

Für eine drohende Insolvenz der Firma bzw. für eine mangelnde Seriosität des Unternehmens bestünden jedoch vorliegend keine Anhaltspunkte. Die (übernehmende) Firma habe dem klagenden Arbeitnehmer sogar einen dreijährigen Verzicht auf eine betriebsbedingte Kündigung zugesagt. Nach Ansicht des ArbG Hamburg könne die Berufung des Arbeitnehmers auf die finanzielle Verschlechterung in Höhe von ca. DM 5000,- jährlich durch die Anwendbarkeit anderer Tarifverträge beim Nachfolgeunternehmen hieran nichts ändern. Bereits vom Ansatz her sei zu bezweifeln, ob das Eingreifen der gesetzlichen Regelung des § 613a Abs. 1 Satz 3 BGB über die Ablösung von Tarifverträgen nach erfolgtem Betriebsübergang überhaupt einen Widerspruchsgrund darstellen könne, da sich insoweit ein Wertungswiderspruch zu der vom Gesetzgeber gewollten Rechtsfolge ergeben würde. Das ArbG Hamburg führt dann weiter aus: „Die durch den Sozialplan.... festgelegten Konditionen und die Zusage der Firma hinsichtlich des zeitweiligen Verzichts auf eine betriebsbedingte Kündigung lassen es jedenfalls im Ergebnis nicht zu, von der Beklagten die Kündigung eines anderen Arbeitnehmers zu verlangen, der dann ohne jeden Arbeitsplatz dagestanden hätte, während dem Kläger der Arbeitsplatz bei der (übernehmenden) Firma ja erhalten geblieben wäre. Wenn man sich nicht schon auf den radikalen Standpunkt stellen will, daß im Rahmen der anerkennenswerten Widerspruchsgründe nur das Bestandsinteresse am Arbeitsplatz eine Rolle spielen kann (fehlendes unternehmerisches know-how, gewerberechtliche Unzuverlässigkeit, Kreditunwürdigkeit des Übernehmers[291]), so muß jedenfalls bei der vorzunehmenden Interessenabwägung immer im Vordergrund stehen, daß der Arbeitnehmer aus den vom Betriebsübergang nicht betroffenen Bereichen seinen Arbeitsplatz ganz und gar verliert."

2. Lösungsansätze in der Literatur

Im Schrifttum findet sich zu der Frage, ob und unter welchen Voraussetzungen sich ein widersprechender Arbeitnehmer auf eine mangelnde Sozialauswahl berufen kann, ein breites Meinungsspektrum. Dies reicht von der uneingeschränkten Anwendung des § 1 Abs. 3 KSchG über die vermittelnde Auffassung der Differenzierung nach Schutzwürdigkeitsgesichtspunkten bis hin zu der Ansicht, daß eine Sozialauswahl nur zwischen den widersprechenden Arbeitnehmern stattzufinden habe.

a) Uneingeschränkte Sozialauswahl

Nach einer Auffassung sollen beim widersprechenden Arbeitnehmer keine Besonderheiten zu beachten sein, so daß er sich auf § 1 Abs. 3 KSchG uneingeschränkt berufen könne.[292]

---

291 ArbG Hamburg, Urt. v. 17.8.1994 (S.10 der Gründe) mit Verweis auf *Busche*, Anm. zu BAG Urt. v. 7.4.1993, DZWir 1994 S. 112 (117 f.).

292 *Helpertz*, DB 1990 S. 1562 (1563 f.); *v. Hoyningen-Huene*, Anm. zum Urt. des BAG v. 7.4.1993, AR-Blattei ES 1020.1.2. Nr. 1 (2 b, c der Anm.); *Hüper*, S. 89 f.; *Jaeger*, BB 1988 S. 1036 (1040); KR-*Pfeiffer*, § 613a BGB RN 65; *Linck*, S. 35 f.; *Metzke*, ArbuR 1987 S. 240 (241); *Pollmann*, S. 59 (61).

Zur Begründung wird angeführt, der Umstand, daß ein Beschäftigter dem Übergang seines Arbeitsverhältnisses widersprochen habe, sei kein Kriterium zur Beurteilung seiner sozialen Stellung. Wenn der Arbeitnehmer in zulässiger Weise von seinem Widerspruchsrecht Gebrauch gemacht habe, sei dieser Umstand bei der Sozialauswahl nicht zu berücksichtigen. Die Sozialauswahl erübrige sich dagegen, wenn der Widerspruch rechtsmißbräuchlich gewesen sei. Eine Vermischung dieser beiden Aspekte sei aber unzulässig.[293] Die Berücksichtigung des Widerspruchsrechts sei auch eine nach § 612a BGB verbotene Maßregelung und könne mit dem Widerspruchsrecht nicht in Übereinstimmung gebracht werden. Da dieses an keine Gründe gebunden sei, sei die Berücksichtigung im Rahmen der Sozialauswahl eine Wiedereinführung des sachlichen Grundes „durch die Hintertür".[294]

In dieselbe Richtung geht die Argumentation, die Berufung auf das KSchG werde durch die Forderung eines sachlichen Grundes für den Widerspruch eingeschränkt. Damit werde die Berufung auf die Berufsausübungsfreiheit nach Art. 12 GG, mit der von der Rechtsprechung des BAG die Gewährung des Widerspruchsrechts gerade begründet werde, wiederum verwehrt.[295] Eine Motivkontrolle hinsichtlich der Ausübung des Widerspruchsrechts widerspreche indes dem Prinzip, die rechtsgeschäftliche Abschlußfreiheit des Arbeitnehmers zu schützen, das durch die Anerkennung des Widerspruchsrechts gerade verwirklicht werden solle. Eine wirkliche Wahlfreiheit des Arbeitnehmers sei nur gesichert, wenn seine Entscheidung gegen den neuen Arbeitgeber nicht mit einem verminderten Bestandsschutz erkauft werden müsse.[296]

Würde dem Arbeitnehmer darüber hinaus auferlegt, im Rahmen der Sozialauswahl Widerspruchsgründe geltend zu machen, verstieße dies gegen die Grundsätze einer gerechten Beweislastverteilung, da er Umstände darlegen müßte, die nicht in seiner Sphäre liegen und die er daher unter Umständen nicht beweisen könne.[297] Für die Unbeachtlichkeit des Widerspruchs bei der Sozialauswahl spreche auch der Schutzzweck des § 613a BGB sowie der Gleichheitssatz.[298]

Schließlich sei die Berufung des widersprechenden Arbeitnehmers auf die fehlerhafte Sozialauswahl deshalb in vollem Umfang zulässig, da dies dem zwingenden Charakter des KSchG entspreche. Es gehöre zum Wesen der sozialen Auswahl nach § 1 Abs. 3 KSchG, daß letztlich nach durchgeführter Sozialauswahl einem Arbeitnehmer gekündigt werden könne, der in einer Betriebsabteilung beschäftigt sei, in der keinerlei dringende betriebliche Erfordernisse für eine Kündigung bestünden.[299]

---

293 *Helpertz*, DB 1990 S. 1562 (1563).

294 *Helpertz*, DB 1990 S. 1562 (1564) in Anlehnung an die Formulierung von *Wickler*, S. 118. In dieser Richtung auch argumentierend: *Linck*, S. 35.

295 *v. Hoyningen-Huene*, Anm. zum Urt. des BAG v. 7.4.1993, AR-Blattei ES 1020.1.2. Nr. 1 (2 c der Anm.).

296 KR-*Pfeiffer*, § 613a BGB RN 65. Auch *Metzke*, ArbuR 1987 S. 240 (241) sieht das Prinzip der freien Arbeitgeberwahl beeinträchtigt.

297 *Helpertz*, DB 1990 S. 1562 (1564).

298 *Helpertz*, DB 1990 S. 1562 (1564 mit Verweis auf S. 1562 f.).

299 *v. Hoyningen-Huene*, Anm. zum Urt. des BAG v. 7.4.1993, AR-Blattei ES 1020.1.2. Nr. 1 (2 a, b der Anm.); *Linck*, S. 35.

b) Beschränkung des Kündigungsrisikos durch Gewährung eines Eintrittsrechts

Im Schrifttum, welches die schrankenlose Anwendung des § 1 Abs. 3 KSchG bejaht, wird an einer Stelle vorgeschlagen, dem Arbeitnehmer, dem statt des widersprechenden Arbeitnehmers gekündigt worden ist, ein *Eintrittsrecht* in die Position desjenigen zu gewähren, der von seinem Widerspruchsrecht Gebrauch gemacht hat.[300] Die Ausübung des Eintrittsrechts habe zur Folge, daß an Stelle des Widersprechenden der gekündigte Arbeitnehmer beim Betriebserwerber weiterbeschäftigt werden müsse. Der Erwerber könne daher den unbesetzten Arbeitsplatz nur belastet mit dem Eintrittsrecht übernehmen.[301] Den Interessen des Betriebserwerbers, die nicht vernachlässigt werden dürften,[302] sei insoweit Genüge getan. Er werde nicht schlechter gestellt, als wenn das Widerspruchsrecht nicht ausgeübt worden wäre, da er statt eines sozial besonders schutzwürdigen Arbeitnehmers in der Regel einen jüngeren, leistungsstärkeren, ungebundeneren oder flexibleren Mitarbeiter erhalte.[303]

Diesem Lösungsansatz ist im Schrifttum entgegengehalten worden, er stehe dem Grundsatz entgegen, daß das Arbeitsverhältnis desjenigen Arbeitnehmers übergeleitet werde, dessen Arbeitsplatz übertragen wurde.[304] Daneben bedeute die Vergleichbarkeit des widersprechenden Arbeitnehmers mit dem nicht vom Betriebsübergang betroffenen Arbeitnehmer des Restbetriebes noch lange nicht, daß sie auch im umgekehrten Sinn gegeben sei. Eine Zubilligung eines Eintrittsrechts verbiete sich daher von selbst, wenn der letztendlich gekündigte Arbeitnehmer den Arbeitsplatz beim Betriebserwerber aus fachlichen Gründen nicht ausfüllen könne.[305] Auch die durch einen Widerspruch eintretende Rechtsunsicherheit werde durch ein Eintrittsrecht nicht vermieden, da Kündigungen, die aufgrund einer Sozialauswahl zustandegekommen seien, bei einer arbeitsgerichtlichen Überprüfung immer mit einem Unsicherheitsfaktor behaftet seien. Darüber hinaus sei auch unsicher, wie ein solches Eintrittsrecht in zeitlicher Hinsicht auszugestalten sei.[306] Diesbezüglich wird vorgebracht, ein Recht zum Eintritt in die Position des Widersprechenden mit der Folge, daß dann das Arbeitsverhältnis dieses Arbeitnehmers nachträglich – zu einem möglicherweise viel späteren Zeitpunkt – auf den Erwerber übergehe, vernachlässige dessen schutzwürdige Interessen allzusehr.[307]

Des weiteren wird gegen ein Eintrittsrecht eingewandt, der Austausch der vom Betriebsübergang betroffenen und nicht betroffenen Arbeitnehmer finde im Gesetz keine

300 So: *Helpertz*, DB 1990 S. 1562 (1564 f.). In dieselbe Richtung geht der Vorschlag von *Hüper*, S. 90, dort in FN 265, der vorschlägt, den quasi ersatzweise zur Entlassung anstehenden Arbeitnehmer mit seinem Einverständnis auf den bisher vom widersprechenden Beschäftigten ausgeübten Arbeitsplatz zu versetzen, so daß dieser zum neuen Inhaber überwechseln würde.

301 *Helpertz*, DB 1990 S. 1562 (1565).

302 *Helpertz*, DB 1990 S. 1562 (1564).

303 *Helpertz*, DB 1990 S. 1562 (1565).

304 *Ingelfinger*, ZfA 1996 S. 591 (611).

305 *Hergenröder*, Anm. zum Urt. des BAG v. 21.5.1992, AR-Blattei ES 500 Nr. 92 (I 2 c der Anm.).

306 *Hergenröder*, Anm. zum Urt. des BAG v. 21.5.1992, AR-Blattei ES 500 Nr. 92 (I 2 c der Anm.).

307 *Lieb*, S. 90 RN 289.

Stütze.[308] Zudem müsse auch dem „Verlierer" der sozialen Auswahl ein Widerspruchsrecht gegen den Arbeitgeberwechsel zugestanden werden.[309] Schließlich stehe dem Lösungsvorschlag des Eintrittsrechts auch die Vertragsfreiheit des Betriebserwerbers entgegen.[310] Der Erwerber bekomme einen Arbeitnehmer zugewiesen, der mit dem Betriebsteil, welchen er erworben habe, vorher in keiner Verbindung gestanden habe. Zudem könne das Eintrittsrecht zeitlich oftmals erst weit nach dem Betriebsübergang erfolgen, unter Umständen erst nach einer arbeitsrechtlichen Auseinandersetzung zwischen Veräußerer und widersprechendem Arbeitnehmer. Fragwürdig sei deshalb, ob der Erwerber des Betriebes den Arbeitsplatz solange freihalten müsse.[311]

c) Einschränkung des Widerspruchsrechts

Den Gegenpol zu einer uneingeschränkten Sozialauswahl bilden die Auffassungen im Schrifttum, denen eine Einschränkung der Sozialauswahl zum Schutze der vom Betriebsübergang nicht betroffenen Arbeitnehmer nicht weit genug geht. Die Einschränkung der Sozialauswahl erscheine wie eine Behandlung der Symtome und nicht der Ursachen des Widerspruchs.[312] Es wird daher vorgeschlagen, eine Interessenabwägung bereits auf der Stufe des Widerspruchsrechts selbst vorzunehmen und einen Widerspruch nur dann zuzulassen, wenn dieser begründet ist.[313]

Der Umstand, daß das BAG das von ihm entwickelte Kriterium des sachlichen Grundes nicht bei der Frage der Wirksamkeit der Ausübung des Widerspruchs ansetze und damit ausdrücklich auch einen grundlosen Widerspruch anerkenne, sondern erst bei der Prüfung der Sozialauswahl im Zusammenhang mit einer betriebsbedingten Kündigung durch den Veräußerer, führe dazu, daß der gewünschte Schutz des Arbeitnehmers vor sich selbst, d.h. vor unüberlegten Handlungen, nicht gewährleistet sei. Die Rechtsprechung des BAG gebe dem widersprechenden Arbeitnehmer daher letztlich „Steine statt Brot".[314] Da ein unbegründeter Widerspruch die hohe Gefahr des Arbeitsplatzverlustes in sich trage, sei es aus Schutzgesichtspunkten geboten, in diesem Fall die Berufung auf das Widerspruchsrecht zu verwehren.[315] Für den Arbeitnehmer bestehe so die höhere Wahrscheinlichkeit, seinen Arbeitsplatz letztlich zu behalten. Liege nämlich ein ausreichender Grund für den Widerspruch nicht vor, gehe das Arbeitsverhältnis über und der Arbeitsplatz bestehe bei dem Erwerber. Der betroffene Arbeitnehmer habe dann immer noch die Mög-

---

308 *Henssler*, NZA 1994 S. 913 (921 f.); *Hoffmeister*, ArbuR 1995 S. 132 (134); *Moll*, NJW 1993 S. 2016 (2017).

309 *Schlachter*, NZA 1995 S. 705 (707).

310 *Ingelfinger*, ZfA 1996 S. 591 (611 dort in FN 92).

311 *Hoffmeister*, ArbuR 1995 S. 132 (134).

312 *Preis/Steffan*, Anm. zum Urt. des BAG v. 7.4.1993, EzA Nr. 30 zu § 1 KSchG Soziale Auswahl (III 2 a der Anm.).

313 *Commandeur*, NJW 1996 S. 2537 (2541 ff.); Erfurter Kommentar-*Preis*, § 613a BGB RN 63; *Preis/Steffan*, Anm. zum Urt. des BAG v. 7.4.1993, EzA Nr. 30 zu § 1 KSchG Soziale Auswahl (III 2 a-c der Anm.); *Schlachter*, NZA 1995 S. 705 (708 f.).

314 *Commandeur*, NJW 1996 S. 2537 (2542).

315 *Preis/Steffan*, Anm. zum Urt. des BAG v. 7.4.1993, EzA Nr. 30 zu § 1 KSchG Soziale Auswahl (III 2 a der Anm.).

lichkeit, sein Arbeitsverhältnis zum Betriebserwerber jederzeit zu kündigen. Er stehe dann nicht schlechter als bei der Nichtberücksichtigung im Rahmen der Sozialauswahl, allerdings mit dem Vorteil, daß er das Risiko abschätzen könne und der Arbeitsplatzverlust auf seiner Entscheidung beruhe.[316] Daneben schaffe diese Lösung bereits in einem frühen Stadium Rechtsklarheit darüber, ob das Arbeitsverhältnis auf den Erwerber übergehe oder beim Veräußerer verbleibe, da lange Unsicherheitsphasen über das Schicksal des Arbeitsverhältnisses vermieden würden.[317]

Die Einschränkung des Widerspruchsrechts an sich wird weiterhin damit begründet, daß das Grundrecht auf freie Berufsausübung, auf das sich der Beschäftigte in Fällen eines ihm aufgedrängten Vertragspartnerwechsels stützen müßte, sachlich gerechtfertigte Eingriffe zulasse. Eine sachliche Rechtfertigung sei in den Fällen erhöhter Schutzbedürftigkeit Dritter gegeben, wenn offensichtlich ein vernünftiger Grund für den Widerspruch fehle.[318]

d) Sozialauswahl in Abhängigkeit vom Widerspruchsgrund

Die überwiegende Auffassung im Schrifttum nimmt an, daß der Widerspruch bei der Frage, ob und wie eine Sozialauswahl durchzuführen ist, zu berücksichtigen sei.[319] Sie zielt somit in dieselbe Richtung wie die Rechtsprechung des BAG, nach dessen vermittelnder Auffassung entscheidend darauf abzustellen ist, ob objektiv vertretbare, sachliche, berechtigte bzw. gewichtige Gründe für den Widerspruch vorliegen.[320] Wie dies in der Praxis zu geschehen hat, wird in der Literatur allerdings unterschiedlich beschrieben.

aa) Einwand der rechtsmißbräuchlichen Widerspruchsausübung

Das BAG[321] hat zu erkennen gegeben, daß es der Auffassung von *Kreitner*[322] nahesteht, wonach die Rüge der Sozialauswahl rechtsmißbräuchlich wäre, sofern dem betreffenden

---

316 *Preis/Steffan*, Anm. zum Urt. des BAG v. 7.4.1993, EzA Nr. 30 zu § 1 KSchG Soziale Auswahl (III 2 c der Anm.); so auch: *Schlachter*, NZA 1995 S. 705 (708).

317 *Commandeur*, NJW 1996 S. 2537 (2542); *Preis/Steffan*, Anm. zum Urt. des BAG v. 7.4.1993, EzA Nr. 30 zu § 1 KSchG Soziale Auswahl (III 2 c der Anm.).

318 *Schlachter*, NZA 1995 S. 705 (709).

319 *Bauer*, DB 1983 S. 713 (714 f.); *Berscheid*, AnwBl 1995 S. 8 (22); *Busche*, Anm. zum Urt. des BAG v. 7.4.1993, DZWir 1994 S. 112 (116 ff.); *Henssler*, NZA 1994 S. 913 (922); *Hergenröder*, Anm. zum Urt. des BAG v. 21.5.1992, AR-Blattei ES 500 Nr. 92 (I 3 a der Anm.); *Hoffmeister*, ArbuR 1995 S. 132 (135 f.); *Kreitner*, S. 163 ff.; *Lieb*, S. 90 RN 290; *Lunk*, NZA 1995 S. 711 (712 ff.); *Moll*, NJW 1993 S. 2016 (2017); Münch-Komm-*Schaub*, § 613a RN 79; *Neef*, NZA 1994 S. 97 (101 f.); *Oetker*, DZWir 1993 S. 136 (142 ff.); *Tschöpe*, S. 56 ff.; *Wickler*, S. 117 ff.; *Wollenschläger/Pollert*, ZfA 1996 S. 547 (563); etwas anders: *Hutzler*, BB 1981 S. 1470 (1471), der im Rahmen der Sozialauswahl berücksichtigen will, ob ein Arbeitnehmer seine Widerspruchsabsicht „so früh wie möglich und zumutbar" angezeigt hat.

320 Siehe dazu die Ausführungen unter 2. Teil C. II. 1. a, b, c.

321 BAG AP Nr. 96 zu § 613a BGB (B II 2 b der Gründe) = BAG AR-Blattei ES 500 Betriebsinhaberwechsel Nr. 92 (B II 2 b der Gründe) m. Anm. *Hergenröder;* BAG AP Nr. 22 zu § 1 KSchG 1969 Soziale Auswahl (II 5 b der Gründe) m. Anm. *Gentges* = BAG AR-Blattei ES 1020.1.2 Nr. 1 Sozialauswahl (II 5 b der Gründe) m. Anm. *v. Hoyningen-Huene.*

Arbeitnehmer keine objektiv vertretbaren Gründe für seinen Widerspruch gegen den (Teil-)Betriebsübergang zur Seite stünden. Das LAG Hamm[323] ist *Kreitner* ausdrücklich gefolgt. Es soll daher zunächst auf diesen Lösungsansatz eingegangen werden.

Kreitner versucht zu einer Lösung des Problems zu gelangen, indem er auf Rechtsmißbrauchsüberlegungen und den Grundsatz von Treu und Glauben nach § 242 BGB abstellt. Er bildet drei verschiedene Fallgruppen des Widerspruchs, die nach der jeweiligen Widerspruchsbegründung voneinander abgegrenzt werden:

Handele es sich um „völlig unbegründete Widersprüche", komme eine Sozialauswahl nicht in Betracht, da es grob rechtsmißbräuchlich sei, den eigenen Arbeitsplatz aufzugeben und gleichzeitig unter Inkaufnahme der Kündigung eines Unbeteiligten auf einer anderen, besetzten Stelle weiterbeschäftigt werden zu wollen.[324]

Umgekehrt müßten „wohlbegründete Widersprüche" bei der Beurteilung der sozialen Schutzbedürftigkeit ganz außer Betracht bleiben. In diesem Fall dürfe dem Arbeitnehmer der Widerspruch nicht negativ angerechnet werden. Dies gelte insbesondere dann, wenn der Erwerber des Betriebsteils allgemein als äußerst unzuverlässig bekannt sei oder wenn feststehe, daß der übernommene Betriebsteil geschlossen werden solle bzw. wenn die Betriebsteilveräußerung nur erfolge, um betriebsverfassungsrechtliche Mitbestimmungsregelungen zu umgehen.[325]

In eine dritte Gruppe seien schließlich die Widersprüche einzuordnen, die „zwischen beiden Extrempositionen" liegen, d.h. solche Widersprüche, die zwar nicht rechtsmißbräuchlich im Sinne der ersten Gruppe, aber auch nicht ohne weiteres begründet im Sinne der zweiten Gruppe seien. *Kreitner* spricht insofern von einer immer schwer abzugrenzenden „Grauzone". Es werde sich dabei meist um rein persönliche Gründe oder um bloße Vermutungen zukünftiger Benachteiligungen handeln. Hier könne aus dem Gedanken des § 242 BGB weder ein grundsätzlicher Ausschluß, noch die unbeschränkte Durchführung der Sozialauswahl befürwortet werden. In dieser Gruppe müsse gefragt werden, ob der Widerspruch das „Schutzwürdigkeitspendel" zu einer Seite auschlagen lasse, was in jedem Einzelfall zu untersuchen sei, wobei die Widerspruchsgründe nicht nur objektiv zu betrachten, sondern zusätzlich zu subjektivieren seien.[326]

bb) Ratio und teleologische Reduktion des Gebotes der sozialen Auswahl

Nach der Auffassung von *Oetker*[327] soll geprüft werden, ob der Arbeitnehmer einen zumutbaren Arbeitsplatz abgelehnt habe. In diesem Fall sei es mit dem Sinn und Zweck der Sozialauswahl nicht zu vereinbaren, wenn die Ausübung des Widerspruchsrechts durch den Arbeitnehmer gänzlich unberücksichtigt bliebe. Vielmehr sei eine teleologische Re-

---

322 *Kreitner*, S. 163 ff.

323 LAG Hamm, DB 1994 S. 2242 (2243 unter 2 d der Gründe). Es vertritt insoweit die Ansicht, daß der Widersprechende rechtsmißbräuchlich handele, wenn er grundlos von seinem Widerspruchsrecht Gebrauch mache, also ohne objektive Veranlassung seinen vorhandenen Arbeitsplatz aufs Spiel setze.

324 *Kreitner*, S. 164.

325 *Kreitner*, S. 164.

326 *Kreitner*, S. 165.

327 *Oetker*, DZWir 1993 S. 136 (143).

duktion des Gebotes der sozialen Auswahl geboten.[328] Dies stehe mit der aus §§ 112 Abs. 5 Satz 2 Nr. 2 Satz 2 BetrVG, 103 Abs. 1, 119 AFG[329] hergeleiteten Grundwertung im Einklang, daß derjenige keinen sozialen Schutz verdiene, der seine Schutzbedürftigkeit vorwerfbar selbst herbeigeführt habe.[330]

Angesichts der aus diesen Bestimmungen abzuleitenden Wertungen erstrecke sich das Gebot einer sozialen Auswahl dann nicht auf den widersprechenden Arbeitnehmer, wenn die Beibehaltung des bisherigen Arbeitsplatzes durch Nichtausübung des Widerspruchsrechts für den widersprechenden Arbeitnehmer *zumutbar* gewesen wäre. Um die teleologische Symmetrie zu den Wertungen der §§ 112 Abs. 5 Satz 2 Nr. 2 Satz 2 BetrVG, 103 Abs. 1, 119 AFG zu wahren, erstrecke sich das Gebot einer sozialen Auswahl nicht auf solche Arbeitnehmer, die ihre Betriebszugehörigkeit durch den Verzicht auf eine zumutbare Beschäftigungsmöglichkeit außerhalb Betriebes herbeigeführt hätten, bzw. aufrechterhielten.[331]

cc) § 1 Abs. 3 Satz 2 KSchG als dogmatische Grundlage eines Interessenausgleichs

Lunk[332] hat dem Lösungsansatz *Oetkers* entgegengehalten, einer teleologischen Reduktion bedürfe es aus methodologischen Gründen nicht, weil § 1 Abs. 3 KSchG selbst eine normative Grundlage für die Lösung des Problems bereithalte.

Gemäß § 1 Abs. 3 Satz 2 KSchG gelte Satz 1, der die Sozialauswahl zum Inhalt habe, nicht, wenn betriebstechnische, wirtschaftliche oder sonstige berechtigte betriebliche Bedürfnisse die Weiterbeschäftigung eines oder mehrerer bestimmter Arbeitnehmer bedingen und damit der Auswahl nach sozialen Gesichtspunkten entgegenstehen würden. Wenn betriebstechnische und wirtschaftliche Gründe einen Eingriff in die Sozialauswahl rechtfertigen würden, so spreche nichts dagegen, auch Gründe, die das Verhältnis der Arbeitnehmer untereinander beträfen, als „sonstige" betriebliche Bedürfnisse im Sinne von § 1 Abs. 3 Satz 2 KSchG einzustufen. Da die Arbeitnehmer Teil des Betriebes seien, seien ihre Bedürfnisse im Hinblick auf eine sachgerechte Sozialauswahl „untereinander" daher zu den sonstigen betrieblichen Bedürfnissen zu zählen. Die Regelung des § 1 Abs. 3 Satz 2 KSchG ermögliche es somit, die Beziehungen der einzelnen Arbeitnehmer untereinander zumindest mittelbar zu berücksichtigen.[333] Sowohl der Arbeitgeber als auch der stellvertretend gekündigte Arbeitnehmer könnten sich daher mit Erfolg auf § 1 Abs. 3 Satz 2 KSchG berufen, wenn dem Widersprechenden objektiv vertretbare Gründe für den Widerspruch nicht zur Seite gestanden hätten.[334]

---

328 So auch: *Lieb*, S. 90 RN 290; *Busche*, DZWir 1994 S. 112 (118).

329 Das AFG ist zum 1.1.1998 als Drittes Buch (SGB III) in das Sozialgesetzbuch eingeordnet worden. Siehe dazu die Ausführungen unter 4. Teil B. I.. Die §§ 103, 119 AFG entsprechen nunmehr den §§ 121,144 SGB III.

330 *Oetker*, DZWir 1993 S. 136 (143).

331 *Oetker*, DZWir 1993 S. 136 (143 f.).

332 *Lunk*, NZA 1995 S. 711 (714).

333 *Lunk*, NZA 1995 S. 711 (714).

334 *Lunk*, NZA 1995 S. 711 (715).

dd) Widerspruch als sozialer Faktor innerhalb der Sozialauswahl

Teilweise wird vorgeschlagen, den Widerspruch als einen Gesichtspunkt im Vergleich der Sozialdaten innerhalb der Sozialauswahl zu berücksichtigen.[335] *Tschöpe*[336] hat beispielsweise erwogen, den Widerspruch als Zeichen problemloser Vermittelbarkeit auf dem Arbeitsmarkt nachteilig in die Sozialauswahl einzubeziehen. Der widersprechende Arbeitnehmer habe die Möglichkeit, den Erhalt seines Arbeitsplatzes durch Nichtausübung des Widerspruchsrechts zu sichern. Wer diese Möglichkeit habe, davon aber keinen Gebrauch mache, müsse zumindest hinsichtlich seiner sozialen Stellung so behandelt werden, als sei er auf dem Arbeitsmarkt problemlos vermittelbar. In diesem Fall müsse die soziale Auswahl konsequenterweise zu Lasten des Widersprechenden gehen, selbst dann, wenn dieser im „Detailvergleich" hinsichtlich des Alters, der Betriebszugehörigkeit oder der Kinderzahl ungünstigere Daten als ein vergleichbarer und von der Teilbetriebsübertragung nicht betroffener Arbeitnehmer habe.[337] Daneben sei es unbillig, wenn ein widersprechender Arbeitnehmer die „Opferung" eines Mitarbeiters einer anderen Abteilung verlangen könne, weshalb es beim Vergleich der Sozialdaten aber gestattet sein müsse, den Widerspruch zu Lasten des Arbeitnehmers „in die Waagschale zu werfen".[338] Dies auch deshalb, weil der ohne Sachgrund widersprechende Arbeitnehmer zu verstehen gebe, daß ihm der vom Gesetz gesicherte Arbeitsplatz nichts gelte oder daß er seiner Schutzwürdigkeit angesichts Arbeitsmarktsituation und Stellenaussichten kein Gewicht beimesse.[339]

ee) Fehlende soziale Schutzbedürftigkeit

Schließlich will *Henssler*[340] dem widersprechenden Arbeitnehmer über den Einwand der fehlenden sozialen Schutzbedürftigkeit die Einbeziehung in die Sozialauswahl verwehren. Seiner Auffassung nach werde die soziale Schutzwürdigkeit des widersprechenden, in seiner Existenz abgesicherten Arbeitnehmers nur selten ein derartiges Übergewicht haben, daß sie die überflüssige Kündigung eines vom Betriebsübergang unmittelbar nicht betroffenen Arbeitnehmers rechtfertigen könne. Konsequenterweise dürfe dann eine soziale Auswahl zu Lasten des Arbeitnehmers des Restbetriebes regelmäßig nicht stattfinden. Dies könne nur in den Fällen eindeutiger Unzumutbarkeit einer Beschäftigung beim Betriebserwerber gerechtfertigt sein, beispielsweise bei der Illiquidität des Erwerbers, da hier eine auch nur annähernd gleichwertige Existenzsicherung nicht gegeben sei.[341]

---

335 *Bauer*, DB 1983 S. 713 (714 f.); *Moll*, NJW 1993 S. 2016 (2017); *Tschöpe*, S. 55 ff.; *Wickler*, S. 119 f.; im Ansatz auch: *Kreitner*, S. 163 ff.

336 *Tschöpe*, S. 57; ihm folgend: *Wickler*, S. 119 f.

337 *Tschöpe*, S. 57 f.

338 *Bauer*, DB 1983 S. 713 (714 f.).

339 *Moll*, NJW 1993 S. 2016 (2017).

340 *Henssler*, NZA 1994 S. 913 (922).

341 *Henssler*, NZA 1994 S. 913 (922).

e) Beschränkung der Sozialauswahl auf die widersprechenden Arbeitnehmer

Neben der uneingeschränkten Anwendung des § 1 Abs. 3 KSchG und der Anwendung dieser Norm unter Berücksichtigung der Widerspruchsgründe wird vorgeschlagen, eine Sozialauswahl nur unter den widersprechenden Arbeitnehmern durchzuführen.[342] Dies wird folgendermaßen begründet: Bereits aus dem Schutzzweck des § 613a BGB folge, daß die von der Betriebsteilveräußerung nicht betroffenen Arbeitnehmer in die Sozialauswahl nicht einzubeziehen seien. § 613a BGB treffe ausschließlich Regelungen zum Schutz der vom Betriebsübergang betroffenen Arbeitnehmer, jedoch keine zugunsten der Beschäftigten des Restbetriebes. Daraus lasse sich schließen, daß nach Auffassung des Gesetzgebers eine Gefährdung der verbleibenden Arbeitnehmer durch die Betriebsteilveräußerung nicht zu befürchten sei und sich die Schaffung einer entsprechenden Schutzvorschrift deshalb erübrigt habe. Dieser gesetzgeberischen Wertung müsse durch eine Modifizierung des § 1 Abs. 3 KSchG Rechnung getragen werden. Dabei lasse sich der kündigungsrechtliche Schutz der von der Betriebsteilveräußerung nicht betroffenen Arbeitnehmer *nur* durch einen Ausschluß der Sozialauswahl nach § 1 Abs. 3 KSchG realisieren.[343]

Auch *Commandeur*[344] argumentiert mit dem Schutzzweck des § 613a BGB, Kündigungen wegen eines Betriebsübergangs zu vermeiden. § 613a BGB sei nach seiner ratio nur so zu verstehen, daß der Betriebsübergang als solcher für *keinen* Arbeitnehmer negative Folgen hinsichtlich des Fortbestandes des Arbeitsverhältnisses haben dürfe. Eine am Sinn und Zweck des § 613a BGB orientierte Auslegung bzw. eine analoge Anwendung des § 613a BGB ergebe, daß im Zusammenhang mit einem Betriebsübergang jede durch den Übergang direkt oder indirekt ausgelöste Kündigung eines Arbeitnehmers nichtig sei.[345] Daraus folgt im Ergebnis, daß auch nach *Commandeurs* Argumentation die Einbeziehung der im nicht übertragenen Betriebsteil beschäftigten Arbeitnehmer in die soziale Auswahl ausscheiden müßte, wenn auch ihnen die Schutzfunktion des § 613a BGB zuteil werden soll.[346]

Die Einschränkung der Sozialauswahl auf die widersprechenden Arbeitnehmer ist kritisiert worden. Der von § 613a BGB gewollte Schutz des vom Betriebsübergang betroffenen Arbeitnehmers werde dazu benutzt, um dessen Belastung, nämlich die grenzenlose Einschränkung der Sozialauswahl, zu begründen.[347] Jedoch gebe § 613a BGB für das Auslegungsergebnis, daß für die Restbelegschaft keine Belastungen ausgehen dürfen, nichts her. Richtig sei zwar, daß § 613a BGB über die vom Betriebsübergang nicht betroffenen Beschäftigten keine Aussage treffe. Daraus folge aber nicht, daß der vom Gesetz bezweckte Schutz der betroffenen Arbeitnehmer eine für diese nachteilige und im KSchG

342 *Pietzko*, S. 307.

343 *Pietzko*, S. 307.

344 *Commandeur*, NJW 1996 S. 2537 (2539).

345 *Commandeur*, NJW 1996 S. 2537 (2539 f.) sieht die Voraussetzungen für eine analoge Anwendung des § 613a BGB gegeben.

346 *Commandeur*, NJW 1996 S. 2537 (2546) vertritt im Ergebnis jedoch die Auffassung, daß die Wirksamkeit des Widerspruchs als solche von sachlichen Gründen abhängig gemacht werden solle.

347 *Helpertz*, DB 1990 S. 1562 f.; *Hoffmeister*, ArbuR 1995 S. 132 (135).

nicht angelegte Beschränkung der sozialen Auswahl begründen könnte.[348] Schutzzweck des § 613a BGB könne nicht sein, daß die mit dem betriebsbedingten Arbeitsplatzmangel verbundenen Probleme einseitig auf dem Rücken der widersprechenden Arbeitnehmer ausgetragen würden.[349] Selbst wenn der Gesetzgeber davon ausgegangen sein sollte, eine Betriebsteilveräußerung könne nicht zu Nachteilen für die Restbelegschaft führen, so sei daraus nicht zu schließen, daß diese von jeder denkbaren Belastung freigestellt werden sollte. Nach dem Gebot der gerechten Interessenabwägung und dem Gleichheitssatz seien die mit der Betriebsteilveräußerung verbundenen Lasten möglichst gleichmäßig zu verteilen. Die Tatsache, daß einige Arbeitnehmer (zufällig) dem veräußerten Betriebsteil zugeordnet waren, andere hingegen (zufällig) dem Restbetrieb, sei kein Differenzierungsgrund, der den vollständigen Ausschluß der Restbelegschaft von der Sozialauswahl rechtfertigen könne. Es gelte daher weiterhin der Grundsatz, daß alle Beschäftigten des Betriebes in die Sozialauswahl nach § 1 Abs. 3 KSchG einzubeziehen seien.[350]

3. Eigene Auffassung

a) Notwendigkeit der Durchführung einer Sozialauswahl

Bei der nachfolgenden Diskussion des Problems, ob und unter welchen Voraussetzungen der widersprechende Arbeitnehmer überhaupt eine fehlerhafte Sozialauswahl nach § 1 Abs. 3 KSchG rügen kann, wird von der Rechtsprechung und vom Schrifttum immer von der Anwendbarkeit des § 1 Abs. 3 KSchG ausgegangen. Das BAG hat in seiner neuesten Entscheidung vom 18.3.1999 zu diesem Problemkreis noch einmal bekräftigt, daß „das Gesetz keine Handhabe gebe, etwa im Falle eines Widerspruchs ohne vernünftigen Grund von einer Sozialauswahl ganz abzusehen,“[351] ohne dies näher zu begründen. Angesichts der dogmatischen Begründung des Widerspruchsrechts durch das BAG setzt die Rechtsprechung zur Lösung des Problems ausschließlich bei der Frage der Sozialauswahl an und grenzt diejenigen Arbeitnehmer aus, die aus ungerechtfertigten sachlichen Gründen widersprochen haben. Auch in der Literatur wird zur Lösung des vorliegenden Konflikts dieser Weg beschritten. Es wird ohne weiteres vorausgesetzt, daß eine Sozialauswahl stattzufinden hat.[352] Davon ausgehend werden Möglichkeiten diskutiert, dem widersprechenden Arbeitnehmer die Rüge der Sozialauswahl abzuschneiden, wobei allerdings graduelle Bewertungsunterschiede hinsichtlich der Widerspruchsberechtigung des Arbeitnehmers herangezogen werden.

Ohne bereits an dieser Stelle den Meinungsstand der Rechtsprechung und der Literatur zu dem vorliegenden Problemkreis der Geltendmachung einer fehlerhaften Sozialauswahl durch widersprechende Arbeitnehmer kritisch zu beleuchten, soll zunächst die Frage geklärt werden, ob überhaupt von der behaupteten Prämisse ausgegangen werden darf,

---

348 *Ingelfinger*, ZfA 1996 S. 591 (607 f.); *Schlachter*, NZA 1995 S. 705 (707).

349 *Helpertz*, DB 1990 S. 1562 f.

350 *Helpertz*, DB 1990 S. 1562 (1563).

351 BAG, ZIP 1999 S. 1539 (B II 2 a der Gründe); siehe dazu bereits die Ausführungen unter 2. Teil C. II. 1. c aa.

352 Siehe dazu bereits die Ausführungen unter 2. Teil C. II. 1.,2.

daß trotz des Widerspruchs eine soziale Auswahl mit anderen Arbeitnehmern stattzufinden hat. Käme man zu dem Ergebnis, daß § 1 Abs. 3 KSchG nicht zwingend anzuwenden ist, wäre die Frage, unter welchen Voraussetzungen ein widersprechender Arbeitnehmer eine fehlerhafte Sozialauswahl geltend machen kann, obsolet. Man käme dann um das leidige Problem herum, festlegen zu müssen, was sachliche oder objektiv vertretbare Widerspruchsgründe sind bzw. unter welchen Umständen ein widersprechender Arbeitnehmer sonst eine mangelhafte Sozialauswahl geltend machen kann.

aa) Auffassung in der Literatur

In der Literatur wird teilweise vorgeschlagen, die Anwendung von § 1 Abs. 3 KSchG von vornherein zu verneinen, wenn einem widersprechenden Arbeitnehmer betriebsbedingt gekündigt wird.[353] Dies wird mit folgender Argumentation zu begründen versucht:

Die Norm des § 1 Abs. 3 KSchG unterscheide zwar nicht zwischen widersprechenden Arbeitnehmern und solchen des Restbetriebes, was darin begründet liege, daß es sich vorliegend um eine betriebsbedingte Kündigung handele. Zu beachten sei jedoch, daß diese in erheblichem Maße von dem gesetzlichen Regelfall abweiche.[354] Die von der Kündigung betroffenen Arbeitnehmer seien nicht vergleichbar. Eine Sozialauswahl zwischen widersprechenden Arbeitnehmern und denen des Restbetriebes scheitere daran, daß diese hinsichtlich des Bestandsschutztes zu verschieden seien.[355] Dies folge zum einen daraus, daß es an einem Kündigungsgrund aus der Arbeitgebersphäre fehle. Vielmehr sei es so, daß letztlich nicht der Arbeitgeber die Vertragsbeendigung wegen betrieblicher Erfordernisse herbeigeführt habe, sondern die Beendigung im Regelfall vom widersprechenden Arbeitnehmer selbst zu verantworten sei. Denn dieser trage insoweit mit der Ausübung seiner grundrechtlichen Freiheit, dem Betriebsinhaberwechsel zu widersprechen, auch die damit verbundene Konsequenz, daß beim Veräußerer eine weitere Beschäftigungsmöglichkeit nicht bestehe. Infolge dieser Mitverantwortung des widersprechenden Arbeitnehmers für den Wegfall der Beschäftigungsmöglichkeit beim Arbeitgeber scheide eine Vergleichbarkeit mit anderen Arbeitnehmern aus.[356]

Ein weiterer relevanter Unterscheidungsgrund bestehe darin, daß es ohne den Widerspruch überhaupt nicht zum Wegfall der Beschäftigungsmöglichkeit komme. Damit sei aber nicht die weitere Voraussetzung der Sozialauswahl gemäß § 1 Abs. 3 KSchG erfüllt, daß es *notwendigerweise* zu einer Kündigung wegen Verringerung der betrieblichen Ar-

---

353 Erfurter Kommentar-*Ascheid*, § 1 KSchG RN 517; *Ingelfinger*, ZfA 1996 S. 591 (608 ff.); differenzierend: *Oetker*, DZWir 1993 S. 136 (143), der das Gebot der sozialen Auswahl nach § 1 Abs. 3 Satz 1 KSchG dann nicht auf den widersprechenden Arbeitnehmer erstrecken will, wenn diesem die Beibehaltung des bisherigen Arbeitsplatzes durch Nichtausübung des Widerspruchsrechts zumutbar gewesen wäre.

354 *Ingelfinger*, ZfA 1996 S.591 (608), der dort in FN 80 ausführt, daß es entgegen *v. Hoyningen-Huene*, Anm. zum Urt. des BAG v. 7.4.1993, AR-Blattei ES 1020.1.2. Nr. 1 (2 a der Anm.) nicht entscheidend sei, daß das KSchG als zwingendes Recht anzusehen sei. Dies habe nur zur Folge, daß es den Arbeitsvertragsparteien nicht gestattet sei, den gesetzlichen Kündigungsschutz zu Ungunsten des Arbeitnehmers abzubedingen.

355 *Ingelfinger*, ZfA 1996 S. 591 (609).

356 *Ingelfinger*, ZfA 1996 S. 591 (610).

beitsmenge kommen müsse. Vielmehr bleibe dem Arbeitnehmer beim Betriebsübergang sein Arbeitsplatz gerade erhalten.

Darüber hinaus enthalte auch die Bestandsschutznorm des § 613a BGB gerade keine Regelung, daß eine Auswahl zwischen vergleichbaren Arbeitnehmern bei Betriebsübergang zu erfolgen habe. Es gelte der Grundsatz, daß das Arbeitsverhältnis desjenigen Arbeitnehmers übergeleitet werde, dessen Arbeitsplatz übertragen wurde. Eine wie auch immer geartete vorherige Auswahl sei damit nicht zu vereinbaren.[357] Vielmehr wolle § 613a BGB im Fall eines rechtsgeschäftlichen Betriebsinhaberwechsels nicht nur eine Negativauslese vermeiden, sondern jede Auswahl, indem die Vorschrift Arbeitsplatz und Arbeitsverhältnis miteinander koppele.[358]

Schließlich wird vorgebracht, der Regelungsgehalt von § 1 Abs. 3 KSchG knüpfe an den des § 1 Abs. 2 KSchG an, wonach eine Gerechtigkeit unter den Arbeitnehmern geschaffen werden solle, die ihren Arbeitsplatz durch eine Maßnahme des Arbeitgebers verlören. Dem widersprechenden Arbeitnehmer sei durch die Betriebsteilveräußerung aber gerade sein Arbeitsplatz erhalten geblieben. Da er sich durch seinen Widerspruch gleichsam selbst in den alten Betrieb wieder einstelle und einen unbeteiligten Arbeitnehmer verdränge, sei er in die Sozialauswahl nicht einzubeziehen.[359]

bb) Stellungnahme

Auszugehen ist von dem Umstand, daß die Anwendung des § 1 Abs. 3 KSchG, also die Durchführung der sozialen Auswahl, zwingendes Gesetzesrecht darstellt. Dieses Recht kann zu Lasten des Arbeitnehmers weder ausgeschlossen noch beschränkt werden.[360] Bevor die Sozialauswahl nach den Kriterien der sozialen Schutzbedürftigkeit durchgeführt werden kann, ist es notwendig, den Kreis der in die Sozialauswahl einzubeziehenden Arbeitnehmer konkret zu bestimmen. Weil die soziale Rangfolge verschiedener Arbeitnehmer nur über einen Vergleich ihrer sozialen Schutzwertigkeit erfolgen kann, ist zunächst festzustellen, welche Arbeitnehmer in diesen Vergleich einzubeziehen sind. Dem Arbeitgeber obliegt die Verpflichtung der personellen Konkretisierung der zur Kündigung an sich berechtigenden betrieblichen Erfordernisse.[361]

(1) Bestimmung der in die Sozialauswahl einzubeziehenden Arbeitnehmer aufgrund arbeitsplatzbezogener Merkmale

Die Auffassung, welche die Anwendbarkeit des § 1 Abs. 3 KSchG überhaupt verneint, wenn einem widersprechenden Arbeitnehmer betriebsbedingt gekündigt wird, sieht die Vergleichbarkeit der Arbeitnehmer, die in die soziale Auswahl einzubeziehen sind, als ein Kriterium der Gleichheit bezüglich des Bestandsschutzes. Sie verkennt, daß sich der Kreis der in die Sozialauswahl einzubeziehenden vergleichbaren Arbeitnehmer in erster Linie

357 *Ingelfinger*, ZfA 1996 S. 591 (611).
358 *Ingelfinger*, ZfA 1996 S. 591 (607).
359 Erfurter Kommentar-*Ascheid*, § 1 KSchG RN 517.
360 BAGE 28 S. 40 (44) m.w.N.; Erfurter Kommentar-*Ascheid*, § 1 KSchG RN 505 m.w.N.
361 *Kittner-Kittner*, § 1 KSchG RN 419 m.w.N.

nach objektiven, arbeitsplatzbezogenen Merkmalen und somit nach der bisher ausgeübten Tätigkeit und Qualifikation richtet.[362] Vergleichbar sind daher alle Arbeitnehmer, die austauschbar sind, d.h. deren Funktion auch von den Arbeitnehmern wahrgenommen werden kann, deren Arbeitsplatz weggefallen ist.[363] Auf den Bestandsschutz ist an dieser Stelle nicht primär abzustellen. Er erlangt vielmehr erst durch die Tatsache der Widerspruchsausübung Bedeutung. Insoweit wird durchaus zutreffend argumentiert, daß der widersprechende Arbeitnehmer in der Regel die betriebsbedingte Kündigung selbst zu verantworten hat, wenn er mangels vorhandener Arbeitsplätze beim Betriebsveräußerer nicht (weiter-)beschäftigt werden kann. Wenn infolge dieser Mitverantwortung des widersprechenden Arbeitnehmers eine Vergleichbarkeit mit anderen Arbeitnehmern ausscheiden soll, so geschieht dies nicht – wie von der Judikatur des BAG gefordert – aufgrund der Würdigung von arbeitsplatzbezogenen Merkmalen. Auch der berechtigte Einwand, es fehle an einer klassischen betriebsbedingten Kündigung wegen Verringerung der betrieblichen Arbeitsmenge, da die Kündigung in erster Linie auf den Widerspruch zurückzuführen sei, betrifft nicht die Vergleichbarkeit hinsichtlich der ausgeübten Tätigkeit.

Richtig ist, daß § 1 Abs. 3 KSchG die Notwendigkeit von betriebsbedingten Kündigungen gemäß dem Grundgedanken des Gleichbehandlungsprinzips regelt. Danach darf der Arbeitgeber zwischen vergleichbaren Arbeitnehmern nur nach sachlichen Gesichtspunkten differenzieren, welche die ständige Rechtsprechung des BAG hauptsächlich in den drei Kriterien der Dauer der Betriebszugehörigkeit, des Lebensalters und den Unterhaltspflichten sieht. Bereits durch diese Regelung hat das KSchG den Rechtsgedanken der Gleichbehandlung für den Bereich der betriebsbedingten Kündigung einer positiven Regelung zugeführt.[364] Daß aufgrund des unterschiedlichen Bestandsschutzinteresses des widersprechenden Arbeitnehmers und den Arbeitnehmern der Restbelegschaft, sowie aufgrund des Wortlauts des § 613a BGB überhaupt keine Sozialauswahl durchzuführen wäre, wird man aber nicht annehmen können. Auch bei einer Kündigung nach ausgeübtem Widerspruch wird letztlich wegen der Überzahl der Arbeitnehmer aus betrieblichen Gründen gekündigt, weshalb zwangsläufig die Frage der Sozialauswahl akut wird. Erst in einem weiteren Schritt können die Erwägungen hinsichtlich des Bestandsschutzinteresses dazu führen, daß der widersprechende Arbeitnehmer unter Umständen die Sozialwidrigkeit einer ihm gegenüber ausgesprochenen Kündigung nicht geltend machen kann.[365]

(2) Unzumutbare Ausübung des Widerspruchsrechts bei Nichtdurchführung der Sozialauswahl

Für die Bejahung der Anwendbarkeit des § 1 Abs. 3 KSchG spricht daneben auch folgende Überlegung: Eine Nichtdurchführung der Sozialauswahl würde bedeuten, daß die Kündigung des Arbeitgebers *immer* begründet wäre, wenn nicht andere freie Arbeitsplätze bei ihm zur Verfügung stehen. Der Arbeitnehmer könnte also auch gleich eine Eigenkündigung mit dem gleichen Ergebnis – Beendigung des Arbeitsverhältnisses – ausspre-

362 KR-*Etzel*, § 1 KSchG RN 631 m. w. N.. Siehe auch die Ausführungen unter 2. Teil C. I. 1.
363 KR-*Etzel*, § 1 KSchG RN 631.
364 *Preis*, S. 380.
365 Siehe dazu die nachfolgenden Ausführungen unter 2. Teil C. II. 3. e.

chen. Dem steht aber die Funktion und die Schutzrichtung des Widerspruchsrechts entgegen. Wenn im Falle eines Widerspruchs eine Sozialauswahl gemäß § 1 Abs. 3 KSchG mit den Arbeitnehmern des Restbetriebes nicht stattfinden soll, fragt sich, welchen Sinn ein ausgeübter Widerspruch noch haben soll. Primäres Ziel des Widerspruchs ist es, den Arbeitnehmer davor zu bewahren, für einen Arbeitgeber zu arbeiten, den er nicht frei gewählt hat und für den er nicht arbeiten will. Dieses Ziel würde zwar auch durch eine (Eigen-)Kündigung des widersprechenden Arbeitnehmers erreicht. Jedoch wird der Arbeitnehmer überhaupt deshalb keine Eigenkündigung aussprechen, weil er beim veräußernden Arbeitgeber *verbleiben* will. Anderenfalls stünde er gänzlich ohne jeden Arbeitsplatz da. Im Rahmen der Legitimation des Widerspruchsrechts wurde bereits dargestellt, daß Widerspruch und Eigenkündigung durchaus unterschiedliche Rechtsfolgen haben können.[366] Insofern wurde darauf hingewiesen, daß der Unterschied des Widerspruchs zur Eigenkündigung darin besteht, daß der Arbeitnehmer im Falle eines Widerspruchs auf einen Fortbestand seines Arbeitsverhältnisses zum alten Arbeitgeber hoffen kann, da dieser den Bestand des Arbeitsverhältnisses nicht unmittelbar berührt. Die Einräumung des Widerspruchsrechts würde aber dann keinen Sinn machen, wenn im nachhinein die Nichtdurchführung einer Sozialauswahl zur Folge hätte, daß der Arbeitnehmer bei einer Betriebsteilübertragung überhaupt keine Chance mehr hat, beim alten Arbeitgeber zu verbleiben.[367]

Dem wird entgegengehalten, die Ausübung des Widerspruchsrechts werde dem Arbeitnehmer durch die Nichtdurchführung einer Sozialauswahl nicht unzumutbar.[368] Dies zeige sich bereits bei einem Vergleich des Betriebsteilübergangs mit einer (Gesamt-)Betriebsübertragung. Im Falle der Betriebsübertragung sei der widersprechende Arbeitnehmer einer betriebsbedingten Kündigung ohne Sozialauswahl ausgesetzt, wenn der Arbeitgeber nicht eine andere Beschäftigungsmöglichkeit habe, weshalb die Ausübung des Widerspruchsrechts aber noch nicht als unzumutbar angesehen werden könne. Auch könnten beide Konstellationen im Hinblick auf ihre rechtlichen Wirkungen gleichgestellt werden, denn eine Optimierung der Interessen des widersprechenden Arbeitnehmers sei aus Gründen des grundrechtlichen Schutzes der Vertragsfreiheit nicht geboten und könne eine erweiternde Rechtsfortbildung erst recht nicht legitimieren. Schließlich sei mit der anschließenden Sozialauswahl die Konsequenz verbunden, daß das Widerspruchsrecht qualitativ verändert werde und dem Arbeitnehmer zur Effektivierung seines Sozialschutzes ein Wahlrecht zu Lasten eines anderen Arbeitnehmers eingeräumt werde. Dies sei aber mit der Funktion und Schutzrichtung des Widerspruchsrechts nicht zu vereinbaren und entspreche gerade nicht den aus § 613a BGB abzuleitenden gesetzgeberischen Wertungen.[369]

Entgegen dieser Auffassung ist der Fall des (Gesamt-)Betriebsübergangs nicht mit dem Fall des Betriebsteilübergangs gleichzustellen. Beim Betriebsübergang weiß der widersprechende Arbeitnehmer, daß er wegen des Wegfalls des betrieblichen Substrats nicht mehr weiterbeschäftigt werden kann. Für ihn geht es nur (noch) darum, zu entscheiden,

---

366 Siehe dazu die Ausführungen unter 1. Teil A. II. 3.

367 So auch: LAG Hamm, DB 1994 S. 2242 (2243 unter 2 a der Gründe).

368 *Ingelfinger*, ZfA 1996 S. 591 (612).

369 *Ingelfinger*, ZfA 1996 S. 591 (612).

ob er auf den neuen Arbeitgeber übergehen will oder nicht. Das Motiv für einen Widerspruch – Ablehnung des übernehmenden Arbeitgebers bei gleichzeitigem Verbleib beim veräußernden Arbeitgeber – entfällt in diesem Fall. Ohne daß deswegen die Ausübung des Widerspruchsrechts selbst unzumutbar würde, könnte der Arbeitnehmer hier ohne weiteres auch selbst kündigen. Demgegenüber ist aber in dem Fall, in dem nur ein Teil des Betriebes übergeht, ein Widerspruch bei gleichzeitig unterbleibender Sozialauswahl im Kündigungsschutzprozeß für den Arbeitnehmer unzumutbar, weil dies – wie oben bereits dargestellt – eine Entwertung des Widerspruchsrechts bedeuten würde. Eine „Optimierung" der Interessen des widersprechenden Arbeitnehmers liegt nicht vor. Der Arbeitnehmer sieht sich jeweils immer nur einer Fallkonstellation, Gesamt- oder Teilbetriebsübertragung, gegenüber, auf deren Vorliegen er keinen Einfluß hat, sondern auf deren Auswirkungen er nur reagieren kann. Wenn der Arbeitnehmer auf einen Teilübergang also mit einem Widerspruch reagiert, weil er beim alten Arbeitgeber arbeiten möchte, ist nicht einzusehen, wo hier eine Optimierung seiner Interessen im Gegensatz zum Gesamtübergang liegen soll. Daß ein Widerspruch beim Gesamtübergang nutzlos ist, ergibt sich aus der bestehenden Situation. Darüber hinaus bedeutet auch ein Widerspruch beim Teilübergang des Betriebes nicht automatisch, daß ein Arbeitnehmer auch beim Veräußerer verbleiben wird.

Schließlich wird durch die an die Kündigung anschließende Sozialauswahl das Widerspruchsrecht auch nicht qualitativ verändert. Weder wird mit der Durchführung einer Sozialauswahl dem Arbeitnehmer ein Wahlrecht bezüglich seines zukünftigen Arbeitgebers eingeräumt, noch bedeutet dies, daß nicht mehr der Schutz vor einem aufgedrängten Vertragspartner, sondern die Vermeidung von Nachteilen infolge des Betriebsinhaberwechsels im Vordergrund stünde. Die nachfolgenden Untersuchungen werden verdeutlichen, daß der widersprechende Arbeitnehmer nur dann eine fehlerhafte Sozialauswahl geltend machen kann, wenn er für die Ausübung seines Widerspruchs objektiv nachvollziehbare Widerspruchsgründe vorweisen kann. Insofern reicht es nicht aus, wenn er irgendwelche Nachteile durch den Übergang befürchtet, sondern es muß sich um solche handeln, die ihm eine Beschäftigung beim Betriebserwerber unzumutbar machen würden.[370] Eine Effektivierung seines Sozialschutzes zu Lasten eines anderen Arbeitnehmers wird dadurch gerade verhindert.

Widerspricht also der Arbeitnehmer dem Übergang seines Arbeitsverhältnisses beim Betriebsübergang, findet bei einer anschließenden betriebsbedingten Kündigung eine Sozialauswahl gemäß § 1 Abs. 3 KSchG mit den Arbeitnehmern des Restbetriebes statt. Ansonsten würde die Ausübung des Widerspruchsrechts dem Arbeitnehmer unzumutbar. Der Widersprechende müßte *stets* mit einer Kündigung rechnen, falls nicht ausnahmsweise andere Arbeitsplätze beim Veräußerer zur Verfügung stehen sollten.

b) Kein ungeschmälerter Kündigungsschutz der widersprechenden Arbeitnehmer

Die Ansicht, die dem widersprechenden Arbeitnehmer den ungeschmälerten Kündigungsschutz einräumt,[371] ist abzulehnen. Sie weist nur auf die vermeintliche Notwendigkeit ei-

370 Siehe dazu die Ausführungen unter 2. Teil C. II. 3. e ee.

371 Siehe 2. Teil C. II. 2. a.

ner sozialen Auswahl hin, die ohne weiteres zwischen dem widersprechenden Arbeitnehmer und den Arbeitnehmern der nicht vom Betriebsübergang betroffenen Restbelegschaft durchzuführen sei, ohne die sich daraus ergebenden Unbilligkeiten zu beachten. Der sich durch den Widerspruch ergebende Interessenkonflikt zwischen den widersprechenden Arbeitnehmern, die für einen anderen Arbeitgeber arbeiten sollen, und den Arbeitnehmern, die in dem veräußernden (Rest)Betrieb verbleiben, wird keiner Lösung zugeführt. Ausgangspunkt muß aber sein, daß beide Arbeitnehmergruppen hinsichtlich ihrer sozialen Schutzbedürftigkeit nicht gleichgestellt werden können. Der widersprechende Arbeitnehmer verliert seinen Arbeitsplatz nicht, sondern muß „nur“ den Arbeitgeber wechseln.[372]

Daß der widersprechende Arbeitnehmer im Gegensatz zu den anderen Arbeitnehmern als sozial weniger schutzwürdig zu gelten hat, ergibt sich u. a. aus den gesetzlichen Wertungen des § 613a Abs. 1 Satz 1 BGB.[373] Der Bestandsschutz des Arbeitsverhältnisses des widersprechenden Arbeitnehmers ist durch § 613a BGB in ausreichender Weise gewährleistet, indem Arbeitsplatz und Arbeitsverhältnis miteinander gekoppelt werden. Durch seinen Widerspruch verzichtet der Arbeitnehmer gerade auf diesen Schutz, indem er seine grundrechtlich geschützte Vertragsfreiheit ausübt. Soll er dennoch über die Einbeziehung in die Sozialauswahl eine Chance zum Verbleib beim Alt-Arbeitgeber erhalten, bedarf dies einer besonderen Rechtfertigung.

Die von der entgegengesetzten Ansicht dagegen vorgetragenen Einwände sind indes nicht stichhaltig. Die Berücksichtigung des Widerspruchs im Rahmen der Sozialauswahl ist keine nach § 612a BGB verbotene Maßregelung, sondern resultiert aus der betriebsbedingten Kündigung nach Ausübung des Widerspruchsrechts.[374] Darüber hinaus ist § 612a BGB auf den Konflikt zwischen Arbeitnehmer und Arbeitgeber zugeschnitten, nicht dagegen auf einen Interessenkonflikt auf Arbeitnehmerseite. Die Berücksichtigung des Widerspruchs bei der sozialen Auswahl ist auch keine Wiedereinführung eines sachlichen Grundes für eine Widerspruchsausübung „durch die Hintertür“. Zum einen geht es lediglich um eine mögliche Folge des Widerspruchs auf einer dem Widerspruchsrecht selbst nachgeordneten Stufe, auf der die Privilegierung des widersprechenden Arbeitnehmers begründet werden muß. Selbst wenn man hierin die „Gefahr“ einer Wiedereinführung eines sachlichen Widerspruchsgrundes sehen will, ist keine Veranlassung dafür gegeben, grundlosen und begründeten Widerspruch in kündigungsrechtlicher Hinsicht gleich zu behandeln. Zum anderen bedeutet der Widerspruch (auch nach der Rechtsprechung des BAG) eine bewußte Inkaufnahme des Risikos einer arbeitgeberseitigen Kündigung.[375]

Sofern mit dem Schutzzweck des § 613a BGB und dem Gleichheitssatz argumentiert wird, spricht dies aus den bereits genannten Gründen gerade *für* eine Beachtlichkeit des Widerspruchs bei der Sozialauswahl. Es wird darauf hingewiesen, daß die unbeschränkte Einbeziehung in die Sozialauswahl zudem zu Ungereimtheiten mit den Wertungsgrundlagen bei der betriebsbedingten Kündigung führe.[376] Danach würden von der Rechtspre-

---

372 *Ingelfinger*, ZfA 1996 S. 591 (606).

373 Siehe dazu die Ausführungen unter 2. Teil C. II. 3. e ee (3).

374 *Ingelfinger*, ZfA 1996 S. 591 (606) ist der Ansicht, daß insoweit ein Gegensatz aufgebaut werde, der nicht bestehe.

375 Siehe dazu die Ausführungen unter 2. Teil A. I. 2.

376 *Ingelfinger*, ZfA 1996 S. 591 (606).

chung und überwiegenden Auffassung in der Literatur erhebliche Anforderungen zur Legitimation dieser Kündigung an den Arbeitgeber herangetragen. Auch wenn explizit keine Überprüfung der unternehmerischen Entscheidung auf ihre Zweckmäßigkeit stattfinde, könne der erhebliche Begründungsaufwand für den Arbeitgeber nicht bezweifelt werden. Dann sei es aber widersprüchlich, die einfache und unbegründete Ausübung des Widerspruchs eines Arbeitnehmers mit der Rechtswirkung zu versehen, daß das Arbeitsverhältnis eines anderen Arbeitnehmers gekündigt werden könne.[377]

Auch der Hinweis auf den zwingenden Charakter des KSchG verfängt nicht. Weder trägt er zu einer konstruktiven Lösung des vorliegenden Interessenkonflikts bei, noch berücksichtigt er, daß § 1 Abs. 3 KSchG vom Wortlaut her deshalb nicht aúf die bestehende Problematik zugeschnitten ist, weil diese erst aus der Judikatur des BAG zum Widerspruchsrecht hervorgegangen ist. Daneben ist fraglich, ob der Gesetzgeber eine Gleichbehandlung der widersprechenden und der übrigen Arbeitnehmer festgeschrieben hätte, wenn ihm das Problem bekannt gewesen wäre.

Darüber hinaus zeigen die Kritikpunkte hinsichtlich der Gewährung eines *Eintrittsrechts*,[378] daß der Lösungsansatz über ein Eintrittsrecht des zu kündigenden Arbeitnehmers insbesondere den Interessen des Betriebserwerbers und der betroffenen Beschäftigten nicht gerecht wird, sondern diese – wenn auch in abgeschwächter Weise – übergeht. Zudem müßte der Arbeitnehmer, dem das Eintrittsrecht zugebilligt wird, für einen neuen Arbeitgeber tätig werden, mit dem er von sich aus unter Umständen überhaupt keinen Arbeitsvertrag abgeschlossen hätte. Um diese Aufdrängung eines unerwünschten Arbeitgebers zu verhindern, müßte diesem Arbeitnehmer ebenfalls ein Widerspruchsrecht zugestanden werden.[379] Würde er dieses auch ausüben, wäre der Verbleib beim Betriebsveräußerer die Folge. Die Option eines Eintrittsrechts scheitert also letztlich daran, daß es für einen widersprechenden Arbeitnehmer grundsätzlich unzumutbar ist, für einen Arbeitgeber tätig zu werden, den er nicht frei gewählt hat.[380] Auch dem zu kündigenden Arbeitnehmer darf der Arbeitgeberwechsel nicht gegen seinen Willen aufgezwungen werden.

Zusammenfassend ist daher zu sagen, daß zugunsten eines widersprechenden Arbeitnehmers nicht uneingeschränkt eine Sozialauswahl stattzufinden hat. Die möglichen Auswirkungen einer Nichtberücksichtigung des Widerspruchs bei der Sozialauswahl können auch nicht dadurch umgangen werden, daß dem zu kündigenden Arbeitnehmer des Restbetriebes ein Eintrittsrecht in die Stellung des widersprechenden Arbeitnehmers eingeräumt wird.

c) Keine Einschränkungsmöglichkeit des Widerspruchsrechts an sich

Die Vorgehensweise, bei einem unbegründeten Widerspruch das Widerspruchsrecht selbst zu versagen und nicht seine Ausübung durch Einschränkung des Kündigungsschutzes zu sanktionieren, bietet gerade im Hinblick auf die Vermeidung eines Zustands der Rechtsunsicherheit einen nicht unerheblichen Vorteil. Dennoch ist die vorgeschlagene

377 *Ingelfinger*, ZfA 1996 S. 591 (606).

378 Siehe 2. Teil C. II. 2. b.

379 So auch: *Schlachter*, NZA 1995 S. 705 (707).

380 Siehe dazu die Ausführungen unter 1. Teil A. II. 2., III.

Einschränkung des Widerspruchsrechts auf einen vernünftigen Grund abzulehnen. Es wurde bereits festgestellt – und dies wurde im Verlauf der Untersuchungen immer wieder deutlich – daß es sich bei dem auf § 613a BGB basierenden Widerspruchsrecht um ein dem Arbeitnehmer individuell eingeräumtes Gestaltungsrecht mit freiheitlicher, grundrechtlich gesicherter Schutzfunktion handelt.[381] Im Hinblick auf die Art und Weise der Widerspruchsausübung ist der Arbeitnehmer keinen Einschränkungen dahin gehend unterworfen, daß irgendwelche Gründe für den Widerspruch vorliegen müßten.

Koppelte man die Ausübung des Widerspruchsrechts an einen sachlichen Grund, so wäre der Arbeitnehmer bei der Ausübung des Widerspruchsrechts beschränkt, da er den Widerspruch nun nicht mehr aus subjektiven Erwägungen heraus treffen kann, die keiner Überprüfung zugänglich sind. Eine freie Entscheidung für oder gegen den neuen Arbeitgeber, welche das Wesen des Widerspruchs darstellt, wäre mithin nicht mehr möglich. Liegt nach Ansicht des Arbeitnehmers, der sich nicht auf einen anderen Arbeitgeber überleiten lassen will, kein ausreichender Grund für den Widerspruch vor, so wird er unter Umständen von dessen Ausübung Abstand nehmen. Das Ergebnis wäre das gleiche, wie bei einem Widerspruch ohne ausreichenden Grund: Übergang des Arbeitsverhältnisses und Fortbestand des Arbeitsplatzes beim Erwerber des Betriebsteils. Um dies zu verhindern, bleibt ihm nur die Möglichkeit, das übergegangene Arbeitsverhältnis zu kündigen. Das eigentliche Ziel, wegen dem überhaupt erst widersprochen wird – Verbleib beim ursprünglichen Arbeitgeber – wird somit nicht erreicht.

In der Literatur wird zutreffend bemerkt, bei der Ausübung des Widerspruchsrechts unter dem Gesichtspunkt eines sachlich vertretbaren Grundes handele es sich nicht mehr um eine Einschränkung des vom BAG geschaffenen Widerspruchsrechts, sondern um eine *qualitative Veränderung*. Nicht mehr der Schutz vor einem aufgedrängten Vertragspartner wäre der Hauptzweck, sondern die Vermeidung von Nachteilen infolge des Betriebsinhaberwechsels.[382] Wenn von dem Arbeitnehmer für die Ausübung seines Widerspruchsrechts eine Begründung verlangt wird, reicht also seine bloße Aussage, er wolle nicht auf den Erwerber übergehen, sondern bei seinem ursprünglichen Arbeitgeber verbleiben, nicht aus. Er ist gezwungen, Gründe für den Widerspruch vorzubringen, die den Widerspruch als objektiv begründet erscheinen lassen. Dies läuft zwangsläufig auf solche Gründe hinaus, die für den Widersprechenden nachteilig wären, sollte er zum Erwerber überwechseln. Dies kann nicht Sinn und Zweck der grundrechtsgerichteten freiheitlichen Schutzfunktion des Widerspruchsrechts sein. Dadurch wird eine eigenständige und selbstverantwortliche Entscheidung des Arbeitnehmers unterbunden. Er wird gezwungen, auf objektiv nachvollziehbare Gründe zu verweisen, die gar nicht Beweggrund für seinen Widerspruch sind, falls er nur subjektive Widerspruchsgründe vorzubringen vermag, wie etwa die Begründung, der neue Arbeitgeber gefalle ihm nicht. Eine Beschränkung des Widerspruchsrechts auf eine bloße Nachteilsabwehr ist von Art. 1 Abs. 1, 2 Abs. 1 und 12 Abs. 1 GG nicht mehr gedeckt und widerspricht auch der Begründung des BAG für die Gewährung eines Widerspruchsrechts. Insofern bleibt es bei der vom BAG getroffenen Aussage: „Für die Berechtigung eines Widerspruchs gibt es keinen allgemeingültigen Maßstab. Darüber, ob er dem Übergang des Arbeitsverhältnisses widersprechen will, ent-

381 Siehe dazu die Ausführungen unter 1. Teil A. II. 2.

382 *Ingelfinger*, ZfA 1996 S. 591 (597).

scheidet allein der Arbeitnehmer."[383] Das Argument, der Schutz des Arbeitnehmers vor sich selbst werde bei dieser Handhabung nicht gewährleistet, ist daher nicht stichhaltig.[384]

Unter diesen Gesichtspunkten überzeugt auch nicht der Diskussionsentwurf eines Arbeitsvertragsgesetzes des Arbeitskreises Deutsche Rechtseinheit im Arbeitsrecht zum 59. DJT betreffend den Übergang von Arbeitsverhältnissen. Dort heißt es in § 133 Abs. 2 Satz 2: „Der Arbeitnehmer kann dem Übergang des Arbeitsverhältnisses *bei berechtigtem Interesse* widersprechen."[385] Dies wird folgendermaßen begründet: „Das Widerspruchsrecht ist, um Mißbräuche auf der Arbeitnehmerseite zu verhindern, an ein berechtigtes Interesse (etwa konkret drohende Verschlechterungen des Arbeitsverhältnisses) gebunden."[386] Davon abgesehen, daß das Widerspruchsrecht selbst nur in einigen wenigen Ausnahmefällen mißbraucht werden kann,[387] ist die Forderung sachlich vertretbarer Gründe für die Ausübung des Widerspruchs an sich auf der Grundlage des vom BAG geschaffenen Widerspruchsrechts nicht begründbar.[388] Darüber hinaus sind zu befürchtende Verschlechterungen des Arbeitsverhältnisses allein nicht ausreichend.

Daneben wird zu bedenken gegeben, daß es in vielen Fällen des Betriebsübergangs überhaupt nicht zu einem Konflikt mit anderen Arbeitnehmern komme, wenn für den widersprechenden Arbeitnehmer eine sonstige Beschäftigungsmöglichkeit bestehe oder andere in die Sozialauswahl einzubeziehende Arbeitnehmer nicht vorhanden seien. Warum dem Arbeitnehmer auch dann der Widerspruch verwehrt werde, sei jedenfalls im Hinblick auf die Rechte anderer Arbeitnehmer nicht einsichtig, weshalb eine generelle Einschränkung des Widerspruchsrechts über das Ziel hinausschieße.[389]

Hinzu kommt, daß auch bei der Einschränkung des Widerspruchs selbst die Frage beantwortet werden muß, wann ein sachlich begründeter Widerspruch vorliegt. Die Konkretisierung des sachlichen Grundes muß nach dem gleichen Maßstab erfolgen, wie bei der Sanktionierung des Widerspruchs auf der Ebene der Sozialauswahl nach betriebsbedingter Kündigung. Um die nachteilige Folge einer möglichen Kündigung für die unbeteiligten Arbeitnehmer zu minimieren, ist ebenfalls die Unzumutbarkeit der Weiterbeschäftigung beim Betriebserwerber als einziger schutzwürdiger Widerspruchsgrund zu fordern. Damit würde zwar die Beachtlichkeit des Widerspruchsgrundes auf einige wenige Fälle reduziert. Dies würde aber auf der Ebene des Widerspruchsrechts selbst gleichzeitig zu einer mit seiner Funktion nicht zu vereinbarenden Einschränkung des Widerspruchsrechts führen.

Die Rechtsprechung des BAG, die eine Einschränkung des Widerspruchsrechts auf sachliche Gründe ablehnt, ist konsequent und entspricht der Funktion und Schutzrichtung des Widerspruchsrechts. Käme ein Widerspruch nur in Betracht, wenn dem betroffenen Arbeitnehmer die Arbeit beim neuen Betriebsinhaber unzumutbar würde, wäre die Mög-

383 BAG AP Nr. 37 zu § 613a BGB (II 3 der Gründe).
384 Siehe dazu bereits die Ausführungen unter 2. Teil A. I. 2.
385 Verhandlungen des 59. DJT, Gutachten D, S. 64.
386 Verhandlungen des 59. DJT, Gutachten D, S. 131.
387 Siehe dazu die Ausführungen unter 2. Teil C. II. 3. e ee (2) (b).
388 So auch: *Ingelfinger*, ZfA 1996 S. 591 (597).
389 *Ingelfinger*, ZfA 1996 S. 591 (598).

lichkeit eines Widerspruchs von vornherein auf einige wenige Fälle beschränkt – eine mit der Funktion des Widerspruchsrechts nicht vereinbare Konsequenz.

d) Keine Beschränkung der Sozialauswahl auf die widersprechen den Arbeitnehmer

Nach dem Lösungsansatz von *Pietzko*[390] soll die Sozialauswahl zwischen (mehreren) widersprechenden Arbeitnehmern durchgeführt werden, wobei die Restbelegschaft nicht mit einbezogen wird. Die soziale Auswahl wird also nicht unbegrenzt eingeschränkt, sondern modifiziert. Die Modifikation besteht darin, daß ein Ausgleich der Interessen nicht unter sämtlichen, sondern nur unter den widersprechenden Arbeitnehmern stattfinden soll. Dadurch werden die vom Betriebsübergang ursprünglich nicht betroffenen Beschäftigten vollständig davor geschützt, stellvertretend für einen widersprechenden Arbeitskollegen gekündigt zu werden. Dies erscheint interessen- und sachgerecht. Die Rechtsprechung und der übrige Teil der Literatur sind dem praktisch einfachen Lösungsweg, die Sozialauswahl lediglich auf die widersprechenden Arbeitnehmer untereinander zu beschränken, jedoch nicht gefolgt.

aa) Heranziehung der gesetzlichen Wertungen des § 613a BGB

Zur Begründung seines Lösungsvorschlags stellt *Pietzko* auf die ratio legis des § 613a BGB ab. Da sich der Betriebsübergang im Rahmen des § 613a BGB weder zum Nachteil der Restbelegschaft auswirken könne noch auswirken solle, müsse diese zur Gewährleistung des kündigungsrechtlichen Schutzes von der Sozialauswahl ausgenommen werden. Dies bedeutet, daß die Restbelegschaft nicht durch eine autonome Entscheidung eines Arbeitnehmers zur Ausübung des Widerspruchsrechts belastet wird, auf die sie keinen Einfluß hat. Würde statt dessen eine Sozialauswahl durchgeführt, in die die vom Betriebsübergang nicht betroffenen Arbeitnehmer mit einbezogen würden, so hätte nicht der widersprechende Arbeitnehmer die Konsequenz des Verzichts auf den Bestandsschutz zu tragen, sondern möglicherweise die unbeteiligten Arbeitnehmer des Restbetriebes. Wird vielmehr nur eine soziale Auswahl zwischen den widersprechenden Arbeitnehmern getroffen, so wird letztlich auch nur einem von ihnen gekündigt werden müssen. Für diesen Lösungsweg spricht, daß der widersprechende Arbeitnehmer einen Nachteil zu tragen hat, den er ohnehin zu tragen gehabt hätte und den er nunmehr nicht auf unbeteiligte Arbeitnehmer abwälzen kann. Es wird erreicht, daß das unbillige Ergebnis, welches die Diskussion in der Rechtsprechung und im Schrifttum erst angeregt hat, vermieden wird.

Richtig ist, daß § 613a BGB ausschließlich Regelungen zum Schutz der vom Betriebsübergang betroffenen Arbeitnehmer trifft. Jedoch ist die Grenze zur fehlenden Schutzbedürftigkeit dort zu ziehen, wo der Arbeitnehmer den durch § 613a Abs. 1 Satz 1 BGB gesicherten Bestandsschutz seines Arbeitsverhältnisses ausschlägt. Widerspricht der Arbeitnehmer dem Übergang seines Arbeitsverhältnisses, trägt er auch die damit verbundene mögliche Konsequenz des Arbeitsplatzverlustes beim Veräußerer. Ob damit jedoch eine im KSchG an sich nicht angelegte Beschränkung der sozialen Auswahl auf die wi-

390 *Pietzko*, S. 307. Siehe dazu 2. Teil C. II. 2. e.

dersprechenden Arbeitnehmer legitimiert werden kann, ist fraglich und aufgrund der nachfolgenden Überlegungen im Ergebnis zu verneinen.

bb) Keine Modifikation der Sozialauswahl aufgrund des Schutzzwecks des § 613a BGB

Es wurde bereits begründet, daß – wovon auch die Rechtsprechung und die Literatur ohne weiteres ausgehen – eine soziale Auswahl nach der betriebsbedingten Kündigung eines widersprechenden Arbeitnehmers nicht generell ausgeschlossen werden kann.[391] Vielmehr ist die Sozialauswahl von Gesetzes wegen vorzunehmen, sobald ihre tatbestandsmäßigen Voraussetzungen vorliegen. Grundsätzlich werden diejenigen Arbeitnehmer in die soziale Auswahl einbezogen, die miteinander vergleichbar sind, wobei die Vergleichbarkeit anhand arbeitsplatzbezogener Merkmale festgestellt wird.[392] Die Arbeitnehmer, die für eine Kündigung in Betracht kommen, werden also anhand ihrer bisher ausgeübten Tätigkeit bestimmt und nicht danach, welcher vom Betriebsübergang betroffene Beschäftigte von seinem Widerspruchsrecht Gebrauch gemacht hat.

Kern der dem Lösungsvorschlag von *Pietzko* entgegengebrachten Kritik ist der, daß der eigentliche Zweck des § 613a Abs. 1 Satz 1 BGB als Arbeitnehmerschutzvorschrift nunmehr dazu benutzt werde, die dieser Vorschrift unterfallenden Arbeitnehmer zu belasten. Die mit dem betriebsbedingten Arbeitsplatzmangel verbundenen Probleme würden einseitig auf dem Rücken der widersprechenden Arbeitnehmer ausgetragen.[393] Zutreffend ist, daß die Vorschrift des § 613a BGB darauf ausgerichtet ist, mit einem Betriebsübergang verbundene Nachteile für den betroffenen Arbeitnehmer zu vermeiden. Zwar folgt aus dem Sinn und Zweck des § 613a Abs. 1 Satz 1 BGB, daß der von ihm bezweckte Schutz der betroffenen Arbeitnehmer dort seine Grenzen hat, wo der Arbeitnehmer darauf verzichtet, also von seinem Widerspruchsrecht Gebrauch macht. Dies bedeutet aber nicht, daß die Restbelegschaft nach dem Willen des Gesetzgebers von jeder denkbaren Belastung freigestellt werden soll. *Helpertz*[394] weist zutreffend darauf hin, daß die Tatsache, daß einige Arbeitnehmer (zufällig) dem veräußerten Betriebsteil zugeordnet waren, andere hingegen dem Restbetrieb, kein Differenzierungsgrund ist, der den vollständigen Ausschluß der Restbelegschaft von der Sozialauswahl rechtfertigen könnte.

Eine nachteilige und im KSchG nicht angelegte Beschränkung der sozialen Auswahl auf die vom Betriebsübergang betroffenen Arbeitnehmer läßt sich nicht mit dem unterschiedlichen Bestandsschutzinteresse dieser Arbeitnehmer und den Arbeitnehmern der Restbelegschaft begründen, wenn man darüber hinaus folgendes bedenkt: Mit der sozialen Auswahl wird dem Arbeitgeber aufgegeben, zu prüfen, welcher Arbeitnehmer am wenigsten auf den Arbeitsplatz angewiesen ist.[395] Eine umfassende Prüfung kann jedoch dann nicht stattfinden, wenn die Restbelegschaft von vornherein von der Sozialauswahl ausgeschlossen wird, obwohl hier unter Umständen vergleichbare Arbeitnehmer vorhan-

391 Siehe bereits die Ausführungen unter 2. Teil C. II. 3. a bb (1), (2).

392 Siehe bereits die Ausführungen unter 2. Teil C. I. 1. und 2. Teil C. II. 3. a bb (1).

393 *Helpertz*, DB 1990 S. 1562 f.

394 *Helpertz*, DB 1990 S. 1562 (1563).

395 *Kittner-Kittner*, § 1 KSchG RN 419 mit Hinweis auf BAG EzA Nrn.11,21 zu § 1 KSchG Betriebsbedingte Kündigung.

den sind. Hat der Arbeitnehmer deshalb widersprochen, weil er aufgrund objektiver Anhaltspunkte in absehbarer Zeit den Verlust seines Arbeitsplatzes oder eine wesentliche Verschlechterung der Arbeitsbedingungen beim Erwerber befürchten muß[396] (unabhängig davon, daß die Ausübung des Widerspruchsrechts selbst von keinen Bedingungen abhängig gemacht werden kann), kann man nicht argumentieren, er habe einen durch § 613a Abs. 1 Satz 1 BGB gesicherten Arbeitsplatz ausgeschlagen und somit ohne weiteres auf den Bestandsschutz dieser Norm verzichtet. Ist der widersprechende Arbeitnehmer darüber hinaus sozial wesentlich schutzbedürftiger als sein vergleichbarer Arbeitskollege aus dem Restbetrieb, spricht dies gegen eine Beschränkung der sozialen Auswahl auf die widersprechenden Arbeitnehmer. Ein umfassender Schutz der Interessen der Arbeitnehmer des Restbetriebes ist vor diesem Hintergrund nicht gerechtfertigt.

Haben alle Arbeitnehmer, deren Arbeitsverhältnisse auf den Erwerber übergehen sollen, dem Betriebsübergang widersprochen, weil zu befürchten ist, daß sie ihren Arbeitsplatz beim Erwerber verlieren werden, besteht ein Interessengegensatz zwischen ihnen und den Arbeitnehmern des Restbetriebes nicht. Für beide Arbeitnehmergruppen besteht insoweit die Gefahr des Arbeitsplatzverlustes. Es ist dann auch konsequent, alle Beschäftigten des Betriebes, die aufgrund arbeitsplatzbezogener Merkmale vergleichbar sind, in die Sozialauswahl nach § 1 Abs. 3 KSchG einzubeziehen. Hat nur ein Teil der Arbeitnehmer wegen der drohenden Gefahr des Arbeitsplatzverlustes oder wesentlicher Arbeitsplatzverschlechterungen widersprochen, der andere Teil der betroffenen Arbeitnehmer dagegen lediglich deshalb, weil ihnen der neue Arbeitgeber nicht gefällt und sie lieber beim Veräußerer verbleiben möchten, wäre eine Gleichbehandlung dieser beiden Gruppen innerhalb der widersprechenden Arbeitnehmer nicht gerechtfertigt. Um einen gerechten Interessenausgleich zu schaffen, müßte differenziert werden. Diejenigen Beschäftigten, die aus existenziellen Erwägungen heraus widersprochen haben, müßten ebenfalls von der Sozialauswahl ausgenommen werden.

Diese Überlegungen machen deutlich, daß eine undifferenzierte Einbeziehung aller widersprechenden Arbeitnehmer in die Sozialauswahl unter Auschluß der Restbelegschaft ungerechtfertigt sein kann. Dies spricht für die Anwendung des Grundsatzes, daß der Kreis der in die Sozialauswahl einzubeziehenden Arbeitnehmer nach deren bisheriger Tätigkeit und nicht nach der Ausübung bzw. Nichtausübung des Widerspruchsrechts bestimmt wird.

Zudem ist fraglich, wie eine Beschränkung der Sozialauswahl auf die widersprechenden Arbeitnehmer mit der Situation in Einklang zu bringen ist, in der nur ein einzelner Arbeitnehmer widerspricht. In diesem Fall wird die Restbelegschaft nicht von der Sozialauswahl ausgeschlossen, sondern es findet ohne weiteres eine soziale Auswahl unter allen Beschäftigten des Betriebes statt. Dies folgt daraus, daß – wie bereits festgestellt – dem Arbeitnehmer die Ausübung des Widerspruchsrechts selbst unzumutbar würde, wenn eine Sozialauswahl nicht stattfinden würde, da er in diesem Fall stets mit einer betriebsbe-

396 Das BAG hat in seinem Urt. v. 18.3.1999 (BAG, ZIP 1999 S. 1539 (B II 2 b der Gründe)) die berechtigte Befürchtung des baldigen Arbeitsplatzverlustes oder einer baldigen wesentlichen Verschlechterung der Arbeitsbedingungen bei dem Erwerber als berechtigten Widerspruchsgrund anerkannt, bei dessen Vorliegen sich der widersprechende Arbeitnehmer auf eine fehlerhafte Sozialauswahl berufen kann. Siehe dazu die Ausführungen unter 2. Teil C. II. 1. c bb.

dingten Kündigung seines Arbeitsverhältnisses durch den Betriebsveräußerer rechnen müßte.[397] Die Funktion des Widerspruchs zwingt in diesem Fall zur sozialen Auswahl unter Einbeziehung der Restbelegschaft.

e) Berücksichtigung des Widerspruchsgrundes bei Durchführung der Sozialauswahl als geeigneter Lösungsansatz

Das BAG und ihm folgend die Instanzgerichte gehen davon aus, daß eine Sozialauswahl zwischen den widersprechenden und vom Betriebsübergang nicht betroffenen Arbeitnehmern stattfindet.[398] Das BAG hat dies in seiner neuesten Entscheidung zu diesem Problemkreis nochmals bestätigt.[399] Es vertritt die Auffassung, daß die im Widerspruch liegende Ausschlagung des Arbeitsplatzes beim neuen Arbeitgeber im Rahmen der Sozialauswahl nach § 1 Abs. 3 KSchG als Argument für eine mangelnde Schutzbedürftigkeit berücksichtigt werden kann. Der widersprechende Arbeitnehmer soll sich insoweit nur dann auf eine mangelhafte Sozialauswahl berufen können, wenn er objektiv nachvollziehbare Widerspruchsgründe vorbringen kann.[400]

aa) Vereinbarkeit mit dem KSchG

Auf den ersten Blick erscheint die Handhabung des Problems durch die Rechtsprechung durchaus geeignet, die Schwierigkeiten der Sozialauswahl beim Betriebsteilübergang nach ausgeübtem Widerspruch zu reduzieren. Wenn man sich die Konfliktlage zwischen dem widersprechenden Arbeitnehmer und dem beim Restbetrieb verbliebenen Arbeitnehmer vor Augen führt, ist es durchaus verständlich, daß der widersprechende Arbeitnehmer seinen im Restbetrieb verbliebenen Kollegen nur dann aus seiner Position verdrängen können soll, wenn gewichtige Gründe dies zu rechtfertigen vermögen. Denn er hatte ja seinen bisherigen Arbeitsplatz sicher – eben nur bei einem anderen Arbeitgeber – und setzt diesen durch die Ausübung seines Widerspruchs aufs Spiel, wenn er sich dem Risiko einer betriebsbedingten Kündigung durch den ehemaligen Arbeitgeber aussetzt.

Bei näherer Betrachtung ist dieser Lösungsweg nicht frei von Widersprüchen und Ungereimtheiten. Augenfällig ist, daß das BAG und ihm folgend die Instanzgerichte eine Sozialauswahl zwischen dem widersprechenden Arbeitnehmer und der Restbelegschaft nur zulassen will, wenn sachliche oder objektiv vertretbare Gründe für einen Widerspruch vorgetragen werden. Damit wird neben den anerkannten Voraussetzungen für die Durchführung einer Sozialauswahl (Kündigung des Arbeitgebers aus dringenden betrieblichen Erfordernissen, Notwendigkeit dieser Kündigung, Vergleichbarkeit der von der Kündi-

---

397 Siehe dazu die Ausführungen unter 2. Teil C. II. 3. a bb (2).

398 Siehe dazu die Ausführungen unter 2. Teil C. II. 1.

399 BAG, ZIP 1999 S. 1539 (B II 2 a der Gründe).

400 Siehe dazu die Ausführungen unter 2. Teil C. II. 1. a, b, c.

gung betroffenen Arbeitnehmer) ein zusätzliches Erfordernis für die Anwendbarkeit des KSchG geschaffen, welches dem Gesetzeswortlaut nicht zu entnehmen ist.[401]

bb) Legitimation der Notwendigkeit eines sachlichen oder objektiv vertretbaren Widerspruchsgrundes

Selbst wenn man dies damit zu rechtfertigen versucht, daß gerade dieser Lösungsweg praktikabel ist, da er am ehesten geeignet erscheint, eine an sich nicht notwendige Kündigung eines vom Betriebsteilübergang nicht betroffenen Arbeitnehmers zu vermeiden, ist er stichhaltigen Kritikpunkten ausgesetzt.

Zunächst ist zu fragen, ob die Praktikabilität der Lösung allein es rechtfertigt, das Problem auf kündigungsrechtlichem Weg zu lösen. Immerhin handelt es sich um ein Problem, welches das BAG durch seine Rechtsprechung im Wege der Rechtsfortbildung erst begründet hat. Wenn das BAG im nachhinein im Rahmen der Sozialauswahl sachliche bzw. objektiv vertretbare Gründe für einen Widerspruch fordert, muß es sich fragen lassen, auf welcher Grundlage dieses Korrektiv legitimiert werden kann. Dies gilt um so mehr, als es angesichts der Funktion und Schutzrichtung des Widerspruchsrechts nicht gerechtfertigt erscheint, zwischen gerechtfertigter und ungerechtfertigter Ausübung zu unterscheiden. Da das Widerspruchsrecht selbst an keine Gründe gebunden ist, wurde in der Literatur vorgebracht, die Berücksichtigung von Gründen bei der Sozialauswahl sei eine Wiedereinführung des sachlichen Grundes „durch die Hintertür".[402] In diesem Zusammenhang ist insbesondere auch die Heranziehung des Rechtsmißbrauchsgedankens[403] widersprüchlich. Es wird nicht überzeugend begründet, wieso das rechtsmißbräuchlich ausgeübte Recht als wirksam angesehen wird und erst anschließend die Auswirkungen im Rahmen der Sozialauswahl „kuriert" werden.[404]

(1) Unterscheidung der Widerspruchsausübung von den Widerspruchsfolgen

Es fragt sich daher, ob ein unbegründeter Widerspruch überhaupt Auswirkungen in bezug auf die Möglichkeit der Rüge einer Sozialauswahl haben kann. Insoweit sind zwei unterschiedliche Rechtsfragen auseinanderzuhalten. Zum einen geht es um die Wirksamkeit und die Legitimation des Widerspruchsrechts an sich. Diesbezüglich ist bereits festgestellt worden, daß dem Arbeitnehmer bei Betriebsübergängen in jedem Fall ein grundrechtsgeschütztes Widerspruchsrecht uneingeschränkt zusteht.[405] Davon zu unterscheiden ist die

401 So auch: *v. Hoyningen-Huene*, Anm. zu BAG Urt. v. 7.4.1993, AR-Blattei ES 1020.1.2. Nr.1 Sozialauswahl, der daraus folgert, daß dies dem zwingenden Charakter des KSchG widerspreche (2 a der Anm.).

402 *Wickler*, S. 118; ihm folgend: *Helpertz*, DB 1990 S. 1562 (1564).

403 Sowohl das BAG als auch das LAG Hamm geben zu erkennen, daß sie der Auffassung *Kreitners* (S. 163 ff.) nahestehen, derzufolge die Rüge der Sozialauswahl rechtsmißbräuchlich wäre, sofern dem betreffenden Arbeitnehmer keine objektiv vertretbaren Gründe für seinen Widerspruch gegen den (Teil-)Betriebsübergang zur Seite stünden.

404 So: *Ingelfinger*, ZfA 1996 S. 591 (607).

405 Siehe dazu die Ausführungen unter 1. Teil A. II. 2., III.

Wirksamkeit einer Kündigung *nach* ausgeübtem Widerspruchsrecht.[406] Bei dieser Kündigung handelt es sich gerade nicht um eine Kündigung „wegen“ der Ausübung des Widerspruchs, weil sie nur in mittelbarem Zusammenhang mit der Widerspruchsausübung steht. Es geht hier um eine mögliche *Folge* des ausgeübten Widerspruchs auf einer dem Widerspruchsrecht selbst nachgeordneten Stufe. Auf dieser Ebene muß nicht mehr mit der freiheitlichen Schutzfunktion des Widerspruchsrechts zur Wahrung der Grundrechte aus Art. 1, 2 und 12 GG argumentiert werden. Diese stand nur bei der Begründung des Widerspruchsrechts selbst im Vordergrund. Nach der Ausübung des Widerspruchsrechts geht es dagegen nur noch darum zu begründen, warum der widersprechende Arbeitnehmer die Möglichkeit haben soll, neben seinem arbeitsplatzbezogenen Besitzstand durch § 613a Abs. 1 Satz 1 BGB sozial weniger schutzbedürftige Arbeitnehmer in den beim Veräußerer verbleibenden Betriebsteilen von ihrem Arbeitsplatz zu verdrängen. Zur Beantwortung dieser Frage muß notwendigerweise auf den Beweggrund abgestellt werden, der zur Ausübung des Widerspruchs geführt hat.

Das BAG hat insoweit erkennen lassen, daß es den Rechten des Widersprechenden erhebliches Gewicht beimißt, wenn es ausführt, daß bei Konstellationen der vorliegenden Art gleichfalls das ultima-ratio-Prinzip und die Grundsätze über die Sozialauswahl gelten, da anderenfalls dem Widersprechenden ein erhebliches Stück an Bestandsschutz genommen würde.[407] Andererseits betont es in seiner ständigen Rechtsprechung, daß der widersprechende Arbeitnehmer ganz bewußt das Risiko einer Kündigung eingehe.[408] Nach Ansicht des BAG soll danach der Widerspruch kein „Freibrief“[409] für eine Weiterbeschäftigung im verbleibenden Restbetrieb sein. Von einer „Gefahr“, daß gleichsam „durch die Hintertür“ der Widerspruchsbegründung letztlich doch entscheidende Wirkung zukommt, kann daher nicht gesprochen werden.

(2) Ungerechtfertigte Privilegierung des widersprechenden Arbeitnehmers

In der Literatur wird vorgetragen, die Argumentation, daß rechtsmißbräuchlich nicht der Widerspruch an sich sei, sondern die Rüge, mit der die fehlerhafte Sozialauswahl geltend gemacht werde, sei nicht stichhaltig. Sie verkenne, daß die ordnungsgemäße Sozialauswahl nach § 1 Abs. 3 Satz 1 KSchG eine gesetzliche Vorgabe darstelle, die *unabhängig* davon zu erfüllen sei, ob die Geltendmachung einer fehlerhaften Sozialauswahl möglicherweise rechtsmißbräuchlich sei oder nicht.[410]

Diese Betrachtungsweise trägt indes nicht zu einer konstruktiven Lösung des Problems bei, sondern verweist lediglich auf den Wortlaut des § 1 Abs. 3 Satz 1 KSchG, aus dem sich das Erfordernis für einen sachlichen Widerspruchsgrund nicht ergibt. Es wird

406 Vgl. insofern auch: *Kreitner*, S. 165 f.

407 BAG AP Nr. 22 zu § 1 KSchG 1969 Soziale Auswahl (II 3 b bb der Gründe).

408 BAG AP Nr. 37 zu § 613a BGB (II 3 der Gründe).

409 So: *Kreitner*, S. 166.

410 *Lunk*, NZA 1995 S. 711 (714). Auf den zwingenden Charakter des KSchG weist auch *v. Hoyningen-Huene*, Anm. zum Urt. des BAG v. 7.4.1993, AR-Blattei ES 1020.1.2. Nr. 1 (2 a der Anm.) hin. Zu der Frage, ob das *Institut des Rechtsmißbrauchs* für eine Problemlösung herangezogen werden kann, siehe die nachfolgenden Ausführungen unter 2. Teil C. II. 3. e ee (2) (b).

nicht berücksichtigt, daß die Regelung des § 1 Abs. 3 KSchG nur deshalb nicht auf die vorliegende Problematik der Sozialauswahl nach ausgeübtem Widerspruch zugeschnitten ist, weil sie sich durch die rechtsfortbildende Rechtsprechung des BAG erst entwickelt hat. Das bedeutet aber nicht, daß § 1 Abs. 3 KSchG keinesfalls zur Problemlösung herangezogen werden könnte bzw. dürfte. Würde man dem widersprechenden Arbeitnehmer vielmehr den ungeschmälerten Kündigungsschutz einräumen, liefe dies auf eine mit den Wertungen der Arbeits- und Sozialordnung unvereinbaren Privilegierung hinaus.[411] Der Arbeitnehmer wird schon durch die Zubilligung des Widerspruchsrechts gegenüber der legislativen Regel des § 613a Abs. 1 Satz 1 BGB privilegiert. Verzichtet er durch die Ausübung dieses Widerspruchsrechts auf seinen arbeitsplatzbezogenen Bestandsschutz, so besteht kein Grund, seinetwegen nicht vom Betriebsübergang betroffene Arbeitnehmer um ihren Arbeitsplatz zu bringen.

Das LAG Hamm hat zwar ausgeführt, die Bestimmung des § 1 Abs. 3 KSchG mache keine Ausnahme für widersprechende Arbeitnehmer beim Übergang eines Betriebsteils, woraus im Grundsatz folge, daß der Arbeitgeber auch hinsichtlich dieser Arbeitnehmer zu einer Auswahl des zu Kündigenden nach sozialen Gesichtspunkten verpflichtet sei.[412] Daraus zieht es die zutreffende Schlußfolgerung, daß einem Arbeitnehmer, dem ein Widerspruchsrecht eingeräumt werde, konsequenterweise auch vom Ansatz her der Schutz des § 1 Abs. 3 Satz 1 KSchG zuzubilligen sei, da der Arbeitnehmer bei fehlenden freien Arbeitsplätzen sonst stets mit einer Kündigung rechnen müsse.[413] Es stellt jedoch dem BAG folgend klar, daß eine uneingeschränkte Sozialauswahl zum Schutze der im Betrieb Verbliebenen nicht in Betracht kommen könne.[414] Angesichts der bestehenden existenziellen Konfliktsituation zwischen widersprechenden Arbeitnehmern und den Arbeitnehmern des Restbetriebes im Kündigungsschutzprozeß ist nicht zu begründen, warum im Rahmen einer zu treffenden Sozialauswahl nicht zwischen grundlosem und begründetem Widerspruch unterschieden werden soll. Es besteht keine Veranlassung, diese Widerspruchsgründe in kündigungsrechtlicher Hinsicht gleich zu behandeln.[415] Eine Gleichbehandlung würde vielmehr automatisch zu einer Ungleichbehandlung der widersprechenden und der Arbeitnehmer der Restbelegschaft führen. Es ist nicht anzunehmen, daß der Gesetzgeber dies gewollt hätte, wenn ihm das Problem bekannt gewesen wäre.

cc) Beachtliche Widerspruchsgründe nach Auffassung der Rechtsprechung

Nach diesen grundsätzlichen Feststellungen soll nachfolgend das Augenmerk darauf gerichtet werden, welche Widerspruchsgründe die Rechtsprechung als begründet bzw. unbegründet angesehen hat. Fraglich ist, ob die dabei vorgebrachten Differenzierungskriterien geeignet sind, zur Problemlösung beizutragen. Die nachfolgenden Ausführungen werden verdeutlichen, daß die an das Kriterium des „sachlichen", „objektiv vertretbaren",

411 *Oetker*, DZWir 1993 S. 136 (143).
412 LAG Hamm, DB 1994 S.2242 (2243 unter 2 der Gründe).
413 LAG Hamm, DB 1994 S. 2242 (2243 unter 2 a der Gründe).
414 LAG Hamm, DB 1994 S. 2242 (2243 unter 2 b, c, d der Gründe).
415 *Kreitner*, S. 166.

„erheblichen", „vernünftigen", „gewichtigen" bzw. „berechtigten" Grundes[416] angelehnten Widerspruchsgründe die unbefriedigenden Folgen des Widerspruchsrechts in den meisten Fällen nicht ausräumen, sondern nur abschwächen können, wenn diese nicht ausreichend konkretisiert werden.

(1) Auffassung des LAG Hamm

(a) Schmälerung des sozialen Schutzes durch den Wechsel in einen Kleinbetrieb und bei Nichtanwendbarkeit der §§ 111 ff. BetrVG

Obwohl das LAG Hamm in seinem Urteil vom 19.7.1994[417] ausdrücklich feststellt, daß es der neugegründeten GmbH wirtschaftlich zufriedenstellend gehe und es bei dem widersprechenden Arbeitnehmer auch zu keiner Lohnminderung gekommen wäre, hat es der Kündigungsschutzklage stattgegeben. Wie bereits dargestellt, war nach Ansicht des LAG Hamm dafür ausschlaggebend, daß der Arbeitnehmer seine Arbeit anstatt in einem mittelständischen Betrieb in einem Kleinbetrieb hätte fortsetzen müssen, womit eine Schmälerung seines sozialen Schutzes verbunden gewesen wäre.[418] Dieser Auffassung hat sich das LAG Berlin in seinem Urteil vom 26.5.1997[419] angeschlossen. Das LAG Hamm geht bei einer Belegschaftsgröße von ca. 280 Arbeitnehmern von einem mittelständischen Betrieb aus, bei einer Belegschaftsgröße von 18 Arbeitnehmern von einem Kleinbetrieb. Ob dies eine absolute Grenze darstellt, bei deren Über- bzw. Unterschreiten ein Betrieb als mittelständisch oder klein zu qualifizieren wäre, wird offengelassen. Gravierender ist jedoch der Umstand, daß das LAG Hamm die Schmälerung des sozialen Schutzes und damit einen sachlichen Grund für einen Widerspruch einzig und allein darin begründet sieht, daß in der neugegründeten GmbH relativ weniger vergleichbare Arbeitnehmer beschäftigt sind, ohne daß im vorliegenden Fall damit konkrete Nachteile für den widersprechenden Arbeitnehmer verbunden gewesen wären. Es wird abstrakt auf eventuell mögliche (zukünftige) Nachteile abgestellt.

Einen weiteren Grund, der den Widerspruch des Klägers sachlich rechtfertigt, sieht das LAG Hamm darin, daß der übergehende Arbeitnehmer mit einer Sozialplanleistung bei einer Einschränkung oder Stillegung des Erwerberbetriebes nicht hätte rechnen können, weil dort nicht die erforderlichen 20 Arbeitnehmer gem. § 111 Satz 1 BetrVG beschäftigt werden.

(b) Beachtlichkeit des Widerspruchsgrundes bei „Extremfällen"

Nach Ansicht des LAG Hamm soll der Widerspruch des Arbeitnehmers immer in „Extremfällen" Berücksichtigung finden, die in den Entscheidungsgründen nur am Rande er-

---

416 Siehe dazu die Ausführungen unter 2. Teil C. II. 1.

417 LAG Hamm, DB 1994 S. 2242 ff.

418 LAG Hamm, DB 1994 S. 2242 (2244 unter 2 d bb der Gründe). Siehe dazu bereits die Ausführungen unter 2. Teil C. II. 1. d.

419 LAGE § 1 KSchG Soziale Auswahl Nr. 20. Siehe dazu die Ausführungen unter 2. Teil C. II. 1. e.

wähnt werden. Dies sei immer dann notwendig, wenn der Erwerber für Konkurse bekannt sei oder die Stillegung des Betriebsteils bei seinem Übergang bereits feststehe. Der Widerspruch sei weiterhin dann bei der Sozialauswahl einschränkungslos zu berücksichtigen, wenn der Erwerber als äußerst unzuverlässig bekannt sei oder wenn feststehe, daß die Betriebsveräußerung nur erfolge, um betriebsverfassungsrechtliche Mitbestimmungsregelungen zu umgehen.[420]

(c) Stellungnahme

Die Auffassung des LAG Hamm, welche die Schmälerung des sozialen Schutzes bei einem Wechsel in einen Kleinbetrieb und bei einer Nichtanwendbarkeit der §§ 111 ff. BetrVG bejaht, vermag nicht zu überzeugen.

Das bloße Hinüberwechseln in einen kleineren Betrieb mit weniger vergleichbaren Arbeitnehmern ohne Hinzutreten weiterer damit konkret verbundener Nachteile stellt vielmehr noch keinen objektiv vertretbaren Widerspruchsgrund dar. Im Schrifttum wird ebenfalls die Auffassung vertreten, daß allein die Tatsache, daß der Mitarbeiter in einen kleineren Betrieb überwechseln müßte, den Widerspruch noch nicht zu rechtfertigen vermag. Erst bei Hinzutreten konkreter und meßbarer Nachteile werde man den Übergang auf einen kleineren Betrieb als nicht hinnehmbar akzeptieren können, weil erst dann eine vergleichbare Gefährdungsstufe erreicht sei wie für den verbleibenden, möglicherweise stellvertretend zu kündigenden Mitarbeiter.[421] Insoweit soll etwa die begründete Besorgnis in Betracht kommen, daß es in der Abteilung, in welche der widersprechende Arbeitnehmer hinüberwechseln würde, alsbald zu Entlassungen komme und zu befürchten sei, daß gerade dem übergehenden Arbeitnehmer gekündigt werde. Gleiches könne für den Fall gelten, daß im übernehmenden Betrieb bereits Kurzarbeit beantragt sei.[422]

Man wird sagen müssen, daß ein beachtlicher Grund für einen Widerspruch (ohne sich an dieser Stelle auf einen bestimmten Grund festzulegen) dann eher zu bejahen ist, wenn in dem Betrieb, auf den der widersprechende Arbeitnehmer übergehen soll, im Gegensatz zum ursprünglichen Betrieb entweder bereits nachteilige Verhältnisse *bestehen* oder solche *in absehbarer Zeit zu besorgen* sind. Abstrakte zukünftige Nachteile sind dagegen immer möglich. Mit solchen, wie z.B. einem möglichen Personalabbau,[423] hat auch ein Arbeitnehmer zu rechnen, der im Restbetrieb des veräußernden Arbeitgebers verblieben ist. Wenn darüber hinaus an die Schmälerung des sozialen Schutzes so geringe Anforderungen gestellt werden, wie vom LAG Hamm, liegt auf der Hand, daß eine solche Schmälerung in vielen Fällen vorliegen wird.[424] Dies wird einem gerechten Ausgleich der sich gegenüberstehenden Arbeitnehmerinteressen nicht gerecht. Im Gegenteil wird damit der Betriebsübergang wegen vermehrter drohender Widersprüche deutlich erschwert, und ein anderer unbeteiligter Arbeitnehmer muß sich in einer schwierigen arbeitsmarktpoliti-

---

420 LAG Hamm, DB 1994 S. 2242 (2243 unter 2 d der Gründe mit Hinweis auf die entsprechenden Stimmen im Schrifttum, dort in FN 13).

421 *Lunk*, NZA 1995 S. 711 (716).

422 *Lunk*, NZA 1995 S. 711 (716).

423 So: LAG Hamm, DB 1994 S. 2242 (2244 unter 2 d bb der Gründe).

424 *Ingelfinger*, ZfA 1996 S. 591 (602).

schen Lage einen neuen Arbeitplatz suchen. Die Erschwernis und die damit verbundenen Belastungen sowohl für den übergegangenen Betriebsteil als auch für den Restbetrieb wird vor allem dann deutlich, wenn mehrere Arbeitnehmer ihren Widerspruch ausüben, weil sie aufgrund ihrer sozial schwächeren Stellung gegenüber Arbeitnehmern des Restbetriebes mit der Aufrechterhaltung ihres Arbeitsverhältnisses rechnen können.[425] Dies untermauert das Ergebnis, daß es einem Arbeitnehmer allein aufgrund eines nur *möglicherweise* geschmälerten Sozialschutzes, der sich überhaupt nicht tatsächlich realisieren muß, nicht möglich sein darf, die Entlassung eines anderen Arbeitnehmers zu erreichen, obwohl es dafür eigentlich überhaupt keinen zwingenden Grund gegeben hat.

Wenn das LAG Hamm auf die Belegschaftsgröße entscheidendes Gewicht legt, hätte es näher gelegen, einen sachlichen bzw. objektiv vertretbaren Grund für einen Widerspruch nur dann zu bejahen, wenn nach dem Übergang des Arbeitnehmers wegen Absinkens der Beschäftigtenzahl das KSchG nicht mehr anwendbar ist,[426] weil dort gemäß § 23 Abs. 1 Satz 2 KSchG in der Regel 5 oder weniger Arbeitnehmer beschäftigt werden.[427] In diesem Fall wäre die Gefährdung des Arbeitsplatzes des überwechselnden Mitarbeiters nämlich größer als die des verbleibenden Arbeitnehmers, der sich zumindest auf den Schutz des KSchG berufen kann.[428] Der Vorteil einer solchen Handhabung besteht darin, klar sagen zu können, worin die Schmälerung des Sozialschutzes *konkret* besteht (Nichtanwendbarkeit des KSchG in betrieblicher Hinsicht) und wann diese eintritt (Absinken der Belegschaftsgröße auf 5 oder weniger Arbeitnehmer). Darüber hinaus würde die Anzahl der relevanten Fälle überschaubar bleiben, da an die Schmälerung des sozialen Schutzes gesteigerte Anforderungen gestellt würden. Ob die Nichtanwendung des KSchG im übernehmenden Betrieb ein geeignetes Kriterium für die Annahme eines beachtlichen Widerspruchsgrundes darstellt, ist damit noch nicht gesagt und wird nachfolgend noch zu untersuchen sein.

Soweit das LAG Hamm einen sachlichen Grund für einen Widerspruch darin sehen will, daß der übergehende Arbeitnehmer mit einer Sozialplanleistung bei einer Einschränkung oder Stillegung des Erwerberbetriebes nicht hätte rechnen können, weil dort nicht die erforderlichen 20 Arbeitnehmer gemäß § 111 Satz 1 BetrVG beschäftigt werden, ist dies ebenfalls kein geeigneter Ansatzpunkt. Es handelt sich auch hierbei um einen hypothetischen Gesichtspunkt, da zum Zeitpunkt des Widerspruchs nicht erkennbar ist, ob überhaupt in absehbarer Zeit eine betriebsändernde Maßnahme mit der Folge einer Sozi-

---

425 *Ingelfinger*, ZfA 1996 S. 591 (602 f.).

426 *Commandeur*, NJW 1996 S. 2537 (2543).

427 Der Schwellenwert, bis zu dem das KSchG nicht gilt, ist mit dem Arbeitsrechtlichen Beschäftigungsförderungsgesetz vom 25.9.1996 (BGBl. I S. 1476) durch die ab 1.10.1996 geltende Neuregelung des § 23 Abs. 1 Satz 2 KSchG ursprünglich von 5 auf 10 Arbeitnehmer angehoben worden. Das KSchG griff danach nicht ein, wenn in dem Betrieb in der Regel 10 oder weniger Arbeitnehmer ausschließlich der zu ihrer Berufsausbildung Beschäftigten beschäftigt wurden. Diese Regelung machte der Gesetzgeber nunmehr mit dem Gesetz zu Korrekturen in der Sozialversicherung und zur Sicherung der Arbeitnehmerrechte (Gesetz v. 19.12.1998, BGBl. I S.3843) wieder rückgängig. Das KSchG greift ab dem 1.1.1999 wieder ein, sobald die Zahl 5 überschritten ist.

428 *Lunk*, NZA 1995 S. 711 (717).

alplanabfindung durchgeführt wird.[429] Dies spricht wiederum dafür – wenn man in einer zu erwartenden Sozialplanleistung überhaupt einen beachtlichen Grund erblicken will – darauf abzustellen, ob zum Zeitpunkt des Widerspruchs eine derartige Maßnahme bereits absehbar ist, bzw. unmittelbar bevorsteht. Nur in diesem Fall sollte ein Widerspruch gerechtfertigt sein. Darüber hinaus erscheint das Abstellen auf eine zu erwartende Sozialplanleistung auch vom Ansatz her nicht geeignet, den widerstreitenden Arbeitnehmerinteressen gerecht zu werden. Für den verbleibenden Arbeitnehmer, dem anstelle des berechtigt Widersprechenden gekündigt werden muß, geht es um den Bestand seines Arbeitsplatzes und damit um seine existenzielle finanzielle Absicherung, während für den Widersprechenden „nur" eine mögliche Sozialplanabfindung auf dem Spiel steht.[430]

Daneben ist zu beachten, daß das KSchG von seiner grunsätzlichen Konzeption her nicht als Abfindungsgesetz, sondern als reines Bestandsschutzgesetz gedacht ist. Die in § 9 KSchG auf Antrag einer Partei vorgesehene Möglichkeit, das Arbeitsverhältnis durch Gestaltungsurteil auflösen zu können, durchbricht diesen Grundsatz nur unter der Prämisse, daß die Vertrauensgrundlage für eine sinnvolle Fortsetzung des Arbeitsverhältnisses nicht mehr besteht.[431] Zwar handelt es sich bei einer Sozialplanabfindung um eine kollektivrechliche Regelung und nicht um eine solche nach § 9 KSchG. Jedoch würde damit dem widersprechenden Arbeitnehmer erst durch die Anwendung des KSchG mittelbar eine andere Abfindungsmöglichkeit eröffnet. Dies würde dem Grundsatz widersprechen, daß durch das KSchG in erster Linie der Bestand des Arbeitverhältnisses geschützt werden soll.[432]

Es vermag allein der vom LAG Hamm genannte Widerspruchsgrund der feststehenden Stillegungsabsicht hinsichtlich des übergehenden Betriebsteils zu überzeugen. Der widersprechende Arbeitnehmer kann hier davon ausgehen, daß er seinen Arbeitsplatz beim Erwerber verlieren wird. In allen anderen Fällen ist eine evidente Existenzgefährdung des widersprechenden Arbeitnehmers zu verneinen. Allein der Widerspruch aufgrund des drohenden Verlustes des Arbeitsplatzes beim Betriebserwerber darf bei der Sozialauswahl Berücksichtigung finden, wenn man zu einem gerechten Interessenausgleich zwischen den übergehenden und den nicht betroffenen Arbeitnehmern kommen will. Dies werden die nachfolgenden Ausführungen verdeutlichen.

---

429 *Lunk*, NZA 1995 S. 711 (716 f.).

430 *Lunk*, NZA 1995 S. 711 (716).

431 Vgl. die Begründung des Regierungsentwurfs vom 23.1.1951 zu § 7 KSchG in RdA 1951 S. 58 (64). Darin heißt es auszugsweise: „Es wird z.B. an Fälle zu denken sein, in denen als Kündigungsgründe unzutreffende ehrverletzende Behauptungen über die Person oder das Verhalten des Arbeitnehmers leichtfertig aufgestellt worden sind oder das Vertrauensverhältnis im Verlauf des weiteren durch die Kündigung ausgelösten Verfahrens ohne wesentliches Verschulden des Arbeitnehmers zerrüttet worden ist."

432 Vgl. dazu die Begründung des Regierungsentwurfs vom 23.1.1951 zu § 7 KSchG in RdA 1951 S. 58 (64): „Damit würde das Ziel erreicht, dem Arbeitnehmer den Arbeitsplatz und die Betriebszugehörigkeit in den Grenzen des sozial und wirtschaftlich Vertretbaren zu sichern."

(2) Auffassung des ArbG Hamburg

Wie das LAG Hamm versucht auch das ArbG Hamburg, den sachlichen Grund für eine Ausübung des Widerspruchs zu konkretisieren. Als Grund für einen Widerspruch erkennt es ausdrücklich die Illiquidität des Betriebserwerbers an,[433] begründet dies jedoch nicht näher. Im Gegensatz zu den vom LAG Hamm im konkreten Fall genannten Gründen ist das Kriterium der Insolvenz des Betriebserwerbers am ehesten geeignet, einen sachlichen Widerspruchsgrund abzugeben, denn dies ist objektiv nachvollziehbar. In diesem Fall weiß der Arbeitnehmer, daß seine Existenzgrundlage bei einer Weiterbeschäftigung bei dem neuen Inhaber gefährdet ist. Sein neuer Arbeitgeber wird nicht in der Lage sein, den Arbeitslohn zu zahlen und die entsprechenden Sozialversicherungsabgaben abzuführen, was früher oder später zu einer (Eigen-)Kündigung des Arbeitnehmers führen wird. Dies wäre in der Folge mit dem Fall gleichzusetzen, daß der übertragene Betriebsteil stillgelegt[434] werden soll, da der Arbeitnehmer auch in dieser Situation seinen Arbeitsplatz verlieren wird. Dem Interesse des beim Betriebsveräußerer verbleibenden Arbeitnehmers am Erhalt seines Arbeitsplatzes steht nunmehr ein gleichwertiges Interesse des widersprechenden Arbeitnehmers gegenüber.

Das ArbG Hamburg stellt insofern an den sachlichen Grund höhere Anforderungen als das LAG Hamm. Die unüberschaubare Zahl von möglichen Widerspruchsgründen wird auf die Fälle der Insolvenz des Betriebserwerbers eingegrenzt. Dies ist berechtigt, da sich die Prüfung des Widerspruchsgrundes erübrigen würde, wenn bereits eine Veränderung der Vermögensverhältnisse ein entsprechendes Arbeitnehmerrecht begründen könnte. Wie bereits das LAG Hamm klargestellt hat, kann allein die veränderte Eigenkapitalausstattung des erwerbenden Unternehmers sachgerechterweise kein Widerspruchsgrund sein,[435] denn mit jedem Betriebsübergang werden Veränderungen in der Rechtsform oder den Bilanzwerten des Arbeitgebers einhergehen.[436]

Das ArbG Hamburg hat daher zu Recht den Widerspruchsgrund des Arbeitnehmers – finanzielle Verschlechterung in Höhe von DM 5000,- jährlich durch die Anwendbarkeit anderer Tarifverträge bei dem Nachfolgeunternehmen – nicht anerkannt. Es hat daneben zutreffend in Frage gestellt, ob die Ablösung von Tarifverträgen nach erfolgtem Betriebsübergang nach der gesetzlichen Regelung in § 613a Abs. 1 Satz 3 BGB überhaupt einen Widerspruchsgrund darstellen kann.[437] Danach findet eine Transformation von Tarifverträgen und Betriebsvereinbarungen in das Arbeitsverhältnis nicht statt, wenn die Rechte und Pflichten bei dem Betriebsnachfolger durch Rechtsnormen eines anderen Tarifvertrags oder durch eine andere Betriebsvereinbarung geregelt werden,[438] und zwar unabhängig davon, ob sie für den Arbeitnehmer günstiger oder ungünstiger sind.[439] Der Ar-

433 ArbG Hamburg, Urt. v. 17.8.1994 – 9 Ca 74/94 – (S. 9 der Gründe mit Hinweis auf *Henssler*, NZA 1994 S. 294 (296)).

434 *Hoffmeister*, ArbuR 1995 S. 132 (135); *Kreitner*, S. 164; *Moll*, NJW 1993 S. 2016 (2017); *Tschöpe*, S. 58.

435 LAG Hamm, DB 1994 S. 2242 (2244 unter 2 d aa der Gründe).

436 *Henssler*, NZA 1994 S. 294 (296).

437 ArbG Hamburg, Urt. v. 17.8.1994 (S. 10 der Gründe).

438 Zum Sinn und Zweck dieser Vorschrift vgl.: BT-Drucks. 8/3317 S.11.

439 Münch-Komm-*Schaub*, § 613a RN 189; Palandt-*Putzo*, § 613a RN 24.

beitnehmer kann sich schon aus diesem Grund nicht auf eine ungünstigere tarifliche Regelung bei der übernehmenden Firma berufen, da der ursprüngliche Tarifvertrag durch den Tarifvertrag des Nachfolgeunternehmens abgelöst wurde.

Erwähnenswert ist die Feststellung des ArbG Hamburg, daß für eine „drohende" Insolvenz der übernehmenden Firma keine Anhaltspunkte gegeben seien, sondern diese dem Arbeitnehmer sogar einen Verzicht auf eine betriebsbedingte Kündigung zugesagt hatte.[440] Dies läßt erkennen, daß es entgegen dem LAG Hamm nicht auf eventuell mögliche, sondern nur auf solche Nachteile abstellen will, die bereits konkret absehbar sind. Dies festigt das bereits gewonnene Ergebnis, daß es dem widersprechenden Arbeitnehmer nicht möglich sein darf, aufgrund eines sich nur möglicherweise realisierenden Widerspruchsgrundes die Kündigung eines Kollegen zu erreichen.[441]

Entscheidend für die Ablehnung des vorgebrachten Widerspruchsgrundes ist für das ArbG Hamburg letztlich die Überlegung, daß im Rahmen einer Interessenabwägung immer im Vordergrund stehen müsse, daß der Arbeitnehmer aus den vom Betriebsteilübergang nicht betroffenen Bereichen seinen Arbeitsplatz ganz und gar verliere, während dem Widersprechenden der Arbeitsplatz beim Betriebserwerber erhalten geblieben wäre. Dahinter steht der Gedanke, daß die Aufgabe des Bestandsschutzes aus § 613a Abs. 1 Satz 1 BGB durch den widersprechenden Arbeitnehmer einer besonderen Rechfertigung bedarf. Dies verdient uneingeschränkte Zustimmung. Das ArbG Hamburg bezieht damit – wenn auch nicht ausdrücklich – die gesetzlichen Wertungen des § 613a BGB in die Betrachtung mit ein.

(3) Auffassung des BAG

Die berechtigten Widerspruchsgründe des Arbeitnehmers, der sich auf die soziale Auswahl zu Lasten des Arbeitskollegen beruft, hat das BAG in seiner Entscheidung vom 18.3.1999[442] erstmals konkretisiert, nachdem es sich zuvor zur Art der „sachlichen" bzw. „objektiv vertretbaren" Gründe nicht geäußert hatte.[443]

(a) Baldiger Arbeitsplatzverlust oder baldige wesentliche Verschlechterung der Arbeitsbeitsbedingungen

Wie bereits dargelegt,[444] sieht das BAG einen berechtigten bzw. gewichtigen Widerspruchsgrund in dem Umstand eines baldigen Arbeitsplatzverlustes oder einer baldigen wesentlichen Verschlechterung der Arbeitsbedingungen beim Betriebserwerber. Nach Auffassung des BAG werden die Kriterien für die Sozialauswahl durch die vom Arbeitnehmer darzulegenden Gründe für den Widerspruch überlagert. Je geringer die Unterschiede hinsichtlich der sozialen Gesichtspunkte unter den vergleichbaren Arbeitnehmern seien, desto gewichtiger müßten die Gründe für den Widerspruch sein, damit ein vom

---

440 ArbG Hamburg, Urt. v. 17.8.1994 (S. 9 der Gründe).

441 Siehe dazu die Ausführungen unter 2. Teil C. II. 3. e cc (1) (c).

442 BAG, ZIP 1999 S. 1537 ff.

443 Siehe dazu die Ausführungen unter 2. Teil C. II. 1. a, b.

444 Siehe dazu die Ausführungen unter 2. Teil C. II. 1 c bb.

Teilbetriebsübergang nicht betroffener Arbeitnehmer durch den Widersprechenden aus dem Betrieb gedrängt werden könne. Da in dem vom BAG zu beurteilenden Sachverhalt der widersprechende Arbeitnehmer „nicht ganz erheblich sondern nur geringfügig schutzwürdiger" als die vergleichbaren Arbeitnehmer war, hätte er nach Ansicht des BAG entweder die konkrete Gefährdung des Arbeitsplatzes oder die Verschlechterung der Arbeitsbedingungen belegen müssen. Entscheidend für den Widerspruchsgrund ist also, ob dem Arbeitnehmer ein gesteigerter sozialer Schutz zukommt oder ob die Unterschiede in der sozialen Schutzbedürftigkeit gegenüber den vergleichbaren Arbeitnehmern eher gering sind.

(b) Stellungnahme

Die Auffassung des BAG vermag nicht vollständig zu überzeugen.

Zuzustimmen ist dem BAG darin, daß ein widersprechender Arbeitnehmer einen unbeteiligten Arbeitnehmer der Restbelegschaft nur dann verdrängen darf, wenn er befürchten muß, alsbald nach dem Übergang des Betriebsteils seinen Arbeitsplatz zu verlieren. Nur in diesem Fall kann die rechtsgeschäftliche Abschlußfreiheit des Arbeitnehmers mit den berechtigten und schutzwürdigen Belangen der vom Widerspruch betroffenen Arbeitskollegen in Einklang gebracht werden. Hier stehen sich gleichrangige Interessen am Erhalt des Arbeitsplatzes gegenüber.

Dies ist jedoch dann nicht mehr der Fall, wenn der Widersprechende „nur" eine wesentliche Verschlechterung seiner Arbeitsbedingungen befürchten muß. Der vom Betriebsteilübergang Betroffene behält seinen Arbeitsplatz, wenn auch unter für ihn ungünstigeren Bedingungen. Demgegenüber muß der vom Betriebsübergang nicht Betroffene unter Umständen mit einer Kündigung rechnen, ohne die Option zu erhalten, bei einem neuen Arbeitgeber weiterarbeiten zu können. Er wird also nicht vor dem (ungerechtfertigten) Verlust seines Arbeitsplatzes geschützt, wenn der widersprechende Arbeitskollege eine drohende Verschlechterung seiner Arbeitsbedingungen belegen kann. Ein gerechter Interessenausgleich wird hierdurch nicht erreicht.

Zudem wird nicht deutlich, was das BAG unter „wesentlichen Verschlechterungen" der Arbeitsbedingungen versteht. Das weit gefaßte Kriterium des „berechtigten" bzw. „gewichtigen" Grundes für einen Widerspruch wird insoweit lediglich durch den unbestimmten Begriff der „wesentlichen Verschlechterung" ersetzt. Es wird nicht geklärt, welche Sachverhalte eine wesentliche Verschlechterung der Arbeitsbedingungen darstellen können, was zu einer weiteren Rechtsunsicherheit führt.

Die Rechtsunsicherheit wird vorliegend noch dadurch verstärkt, daß nach Auffassung des BAG eine Konkretisierung der zu berücksichtigenden Widerspruchsgründe auf die beiden Fallgruppen des baldigen Arbeitsplatzverlustes und der baldigen wesentlichen Verschlechterungen der Arbeitsbedingungen nur dann in Betracht kommt, wenn der widersprechende Arbeitnehmer „sozial nicht ganz erheblich, sondern nur geringfügig schutzwürdiger" ist, als die vergleichbaren Arbeitnehmer. Fraglich ist, welche Widerspruchsgründe vorliegen müssen, wenn dem widersprechenden Arbeitnehmer im umgekehrten Fall ein gesteigerter sozialer Schutz gegenüber den vergleichbaren Arbeitnehmern zukommt. Wenn das BAG ausführt, daß die Widerspruchsgründe „um so gewichtiger" sein müssen, „je geringer" die Unterschiede hinsichtlich der sozialen Gesichtspunkte sind, bedeutet dies im Umkehrschluß, daß auch weniger gewichtige Widerspruchsgründe berücksichtigt werden können, je größer die Unterschiede bezüglich der sozialen Schutzbedürftigkeit sind. Zu der Frage, welche weniger gewichtigen Widerspruchsgründe in Betracht kommen, äußert sich das BAG jedoch nicht.

Festzuhalten ist somit, daß die vom BAG an das Kriterium des nachvollziehbaren Grundes angelehnten Widerspruchsgründe die unbefriedigenden Folgen des Widerspruchsrechts nicht ausräumen, sondern nur abschwächen können. Dies liegt zum einen daran, daß die Befürchtung „wesentlicher Verschlechterungen" der Arbeitsbedingungen nicht geeignet ist, einen unbeteiligten Arbeitskollegen von dessen Arbeitsplatz zu verdrängen. Durch Anerkennung eines solchen unbestimmten Widerspruchsgrundes werden die sich gegenüberstehenden gegenläufigen Arbeitnehmerinteressen keinem gerechten Ausgleich zugeführt. Die vorangegangenen Untersuchungen haben gezeigt, daß z.B. der Wechsel in einen Kleinbetrieb, der Verlust einer möglichen Sozialplanabfindung oder finanzielle Verschlechterungen noch keinen objektiv vertretbaren Widerspruchsgrund darstellen.[445] *Junker*[446] führt hierzu zutreffend aus, daß die Rechtssicherheit auf der Strecke bleibe, wenn die ohnehin schon mit zahlreichen Unwägbarkeiten belastete Sozialauswahl im Fall des Teilbetriebsübergangs noch mit einem „beweglichen System" nach der Devise „je geringer, desto gewichtiger" beladen werde. Er gibt zu bedenken, daß auch Formeln wie „nicht ganz erheblich weniger schutzbedürftig" schwerlich zur Rechtssicherheit beitragen, weshalb Entscheidungen kaum vorhersehbar seien.

Dem BAG ist darin zuzustimmen, einen möglichen „baldigen" Arbeitsplatzverlust als sachlichen Widerspruchsgrund anzuerkennen. Der widersprechende Arbeitnehmer muß eine *konkrete Gefährdung*[447] seines Arbeitsplatzes belegen. Es darf ihm also – wie bereits festgestellt[448] – nicht möglich sein, einen unbeteiligten Arbeitnehmer allein aufgrund eines sich nur möglicherweise realisierenden Widerspruchsgrundes zu verdrängen. Der Widerspruchsgrund des drohenden bzw. baldigen Arbeitsplatzverlustes beim Erwerber darf jedoch nicht durch ein „bewegliches System"[449] nach dem Motto „je geringer die Unterschiede hinsichtlich der sozialen Schutzbedürftigkeit, desto gewichtiger die Widerspruchsgründe" verwässert werden.

dd) Beachtliche Widerspruchsgründe nach Auffassung der Literatur

In der Literatur werden als beachtliche, d.h. sachliche oder objektiv vertretbare Widerspruchsgründe angeführt: Unanwendbarkeit des KSchG wegen Absinkens der Beschäftigtenzahl, Illiquidität des Erwerbers, längere Anfahrtswege oder Erschwerungen der Arbeitsleistung, nachteilige Anpassungen einer betrieblichen Altersversorgungszusage durch den Betriebserwerber,[450] sowie starke persönliche Animositäten zwischen übergehendem

---

445 Siehe dazu die Ausführungen unter 2. Teil C. II. 3. e cc (1), (2).

446 *Junker*, Kurzkommentar zum Urt. des BAG v. 18.3.1999, EWiR 1999 S. 829 (830).

447 So: BAG, ZIP 1999 S. 1537 (1539 unter B II 2 c der Gründe).

448 Siehe dazu die Ausführungen unter 2. Teil C. II. 3. e cc (1) (c), (2).

449 So: *Junker*, Kurzkommentar zum Urt. des BAG v. 18.3.1999, EWiR 1999 S. 829 (830).

450 Vgl. insoweit die Darstellung des Meinungsstandes bei: *Lunk*, NZA 1995 S. 711 (716 f.) m.w.N..

Arbeitnehmer und Erwerber[451] und das Vorhandensein eines freien Arbeitsplatzes beim Veräußerer.[452] Andererseits sollen geringfügig schlechtere Arbeitsbedingungen, mangelnde Eigenkapitalausstattung,[453] sowie fehlender Betriebsrat, rein subjektive Erwägungen des Arbeitnehmers, Widerspruch als kollektives Druckmittel, bloßes Hinüberwechseln in einen kleineren Betrieb, mögliche Sozialplanabfindungen, Geltung anderer Tarifverträge nach Ablauf der „Schonfrist" des § 613a Abs. 1 Satz 2 BGB, nicht genügen.[454]

Allein das breite Spektrum der genannten Gründe macht die Schwierigkeiten der Bestimmung schutzwürdiger Widerspruchsgründe auch im Schrifttum deutlich. Die vorgebrachten Gründe werden allein daraufhin überprüft, ob sie den Widerspruch als „sachlich" oder „objektiv vertretbar" erscheinen lassen. Es liegt auf der Hand, daß in den meisten Fällen das Bestandsschutzinteresse des möglicherweise zu kündigenden Arbeitnehmers der Restbelegschaft höher zu bewerten ist, als das Interesse des Widersprechenden, keine Verschlechterung seiner Arbeitsbedingungen zu erfahren. Darüber hinaus wird es nahezu unmöglich sein, Gründe zu beurteilen, die rein persönlicher Natur sind oder bloße Vermutungen zukünftiger Benachteiligungen zum Gegenstand haben. Im Interesse der Rechtssicherheit und der Restbelegschaft muß ein schutzwürdiger Widerspruch deshalb auf den Fall des drohenden Arbeitsplatzverlustes beim Betriebserwerber begrenzt werden.

ee) Das Kriterium der „Unzumutbarkeit der Weiterbeschäftigung beim Betriebserwerber" als geeigneter Lösungsansatz

(1) Notwendigkeit der Einschränkung der zu berücksichtigenden Widerspruchsgründe auf den Fall des drohenden Arbeitsplatzverlustes

Ausgangspunkt für die nachfolgenden Überlegungen ist, daß ein widersprechender Arbeitnehmer nur dann die Fehlerhaftigkeit einer durchgeführten Sozialauswahl geltend machen kann, wenn sein Widerspruch begründet, d.h. objektiv nachvollziehbar ist. Die Rechtsprechung lehnt insofern eine soziale Auswahl dann ab, wenn der Widerspruch ohne sachliche, objektiv vertretbare oder berechtigte Gründe erfolgt. Das Manko dieser Rechtsprechung besteht darin, daß im Rahmen einer kündigungsschutzrechtlichen Abwägung keine einheitlichen Kriterien im Hinblick auf die Frage bestehen, welche Umstände ein legitimes Intersse des Arbeitnehmers an einer Widerspruchserklärung begründen. Die vom LAG Hamm herangezogenen Gesichtspunkte vermögen aus den bereits genannten Gründen nicht zu überzeugen. Demgegenüber sind die vom ArbG Hamburg und vom BAG genannten Kriterien der Illiquidität des Betriebserwerbers und die Befürchtung des baldigen Arbeitsplatzverlustes eher geeignet, einen Ausgleich zwischen den widerstreitenden Arbeitnehmerinteressen herbeizuführen. Gleichzeitig zeigt das Bemühen, geeignete Widerspruchsgründe aufzuzeigen, wie schwierig es ist, festzulegen, in welchen Fällen ein über jeden Zweifel erhabener begründeter Widerspruch vorliegt, bzw. welche

---

451 *Commandeur*, NJW 1996 S. 2537 (2543).

452 *Commandeur*, NJW 1996 S. 2537 (2542).

453 *Henssler*, NZA 1994 S. 913 (922).

454 Vgl. insoweit die Darstellung des Meinungsstandes bei: *Lunk*, NZA 1995 S. 711 (716 f.) m.w.N.

Kriterien ausschlaggebend sein sollen. Die Gewichtung des Widerspruchs trägt dabei mehr oder minder den Stempel einer uferlosen Einzelfallbetrachtung bzw. Einzelfallbewertung „auf der Stirn".[455] Mit dem Anknüpfen an das weitgefaßte Kriterium des „sachlichen", „objektiv vertretbaren" oder „berechtigten" Grundes werden die insgesamt unbefriedigenden Folgen des Widerspruchsrechts allenfalls abgeschwächt, geschweige denn ausgeräumt.[456]

Fraglich ist, wie dieses unscharfe Kriterium eingeschränkt werden kann, um es für die Praxis besser handhabbar zu machen. Auszugehen ist von der von Literatur und Rechtsprechung in den Vordergrund gestellten unterschiedlichen Rechtsstellung der widersprechenden und der vom Betriebsübergang nicht unmittelbar betroffenen Arbeitnehmer. Der widersprechende Arbeitnehmer ist in seiner Existenz im Grunde abgesichert. Sein arbeitsplatzbezogener status quo wird ihm durch § 613a Abs. 1 Satz 1 BGB durch die Verknüpfung von Arbeitsverhältnis und Arbeitsplatz beim Übergang auf den Betriebserwerber erhalten. Erst durch die Verfolgung des Ziels, durch den Widerspruch beim Betriebsveräußerer zu verbleiben, setzt er sich der Gefahr einer betriebsbedingten Kündigung durch den veräußernden Arbeitgeber aus. Demgegenüber besteht die gleiche Gefahr für den Arbeitnehmer des Restbetriebes, die sich erst dadurch realisiert, daß sein Kollege von seinem Widerspruchsrecht Gebrauch macht, d.h. wenn die nachfolgende Sozialauswahl ergibt, daß er gegenüber dem widersprechenden Kollegen der sozial Stärkere ist. Daß er unter Umständen nicht widersprochen hätte, wenn er vom Betriebsinhaberwechsel betroffen gewesen wäre und somit seinen Arbeitsplatz behalten hätte, nutzt ihm nichts. Da er nicht dem Geltungsbereich des § 613a Abs. 1 Satz 1 BGB unterfällt, kann er nicht von der Option des Übergangs seines Arbeitsverhältnisses auf den neuen Inhaber profitieren.

Daraus folgt zwingend, daß die soziale Schutzwürdigkeit des widersprechenden, in seiner Existenz abgesicherten Arbeitnehmers nur in wenigen Fällen ein derartiges Übergewicht haben wird, daß sie eine (eigentlich überflüssige) Kündigung eines beim Restbetrieb verbliebenen Arbeitnehmers rechtfertigen könnte. Man wird konsequenterweise sogar sagen können, daß eine soziale Auswahl zu Lasten Dritter im Fall eines Widerspruchs regelmäßig nicht stattfinden darf.[457] Soweit für den widersprechenden Arbeitnehmer im Falle des Übergangs auf den Betriebserwerber dagegen ebenfalls *existenzielle Nachteile*, d.h. konkret der Verlust des Arbeitsplatzes oder eine erkennbare Illiquidität des Erwerbers verbunden wäre, wäre die Situation anders zu beurteilen. In diesem Fall wäre eine annähernd gleichwertige Existenzsicherung nicht gegeben, was die Weiterarbeit beim neuen Inhaber *unzumutbar* machen würde. Der Interessenkonflikt zwischen den widersprechenden Arbeitnehmern und den Arbeitnehmern des Restbetriebes wird hierdurch entschärft, da für *beide* Arbeitnehmergruppen die Gefahr des Arbeitplatzverlustes besteht. Das BAG

---

455 Dies wird auch von *Hergenröder*, Anm. zu BAG Urt. v. 21.5.1992, AR-Blattei ES 500 Nr. 92 Betriebsinhaberwechsel (I 3 b der Anm.) bemängelt. Dies gilt nach seiner Auffassung insbesondere dann, wenn man bedenke, daß nicht zuletzt auch die Ausgestaltung des Arbeitsvertrages über die Konsequenzen des Betriebsübergangs entscheide.

456 *Henssler*, NZA 1994 S. 913 (922).

457 *Henssler*, NZA 1994 S. 913 (922). Dafür, daß der Betriebsübergang als solcher für *keinen* Arbeitnehmer negative Folgen hinsichtlich des Fortbestandes des Arbeitsverhältnisses haben darf: *Commandeur*, NJW 1996 S. 2537 (2539).

erkennt die Gefahr eines baldigen Arbeitsplatzverlustes als berechtigten Widerspruchsgrund an, solange der widersprechende Arbeitnehmer sozial nur geringfügig schutzwürdiger ist,[458] erwähnt das Kriterium der Unzumutbarkeit einer Weiterbeschäftigung beim Erwerber jedoch nicht.

Nach Auffassung des LAG Hamm läßt sich die Frage, wann ein Widerspruch als beachtlich anzuerkennen ist, für die bereits genannten „Extremfälle" Bekanntheit des Erwerbers für Konkurse, feststehende Stillegung eines Betriebsteils bei seinem Übergang, Unzuverlässigkeit des Erwerbers und Betriebsteilveräußerung zur Umgehung von betriebsverfassungsrechtlichen Mitbestimmungsregelungen „leicht beantworten".[459] Ob sich dies für diese Fälle tatsächlich so „leicht" beantworten läßt, scheint indes fraglich. Vielmehr vermögen allein die Widerspruchsgründe der feststehenden Stillegungsabsicht des übergehenden Betriebsteils, der Insolvenz des Betriebserwerbers und dem damit einhergehenden Arbeitsplatzverlust zu überzeugen. Hier weiß der widersprechende Arbeitnehmer, daß er im Falle des Übergangs seinen Arbeitsplatz mit an Sicherheit grenzender Wahrscheinlichkeit verlieren wird. Die übrigen genannten Konstellationen kommen dagegen keiner evidenten Existenzgefährdung gleich. Sie begründen lediglich eine abstrakte Gefahr für den Bestand des Arbeitverhältnisses, die sich nicht unbedingt zu realisieren braucht. Dies gilt insbesondere für die Berufung auf einen nicht näher substantiierten schlechten Ruf des Erwerbers.[460]

Daraus folgt, daß ein schutzwürdiger Widerspruch auf *eindeutige Fälle der Unzumutbarkeit einer Beschäftigung beim Betriebserwerber* begrenzt werden muß, wenn dem Interesse der Rechtssicherheit und der Restbelegschaft ausreichend Rechnung getragen werden soll.[461] Eine Beschäftigung des übergehenden Arbeitnehmers beim Betriebsteilerwerber ist immer dann unzumutbar, wenn er dort mit Sicherheit seinen Arbeitsplatz in absehbarer Zeit verlieren wird. Dieses Kriterium ist aber nur dann als Lösungsansatz geeignet, wenn es nicht vom Grad der sozialen Schutzwürdigkeit des widersprechenden Arbeitnehmers abhängig gemacht wird. Dieser jedoch vom BAG beschrittene Weg trägt – wie bereits dargelegt[462] – nicht zur Rechtssicherheit bei. Unabhängig davon, ob der widersprechende Arbeitnehmer sozial ganz erheblich oder nur geringfügig schutzwürdiger ist als die vergleichbaren Arbeitnehmer, ist sein Widerspruch nur dann begründet, wenn er befürchten muß, alsbald seinen Arbeitsplatz zu verlieren.

Es ist dagegen – wie in der Literatur zum Teil gefordert wird[463]- nicht geboten, einen „großzügigen Maßstab" anzulegen, indem alle Umstände berücksichtigt werden, die tat-

---

458 Siehe dazu die Ausführungen unter 2. Teil C. II. 1. c bb und unter 2. Teil C. II. 3. e cc (3) (a).

459 LAG Hamm, DB 1994 S. 2242 (2243 unter 2 d der Gründe). Siehe dazu die Ausführungen unter 2. Teil C. II. 3. e cc (1) (b).

460 So aber: *Kreitner*, S. 164.

461 So auch: *Henssler*, NZA 1994 S. 913 (922), der im Schrifttum – soweit ersichtlich – neben *Oetker*, DZWir 1993 S. 136 (143) als einziger in dieser Deutlichkeit auf eine eindeutige Unzumutbarkeit der Weiterbeschäftigung beim Betriebserwerber abstellt. Als Beispiel nennt er zutreffend die Illiquidität des Betriebserwerbers.

462 Siehe dazu die Ausführungen unter 2. Teil C. II. 3. e cc (3) (b).

463 KR-*Pfeiffer*, § 613a BGB RN 65a, will insoweit die geringere wirtschaftliche Leistungskraft oder persönliche Verläßlichkeit des neuen Arbeitgebers, tatsächliche oder auch nur drohende Betriebsverlagerungen, kollektivrechtliche Verschlechterungen, auch wenn sie erst zu einem

sächlich oder potentiell eine Verschlechterung gegenüber dem alten Arbeitgeber darstellen. Unzutreffend ist auch, wenn verlangt wird, auch weniger einschneidende Gründe müßten beachtet werden, um nicht mit § 612a BGB in Kollision zu geraten.[464] Die Berücksichtigung des Widerspruchs im Rahmen einer Sozialauswahl und eine eventuell daraus resultierende Kündigung ist keine Maßregelung im Sinne von § 612a BGB. Sie ist allein Folge der Widerspruchsausübung gegen den Betriebsübergang und resultiert letztlich daraus, daß sich der widersprechende Arbeitnehmer nach erfolgter Sozialauswahl als der sozial Stärkere erweist. Entscheidend ist jedoch, daß es hier um den Konflikt auf der Arbeitnehmerseite geht und damit um die Wahrung der Rechtsposition dieser Arbeitnehmer. Auf diesen Konflikt ist § 612a BGB nicht zugeschnitten.[465]

(2) Die Schwächen der Lösungsvorschläge im Schrifttum

Die überwiegende Auffassung im Schrifttum, die bei der Sozialauswahl berücksichtigen will, ob nachvollziehbare Widerspruchsgründe vorgelegen haben, geht vom Ansatz her in die richtige Richtung. Die Arbeitnehmer in dem vom Betriebsübergang nicht betroffenen Restbetrieb werden dadurch geschützt, daß eine uneingeschränkte Sozialauswahl nach § 1 Abs. 3 KSchG dann nicht stattfindet, wenn der vom Betriebsteilübergang Betroffene nicht begründeten Anlaß zur Ausübung seines Widerspruchsrechts hatte. Im Schrifttum wird daraus die Schlußfolgerung gezogen, daß ein Widerspruch, der zwar nicht rechtsmißbräuchlich – dann sei er unbeachtlich – , aber doch ohne Sachgrund geltend gemacht werde, zeige, daß dem Arbeitnehmer der vom Gesetz gemäß § 613a Abs. 1 Satz 1 BGB gesicherte Arbeitsplatz nichts gelte oder daß er seiner Schutzwürdigkeit angesichts der Arbeitsmarktsituation und der Stellenaussichten kein Gewicht beimesse.[466] In diesem Fall werde die Schutzwürdigkeit im Verhältnis zu den Arbeitskollegen beseitigt. Sei der Widerspruch dagegen von Sachgründen getragen, so seien diese im Rahmen der Sozialauswahl abzuwägen und zu gewichten. Da die Übergänge fließend seien und ein breites Spektrum vorhanden sei, sei die Entwicklung geeigneter Kriterien dabei nicht einfach.[467]

(a) Gefahr einer uferlosen Einzelfallbetrachtung

Der von *Kreitner*[468] gewählte Lösungsansatz der Differenzierung der Widersprüche in drei unterschiedliche Kategorien zur Klärung der bestehenden Rechtsunsicherheit, wann eine unbeschränkte Sozialauswahl durchzuführen ist, vermag nicht zu überzeugen. Es wird nicht geklärt, welche Sachverhalte einen begründeten Widerspruch darstellen kön-

---

späteren Zeitpunkt wirksam werden, den Wunsch, ein im Betrieb des alten Arbeitgebers ausgeübtes Betriebsratsamt weiterzuführen und die Präferenz des Arbeitnehmers für die beim alten Arbeitgeber geltenden Arbeitszeiten berücksichtigen.

464 *Hoffmeister*, ArbuR 1995 S. 132 (135); *Helpertz*, DB 1990 S. 1562 (1563) sieht in der Berücksichtigung des Widerspruchs innerhalb der Sozialauswahl nach § 1 Abs. 3 Satz 1 BGB generell ein Verstoß gegen § 612a BGB.

465 *Ingelfinger*, ZfA 1996 S. 591 (606).

466 *Moll*, NJW 1993 S. 2016 (2017).

467 *Moll*, NJW 1993 S. 2016 (2017).

468 Siehe dazu die Ausführungen unter 2. Teil C. II. 2. d aa.

nen. Bereits in der zweiten Gruppe der „wohlbegründeten Widersprüche" stellt sich die Frage, wann ein über jeden Zweifel erhabener begründeter Widerspruch vorliegt. Gänzlich nicht zu beantworten ist diese Frage für die dritte Gruppe, wenn man hier – wie vorgeschlagen – persönliche Gründe oder bloße Vermutungen zukünftiger Benachteiligungen ausreichen läßt. Daß in diesen Fällen die Gewichtung des Widerspruchs mehr oder minder zu einer Einzelfallbetrachtung bzw. -wertung führt, liegt auf der Hand.[469] Wenn insoweit vorgeschlagen wird, die Widerspruchsgründe nicht nur objektiv zu betrachten, sondern darüber hinaus zu subjektivieren, wird die bestehende Rechtsunsicherheit nur zusätzlich verstärkt. Wann ein Widerspruch das „Schutzwürdigkeitspendel" zu einer Seite ausschlagen läßt, ist bei dieser Handhabung völlig ungewiß.

Es ist daher notwendig, diese Grauzone zu umgehen, um für die Praxis zu einer interessengerechten und umsetzbaren Handhabung des Problems zu gelangen. Es wurde daher vorgeschlagen, einen begründeten und damit schutzwürdigen Widerspruch auf eindeutige Fälle der Unzumutbarkeit einer Beschäftigung beim Betriebserwerber einzugrenzen.[470]

Dies muß auch für den von *Kreitner* unterbreiteten Lösungsvorschlag gelten, da die Einteilung in unterschiedliche Widerspruchskategorien, insbesondere die Erfassung und Abgrenzung der Mittelkategorie, bei der Bestimmung schutzwürdiger Widerspruchsgründe erhebliche Schwierigkeiten bereitet. Ein effektiver Schutz der vom Betriebsteilübergang nicht betroffenen Arbeitnehmer und eine Rechtsklarheit, für den Betriebsveräußerer, ob seine betriebsbedingte Kündigung letztlich wirksam ist, wird damit nicht erreicht. Ein Widerspruch sollte daher nur dann eindeutig begründet bzw. beachtlich sein, wenn der widersprechende Arbeitnehmer durch den Wechsel zum neuen Inhaber mit dem Verlust seines Arbeitsplatzes rechnen muß, d.h. eine Beschäftigung beim neuen Arbeitgeber *unzumutbar* ist.[471] Denn dann widerlegt der Widerspruch die Schutzwürdigkeit nicht, sondern dokumentiert sie.[472] *Eine Unterteilung von Widersprüchen sollte daher nur in die Kategorien der Zumutbarkeit und Unzumutbarkeit der Weiterbeschäftigung beim Betriebserwerber vorgenommen werden.* Unzumutbarkeit bedeutet dabei die konkrete Gefahr des Arbeitsplatzverlustes. Andere „baldige wesentliche Verschlechterungen der Arbeitsplatzbedingungen" beim Erwerber sind nicht ausreichend. Der widersprechende Arbeitnehmer hat drohende Verschlechterungen im Hinblick darauf in Kauf zu nehmen, daß der Bestand und nicht lediglich der Inhalt des Arbeitsverhältnisses der nicht vom Betriebsübergang betroffenen Arbeitnehmer gefährdet ist.

(b) Rechtsmißbrauchsgedanke als ungeeigneter Lösungsansatz

Eine weitere Schwäche in *Kreitners* Vorschlag besteht darin, daß er versucht, über das Institut des Rechtsmißbrauchs zu einer Lösung zu gelangen. Seiner Ansicht nach handele derjenige rechtsmißbräuchlich, der grundlos von seinem Widerspruchsrecht Gebrauch gemacht, d.h. ohne objektive Veranlassung seinen vorhandenen Arbeitsplatz aufs Spiel

---

469 Dies kritisiert auch *Hergenröder*, Anm. zum Urt. des BAG v. 21.5.1992, AR-Blattei ES 500 Nr. 92 (I 3 b der Anm.).

470 Siehe dazu die Ausführungen unter 2. Teil C. II. 3. e ee (1).

471 Siehe dazu die Ausführungen unter 2. Teil C. II. 3. e ee (1).

472 So: *Moll*, NJW 1993 S. 2016 (2017).

gesetzt habe.[473] Dies geht bereits im Ansatz in die falsche Richtung. *Die Ausübung des Widerspruchsrechts an sich* kann nur in ganz wenigen bestimmten Fällen rechtsmißbräuchlich sein. So kann ein Rechtsmißbrauch beispielsweise vorliegen, wenn Arbeitnehmer kollektiv kündigen, um wirtschaftliche Leistungsverpflichtungen des Betriebsveräußerers zu begründen, etwa Zahlungen aus einem Sozialplan aufgrund einer Betriebsänderung oder -stillegung.[474] Dies würde dazu führen, daß sich die Arbeitnehmer bei kollektivem Vorgehen ihren sozialen Besitzstand „abkaufen" lassen könnten.[475]

Ein Mißbrauch des Widerspruchsrechts kommt daneben in dem Fall in Betracht, daß zuvor hervorgerufene berechtigte Erwartungen enttäuscht werden. So hat das BAG unter Berufung auf § 242 BGB erwogen, Rechtsmißbrauch bei der Ausübung des Widerspruchsrechts anzuerkennen, wenn sich der Arbeitnehmer und der bisherige Arbeitgeber über den Übergang des Arbeitverhältnisses auf den Erwerber einig waren oder der Arbeitnehmer zugesagt hatte, daß er dem Übergang des Arbeitsverhältnisses nicht widersprechen werde.[476] Mit einem entgegen dieser Zusage später erklärten Widerspruch setze sich der Arbeitnehmer mit voraufgegangenen eigenen Erklärungen in Widerspruch. Dies sei ein Verstoß gegen Treu und Glauben, wenn sich der Arbeitgeber auf die vorangegangene zustimmende Erkärung des Arbeitnehmers verlassen durfte und sich darauf eingerichtet habe.[477] Hierin ist kein unzulässiger „blinder" Verzicht des Arbeitnehmers auf sein Widerspruchsrecht zu sehen, sondern die Ausübung der ihm eingeräumten Dispositionsbefugnis bzw. Entscheidungsfreiheit im Zusammenhang mit einem konkreten Betriebsübergang.[478]

In allen anderen Fällen ist die Ausübung des Widerspruchs nicht rechtsmißbräuchlich, da der Widerspruch selbst keiner Begründung bedarf. Er ist vielmehr Ausfluß eines grundrechtlich geschützten Freiheitsrechts aus Art. 1 Abs. 1, 2 Abs. 1 und 12 Abs. 1 GG und unterliegt keiner Einschränkung. Die Rechtsfolgen des Widerspruchs treten unabhängig davon ein, ob es sich im Sinne kündigungsrechtlicher Wertungen um einen „begründeten" oder „grundlosen" Widerspruch handelt.[479] Dies schließt es aber aus, den Widerspruch als rechtsmißbräuchlich zu behandeln und nachträglich in der Sozialauswahl eine privatautonom gefällte Entscheidung auf ihre Vereinbarkeit mit sachlichen Gründen zu überprüfen.[480] Denn ein Rechtsmißbrauch darf nicht damit verwechselt werden, daß ein Recht auf die Vereinbarkeit mit einem sachlichen Grund überprüft wird.[481] Daneben wird

---

473 *Kreitner*, S. 163.

474 *Gaul*, Betriebsübergang S. 226 f.; *Schlachter*, NZA 1995 S. 705 (709).

475 *Schlachter*, NZA 1995 S. 705 (709).

476 BAG AP Nr. 37 (III 2 a der Gründe) und Nr. 103 (II 6 a der Gründe) zu § 613a BGB m. Anm. *Moll*.

477 BAG AP Nr. 37 zu § 613a BGB (III 2 a der Gründe).

478 Siehe dazu die Ausführungen unter 1. Teil C. I.

479 *Busche*, Anm. zum Urt. des BAG v. 7.4.1993, DZWir 1994 S. 112 (117). Siehe dazu bereits die Ausführungen unter 1. Teil A. II. 2. a.

480 *Busche*, Anm. zum Urt. des BAG v. 7.4.1993, DZWir 1994 S.112 (117 f.); *Ingelfinger*, ZfA 1996 S. 591 (600).

481 *Ingelfinger*, ZfA 1996 S. 591 (599). So wohl auch: *Oetker*, DZWir 1993 S. 136 (143), der ebenfalls zu dem Ergebnis kommt, daß das Institut des Rechtsmißbrauchs keine methodisch saubere Problemlösung bietet.

dem ohne Begründung widersprechenden Arbeitnehmer kaum zu unterstellen sein, daß er mit seinem Widerspruch gegen Treu und Glauben, d.h. gegen „in der Gemeinschaft herrschende sozialethische Wertvorstellungen“ verstoßen wollte.[482] Rechtsmißbräuchlich ist also nicht der Widerspruch selbst, sondern allenfalls die Berufung auf eine fehlerhafte oder unterlassene Sozialauswahl.

(c) Kein Interessenausgleich auf der Grundlage des § 1 Abs. 3 Satz 2 KSchG

Lunk[483], welcher in der Vorschrift des § 1 Abs. 3 Satz 2 KSchG die dogmatische Grundlage eines Interessenausgleiches sieht, geht vom Wortlaut des § 1 Abs. 3 Satz 2 KSchG aus, wie er bis zur Änderung durch das Arbeitsrechtliche Beschäftigungsförderungsgesetz[484] bestanden hat und nach der erneuten Änderung durch das Gesetz zu Korrekturen in der Sozialversicherung und zur Sicherung der Arbeitnehmerrechte[485] wieder besteht. § 1 Abs. 3 Satz 2 KSchG lautet: „Satz 1 gilt nicht, wenn betriebstechnische, wirtschaftliche oder sonstige berechtigte betriebliche Bedürfnisse die Weiterbeschäftigung eines oder mehrerer bestimmter Arbeitnehmer bedingen und damit der Auswahl nach sozialen Gesichtspunkten entgegenstehen.“

Die dogmatische Grundlage für die Behandlung eines unbegründeten Widerspruchs im Rahmen der Sozialauswahl findet sich jedoch nicht in § 1 Abs. 3 Satz 2 KSchG. Das Verhältnis der Arbeitnehmer untereinander betrifft nicht „sonstige berechtigte betriebliche Bedürfnisse“. Dieses Kriterium ist vielmehr mit arbeitgeberbezogenen, d.h. unternehmerischen Belangen gleichzusetzen.[486] Anderenfalls dürften auch nur solche Widersprüche berücksichtigt werden, die einen Arbeitsantritt beim neuen Inhaber unzumutbar machen würden.

Lunk fordert „objektiv vertretbare“ Gründe, um eine ungerechtfertigte Sozialauswahl zu rügen. Es wurde bereits festgestellt, daß das Kriterium des „objektiv vertretbaren“ oder „sachlichen“ Widerspruchsgrundes notwendigerweise einzuschränken ist und eine Orientierung an der Unzumutbarkeit einer Beschäftigung beim Erwerber zu erfolgen hat.[487] Der Gesichtspunkt der Unzumutbarkeit kommt bei *Lunk* jedoch zu kurz. Es werden zwar Gründe genannt, die eine Arbeit beim Betriebserwerber unzumutbar machen würden, weil der Arbeitnehmer auch hier seinen Arbeitsplatz verlieren würde (Illiquidität des Inhabers, Stillegung des übernehmenden Betriebes in absehbarer Zeit),[488] jedoch sind andere hierfür genannte Gründe nicht ausreichend (Gewerberechtliche Unzuverlässigkeit, Insolvenzgefährdung, keine Anwendung des KSchG).[489]

---

482 So: *Hoffmeister*, ArbuR 1995 S. 132 (135).

483 Siehe dazu die Ausführungen unter 2. Teil C. II. 2. d cc.

484 BGBl. I S. 1476.

485 BGBl. I S. 3843.

486 *Lunk*, NZA 1995 S. 711 (714 dort in FN 36 m.w.N.).

487 Siehe dazu die Ausführungen unter 2. Teil C. II. 3. e ee (1).

488 *Lunk*, NZA 1995 S. 711 (716).

489 *Lunk*, NZA 1995 S. 711 (716 f.).

(d) Keine Berücksichtigung des Widerspruchs als sozialer Faktor innerhalb der Sozialauswahl

Der Vorschlag, den Widerspruch als einen Gesichtspunkt im Vergleich der Sozialdaten bei der Sozialauswahl zu berücksichtigen,[490] kann methodisch nicht überzeugen. Der Widerspruch selbst ist kein sozialer Faktor, der bei der Sozialauswahl zu berücksichtigen wäre.[491] Zu den sozialen Gesichtspunkten des § 1 Abs. 3 Satz 1 KSchG sind in erster Linie die Dauer der Betriebszugehörigkeit, das Lebensalter und die Unterhaltspflichten des Arbeitnehmers zu zählen. Der Widerspruch kann diese Sozialdaten des Arbeitnehmers nicht unmittelbar beeinflussen.

Gegen die Einbeziehung des Widerspruchs als Kriterium der Sozialauswahl wird auch geltend gemacht, dies berge eine Rechtsunsicherheit in sich, da nicht zu erkennen sei, wie der Widerspruch im Einzelfall gewichtet werden müsse.[492] Es wird gefragt, wie ein Widerspruch zu den übrigen Kriterien in Bezug gesetzt werden solle. Wiege etwa ein sachlich begründeter Widerspruch eine Lebensaltersdifferenz von 10 Jahren auf, oder führe ein sachlich unbegründeter Widerspruch zu einem Malus von 10 Jahren Betriebszugehörigkeit und Lebensalter?[493] Diese Frage ist berechtigt. Selbst wenn man davon ausgeht, daß der Arbeitgeber auch andere als die ursprünglich in § 1 Abs. 3 Satz 1 KSchG aufgeführten Kriterien mitberücksichtigen darf[494]- also auch den Widerspruch[495] -, so fehlt doch ein einheitlicher Maßstab dafür, wie die sozialen Faktoren zueinander in Beziehung zu setzen sind. Da der Ausgang eines Kündigungsschutzverfahrens bei einer betriebsbedingten Kündigung sowohl für den kündigenden Arbeitgeber als auch für den Arbeitnehmer in den meisten Fällen ohnehin relativ ungewiß ist,[496] wird diese Ungewißheit durch den Widerspruch als zusätzlichem sozialen Faktor noch verstärkt.[497]

Daneben werden graduelle Bewertungsunterschiede hinsichtlich der Widerspruchsberechtigung des Arbeitnehmers herangezogen. Insofern wird das Vorliegen schwerwiegender Gründe,[498] beachtlicher Sachgründe[499]oder begründeter[500] bzw. wohlbegründeter[501]

---

490 Siehe 2. Teil C. II. 2. d dd.

491 So auch: *Busche*, Anm. zum Urt. des BAG v. 7.4.1993, DZWir 1994 S. 112 (117); *Lunk*, NZA 1995 S. 711 (714).

492 *Busche*, Anm. zum Urt. des BAG v. 7.4.1993, DZWir 1994 S. 112 (117).

493 So: *Lunk*, NZA 1995 S. 711 (714).

494 Siehe dazu die Ausführungen unter 2. Teil C. I. 2.

495 Nach Auffassung des BAG, ZIP 1999 S. 1537 (2. Leitsatz) sind bei der Prüfung der sozialen Gesichtspunkte die Gründe für den Widerspruch zu berücksichtigen. Der Widerspruch selbst stellt jedoch keinen sozialen Faktor dar, sondern überlagert die Kriterien für die Sozialauswahl in der Weise, daß die Gründe für den Widerspruch um so gewichtiger sein müssen, je geringer die Unterschiede in der sozialen Schutzbedürftigkeit im Übrigen sind. Siehe dazu die Ausführungen unter 2. Teil C. II. 1 c bb und unter 2. Teil C. II. 3. e cc (3) (a).

496 So zu Recht: *Preis/Steffan*, Anm. zum Urt. des BAG v. 7.4.1993, EzA § 1 KSchG Soziale Auswahl Nr. 30 (III 2 c der Anm.).

497 So auch die Argumentation von: *Lunk*, NZA 1995 S. 711 (714).

498 *Bauer*, DB 1983 S. 713 (715).

499 *Moll*, NJW 1993 S. 2016 (2017); *Wickler*, S. 119.

500 *Tschöpe*, S. 59.

501 *Kreitner*, S. 164.

Widersprüche gefordert, was eine einheitliche Bewertung nicht erkennen läßt. Zusammenfassend ist zu sagen, daß der Widerspruch richtigerweise zu berücksichtigen ist, soweit es um die Frage geht, ob ein widersprechender Arbeitnehmer sich überhaupt auf eine mangelhafte soziale Auswahl nach § 1 Abs. 3 KSchG berufen kann. Der Widerspruch fließt insoweit als ein Kriterium mit in die umfassende Schutzwürdigkeitsbetrachtung ein.

Es ist bereits angeklungen, daß mit der ursprünglichen Neufassung des § 1 Abs. 3 Satz 1 KSchG durch das Arbeitsrechtliche Beschäftigungsförderungsgesetz von 1996[502] die bei der betriebsbedingten Kündigung vorzunehmende Sozialauswahl zwar auf die Grunddaten Dauer der Betriebszugehörigkeit, das Lebensalter und die Unterhaltspflichten begrenzt wurde, diese Begrenzung auf drei feststehende Sozialindikatoren aber durch die gesetzliche Neuregelung des Sozialversicherungs-Korrekturgesetzes[503] wieder beseitigt wurde.[504] Dies ermöglicht dem Arbeitgeber – wie bereits angesprochen – auch andere Auswahlkriterien in einem bestimmten Umfang zusätzlich in seine Entscheidung einzubeziehen.

Wenn nunmehr dem Gesetz keine zwingende Begrenzung auf die drei Grunddaten (mehr) zu entnehmen ist, ist anzunehmen, daß auch der Widerspruchsgrund – wie vom BAG gefordert – Eingang in die Auswahlentscheidung gemäß § 1 Abs. 3 Satz 1 KSchG finden kann. Dies entspricht der bisherigen Rechtsprechung des BAG, die noch eine Berücksichtigung individueller Besonderheiten bei der abschließenden Würdigung des Einzelfalls zur Vermeidung von unbilligen Härten zulassen wollte.[505] Es ist insoweit berechtigt, daß die Widerspruchsgründe zum Schutz des Arbeitnehmers, der vom Betriebsübergang an sich nicht betroffen ist und nur aufgrund des Widerspruchs eines Arbeitskollegen in die Sozialauswahl einbezogen wird, generell Berücksichtigung finden. Jedoch darf der Widerspruch selbst nicht als sozialer Faktor in der Sozialauswahl berücksichtigt werden.

(3) Einbeziehung der gesetzlichen Wertungen des § 613a Abs. 1 Satz 1 BGB

Wenn allein an den Widerspruch angeknüpft wird und dann auf kündigungsrechtlichem Weg im Rahmen des § 1 Abs. 3 KSchG zur Entschärfung des Konflikts zwischen den Arbeitnehmern nur „sachliche" oder „objektiv vertretbare" Gründe für die Ausübung des Widerspruchsrechts gefordert werden, geht dies vom Ansatz her in die richtige Richtung, ist zur Lösung des Problems aber nicht ausreichend. Bezieht man statt dessen *zusätzlich* die gesetzlichen Wertungen des § 613a BGB bei der Lösung in die Betrachtung mit ein, vermag dies zu begründen, warum die Unzumutbarkeit der Weiterbeschäftigung beim Betriebserwerber zu fordern ist.

Bestandsschutznorm im Rahmen eines Betriebsinhaberwechsels ist einzig und allein § 613a Abs. 1 Satz 1 BGB. Sie sichert den status quo des Arbeitnehmers durch eine Verknüpfung von Arbeitsplatz und Arbeitsverhältnis und gewährleistet dadurch den automa-

502 BGBl. I S. 1476.

503 BGBl. I S. 3843. Siehe hierzu auch: *Schiefer,* DB 1999 S. 48 ff.

504 Siehe dazu die Ausführungen unter 2. Teil C. I. 2.

505 BAG, DB 1990 S. 1335 (II 4 a aa, bb der Gründe); BAG, NZA 1996 S. 473 (II 3 a – c der Gründe). Siehe dazu auch: KR-*Etzel,* § 1 KSchG RNrn. 697 ff.

tischen Übergang des Arbeitsverhältnisses auf den neuen Inhaber.[506] Dieser Übergang findet statt, ohne daß vorher nach Gesichtspunkten sozialer Schutzwürdigkeit eine Auswahl zwischen den Arbeitnehmern zu treffen wäre. Gleichzeitig endet das Arbeitsverhältnis mit dem bisherigen Arbeitgeber. Ein darüber hinausgehendes Bestandsschutzinteresse am Arbeitsverhältnis mit gerade diesem Arbeitgeber läßt sich nicht begründen.[507] Soll dem Arbeitnehmer gleichwohl durch die Ausübung seines Widerspruchsrechts und eine anschließende Sozialauswahl ein solches Bestandsschutzinteresse zuteil werden, indem ein Arbeitnehmer der Restbelegschaft statt seiner gekündigt wird, ist dies nicht ohne weiteres zu rechtfertigen. Vielmehr ergibt sich aus der Aufgabe des Bestandsschutzes aus § 613a Abs. 1 Satz 1 BGB durch den Widerspruch, daß dies einer besonderen Rechtfertigung bedarf. Wenn sich der widersprechende Arbeitnehmer daher ohne Not der Sicherung seines Arbeitsplatzes begibt, kann dies nur in dem Fall gerechtfertigt sein, daß eine Weiterarbeit beim neuen Inhaber unzumutbar ist. Die Steigerung der Unzumutbarkeit gegenüber dem sachlichen bzw. objektiv vertretbaren Grund legitimiert sich einzig und allein aus der Aufgabe des Bestandsschutzes nach § 613a Abs. 1 Satz 1 BGB. Diese ist nur dann gerechtfertigt, wenn auch der widersprechende Arbeitnehmer mit dem Verlust seines Arbeitsplatzes beim Betriebserwerber rechnen muß.

Auch wenn § 613a BGB nicht unmittelbar das Konkurrenzverhältnis zwischen den Arbeitnehmern regelt, ergeben sich aus dieser Norm nach deren Sinn und Zweck [508] die zuvor abgeleiteten gesetzgeberischen Erwägungen, ohne diese überzuinterpretieren.[509] Zwar betrifft § 613a BGB nur die Arbeitnehmer, die von dem Übergang betroffen sind, und nicht die verbleibenden. Für eine anderweitige Regelung bestand für den Gesetzgeber aber deshalb keine Veranlassung, da seinerzeit ein Widerspruchsrecht und damit der vorliegende Konflikt noch nicht absehbar war. Ohne die Rechtsprechung des BAG zum Widerspruchsrecht beim Betriebsinhaberwechsel würden die beim Veräußerer verbleibenden Arbeitnehmer ohnehin nicht Gefahr laufen, ihren Arbeitsplatz zu verlieren. Es ist nicht anzunehmen, daß der Gesetzgeber bei Problemkenntnis denjenigen Arbeitnehmern, die

506 Siehe dazu die Ausführungen unter 1. Teil A. II. 2. b aa.

507 *Ingelfinger*, ZfA 1996 S. 591 (607, 611).

508 *Commandeur*, NJW 1996 S.2537 (2539 f.) zieht zum Schutz der im nicht übertragenen Betriebsteil beschäftigten Arbeitnehmer *§ 613a BGB analog* heran: Als Folge der Zubilligung des Widerspruchsrechts durch die Rechtsprechung sei im Nachhinein eine gesetzgeberische Lücke entstanden. Diese Lücke hätte der Richtliniengeber der EG-Richtlinie 77/187/EWG vom 14.2.1977 bzw. der nationale Gesetzgeber nicht ungeregelt gelassen, wenn es damals das Widerspruchsrecht berücksichtigt hätte. Anhaltspunkte dafür, daß der Richtliniengeber seinerzeit, wenn er die Gefährdung sogenannter drittbetroffener Arbeitplätze gekannt hätte, diese nicht in den Schutzbereich einbezogen hätte, seien der Entstehungsgeschichte nicht zu entnehmen. Dieses Problem habe damals niemand erahnen können.

509 *Ingelfinger*, ZfA 1996 S. 591 (611), der daraus ableitet, daß *überhaupt keine Sozialauswahl* durchgeführt werden dürfe. § 613a BGB enthalte gerade keine Regelung, daß eine Auswahl zwischen vergleichbaren Arbeitnehmern bei Betriebsübergang zu erfolgen habe. Es gelte der Grundsatz, daß das Arbeitsverhältnis desjenigen Arbeitnehmers übergeleitet werde, dessen Arbeitsplatz übertragen werde. Eine wie auch immer geartete vorherige Auswahl sei damit nicht zu vereinbaren.

von einem Betriebsübergang unmittelbar betroffen sind, Bestandsschutz gewährte, nicht aber solchen, die durch eine Widerspruchsausübung mittelbar betroffen sind.[510]

(4) Schutzbedürftigkeit des widersprechenden Arbeitnehmers als entscheidendes Kriterium

Es ist bereits an mehreren Stellen angeklungen, daß sich nicht überzeugend begründen läßt, warum der widersprechende Arbeitnehmer zumindest indirekt den Fortbestand des Arbeitsverhältnisses eines Kollegen durch eine eigene freie Willensentscheidung verhindern können soll. Gerade vor dem Hintergrund, daß der Bestand des Arbeitsverhältnisses des Widersprechenden an sich gesetzlich abgesichert ist, würde dies eine höchst fragwürdige Rechtsfolge darstellen. Das unbillige Ergebnis der Kündigung eines am Betriebsübergang unbeteiligten Arbeitnehmers, welches die umfassende Diskussion überhaupt erst ausgelöst hat, wird nur vermieden, wenn entsprechend *hohe Anforderungen an die Schutzwürdigkeit des widersprechenden Arbeitnehmers* gestellt werden. Die Frage, wie hoch diese Anforderungen sein müssen, läßt in der Rechtsprechung und im Schrifttum eine erhebliche Rechtsunsicherheit erkennen. Beantwortet werden kann sie indes nur mit Blick auf die Situation des unbeteiligten Arbeitnehmers. Er läuft aufgrund des Widerspruchs Gefahr, seinen Arbeitsplatz zu verlieren. Für den widersprechenden Arbeitnehmer bedeutet dies, daß seine Schutzbedürftigkeit nur dann überwiegen kann, wenn er seinen Arbeitsplatz beim Erwerber ebenfalls verlieren würde. Hier ist *Hensslers* Aussage zutreffend, daß dies nur selten der Fall sein wird.[511]

Das BAG hat in seiner jüngsten Entscheidung zu der Problematik der Sozialauswahl nach ausgeübtem Widerspruchsrecht betont, daß die Prüfung der sozialen Schutzwürdigkeit aller vergleichbaren Arbeitnehmer die Tatsache zu berücksichtigen hat, daß der Arbeitnehmer seine bisherige Arbeitsmöglichkeit aus freien Stücken aufgegeben hat und erst dadurch ein dringendes betriebliches Erfordernis für die Kündigung geschaffen wurde.[512] Insoweit beabsichtigt das BAG, das Kriterium der von ihm genannten berechtigten und gewichtigen Gründe im Hinblick auf die berechtigten und schutzwürdigen Belange der vom Widerspruch betroffenen Arbeitskollegen eng auszulegen, indem es lediglich die Fälle des drohenden Arbeitsplatzverlustes bzw. der drohenden wesentlichen Verschlechterungen der Arbeitsbedingungen als begründete Widerspruchsgründe anerkennt.

Die Schutzwürdigkeit bzw. Schutzbedürftigkeit des widersprechenden Arbeitnehmers muß der zentrale Ausgangspunkt für Überlegungen sein, wenn man zu einer praktikablen Lösung des vorliegenden Interessenkonflikts kommen will. Sie ist Grundlage für die Argumentation, daß ein Widerspruch nur dann berechtigt ausgeübt worden ist, wenn für den Arbeitnehmer der Wechsel zum Erwerber wegen des dortigen drohenden Verlustes seines Arbeitsplatzes *unzumutbar* war. Die Steigerung der Unzumutbarkeit gegenüber den überwiegend von der Rechtsprechung und der Literatur geforderten sachlichen oder objektiv vertretbaren Widerspruchsgründen rechtfertigt sich dabei aus der Berücksichtigung der

---

510 *Commandeur*, NJW 1996 S. 2537 (2539), der eine andere Gesetzesanwendung vor dem Hintergrund des Art. 3 GG als höchst bedenklich ansieht.

511 Siehe 2. Teil C. II. 2. d ee.

512 BAG, ZIP 1999 S. 1537 (1539 unter B II 2 a der Gründe).

gesetzlichen Wertungen des § 613a Abs. 1 Satz 1 BGB und der ratio der Sozialauswahl. Diese Kriterien werden wiederum durch den Schutzwürdigkeitsgedanken beeinflußt.

(5) Einbeziehung der gesetzlichen Wertungen des § 112 Abs. 5 Satz 2 Nr. 2 Satz 2 BetrVG und der §§ 103 Abs.1, 119 AFG

Die Eingrenzung des Widerspruchsgrundes auf die Fälle der Unzumutbarkeit der Weiterbeschäftigung beim Betriebserwerber rechtfertigt sich auch aus folgender Überlegung: Kommt es zu einer Vielzahl von Widersprüchen – dies kann, wie bereits festgestellt, gerade bei Widersprüchen aus lediglich sachlichen oder objektiv vertretbaren Gründen der Fall sein – dann kann der bisherige Betriebsinhaber zu einer Betriebsänderung gezwungen sein. Entscheidet die Einigungsstelle in diesem Fall über einen Sozialplan, so soll sie nach § 112 Abs. 5 Satz 2 Nr. 2 Satz 2 BetrVG Arbeitnehmer von Leistungen ausschließen, die in einem *zumutbaren Arbeitsverhältnis* im selben Betrieb oder in einem anderen Betrieb des Unternehmens oder eines zum Konzern gehörenden Unternehmens weiterbeschäftigt werden können und die Weiterbeschäftigung ablehnen. Die Tendenz dieser Regelung muß auch in dem Fall gelten, daß man Widerspruchsgründe im Rahmen der Sozialauswahl auf die Fälle der Unzumutbarkeit eingrenzen will.

Im Schrifttum wird insoweit die Ansicht vertreten, der Verzicht auf den Bestandsschutz nach § 613a Abs. 1 Satz 1 BGB stehe im Widerspruch mit der in § 112 Abs. 5 Satz 2 Nr. 2 Satz 2 BetrVG und auch in den §§ 103 Abs. 1, 119 AFG[513] zum Ausdruck gelangten Grundwertung, daß derjenige keinen sozialen Schutz verdiene, der seine Schutzbedürftigkeit selbst herbeigeführt habe.[514] Die Vergleichbarkeit zum Betriebsübergang wird darin gesehen, daß der Arbeitnehmer nur dann eine soziale Einbuße erleiden soll, wenn er das Angebot eines „zumutbaren" Arbeitsplatzes ablehne. Die Fortsetzung des Arbeitsverhältnisses mit dem Erwerber werde für den Arbeitnehmer zwar nicht stets, aber regelmäßig zumutbar sein. Eine Zumutbarkeit liege dann nicht vor, wenn der Widerspruch zur Abwehr von Nachteilen geschehe, die trotz § 613a BGB mit großer Wahrscheinlichkeit bevorstehen. Dies sei beispielsweise der Fall, wenn eine vom Erwerber geplante Betriebsänderung zur Gefährdung des Arbeitsplatzes führe, da die Ausübung des Widerspruchsrechts dann dazu diene, den Bestand des Arbeitsverhältnisses zu sichern.

Dem kann aufgrund der bisherigen Erwägungen zu den gesetzlichen Wertungen des § 613a Abs. 1 Satz 1 BGB nur zugestimmt werden. Zur Klärung der Frage, wie die konkreten Widerspruchsgründe beschaffen sein müssen, bietet sich die Wertung des § 112 Abs. 5 Satz 2 Nr. 2 Satz 2 BetrVG als Maßstab an. Es wird zu bedenken gegeben, diese Norm betreffe nicht den Konflikt zwischen zwei Arbeitnehmern und welchem von ihnen zu kündigen sei. Sie solle nur begründen, warum der Arbeitnehmer keinen Sozialplananspruch gegenüber dem Arbeitgeber haben soll.[515] Daneben sei die Interessenlage bei der

---

513 Das AFG ist zum 1.1.1998 als Drittes Buch (SGB III) in das Sozialgesetzbuch eingeordnet worden. Siehe dazu die Ausführungen unter 4. Teil B. I.. Die §§ 103, 119 AFG entsprechen nunmehr den §§ 121, 144 SGB III.

514 *Oetker*, DZWir 1993 S. 136 (143) und ihm folgend: *Busche*, Anm. zu BAG v. 7.4.1993, DZWir 1994 S. 112 (117). Siehe 2. Teil C. II. 2. d bb.

515 *Ingelfinger*, ZfA 1996 S. 591 (607).

Erhaltung eines Arbeitsplatzes und der Zuerkennung einer Sozialplanabfindung unterschiedlich zu beurteilen.[516] Dies begründet nicht, warum die *Tendenz* der Regelung des § 112 Abs. 5 Satz 2 Nr. 2 Satz 2 BetrVG nicht auch zur Lösung des Interessenkonflikts zwischen den widersprechenden und den im Restbetrieb verbliebenen Arbeitnehmern herangezogen werden kann. Ein Anknüpfen an den Zumutbarkeitsaspekt im Hinblick auf die Arbeitsplätze bei dem Betriebserwerber wird vielmehr sowohl dem Sinn und Zweck der sich aus § 613a Abs. 1 Satz 1 BGB ergebenden gesetzlichen Wertungen als auch der ratio der sozialen Auswahl nach § 1 Abs. 3 KSchG gerecht. Aus demselben Grund verfängt auch der Hinweis nicht, § 112 Abs. 5 Satz 2 Nr. 2 Satz 2 BetrVG regele allein die Weiterbeschäftigung im Betrieb, Unternehmen bzw. Konzern des Veräußerers, nicht dagegen die Weiterbeschäftigung beim Erwerber.[517] Gerade wegen der Schutzwirkung des § 613a Abs. 1 Satz 1 BGB können Weiterbeschäftigung beim bisherigen Arbeitgeber und Betriebsübergang insoweit gleich behandelt werden.[518] Die Zumutbarkeitsbeurteilung hinsichtlich der Weiterbeschäftigung kann und muß dabei unterschiedlich ausfallen, je nachdem, ob der Bestand des Arbeitsplatzes beim Erwerber gefährdet ist. Je sicherer der Bestand beim Betriebserwerber ist, desto eher ist dem Arbeitnehmer eine dortige Weiterarbeit zuzumuten. Dies wird bei den meisten Betriebsinhaberwechseln der Fall sein.

Die Auffassung *Oetkers*[519] trägt durchaus zu einer Problemlösung bei, da er den zwischen beiden Arbeitnehmergruppen bestehenden Interessengegensatz, von dem bei der Lösung des Problems immer auszugehen ist, am ehesten auszugleichen vermag. Die Sachlage in den oben genannten Vorschriften, insbesondere in § 112 Abs. 5 Satz 2 Nr. 2 Satz 2 BetrVG, entspricht dabei der hier vorliegenden Situation.[520] Hier wie dort soll der Arbeitnehmer nur dann privilegiert werden, wenn er das Angebot eines *zumutbaren* Arbeitsplatzes ablehnt. Daß auf das Kriterium der Zumutbarkeit bzw. Unzumutbarkeit abzustellen ist, wenn man zu sach- und interessengerechten Ergebnissen kommen will, wurde bereits dargelegt.[521]

Die an dem von *Oetker* formulierten Lösungsvorschlag geübte Kritik kann nicht begründen, warum dieser vom Ansatz und insbesondere von der Tendenz der Regelung des § 112 Abs. 5 Satz 2 Nr. 2 Satz 2 BetrVG her nicht zur Lösung des vorliegenden Problems beitragen können soll. *Oetkers* Überlegungen festigen vielmehr die Argumentation, den Widerspruch auf eindeutige Fälle der Unzumutbarkeit der (Weiter-)Beschäftigung beim Betriebserwerber einzuschränken. Wie bereits ausgeführt, wird gerade das Anknüpfen an den Zumutbarkeitsaspekt im Hinblick auf die Arbeitsplätze beim Betriebserwerber sowohl dem Sinn und Zweck der sich aus § 613a Abs. 1 Satz 1 BGB ergebenden gesetzlichen Wertungen[522] als auch der ratio der sozialen Auswahl nach § 1 Abs. 3 KSchG gerecht.[523]

---

516 LAG Hamm, DB 1994 S. 2242 (2243 unter 2 a der Gründe).

517 LAG Hamm, DB 1994 S. 2242 (2243 unter 2 a der Gründe).

518 *Lunk*, NZA 1995 S. 711 (713).

519 Siehe 2. Teil C. II. 2. d bb.

520 *Neef*, NZA 1994 S. 97 (101) denkt an eine analoge Anwendung des § 112 Abs. 5 Satz 2 Nr. 2 Satz 2 BetrVG, da die Sachlage vergleichbar sei, eine entsprechende Regelung aber fehle.

521 Siehe dazu die Ausführungen unter 2. Teil C. II. 3. e ee (1).

522 Siehe dazu die Ausführungen unter 2. Teil C. II. 3. e ee (3).

523 *Oetker*, DZWir 1993 S. 136 (143).

Wenn *Oetker* die Sozialauswahl insoweit teleologisch reduzieren will, so ist dies zuteffend, da die vom Wortlaut her schrankenlosen Grundsätze der Sozialauswahl auf den dem Normzweck gemäßen Anwendungsbereich zurückgeführt werden. Das aus § 1 Abs. 3 KSchG folgende Gebot der Sozialauswahl gilt dann nicht, wenn sich der widersprechende Arbeitnehmer des vorrangigen Schutzes aus § 613a Abs. 1 Satz 1 BGB selbst ohne objektiv nachvollziehbaren Grund begeben hat, obwohl ihm eine Fortsetzung des Arbeitsverhältnisses mit dem Erwerber objektiv zumutbar war.[524] Der Rechtsmißbrauchslösung *Kreitners* ist insofern eine Begründung vorzuziehen, die auf eine einschränkende Auslegung des § 1 Abs. 3 KSchG abstellt.

(6) Ausschluß aus dem Geltungsbereich eines Sozialplans bei Ablehnung eines zumutbaren Arbeitsplatzes beim Betriebserwerber

Die Begrenzung des Widerspruchsgrundes auf eindeutige Fälle der Unzumutbarkeit einer (Weiter)Beschäftigung beim Betriebserwerber rechtfertigt sich schließlich aus einer neueren vom BAG getroffenen Entscheidung über den Ausschluß eines Arbeitnehmers aus dem Geltungsbereich eines Sozialplans bei Widerspruch gegen den Betriebsübergang.[525]

Das BAG hatte über folgenden Sachverhalt zu entscheiden: Ein Unternehmen verkaufte einen Betriebsteil an eine F-GmbH. Einer der betroffenen Arbeitnehmer widersprach dem Übergang, obwohl ihm mitgeteilt wurde, daß der Betrieb auf einen neuen Inhaber übergehe und sein Arbeitsverhältnis daher erhalten bleibe. Anschließend machte der widersprechende Arbeitnehmer, dem vom veräußernden Unternehmen aus betriebsbedingten Gründen gekündigt worden war, einen Anspruch auf Abfindung aus einem beim veräußernden Unternehmen bestehenden Sozialplan geltend. Dieser Sozialplan sah vor, daß solche Arbeitnehmer von seinem Geltungsbereich ausgenommen sein sollten, die einen angebotenen *zumutbaren* Arbeitsplatz ablehnen.

Das BAG entschied, daß dem Arbeitnehmer eine Abfindung aus dem Sozialplan nicht zustehe. Nach den Auslegungsgrundsätzen, insbesondere nach dem Gesamtzusammenhang und dem Sinn und Zweck einer Sozialplanregelung zur Milderung der aus einer Betriebsänderung folgenden wirtschaftlichen Nachteile ergebe sich, daß derjenige Arbeitnehmer, der *ohne triftigen Grund* dem Übergang seines Arbeitsverhältnisses widerspreche, vom Geltungsbereich des Sozialplans ausgenommen sei.[526]

Vorliegend wird ein Arbeitnehmer also dann aus dem Geltungsbereich eines Sozialplans ausgeschlossen, wenn er dem Betriebsübergang ohne „triftigen" Grund widersprochen hat. Dies ist mit dem Fall vergleichbar, daß ein Arbeitnehmer von der Sozialauswahl ausgenommen werden soll, wenn er ohne „sachliche" oder „objektiv vertretbare" Gründe dem Übergang seines Arbeitverhältnisses widersprochen hat.[527] Zwar betrifft der vorlie-

524 So auch: *Busche*, DZWir 1994 S. 112 (118); *Hoffmeister*, ArbuR 1995 S. 132 (135).
525 BAG, Urt. v. 5.2.1997, DB 1997 S. 1623 f.
526 BAG, DB 1997 S. 1623 (II 1 der Gründe).
527 Der 10. Senat des BAG spricht vom „triftigen" Grund, während der 2. Senat des BAG „sachliche" bzw. „objektiv vertretbare" Gründe für einen Widerspruch fordert. Obwohl es auf der einen Seite um den Ausschluß von einer Sozialplanabfindung geht und auf der anderen Seite ein

gende Fall nicht unmittelbar das Konkurrenzverhältnis zwischen den Arbeitnehmern, wie dies bei der zu treffenden sozialen Auswahl der Fall ist. Es geht jedoch in beiden Fällen darum, zu begründen, warum ein Arbeitnehmer auf der der Ausübung des Widerspruchs nachgeordneten Stufe nicht privilegiert werden darf. Hier wie dort wird insofern auf den Widerspruchsgrund abgestellt.

Während sich das BAG bei der Problematisierung des Widerspruchsgrundes im Rahmen der Sozialauswahl bis zu seiner Entscheidung vom 18.3.1999[528] dazu ausgeschwiegen hatte, was es unter sachlichen oder objektiv vertretbaren Widerspruchsgründen versteht, hatte es dazu bereits vorher im Rahmen von Sozialplanabfindungen Stellung genommen. Ein „triftiger" Widerspruchsgrund für die Einbeziehung in den Geltungsbereich eines Sozialplans soll dann nicht vorliegen, wenn der Arbeitnehmer einen ihm angebotenen *zumutbaren Arbeitsplatz* beim Betriebserwerber abgelehnt hat.[529] In diesem Bereich wird dem Zumutbarkeitskriterium also entscheidende Bedeutung eingeräumt. Das BAG stellt klar, daß im Fall eines Betriebsübergangs davon auszugehen sei, daß der betroffene Arbeitnehmer auf einem zumutbaren Arbeitsplatz weiterbeschäftigt werden könne, da ihm sein bisher innegehabter Arbeitsplatz in dem identischen Betrieb erhalten bleibe. Diesbezüglich lautet der 2. Leitsatz der Entscheidung: „Die Weiterarbeit beim Betriebserwerber nach einem Betriebsübergang i. S. v. § 613a BGB ist dem Arbeitnehmer in der Regel zumutbar." Der Umstand, daß der Betrieb durch den Übergang nunmehr einen anderen Inhaber, den Betriebserwerber, habe, rechtfertige nicht die Annahme der Unzumutbarkeit der Weiterbeschäftigung auf diesem Arbeitsplatz.[530] Dem ist zuzustimmen, denn es geht vorliegend – wie auch bei der Berücksichtigung des Widerspruchsgrundes im Rahmen der Sozialauswahl – nicht um die Ausübung bzw. Einschränkung des Widerspruchsrechts an sich, sondern um die Gewichtung des Widerspruchsgrundes auf der Ebene einer Sozialplanabfindung.

Darüber hinaus läßt das BAG für den vorliegenden Fall erkennen, daß eine Unzumutbarkeit der Beschäftigung beim Betriebserwerber nicht allein dann anzunehmen ist, wenn die Arbeitsverhältnisse beim Betriebserwerber durch einen anderen – ungünstigeren – Tarifvertrag geregelt werden oder der Betriebserwerber wirtschaftlich schwach ist. Einmal erreichte Arbeitsbedingungen seien nicht auf Dauer garantiert. Vielmehr mute die gesetzliche Regelung des Betriebsübergangs dem Arbeitnehmer im Interesse des Erhalts des Arbeitsplatzes Nachteile aufgrund einer beim Betriebserwerber geltenden tariflichen Regelung zu.[531] Dies stimmt mit mehreren, bereits im Zusammenhang mit der Berufungsmöglichkeit des widersprechenden Arbeitnehmers auf eine fehlerhafte Sozialauswahl getroffenen Feststellungen überein: Zum einen werden dem widersprechenden Arbeitnehmer im Zusammenhang mit Betriebsinhaberwechseln Nachteile zugemutet. Diese sind nur dann unzumutbar, wenn für den Arbeitnehmer mit dem Übergang auf den neuen Inhaber existenzielle Nachteile (Verlust des Arbeitsplatzes, Insolvenz des Betriebserwerbers) ver-

---

Ausschluß von der Sozialauswahl im Vordergrund steht, ist mangels gegenteiliger Anhaltspunkte davon auszugehen, daß zwischen diesen Gründen keine Unterschiede bestehen.

528 BAG, ZIP 1999 S. 1537 ff.

529 BAG, DB 1997 S. 1623 (II 1 der Gründe).

530 BAG, DB 1997 S. 1623 (II 1 der Gründe).

531 BAG, DB 1997 S. 1623 (1624 unter II 1 der Gründe).

bunden sind. Zum anderen werden die noch zumutbaren Nachteile (hier: Verschlechterung der Arbeitsverhältnisse durch bereits beim Betriebserwerber bestehende Tarifverträge) im Interesse des Erhalts des Arbeitsplatzes in Kauf genommen. Die gesetzlichen Wertungen des § 613a Abs. 1 Satz 1 BGB sind also auch hier letztlich ausschlaggebend, wenn es um die Zumutbarkeit einer Weiterbeschäftigung geht.

Das BAG hat jedoch ausdrücklich betont, daß es nicht zu entscheiden hatte, wann konkret ein Widerspruchsgrund vorliegt, der eine Weiterarbeit beim Betriebserwerber unzumutbar macht und hat dazu ausgeführt: „Nicht zu entscheiden war die Frage, was zu gelten hat, wenn eine Weiterarbeit beim Betriebserwerber *aus besonderen Gründen unzumutbar* ist und die Arbeitnehmer dem Übergang ihrer Arbeitsverhältnisse gerade deswegen widersprechen.“[532] Deutlich wird damit aber immerhin, daß das BAG den Zumutbarkeitsgedanken in den Vordergrund stellen will. Das BAG hat in seiner neuesten Entscheidung bezüglich der Berücksichtigung des Widerspruchsgrundes im Rahmen der Sozialauswahl[533] das Kriterium der Zumutbarkeit zwar nicht ausdrücklich genannt, jedoch macht der vom BAG genannte Widerspruchsgrund des „baldigen Arbeitsplatzverlustes“ eine Weiterarbeit beim Betriebsteilerwerber unzumutbar. Der Unzumutbarkeitsgedanke wird also auch hier in den Vordergrund gestellt. Wie bereits festgestellt,[534] krankt die diesbezügliche Entscheidung des BAG jedoch daran, daß ein gerechter Interessenausgleich durch die Anerkennung des weiteren Widerspruchsgrundes der drohenden „wesentlichen Verschlechterungen der Arbeitsbedingungen“ nicht erreicht wird. Zudem bleibt die Rechtssicherheit auf der Strecke, wenn die Sozialauswahl noch zusätzlich durch den Gesichtspunkt „je geringer die soziale Schutzbedürftigkeit, desto gewichtiger die Widerspruchsgründe“ beladen wird.

ff) Ausreichende Berücksichtigung des Widerspruchsgrundes im Vorfeld erforderlich werdender betriebsbedingter Kündigungen

Die von der Rechtsprechung bislang entschiedenen Fälle zum Problemkreis der Sozialauswahl nach ausgeübtem Widerspruch betrafen jeweils die Konstellation, daß einem *widersprechenden* Arbeitnehmer vom veräußernden Arbeitgeber gekündigt wurde und dieser in einer von ihm erhobenen Kündigungsschutzklage die Fehlerhaftigkeit der vom Arbeitgeber durchgeführten Sozialauswahl geltend machte. Die Arbeitsgerichte haben im Kündigungsschutzprozeß jeweils zu der Frage Stellung genommen, ob sich der widersprechende Arbeitnehmer auf eine fehlerhafte Sozialauswahl „berufen“ durfte. In diesem Zusammenhang wurde darauf abgestellt, ob der widersprechende Arbeitnehmer nachvollziehbare Widerspruchsgründe darlegen konnte.

Wenn eine solche Prüfung jedoch erst im Rahmen einer Kündigungsschutzklage des widersprechenden Arbeitnehmers ansetzt, kann dies zu unbilligen Ergebnissen führen. Dies resultiert daraus, daß der Arbeitnehmer, der dem Übergang seines Arbeitsverhältnisses widersprochen hat und nunmehr im Zuge einer durchzuführenden betriebsbedingten Kündigung mit allen vergleichbaren Arbeitnehmern in die Sozialauswahl einbezogen

532 BAG, DB 1997 S. 1623 (1624 unter II 3 der Gründe).

533 BAG, ZIP 1999 S. 1537 ff.

534 Siehe dazu die Ausführungen unter 2. Teil C. II. 3. e cc (3) (b).

wird, den Ausgang der sozialen Auswahl zunächst abwarten kann. Kündigt der veräußernde Arbeitgeber anschließend einem ursprünglich vom Betriebsübergang nicht betroffenen Arbeitnehmer des Restbetriebs, kommt es darauf an, ob dieser Arbeitnehmer gem. § 4 Satz 1 KSchG innerhalb von drei Wochen nach Zugang der Kündigung eine Kündigungsschutzklage erhebt. Es findet insoweit, wie sich aus § 1 Abs. 3 Satz 3 KSchG zur Darlegungs- und Beweislast ergibt, seitens des Gerichts keine Amtsprüfung darüber statt, ob die Grundsätze der Sozialauswahl eingehalten sind. Es bedarf immer eines Anstoßes durch den klagenden Arbeitnehmer.[535] Erhebt der gekündigte Arbeitnehmer – aus welchen Gründen auch immer – keine Klage, hat der widersprechende Arbeitnehmer sein Ziel erreicht: Er ist aufgrund seines Widerspruchs beim bisherigen Arbeitgeber verblieben, da er einen vom Betriebsübergang nicht betroffenen Kollegen aus dem Restbetrieb drängen konnte.

Wird also nach durchgeführter Sozialauswahl einem *unbeteiligten* Arbeitnehmer gekündigt, ohne daß dieser sich gegen diese Kündigung wehrt, verbleibt der widersprechende Arbeitnehmer im Restbetrieb, ohne daß er von sich aus nachvollziehbare Widerspruchsgründe vorbringen müßte. Eine Überprüfung der Widerspruchsgründe durch das Arbeitsgericht findet nicht mehr statt. Auf der einen Seite werden somit nachvollziehbare Widerspruchsgründe verlangt, wenn dem widersprechenden Arbeitnehmer gekündigt wird und dieser sich gegen die Sozialauswahl wendet. Auf der anderen Seite braucht er unter Umständen seinen Widerspruch gar nicht zu rechtfertigen, wenn einem unbeteiligten Arbeitskollegen gekündigt wird und es zu keinem Prozeß kommt. Aus diesem Grund ist bereits *im Vorfeld* der erforderlichen betriebsbedingten Kündigung *bei der Durchführung der Sozialauswahl durch den Arbeitgeber* zu prüfen, ob der Arbeitnehmer dem Betriebsübergang deshalb widersprochen hat, weil er beim Erwerber den Verlust seines Arbeitsplatzes befürchten muß. Ist dies der Fall, so ist eine anschließende betriebsbedingte Kündigung des Widersprechenden nur unter Beachtung der Grundsätze der Sozialauswahl möglich, wenn er der sozial Stärkere ist. Widerspricht er dagegen aus anderen Gründen, die ihm eine Weiterarbeit beim Erwerber nicht unzumutbar machen würden, so kann sich sowohl der Arbeitgeber als auch der Arbeitnehmer des Restbetriebs gegenüber dem Widersprechenden auf dessen fehlende Schutzbedürftigkeit und die Notwendigkeit seiner Kündigung berufen.

4. Zusammenfassung und Ergebnis zum „ob“ und „wie“ der Durchführung einer Sozialauswahl

In dem Fall, daß ein Arbeitnehmer dem Betriebsübergang widerspricht und diesem wegen fehlender Beschäftigungsmöglichkeit aus betriebsbedingten Gründen gekündigt werden soll, muß eine soziale Auswahl nach § 1 Abs. 3 KSchG zwischen ihm und dem vergleichbaren Arbeitnehmer des Restbetriebs durchgeführt werden. Der Umstand, daß der Arbeitnehmer durch seinen Widerspruch die Kündigung erst bewirkt hat, hat bei der Frage, ob überhaupt eine Sozialauswahl durchzuführen ist, außer Betracht zu bleiben. Dies folgt zum einen daraus, daß das zwingende Gesetzesrecht zur Durchführung der sozialen Auswahl zu Lasten des Arbeitnehmers weder ausgeschlossen noch beschränkt werden kann.

535 Erfurter Kommentar-*Ascheid*, § 1 KSchG RN 506.

Es sind die Arbeitnehmer in die Sozialauswahl einzubeziehen, die hinsichtlich der arbeitsplatzbezogenen Merkmale vergleichbar sind. Zwischen diesen darf der Arbeitgeber nur nach „sozialen Gesichtspunkten", hauptsächlich also nach der Dauer der Betriebszugehörigkeit, dem Lebensalter und den Unterhaltspflichten differenzieren. Auf die Frage, ob ein Arbeitnehmer dem Betriebsübergang widersprochen hat, ist hier nicht primär abzustellen. Zum anderen würde eine Nichtdurchführung der Sozialauswahl bedeuten, daß die betriebsbedingte Kündigung immer wirksam wäre, wenn kein vergleichbarer freier Arbeitsplatz beim bisherigen Arbeitgeber vorhanden ist. Das Widerspruchsrecht würde entwertet, wenn das mit ihm verfolgte Ziel des Verbleibs beim Betriebsveräußerer nicht erreicht werden könnte.

Eine Modifikation der Sozialauswahl dahin gehend, daß diese nur unter den widersprechenden Arbeitnehmern unter Ausschluß der Restbelegschaft durchgeführt wird, kommt nicht in Betracht. Eine Sozialauswahl ist von Gesetzes wegen zwischen denjenigen Arbeitnehmern vorzunehmen, die wegen ihrer arbeitsplatzbezogenen Merkmale vergleichbar sind. Wenn die Restbelegschaft von vornherein von der Sozialauswahl ausgeschlossen wird, stellt dies eine Belastung der der Arbeitnehmerschutzvorschrift des § 613a Abs. 1 Satz 1 BGB unterfallenden Arbeitnehmer dar, die dem Gesetz nicht zu entnehmen ist. Darüber hinaus wäre eine Beschränkung der Sozialauswahl auf die widersprechenden Arbeitnehmer nicht interessengerecht, wenn diese gerade wegen eines drohenden Arbeitsplatzverlustes beim neuen Arbeitgeber widersprochen haben. Schließlich ist ein umfassender Schutz der (unbeteiligten) Restbelegschaft nicht notwendig, da der Interessenkonflikt durch einen vermittelnden Lösungsweg entschärft werden kann, indem zwar eine Sozialauswahl durchgeführt wird, auf deren Fehlerhaftigkeit sich der widersprechende Arbeitnehmer aber nur im Falle eines begründeten Widerspruchs berufen kann.

Das BAG hat die Problematik, daß ein Widerspruch gegen einen Betriebsübergang zu einer Kündigung eines unbeteiligten Arbeitnehmers führen kann, gesehen und sich dafür ausgesprochen, daß der widersprechende Arbeitnehmer, dem aus betriebsbedingten Gründen gekündigt worden ist, die Sozialwidrigkeit dieser Kündigung nur dann geltend machen können soll, wenn objektiv vertretbare, sachliche, berechtigte oder gewichtige Widerspruchsgründe vorgetragen werden. Dieses Erfordernis schränkt die Anwendbarkeit des § 1 Abs. 3 KSchG zwar über den Gesetzeswortlaut hinausgehend ein. Dies ist jedoch damit zu rechtfertigen, daß das Problem mit dem Wortlaut des Gesetzes allein nicht zu lösen ist. Wenn man begründen will, warum dem vom Betriebsübergang nicht betroffenen Arbeitnehmer aufgrund eines Widerspruchs seines Kollegen gekündigt werden soll, muß es auf der Stufe der Sozialauswahl notwendigerweise auf die Umstände ankommen, die zur Ausübung des Widerspruchs geführt haben. Eine Nichtberücksichtigung der Widerspruchsgründe würde eine uneingeschränkte Sozialauswahl bedeuten, was auf eine Privilegierung des widersprechenden Arbeitnehmers hinauslaufen würde, die mit den Wertungen der Arbeits- und Sozialordnung nicht ohne weiteres zu begründen ist.

Da der Widerspruchsgrund demnach hinsichtlich der Durchführung einer Sozialauswahl gemäß § 1 Abs. 3 KSchG zu berücksichtigen ist, ist der Weg zur Lösung des Problems vom Ansatz her vorgegeben. Die im Anschluß daran zu klärende Frage, wann nachvollziehbare Widerspruchsgründe anzunehmen sind, wird vom BAG nunmehr beantwortet. Nach Auffassung des BAG stellt die berechtigte Befürchtung eines baldigen

Arbeitsplatzverlustes oder einer baldigen wesentlichen Verschlechterung der Arbeitsbedingungen bei dem Betriebserwerber einen beachtlichen Widerspruchsgrund dar, wenn der widersprechende Arbeitnehmer gegenüber den vergleichbaren Arbeitnehmern nur geringfügig schutzwürdiger ist. Die unbefriedigenden Folgen des Widerspruchsrechts werden dadurch nicht ausgeräumt, sondern allenfalls abgeschwächt, da das Kriterium der „wesentlichen Verschlechterung" der Arbeitsbedingungen die sich gegenüberstehenden Arbeitnehmerinteressen nicht auszugleichen vermag und die Berücksichtigung einer unterschiedlichen sozialen Schutzbedürftigkeit nicht zu einer Rechtssicherheit beiträgt. Auch die diesbezüglich von den Instanzgerichten und der Literatur angestellten Überlegungen zeigen keine einheitliche Beurteilung. Eine solche ist auch nicht möglich, da (noch) keine einheitlichen Kriterien hinsichtlich dieser Frage vorliegen. Die Fülle und die unterschiedliche Gewichtung der einzelnen Widerspruchsgründe zeigen eine erhebliche Rechtsunsicherheit, was in der Praxis zwangsläufig zu einer uneinheitlichen und unüberschaubaren Einzelfallbetrachtung führen muß.

Im Interesse der Rechtssicherheit und der Restbelegschaft muß ein begründeter Widerspruch daher auf die eindeutigen Fälle der Unzumutbarkeit einer Weiterbeschäftigung beim Betriebserwerber begrenzt werden. Unter Zugrundelegung der gesetzlichen Wertungen des § 613a Abs. 1 Satz 1 BGB, die neben den kündigungsrechtlichen Vorschriften heranzuziehen sind, rechtfertigt sich die Steigerung der Unzumutbarkeit gegenüber dem sachlichen und objektiv vertretbaren Grund aus der Aufgabe des Bestandsschutzes durch die Ausübung des Widerspruchsrechts. Dies folgt auch aus der in § 112 Abs. 5 Satz 2 Nr. 2 Satz 2 BetrVG und §§ 121, 144 SGB III zum Ausdruck kommenden Grundwertung, daß derjenige keinen sozialen Schutz verdient, der seine Schutzbedürftigkeit selbst herbeigeführt hat. Daneben hat das BAG vor kurzem entschieden, daß ein Arbeitnehmer von Abfindungsregelungen eines Sozialplans auszuschließen ist, wenn er einen zumutbaren Arbeitsplatz beim Betriebserwerber abgelehnt hat. Auch hier wird begründet, warum ein Arbeitnehmer über die Ausübung des Widerspruchsrechts hinaus nicht ohne weiteres privilegiert werden soll. Gleiches muß für die Sozialauswahl nach ausgeübtem Widerspruch gelten.

Unzumutbar ist eine Weiterbeschäftigung beim Betriebserwerber dann, wenn dem Arbeitnehmer existenzielle Nachteile entstehen, d.h. konkret der Verlust des Arbeitsplatzes oder eine Illiquidität des neuen Arbeitgebers zu befürchten ist. Dies allein schafft gegenüber den unbeteiligten Arbeitnehmern der Restbelegschaft einen gerechten Interessenausgleich. Neben der Unzumutbarkeit als *Umstandsmoment* muß ein entsprechendes *Zeitmoment* treten. Daß die Weiterbeschäftigung beim neuen Arbeitgeber irgendwann unzumutbar werden kann, ist nicht ausreichend. Vielmehr müssen die Unzumutbarkeitsgründe bereits bestehen oder in absehbarer Zeit zu besorgen sein.

Erhebt ein vom Betriebsübergang nicht betroffener Arbeitnehmer, dem statt des widersprechenden Arbeitnehmers gekündigt wurde, keine Kündigungsschutzklage, würde er vom widersprechenden Arbeitnehmer verdrängt, ohne daß dieser – wegen einer eventuell nicht ausreichenden Berücksichtigung der Widerspruchsgründe durch den Arbeitgeber – die Unzumutbarkeit der Weiterbeschäftigung beim Erwerber geltend machen müßte. Die Widerspruchsgründe sind daher bereits im Vorfeld einer erforderlichen betriebsbedingten Kündigung bei der Durchführung der Sozialauswahl durch den Arbeitgeber und nicht erst im Rahmen eines Kündigungsschutzprozesses des widersprechenden Arbeitnehmers durch das Arbeitsgericht zu prüfen.

Dritter Teil: Sonstige individualrechtliche Probleme des Widerspruchs

Neben der behandelten Rechtsfrage, ob und unter welchen Voraussetzungen eine Sozialauswahl mit dem widersprechenden Arbeitnehmer stattzufinden hat, werden im Schrifttum noch andere individualrechtliche Folgeprobleme des Widerspruchsrechts bei Betriebsübergängen diskutiert. Nachfolgend soll zunächst der Frage nachgegangen werden, ob dem Arbeitnehmer, für den die Folgen des Betriebsübergangs im Zeitpunkt der Widerspruchsausübung regelmäßig kaum absehbar sind, ein Recht zum Widerspruch unter dem Vorbehalt eingeräumt werden kann, daß ein objektiv vertretbarer oder sachlicher Widerspruchsgrund tatsächlich vorliegt. Danach ist zu klären, ob nach dem Widerspruch eines ordentlich unkündbaren Arbeitnehmers und anschließender betriebsbedingter Kündigung Besonderheiten gegenüber der betriebsbedingten Kündigung eines ordentlich kündbaren Arbeitnehmers bestehen. Abschließend soll auf die Stellung des Betriebserwerbers eingegangen werden, die bislang nur am Rande erörtert wurde.

A. Notwendigkeit eines Widerspruchs unter Vorbehalt?

Der widersprechende Arbeitnehmer kann sich bei einer nachfolgenden Kündigung des Veräußerers nur dann auf eine fehlerhafte Sozialauswahl berufen, wenn für den Widerspruch ein beachtlicher Grund vorliegt. Dies ist nach hier vertretener Ansicht nur dann der Fall, wenn der Arbeitnehmer in absehbarer Zeit beim Erwerber mit einer (Eigen-)Kündigung seines Arbeitsverhältnisses rechnen muß, da ihm insofern die Weiterarbeit beim Erwerber nicht zumutbar ist.[536] Der Arbeitnehmer muß also bereits zum Zeitpunkt der Widerspruchsausübung beurteilen können, ob der Übergang des Arbeitsverhältnisses auf den Betriebserwerber diese Konsequenz haben wird. Die Schwierigkeit besteht für den Arbeitnehmer somit darin, daß er die Folgen des Betriebsübergangs zu dem Zeitpunkt, in dem er von seinem Widerspruchsrecht Gebrauch machen muß, meist noch gar nicht absehen kann. Zum einen weiß er nicht, ob eine Fortsetzung des Beschäftigungsverhältnisses im ursprünglichen Betrieb möglich sein wird. Zum anderen kann er auch die Zukunftsaussichten in dem neuen Unternehmen nicht beurteilen. Verschärft wird dieses Problem noch dadurch, daß der Arbeitnehmer darlegen muß, daß ihm die Weiterarbeit beim Erwerber in absehbarer Zeit unzumutbar ist. Eine abstrakte Gefahr des Arbeitsplatzverlustes, die sich irgendwann einmal realisieren kann, ist insoweit nicht ausreichend.[537]

536 Siehe dazu die Ausführungen unter 2. Teil C. II. 3. e ee (1).

537 Siehe dazu die Ausführungen unter 2. Teil C. II. 3. e cc (1) (c) , (2), (3) (b).

I. Lösungsvorschlag in der Literatur

In der Literatur wird daher vorgeschlagen, einen Widerspruch unter Vorbehalt in Analogie zu § 2 KSchG zuzulassen.[538] Dem Übergang des Arbeitsverhältnisses auf den Erwerber soll in diesem Fall unter dem Vorbehalt widersprochen werden, daß für den Widerspruch ein sozial gerechtfertigter Grund vorliege. Die Intention der Vorbehaltsregelung des § 2 KSchG könne deshalb auf die Widerspruchsregelung übertragen werden, weil die Erklärung dieses Vorbehalts eine privatrechtsgestaltende Willenserklärung sei, was auch für die Wahrung des Widerspruchsrechts gelte.[539] Wenn demjenigen Arbeitnehmer, der „nur" von einer Änderungskündigung betroffen sei, das Recht eingeräumt werde, unter Vorbehalt in die Änderung einzuwilligen, so müsse erst recht ein derartiger Anspruch demjenigen zuerkannt werden, dem ein Arbeitgeberwechsel mit allen Unwägbarkeiten drohe. Die Besonderheit im Vergleich zu § 2 KSchG bestehe allein darin, daß von der Erklärung eines derartigen Vorbehalts im Rahmen des § 613a BGB unmittelbar und mittelbar zwei Arbeitgeber (Veräußerer und Erwerber) betroffen seien und zudem auch keine Kündigung ausgesprochen worden sei, sondern diese Kündigung erst aufgrund des Widerspruchs (unter Vorbehalt) drohe.[540]

II. Stellungnahme

Auch wenn die gesetzgeberische Intention, die zur Vorbehaltsregelung des § 2 KSchG geführt hat, auf die Widerspruchsregelung übertragen werden könnte, so bestehen gegen die Zulässigkeit eines Widerspruchs unter Vorbehalt grundsätzliche Bedenken.

1. Bedingungsfeindlichkeit des Widerspruchsrechts

Bei dem Widerspruchsrecht des Arbeitnehmers handelt es sich um ein Gestaltungsrecht, mit dem der Übergang des Arbeitsverhältnisses verhindert oder rückgängig gemacht werden kann.[541] Als solches stellt das Widerspruchsrecht eine empfangsbedürftige Willenserklärung dar.[542] Der Arbeitnehmer kann durch die Ausübung seines Widerspruchsrechts einseitig in ein bestehendes Rechtsverhältnis (Arbeitsverhältnis) einer anderen Person eingreifen. Hierin besteht die charakteristische Besonderheit der meisten Gestaltungsrechte.[543]Die Person, in deren Rechtsverhältnis eingegriffen wird – hier der Arbeitgeber – muß vor Unbilligkeiten geschützt werden, da sie insoweit einer Fremdbestimmung durch den gestaltungsberechtigten Arbeitnehmer ausgesetzt ist.[544]

538 *Woeller*, AiB 1994 S. 598 f.
539 *Woeller*, AiB 1994 S. 598.
540 *Woeller*, AiB 1994 S. 599.
541 BAG AP Nr. 55 zu § 613a BGB (II. 2. b der Gründe).
542 Siehe nur: *Erman-Hanau*, §613a RN 51; *Staudinger-Richardi*, § 613a RN 124.
543 *Medicus*, RNrn. 81,89.
544 *Medicus*, RN 89; *Palandt-Heinrichs*, Überblick v. § 104 RN 17.

Könnte der Arbeitnehmer den Widerspruch von der Bedingung abhängig machen, daß dieser nur dann gelten soll, wenn hierfür ein sozial gerechtfertigter Grund vorliegt, würde dies eine Ungewißheit bzw. einen Schwebezustand für den Arbeitgeber als Gestaltungsgegner bedeuten, was diesem nicht zugemutet werden kann. Der erwerbende Arbeitgeber läuft Gefahr, den betreffenden Arbeitnehmer, auf dessen Arbeitskraft und know how er unter Umständen angewiesen ist, nach einer gewissen Beschäftigungsdauer doch noch zu verlieren. Der veräußernde Arbeitgeber steht nach einem wirksamen Widerspruch des Arbeitnehmers vor dem Problem, diesen zunächst weiterbeschäftigen zu müssen, obwohl kein freier Arbeitsplatz mehr vorhanden ist. Eine zuverlässige betriebswirtschaftliche Planung wird dadurch verhindert. Daher ist die Ausübung solcher Gestaltungsrechte regelmäßig *bedingungsfeindlich,*[545] was vorliegend auch für den Widerspruch gilt.[546] Bereits aus diesem Grunde ist dem Arbeitnehmer kein Widerspruch unter Vorbehalt zuzubilligen.

2. Entgegenstehende Grundkonzeption des Widerspruchsrechts

Wenn ein Arbeitnehmer unter dem Vorbehalt widerspricht, daß für seinen Widerspruch sachliche oder objektiv vertretbare Gründe vorliegen, ist der Arbeitnehmer während des Kündigungsschutzprozesses zunächst vom Betriebserwerber weiterzubeschäftigen. Dies entspricht der Situation einer Änderungskündigung, in der der betroffene Arbeitnehmer in der Zeit des Kündigungsschutzprozesses bei seinem Arbeitgeber bis zur Entscheidung des Rechtsstreits zu den geänderten Arbeitsbedingungen weiterarbeiten muß. Es wurde bereits festgestellt, daß eine Beschäftigung beim Betriebserwerber nach ausgeübtem Widerspruch – und sei es auch nur für kurze Zeit – für den Arbeitnehmer nicht zumutbar ist.[547] Dies würde dem Sinn und Zweck des Widerspruchsrechts, daß dem Arbeitnehmer der Arbeitgeberwechsel nicht gegen seinen Willen aufgezwungen werden soll, gerade zuwiderlaufen. Eine zeitweilige Inkaufnahme des Arbeitgeberwechsels bis zur Klärung der Frage, ob sachliche oder objektiv vertretbare Widerspruchsgründe vorliegen, ist mit diesem Ziel nicht zu vereinbaren. Die ex tunc-Wirkung des Widerspruchs, wonach ein Arbeitsverhältnis zu keiner Zeit mit dem Betriebserwerber bestanden hat, weil es beim Betriebsveräußerer verblieben ist, würde bei einer Aufschiebung der Widerspruchsfolgen auf einen späteren Zeitpunkt in unzulässiger Weise umgangen.

3. Unglaubwürdigkeit des widersprechenden Arbeitnehmers

Auch wenn eine vorübergehende Weiterbeschäftigung beim Betriebserwerber nicht dem Willen des Arbeitnehmers widersprechen würde, würde er sich zu seinem eigenen Verhalten (Weiterarbeit beim Erwerber trotz Widerspruchs – wenn auch unter Vorbehalt –) in Widerspruch setzen. Der Arbeitnehmer müßte sich die Frage gefallen lassen, warum er überhaupt widersprochen habe, wenn er nunmehr doch beim Betriebserwerber weiterarbeiten könne. Dies gilt umso mehr, wenn sich der Kündigungsschutzprozeß und damit die

545 *Medicus*, RNrn. 90, 849; *Palandt-Heinrichs*, Einf. v. § 158 RN 13 mit Hinweis auf BGH 97 S. 267.

546 Erfurter Kommentar-*Preis*, § 613a BGB RN 59.

547 Siehe dazu die Ausführungen unter 1. Teil D.

Frage, ob berechtigte Widerspruchsgründe vorgelegen haben, über einen längeren Zeitraum hinzieht.

4. Praktisches Hindernis bei der Anwendung der Vorbehaltsregelung

Ein weiteres Problem, das sich bei der Vorbehaltsregelung ergibt, ist praktischer Natur. Während des Kündigungsschutzprozesses muß im Rahmen der Sozialauswahl geklärt werden, ob der Widerspruch begründet, d.h. ob die Weiterarbeit beim Betriebserwerber für den betroffenen Arbeitnehmer unzumutbar ist. Der Arbeitnehmer wird dies in den wenigsten Fällen darlegen und beweisen können, da ihm hierfür die notwendigen Informationen bezüglich der tatsächlichen Gegebenheiten im Betrieb des Erwerbers fehlen werden. Die Erklärung des Vorbehalts bezüglich des Widerspruchs müßte demnach zwingend auch mit der Aufforderung an den Erwerber verbunden werden können, sich hierüber zu erklären, wenn diese Regelung Sinn machen soll. Dafür fehlt indes eine rechtliche Grundlage. Parteien des Rechtsstreits sind lediglich der Veräußerer und der widersprechende Arbeitnehmer. Eine Verpflichtung des Erwerbers, darzulegen, welche betrieblichen Gegebenheiten sich für den widersprechenden Arbeitnehmer nachteilig auswirken können, besteht nicht. Insbesondere ist nicht zu erwarten, daß der neue Inhaber gerade die Verhältnisse offenlegen wird, die zu einem Verlust des Arbeitsplatzes führen werden (Stillegung des Betriebes, Zahlungsunfähigkeit des Erwerbers). Die Gewährung eines Widerspruchs unter Vorbehalt erscheint insoweit wenig effektiv.[548]

5. Belastung des widersprechenden Arbeitnehmers mit den kündigungsrechtlichen Risiken

Daneben vermag die Auffassung, die Erklärung des Widerspruchsvorbehalts müsse auch mit der Aufforderung an den *Veräußerer* verbunden sein, sich darüber zu erklären, ob er bereit und in der Lage sei, den Arbeitnehmer weiterzubeschäftigen oder ob ein Kündigungsausspruch drohe,[549] nicht zu überzeugen. Es ist zwar richtig, daß für den Arbeitnehmer auch bezogen auf die Weiterbeschäftigungsmöglichkeit beim Veräußerer Unsicherheiten bestehen. Bei den bisherigen Ausführungen ist aber an mehreren Stellen bereits deutlich geworden, daß der Arbeitnehmer das Risiko einer Kündigung beim Veräußerer selbst, d.h. eigenverantwortlich einschätzen und unter Umständen auch in Kauf nehmen muß.[550] Die Vorbehaltsregelung hinsichtlich des Widerspruchsrechts würde sonst eine ungerechtfertigte Optimierung der Interessen des widersprechenden Arbeitnehmers bedeuten.

Sowohl bei der Frage, ob eine Fortsetzung des Beschäftigungsverhältnisses im alten Betrieb möglich sein wird, als auch für die Zukunftsaussichten in dem neuen Unternehmen hängt somit das Damoklesschwert des Arbeitsplatzverlustes über dem widerspre-

548 *Hoffmeister*, ArbuR 1995 S. 132 (134 dort in FN 34) ist ohne nähere Begründung ebenfalls der Auffassung, daß ein Widerspruch unter Vorbehalt analog § 2 KSchG praktisch schwer durchführbar erscheint. Darüber hinaus sei eine solche Rechtsfortbildung eher Aufgabe des Gesetzgebers, zumal die Situation auch nicht mit § 2 KSchG zu vergleichen sei.

549 *Woeller*, AiB 1994 S. 599.

550 Siehe dazu die Ausführungen unter 1. Teil A. III.; 2. Teil A. I. 2.

chenden Arbeitnehmer. Dies ist zwangsläufige Folge eines aus freien Stücken ausgeübten Widerspruchs gegen einen Betriebsübergang. Hierüber muß sich der Arbeitnehmer bereits zum Zeitpunkt der Widerspruchsausübung im klaren sein.

6. Keine Heranziehung des Art. 6 der Richtlinie 77/187/EWG

Art. 6 der Richtlinie 77/187/EWG[551] enthält Vorschriften über eine umfassende Informationspflicht des Veräußerers und des Erwerbers eines Betriebes gegenüber der Arbeitnehmervertretung, d.h. den jeweiligen Betriebsräten.[552] Die Arbeitnehmervertretungen sind gemäß Art. 6 Abs. 1 der Richtlinie rechtzeitig vor dem Übergang über den Grund für den Übergang, über die rechtlichen, wirtschaftlichen und sozialen *Folgen* des Übergangs für die Arbeitnehmer und über die Maßnahmen zu unterrichten, die hinsichtlich der Arbeitnehmer in Aussicht genommen sind. Im Gegensatz dazu hat der nationale Gesetzgeber keine Regelung getroffen, wann und wie die von einem Betriebsübergang betroffenen Arbeitnehmer zu unterrichten sind. Könnte man Art. 6 der Richtlinie 77/187/EWG uneingeschränkt anwenden, so würde dem widersprechenden Arbeitnehmer eine vollständige Entscheidungsgrundlage zur Verfügung gestellt, die über eine bloße Information über den Betriebsinhaberwechsel hinausginge. Da der Arbeitnehmer dann auch über die Folgen und somit auch über eventuelle Gefahren und Risiken des Betriebsübergangs zu unterrichten wäre, bedürfte es der Konstruktion eines Widerspruchsrechts unter Vorbehalt nicht.

Gegen die Heranziehung des Art. 6 der Richtlinie 77/187/EWG, die den Arbeitnehmerinteressen sicherlich zugute kommen würde, sind berechtigte Bedenken geäußert worden. Die EG-Richtlinie habe die Kodifizierung der Informationspflicht in das Ermessen des nationalen Gesetzgebers gestellt, welcher davon keinen Gebrauch gemacht habe.[553] Da der Rechtsprechung des BAG zu entnehmen sei, daß die Auskünfte der Arbeitgeber die Arbeitnehmer lediglich in die Lage versetzen sollen, Rat und Erkundigungen einzuholen,[554] diene die Information der Betriebsinhaber, anders als Art. 6 der EG-Richtlinie, nicht dazu, den Arbeitnehmern eine umfassende Entscheidungsgrundlage zur Verfügung zu stellen.[555] Hinzu kommt, daß das BAG lediglich eine Informationsobliegenheit und keine Informationspflicht des Betriebsveräußerers annimmt.[556] Ob dies im Sinne einer Unterscheidung von einer Rechtspflicht gemeint ist und welche Konsequenzen sich hieraus für die Beurteilung der Rechtsfolgen aus einer fehlenden oder lückenhaften Information ergeben, wird die Entwicklung der Rechtsprechung zeigen müssen.[557]

Zu bedenken ist, daß die vom Betriebsübergang betroffenen Arbeitnehmer mit der Zubilligung eines Widerspruchsrechts den Übergang ihrer Arbeitsverhältnisse und Arbeitsplätze auf den neuen Inhaber verhindern können. Der Verbleib beim alten Arbeitge-

---

551 ABl.EG Nr. L 61, S. 26 (27 f.).
552 Siehe dazu bereits die Ausführungen unter 1. Teil B. I.
553 *Pietzko*, S. 289 mit Hinweis auf: *Seiter*, Betriebsinhaberwechsel S. 71.
554 *Pietzko*, S. 290 mit Hinweis auf: BAG AP Nr. 10 zu § 613a BGB (I 2 a der Gründe).
555 *Pietzko*, S. 290.
556 BAG AP Nr. 103 zu § 613a BGB (II 6 b der Gründe) m. Anm. *Moll.*
557 So: *Moll*, Anm. zu BAG AP Nr. 103 zu § 613a BGB (2 der Anm.).

ber kann jedoch für die nicht betroffenen Arbeitnehmer die Gefahr einer betriebsbedingten Kündigung bedeuten, wenn ihnen statt dem widersprechenden Arbeitnehmer gekündigt wird. Es ist daher gerechtfertigt, daß der widersprechende Arbeitnehmer auch das Risiko zu tragen und einzuschätzen hat, selbst gekündigt zu werden. Bestünde die Verpflichtung zu einer allumfassenden Information des Arbeitnehmers durch den Arbeitgeber, könnte von einer freien und eigenverantwortlichen (grundsätzlichen) Entscheidung bezüglich des „ob" einer Widerspruchsausübung nicht mehr gesprochen werden. Denn je nachdem, welche Folgen dem widersprechenden Arbeitnehmer prophezeit werden, wird er sich „genötigt" sehen, den Widerspruch auszuüben oder davon Abstand zu nehmen. Damit stünde nicht mehr der eigentliche Sinn und Zweck des Widerspruchsrechts – Schutz vor einem aufgedrängten Vertragspartner – im Vordergrund, sondern die Vermeidung von Nachteilen (hier: Kündigung) infolge des Betriebsinhaberwechsels. Dies würde eine qualitative Veränderung des Widerspruchsrechts bedeuten. Um dies zu vermeiden, muß sich der Umfang der Auskunft an dem vom BAG genannten Ziel der Selbstinformation orientieren.[558]

B. Problem der widersprechenden ordentlich unkündbaren Arbeitnehmer

Widerspricht ein Arbeitnehmer, der durch eine arbeitsvertragliche oder tarifliche Regelung vor einer ordentlichen Kündigung geschützt ist, ergeben sich Probleme in zweierlei Hinsicht.

I. Modifizierung der Interessenabwägung bei einer außerordentlichen Kündigung zu Lasten des widersprechenden Arbeitnehmers

Ein Problem resultiert daraus, daß gegenüber dem ordentlich unkündbaren Arbeitnehmer nur eine außerordentliche Kündigung unter Einhaltung der ordentlichen Kündigungsfrist in Betracht kommt.[559] Bei dieser ist unter anderem zu prüfen, ob sie nach einer umfassenden Interessenabwägung unter Berücksichtigung aller Umstände des Einzelfalls als gerechtfertigt angesehen werden kann.[560] Maßstab für die Interessenabwägung nach § 626 BGB ist, ob unter Berücksichtigung der im kokreten Fall schutzwürdigen personenbezogenen Interessen des Gekündigten eine so starke Beeinträchtigung betrieblicher oder vertraglicher Interessen des Gekündigten vorliegt, daß das Kündigungsinteresse gegenüber dem Bestandsschutzinteresse des Gekündigten überwiegt.[561] Es fragt sich nun, ob dieser

558 So auch: *Pietzko*, S. 290.

559 BAG, EzA Nr. 2 zu § 626 Unkündbarkeit m. Anm. *Walker* = BAG, NZA 1998 S. 771 ff.; *Oetker*, DZWir 1993 S. 136 (144 dort m.w.N. in FN 113).

560 BAG, NZA 1995 S. 777 ff. (II 2 der Gründe).

561 KR-*Fischermeier*, § 626 BGB RN 239. Zur Interessenabwägung im Falle einer außerordentlichen Kündigung eines tariflich unkündbaren Arbeitnehmers vgl. Anm. v. *Walker* (II. 2. der Anm.) zu BAG, EzA Nr. 2 zu § 626 Unkündbarkeit.

Maßstab zu Lasten des widersprechenden Arbeitnehmers modifiziert werden kann, weil dieser ohne Ausübung des Widerspruchsrechts seinen Arbeitsplatz nicht verloren hätte.

Die bisherigen Ausführungen zu der Problematik der Sozialauswahl nach ausgeübtem Widerspruch haben deutlich gemacht, daß die Tatsache eines ausgeübten Widerspruchs innerhalb der Sozialauswahl berücksichtigt werden muß. Das resultierte aus der Erkenntnis, daß der widersprechende Arbeitnehmer dann nicht schutzwürdig ist, wenn er seinen bestandsgeschützten Arbeitsplatz „mutwillig" aufs Spiel setzt und dies letztlich zu einer Kündigung eines unbeteiligten Arbeitnehmers führt. Die Tatsache, daß der vom Arbeitnehmer zuvor beim neuen Betriebsinhaber innegehabte Arbeitsplatz noch existiert und er zuvor diesen ohne seinen ausgeübten Widerspruch auch nicht verloren hätte, muß auch bei der außerordentlichen betriebsbedingten Kündigung im Rahmen der Interessenabwägung zu Lasten des Arbeitnehmers in die Waagschale geworfen werden. Hier ist dem Interesse des Arbeitgebers an einer Befreiung von der Lohnzahlungspflicht das Interesse des Arbeitnehmers gegenüberzustellen, an seinem bisherigen Arbeitsverhältnis mit dem Veräußerer unter freiwilligem Verzicht auf seinen Arbeitsplatz festzuhalten. In der Literatur wird diesbezüglich die Auffassung vertreten, diese Abwägung werde regelmäßig dazu führen, daß das Interesse des Arbeitgebers dann vorrangig sei, wenn die Beibehaltung des bisherigen Arbeitsplatzes trotz des hiermit verbundenen Vertragspartnerwechsels für den Arbeitnehmer zumutbar gewesen sei.[562]

Dem ist zuzustimmen. Der Grund für die außerordentliche Kündigung resultiert nicht aus der Arbeitgebersphäre, sondern ist allein durch die Ausübung des Widerspruchs bedingt. Die aufgrund des Widerspruchs ausgesprochene Kündigung weicht insofern vom Regelfall ab, als es sich um eine dem Arbeitgeber „aufgedrängte" Kündigung handelt, die nicht Ergebnis einer autonomen Entscheidung des Arbeitgebers ist.[563] Sie belastet den Arbeitgeber mit der Durchführung eines Kündigungsschutzprozesses, den er unter Umständen verliert und deshalb den Arbeitnehmer letztlich weiterbeschäftigen muß. Die Interessen des Arbeitgebers sind nur dann nicht vorrangig, wenn die Weiterbeschäftigung auf dem bisherigen Arbeitsplatz beim neuen Inhaber dem Arbeitnehmer nicht zuzumuten ist. Dem Kriterium der Unzumutbarkeit kommt daher auch im Rahmen der Interessenabwägung entscheidende Bedeutung zu.[564]

II. Keine Vergleichbarkeit von ordentlich kündbaren und unkündbaren Arbeitnehmern

Ein weiteres Problem ergibt sich aus der Tatsache, daß sich die Sozialauswahl (als Folge der betriebsbedingten fristlosen Kündigung) innerhalb eines Betriebes nur auf Arbeitnehmer erstreckt, die miteinander vergleichbar sind, also nur auf solche, die auf derselben

562 *Oetker*, DZWir 1993 S. 136 (144).

563 Zu dieser Problematik siehe bereits die Ausführungen unter 2. Teil B. II. 1. b.

564 *Oetker*, DZWir 1993 S. 136 (144) weist darauf hin, daß statt einer außerordentlichen Kündigung vorrangig eine Änderungskündigung, Versetzung oder die Zuweisung eines anderen Arbeitplatzes mittels Direktionsrechts aufgrund einer Änderung der bisherigen Vertragsgrundlage in Betracht zu ziehen ist.

(horizontalen) Betriebsebene austauschbar sind.[565] Das BAG hat die Vergleichbarkeit eines ordentlich kündbaren mit einem aufgrund des BAT ordentlich unkündbaren Arbeitnehmers verneint.[566] Dies resultiert daraus, daß die ordentlich unkündbaren Arbeitnehmer durch eine zu ihren Gunsten und deshalb zulässige Tarifnorm gegen *jede* ordentliche und damit auch gegen eine betriebsbedingte Kündigung durch den Arbeitgeber geschützt sind. Sofern sich derartige tarifvertragliche (oder auch einzelvertragliche) Kündigungsverbote auch auf betriebsbedingte Kündigungen beziehen, scheiden diese Arbeitnehmer daher mangels Kündbarkeit aus dem auswahlrelevanten Personenkreis aus.[567]

1. Kündigung eines ordentlich kündbaren Arbeitnehmers

Wird nun einem ordentlich kündbaren Arbeitnehmer gekündigt, so kann sich dieser gegenüber dem ordentlich unkündbaren Arbeitnehmer nicht auf eine unzureichende Sozialauswahl nach § 1 Abs. 3 KSchG berufen, eben weil er mit dem unkündbaren Arbeitnehmer nicht vergleichbar ist.[568] Die Frage, ob bei der Kündigung eines ordentlich kündbaren Arbeitnehmers auch solche Arbeitnehmer in die Sozialauswahl einzubeziehen sind, die aufgrund tariflicher Vereinbarungen ordentlich unkündbar sind, wird von der h.M. verneint.[569] Dem ordentlich unkündbaren Arbeitnehmer wird also die Möglichkeit eröffnet, den ordentlich kündbaren Kollegen mit der Ausübung eines Widerspruchs von dessen Arbeitsplatz zu verdrängen, ohne daß eine Sozialauswahl stattzufinden hätte.

Es fragt sich, ob der widersprechende unkündbare Arbeitnehmer trotzdem berechtigte Gründe für seinen Widerspruch vorweisen muß. Dies muß bejaht werden. Die Tatsache, daß hier das Problem der sozialen Auswahl nach ausgeübtem Widerspruch nicht auftaucht, kann keine andere Betrachtungsweise rechtfertigen. Hier wie dort geht es darum, daß der widersprechende Arbeitnehmer unter Verdrängung des vom Betriebsübergang nicht betroffenen Arbeitnehmers dessen Arbeitsplatz beanspruchen kann. Wenn für die Geltendmachung einer fehlerhaften Sozialauswahl die Gründe für den Widerspruch berücksichtigt werden müssen, muß dies erst recht für den Fall gelten, daß zu Lasten des ordentlich kündbaren Arbeitnehmers erst gar keine Sozialauswahl durchgeführt wird. Eine Kündigung des nicht vom Betriebsübergang betroffenen ordentlich kündbaren Arbeitnehmers kommt demnach trotz fehlender Vergleichbarkeit nur dann in Betracht, wenn der ordentlich unkündbare Arbeitnehmer aus nachvollziehbaren Gründen widersprochen hat.[570] Dies wird auch in diesem Fall nur dann anzunehmen sein, wenn er darlegen kann,

565 Siehe dazu die Ausführungen unter 2. Teil C. 1.

566 BAG AP Nr. 3 zu § 55 BAT (III 2 a bb der Gründe) m. Anm. *Scheuring*.

567 Siehe dazu: KR-*Etzel*, § 1 KSchG RN 679.

568 BAG AP Nr. 3 zu § 55 BAT (III 2 a bb der Gründe) m. Anm. *Scheuring*; *Commandeur*, NJW 1996 S. 2537 (2543); *Schipp*, NZA 1994 S. 865 (867).

569 *Dorndorf-Dorndorf*, § 1 RN 1055; *Kittner-Kittner*, § 1 KSchG RN 443; KR-*Etzel*, § 1 KSchG RN 679 jeweils m.w.N.

570 *Commandeur*, NJW 1996 S. 2537 (2544) ist ebenfalls der Auffassung, daß in konsequenter Fortführung der Rechtsprechung des BAG der unkündbare Arbeitnehmer einen anderen ordentlich kündbaren Arbeitnehmer nur bei Vorliegen sachlicher Gründe für einen Widerspruch verdrängen können soll.

daß ihm der Übergang seines Arbeitsverhältnisses auf den neuen Inhaber wegen eines drohenden Arbeitsplatzverlustes unzumutbar ist.

2. Kündigung eines ordentlich unkündbaren Arbeitnehmers

a) Pflicht des Arbeitgebers zur Durchführung einer Sozialauswahl

Das BAG[571] hat entschieden, daß in dem Fall einer ausnahmsweise zulässigen außerordentlichen betriebsbedingten Kündigung eines tariflich unkündbaren Arbeitnehmers der Arbeitgeber zu einer sozialen Auswahl entsprechend § 1 Abs. 3 KSchG verpflichtet ist und hat dazu ausgeführt: „Da die außerordentliche Kündigung in derartigen Fällen nur die tariflich ausgeschlossene ordentliche Kündigung ersetzt, würde es einen Wertungswiderspruch darstellen, wollte man zugunsten des besonders geschützten Arbeitnehmers nicht zumindest die Kündigungsschranken beachten, die ihn im Fall einer ordentlichen Kündigung schützen." Die Pflicht des Arbeitgebers zur Durchführung der Sozialauswahl folgt also daraus, daß durch den Ausschluß der ordentlichen Kündigung der Schutz des Arbeitnehmers vor einer betriebsbedingten Kündigung nicht verringert, sondern verstärkt werden soll.[572]

b) Vorrangige Kündigung ordentlich kündbarer Arbeitnehmer

Der 2. Senat des BAG hat kurz darauf mit seiner Entscheidung vom 17.9.1998[573] seine Rechtsprechung zur Kündigung der unkündbaren Arbeitnehmer fortgeführt. Er hatte über eine außerordentliche betriebsbedingte Kündigung eines tariflich unkündbaren Arbeitnehmers zu entscheiden, der einem Übergang seines Arbeitsverhältnisses auf einen Betriebserwerber widersprochen hatte.

Der erste Leitsatz dieser Entscheidung lautet: „Vor einer außerordentlichen Kündigung gegenüber einem tariflich „unkündbaren" Arbeitnehmer aus betrieblichen Gründen muß der Arbeitgeber auch dann alle zumutbaren, eine Weiterbeschäftigung ermöglichenden Mittel ausschöpfen, wenn der Arbeitnehmer einem Übergang seines Arbeitsverhältnisses auf einen Betriebserwerber widersprochen hat." Das BAG vertritt insoweit die Auffassung, daß es angesichts der „Unkündbarkeit" des widersprechenden Arbeitnehmers Sache des kündigenden Arbeitgebers gewesen sei, *den vergleichbaren ordentlich kündbaren Arbeitnehmern vorrangig zu kündigen*, wenn diese nicht hätten anderweitig beschäftigt oder bei einer Konzerntochter hätten untergebracht werden können.[574]

---

571 BAG, EzA Nr. 2 zu § 626 Unkünbarkeit (II 3 e der Gründe) m. Anm. *Walker*.

572 *Walker*, Anm. zu BAG, EzA Nr. 2 zu § 626 Unkündbarkeit (IV der Anm.).

573 BAG, NZA 1999 S. 258 ff.

574 BAG, NZA 1999 S. 260 f. (II 5 der Gründe). Die Frage, ob der Arbeitgeber verpflichtet ist, den kündbaren Arbeitnehmern zu kündigen, um so einen Arbeitsplatz für den unkündbaren Arbeitnehmer freizumachen, hat das BAG bereits in seinem Urt. v. 17.5.1984, BAG AP Nr. 3 zu § 55 BAT (III 2 a aa, bb der Gründe) m. Anm. *Scheuring* aufgeworfen, jedoch nicht abschließend entschieden.

Um eine „echte" Sozialauswahl, der der Widerspruch eines Arbeitnehmers gegen den Übergang seines Arbeitsverhältnisses auf einen Betriebserwerber entgegenstehen könnte, geht es nach Auffassung des BAG nur dann, wenn die für die Auswahl in Betracht zu ziehenden Arbeitnehmer jeweils kündbar oder sämtlich „unkündbar" sind. Falls der Arbeitgeber nicht darlegen könne, daß die vergleichbaren Arbeitnehmer ebenfalls „unkündbar" und sozial schutzwürdiger seien, sei für den unkündbaren Arbeitnehmer ein Arbeitsplatz, den er nach dem Arbeitgeber zumutbarer Einarbeitung wahrnehmen könne, grundsätzlich freizumachen, wobei es ihm gerade wegen seiner Unkündbarkeit in der Regel nicht zum Nachteil gereichen dürfe, daß er einen Arbeitgeberwechsel abgelehnt habe.[575] Das BAG macht insoweit deutlich, daß für die außerordentliche Kündigung eines ordentlich unkündbaren Arbeitnehmers verschärfte Anforderungen an die Pflicht des Arbeitgebers gestellt werden müßten, mit allen zumutbaren Mitteln, gegebenenfalls auch durch eine entsprechende Umorganisation und das Freimachen geeigneter gleichwertiger Arbeitsplätze, eine Weiterbeschäftigung im Betrieb bzw. im Unternehmen zu versuchen.[576] Ist der Arbeitnehmer tariflich nicht mehr ordentlich kündbar, kann ihm nach Auffassung des BAG eine Kündigung nur dann drohen, wenn es um die Sozialauswahl im Vergleich zu anderen ebenfalls unkündbaren Arbeitnehmern geht.

c) Stellungnahme

Zutreffend ist, daß angesichts der Gesamtregelung über die außerordentliche Kündigung unkündbarer Arbeitnehmer diesem Personenkreis gegenüber Kündigungen aus betrieblichen Gründen ein erhöhter Schutz gewährt werden soll. Vor diesem Hintergrund ist es gerechtfertigt, daß der Arbeitgeber das Risiko dafür zu tragen hat, daß der unkündbare und somit bestandsgeschützte Arbeitnehmer in einer seiner geschuldeten Leistung und seinen persönlichen Verhältnissen entsprechenden Weise unter Ausschöpfung aller Möglichkeiten weiterbeschäftigt werden kann. Soweit das BAG dabei auf eine Umorganisation abstellt, ist dies nicht zu beanstanden.

Soweit das BAG jedoch die vorrangige Kündigung ordentlich kündbarer Arbeitnehmer befürwortet, um so (als letztes Mittel) einen Arbeitsplatz für den unkündbaren Arbeitnehmer freizumachen, ist dies zumindest dann nicht gerechtfertigt, wenn der unkündbare Arbeitnehmer dem Betriebsübergang ohne beachtlichen Grund widersprochen hat. Auch hier geht es darum, daß der widersprechende – in diesem Fall unkündbare – Arbeitnehmer unter Verdrängung des vom Betriebsübergang nicht betroffenen Arbeitnehmers dessen Arbeitsplatz beanspruchen kann, obwohl er durch seinen Widerspruch die Kündigung selbst mittelbar herbeigeführt hat. Die (vorrangige) Kündigung eines vergleichbaren ordentlich kündbaren Arbeitnehmers, der anders als der widersprechende unkündbare Arbeitnehmer keine Option auf eine Weiterbeschäftigung beim Betriebserwerber hat und zunächst arbeitslos wird, bedarf daher einer besonderen Rechtfertigung. Auch hier muß gefragt werden, ob der unkündbare Arbeitnehmer aus nachvollziehbaren Gründen widersprochen hat. Dies ist nur dann anzunehmen, wenn er darlegen kann, daß ihm der Über-

575 BAG, NZA 1999 S. 261 (II 5 der Gründe).

576 BAG, NZA 1999 S. 261 (II 6 der Gründe m.w.N. zur diesbezüglichen Rechtsprechung des BAG).

gang seines Arbeitsverhältnisses auf den neuen Inhaber wegen eines drohenden Arbeitsplatzverlustes unzumutbar ist. [577]

Die Tatsache der „Unkündbarkeit" des widersprechenden Arbeitnehmers allein kann eine vorrangige Kündigung des an sich vom Betriebsübergang nicht betroffenen ordentlich kündbaren Arbeitnehmers nicht begründen. Die Auffassung des BAG, dem unkündbaren Arbeitnehmer sei ein Arbeitsplatz freizumachen, wobei es ihm gerade wegen seiner „Unkündbarkeit" in der Regel nicht zum Nachteil gereichen dürfe, daß er einen Arbeitgeberwechsel abgelehnt habe,[578] vermag nicht zu überzeugen. Das BAG stellt lediglich fest, daß die Ausübung des Widerspruchsrechts selbst nicht eines irgendwie gearteten sachlichen Grundes bedarf,[579] ohne auch nur ansatzweise auf die Problematik der Kündigung eines unbeteiligten Arbeitnehmers nach ausgeübtem Widerspruch einzugehen. Daß dem unkündbaren Arbeitnehmer genau der gleiche Arbeitsplatz beim neuen Inhaber zur Verfügung gestanden hätte, aufgrund seines Widerspruchs nun aber unter Umständen einem unbeteiligten ordentlich kündbaren Arbeitskollegen gekündigt werden muß, wird vom BAG nicht problematisiert. Der Widerspruch des unkündbaren Arbeitnehmers stellt eine besonders gelagerte Fallgestaltung dar, die einen erhöhten Schutz allenfalls dann rechtfertigt, wenn dem Widerspruch die Befürchtung des baldigen Arbeitsplatzverlustes zugrunde liegt. Entgegen der Ansicht des BAG[580] wird die tarifrechtliche besondere Absicherung des Arbeitsverhältnisses durch einen voraussetzungslos zulässigen Widerspruch des Arbeitnehmers gegen den Übergang seines Arbeitsverhältnisses auf einen anderen Arbeitgeber also dann gemindert, wenn wegen des Widerspruchs einem unbeteiligten Arbeitnehmer (unnötigerweise) gekündigt werden müßte.

C. Stellung des Betriebserwerbers

Der Rechtsposition des Betriebserwerbers nach Ausübung des Widerspruchsrechts durch einen oder mehrere Arbeitnehmer ist im Schrifttum bislang keine größere Beachtung geschenkt worden.[581] Wenn man bedenkt, daß eine größere Anzahl von Arbeitnehmern oder einige wichtige know-how-Träger dem Betriebsübergang nach dessen vertraglicher Fixierung widersprechen, so ist einleuchtend, daß dies erhebliche Konsquenzen haben kann. Dies gilt vor allem dann, wenn es sich um ein Dienstleistungsunternehmen handelt. Hier läuft der neue Inhaber Gefahr, einen wertlosen Torso zu erwerben.[582]

577 Siehe dazu die Ausführungen unter 2. Teil C. II. 3. e ee (1).
578 BAG, NZA 1999 S. 261 (II 5 der Gründe).
579 BAG, NZA 1999 S. 260 (II 5 der Gründe).
580 BAG, NZA 1999 S. 261 (II 6 der Gründe).
581 Ausführlicher aber: *Pietzko*, S. 312 ff.; *Tschöpe*, S. 80 ff.
582 So: *Tschöpe*, S. 80 f.

I. Kein gesetzlicher Anspruch auf Rückgängigmachung oder Rückabwicklung des Betriebsübergangs

Ausgehend von dieser Überlegung ist diskutiert worden, ob dem Betriebserwerber Ansprüche auf Rückgängigmachung oder Rückabwicklung des Betriebsinhaberwechsels zustehen. Es wurde vorgeschlagen, dem Betriebserwerber analog §§ 459 ff. BGB Sachmängelgewährleistungsansprüche (Wandlung, Minderung) einzuräumen. Es stelle ohne weiteres einen Mangel im Sinne des § 459 Abs. 1 Satz 1 BGB dar, wenn einzelne oder alle Arbeitnehmer dem Betriebsübergang widersprächen. Denn die Übertragung eines Betriebes ohne Belegschaft verhindere das „Funktionieren“ eines solchen Betriebes und mache ihn damit von vornherein für den Betriebserwerber, der den Wert des Unternehmens regelmäßig gerade in dessen Funktionsfähigkeit sehe, „wertlos“.[583] Dem wurde entgegengehalten, diese vorgeschlagene Analogie zu den §§ 459 ff. BGB verstoße gegen die ratio des Widerspruchsrechts, da dessen Schutzzweck gerade darauf abziele, eine Degradierung des Arbeitnehmers zum Betriebszubehör zu verhindern.[584] Daneben sei ein Gewährleistungsanspruch auch gemäß § 460 Satz 2 BGB ausgeschlossen, da die Unkenntnis des Erwerbers von der Widerspruchswilligkeit der jeweiligen Arbeitnehmer trotz seiner Verpflichtung, die Arbeitnehmer über den bevorstehenden Betriebsinhaberwechsel zu informieren, grob fahrlässig sei.[585]

Auch die in Erwägung gezogene Anfechtung des dem Betriebsübergang zugrundeliegenden Rechtsgeschäfts nach § 119 Abs. 2 BGB[586] ist kritisiert worden. Die Vollständigkeit der Belegschaft stelle keine dem Betrieb fehlende Eigenschaft dar, da eine solche Gleichstellung der Arbeitnehmer mit den sächlichen Betriebsmitteln ebenfalls eine Objektstellung der Arbeitnehmer bedeute. Abgesehen davon würde es zusätzlich an einem Irrtum des neuen Inhabers fehlen, da er mangels Information der Belegschaft mit einem nachträglichen Widerspruch rechnen müsse.[587]

Schließlich seien auch die zugunsten des Betriebserwerbers in Betracht gezogenen Grundsätze über den Wegfall der Geschäftsgrundlage[588] nicht anwendbar. Ein derartiger Anspruch scheide vielmehr dann aus, wenn sich durch die Störung ein Risiko verwirkliche, das die rücktrittswillige Partei zu tragen habe.[589] Da die Beeinträchtigung der betrieblichen Tätigkeit durch den Widerspruch der Arbeitnehmer in den Risikobereich des Betriebserwerbers falle, wenn dieser die Belegschaft nicht informiert habe, sei die Anwendung der Grundsätze über den Wegfall der Geschäftsgrundlage zu seinen Gunsten ausgeschlossen.[590]

583 *Tschöpe*, S. 85.
584 *Pietzko*, S. 313.
585 *Pietzko*, S. 313 f.
586 *Tschöpe*, S. 87.
587 *Pietzko*, S. 314.
588 *Tschöpe*, S. 87 f.
589 *Pietzko*, S. 314 f.. Siehe dazu auch: BGH NJW 1984 S. 1746 ff. (II 1 e bb der Gründe m.w.N.); BGH NJW 1992 S. 2690 f. (2 der Gründe m.w.N.).
590 *Pietzko*, S. 315.

Diese Ausführungen machen deutlich, daß die Herleitung eines Anspruchs des Betriebserwerbers auf Rückgängigmachung oder Rückabwicklung des Betriebsinhaberwechsels aus dem Gesetz oder einem Rechtsinstitut erheblichen Einwänden ausgesetzt ist.

II. Möglichkeit einer vertraglichen Absicherung gegenüber dem Widerspruchsrecht

1. Rücktrittsrecht nach § 346 BGB

Will sich der Betriebserwerber gegenüber dem arbeitnehmerseitigen Widerspruchsrecht absichern, hat er auch die Möglichkeit, sich bereits bei Abschluß des Vertrages ein Rücktrittsrecht nach § 346 BGB auszubedingen. Dies kann aber insbesondere dann zu nicht unerheblichen Schwierigkeiten führen, wenn der Betriebsübergang bereits vollzogen ist. Hier werden vor allem die Fragen problematisch sein, welchen Wert der Betriebserwerber für den Zeitraum von Übertragung bis zur Ausübung des Rücktrittsrechts dem Betriebsveräußerer für den übernommenen Betriebstorso erstatten muß und was im Hinblick auf die Ansprüche auf Schadensersatz, Herausgabe oder Vergütung von Nutzungen und Verwendungsersatz aus § 347 BGB zu gelten hat.[591]

2. Verbleib der Arbeitnehmer beim Betriebserwerber als aufschiebende Bedingung nach § 158 Abs. 1 BGB

Daneben besteht – wie bereits erörtert – die Möglichkeit für den Erwerber, vertraglich mit dem Veräußerer zu vereinbaren, daß der Betrieb erst dann übergehen soll, wenn sich die Arbeitnehmer, an denen er interessiert ist, mit einem Übergang ihrer Arbeitsverhältnisse einverstanden erklären und ihren Verbleib zusagen.[592] Das Rechtsgeschäft ist damit gemäß § 158 Abs. 1 BGB unter der aufschiebenden Bedingung einer Nichtausübung des Widerspruchsrechts eines oder mehrerer Arbeitnehmer vorgenommen.[593] Hierdurch wird auch die Möglichkeit eröffnet, die Konsequenzen zu vermeiden, die sich durch das Zustandekommen eines fehlerhaften Arbeitsvertrages ergeben können.[594]

Für den Betriebserwerber hat dies den Vorteil, daß er durch individualvertragliche Vereinbarungen die im Zusammenhang mit der Betriebsüberleitung einhergehenden Auswirkungen bereits im Vorfeld vollständig erfassen und Gefährdungen ausschließen

---

591 Siehe hierzu: *Tschöpe*, S. 81 f.

592 Siehe dazu die Ausführungen unter 1. Teil A. III.

593 *Gaul*, Betriebsübergang S. 381 ff. (385 Nr. 13) schlägt eine Absicherung des Betriebserwerbers durch dahingehende Vertragsabsprache vor, daß der Betriebsübertragungsvertrag erst fünf Wochen nach der Bekanntgabe des Betriebsübergangs wirksam werden soll und davon abhängig ist, daß keine/nur eine bestimmte Zahl der vom Betriebsübergang betroffenen Arbeitnehmer widerspricht bzw. bestimmte Arbeitnehmer in Schlüsselpositionen ihr Verbleiben zusagen. Auch wenn der Betriebserwerber kurzfristig nach dem Betriebsübergang die übernommene Belegschaft über eigene Geschäfts- und Betriebsgeheimnisse informieren wolle, solle durch Vertragsabsprache sichergestellt sein, daß eine Ausübung des arbeitnehmerseitigen Widerspruchs nicht mehr erfolge.

594 Siehe dazu die Ausführungen unter 1. Teil D.

oder jedenfalls einschränken kann. Dies gilt auch für den Betriebsveräußerer, der ebenfalls regelmäßig daran interessiert sein wird, daß die Betriebsüberleitung nicht am Widerspruch eines oder mehrerer Arbeitnehmer scheitert. Der Betriebserwerber ist auch während des Zeitraums bis zum Eintritt der Bedingung hinsichtlich seines Anspruchs auf Übereignung des Betriebs(teils) gegen den Veräußerer nicht rechtlos gestellt. Ihm steht vielmehr ein Anwartschaftsrecht zu, welches mit dem Eintritt der Bedingung zum Vollrecht erstarkt.[595] Dieses gibt ihm als ein Erwerbsrecht eigener Art ein gegenüber jedermann wirkendes dingliches Besitzrecht.[596] Das Anwartschaftsrecht ist also insbesondere gegenüber Dritten ausreichend geschützt.

Da sich der Gesetzgeber allein darauf beschränkt hat, durch § 613a Abs. 1 Satz 1 BGB die arbeitsrechtliche Besitzstandsgarantie zu konkretisieren, dürften derartige vertragliche Vereinbarungen zwischen Betriebsveräußerer und Betriebserwerber für den Fall des arbeitnehmerseitigen Widerspruchs zu Beginn der Rechtsprechung des BAG zum Widerspruchsrecht nicht getroffen worden sein. Angesichts der inzwischen 25-jährigen unveränderten Rechtsprechung des BAG zum Widerspruchsrecht kann davon ausgegangen werden, daß die meisten Arbeitgeber vertragliche Sicherungsmaßnahmen in Bezug auf die Auswirkungen des arbeitnehmerseitigen Widerspruchsrechts treffen werden. Dies ist dringend anzuraten.

3. Befragung der Arbeitnehmer

Einfacher und praktikabler erscheint es jedoch, die Arbeitnehmer, deren Arbeitsplätze auf den Erwerber übergehen sollen, *vor* Abschluß des Kaufvertrages zwischen dem Veräußerer und dem Erwerber des Betriebes dazu zu befragen, ob sie einem Betriebsübergang widersprechen werden. Die Arbeitnehmer hätten dann nach erfolgter Unterrichtung über den Betriebsübergang Gelegenheit, bis zum Zeitpunkt des Betriebsübergangs ihr Widerspruchsrecht auszuüben. So erlangen Veräußerer und Erwerber Kenntnis darüber, ob und in welchem Umfang mit Widersprüchen gerechnet werden muß. Erklären sich die Arbeitnehmer mit dem Betriebsübergang einverstanden und sagen sie zu, diesem nicht zu widersprechen, wird dem Abschluß eines Kaufvertrages nichts im Wege stehen. Ein Kaufvertrag unter der aufschiebenden Bedingung einer Nichtausübung des Widerspruchsrechts eines oder mehrerer Arbeitnehmer ist dann nicht notwendig.

Hat sich der Arbeitnehmer mit dem bisherigen oder neuen Arbeitgeber darüber geeinigt, daß er das Widerspruchsrecht nicht ausüben werde, ist er hieran gebunden. Widerspricht er trotzdem, so handelt er rechtsmißbräuchlich, da er gegen Treu und Glauben verstößt, mit der Folge, daß die Ausübung des Widerspruchsrechts deshalb unbeachtlich sein kann.[597]

---

595 *Palandt-Heinrichs*, § 158 RN 1.

596 *Palandt-Bassenge*, § 929 RN 41.

597 Siehe hierzu die Ausführungen unter 1. Teil C. I.

Vierter Teil:
Die sozialversicherungsrechtliche Behandlung des widersprechenden Arbeitnehmers

Die den Betriebsinhaberwechsel regelnde Vorschrift des § 613a BGB ist nach ihrer Wortfassung und ihrer systematischen Einordnung in die dienstvertraglichen Regeln des BGB auf die Ordnung der privatrechtlich, vorrangig arbeitsrechtlich gekennzeichneten Rechtsbeziehungen der von einem Betriebsübergang betroffenen Vertragspartner ausgerichtet. Die vorstehenden Untersuchungen haben gezeigt, daß sich bei den in der Praxis häufigen Betriebsübergängen durch die Ausübung des Widerspruchsrechts eines oder mehrerer Arbeitnehmer in mehrfacher Hinsicht individualrechtliche Probleme ergeben. Der Widerspruch kann daneben aber auch im Zusammenhang mit sozialrechtlichen Regelungen zu Problemen führen, soweit diese mit arbeitsrechtlichen Konsequenzen im Zusammenhang stehen.

Im öffentlich-rechtlichen Sozialrecht, welches herkömmlicherweise in die Sozialversicherung, die Sozialversorgung oder soziale Entschädigung und die Sozialhilfe bzw. Fürsorge untergliedert wird,[598] weist speziell das Sozialversicherungsrecht enge Beziehungen zum Arbeitsrecht auf. Berührungspunkte ergeben sich hier zunächst hinsichtlich der Entstehung von Sozialversicherungsverhältnissen, denn die Versicherungspflicht in den verschiedenen Zweigen der Sozialversicherung ist grundsätzlich davon abhängig, daß der Betroffene in einem „Beschäftigungsverhältnis" steht. Dies ergibt sich beispielsweise aus den §§ 5 Abs. 1 Nr.1, Abs. 2 SGB V; 1 Nr. 1 SGB VI; 2 Abs. 1 Nr. 1 SGB VII. In § 7 Abs. 1 SGB IV, welcher als gemeinsame Vorschrift für alle Arten der Sozialversicherung gilt, wird die Beschäftigung als nichtselbständige Arbeit, insbesondere in einem Arbeitsverhältnis definiert. Das Sozialversicherungsverhältnis als ein öffentlich-rechtliches Verhältnis ist insoweit mit dem privatrechtlichen Arbeitsverhältnis verbunden, wobei die Begriffe Arbeitsverhältnis und Beschäftigungsverhältnis weitestgehend aneinander angenähert sind.[599] Man wird daher sagen können, daß das Beschäftigungsverhältnis den sozialversicherungsrechtlich erheblichen Ausschnitt aus dem Arbeitsverhältnis darstellt, weshalb im allgemeinen beim Bestehen eines Arbeitsverhältnisses im Sinne des Arbeitsrechts auch ein Beschäftigungsverhältnis im Sinne des Sozialversicherungsrechts vorliegt.[600]

Eine weitere Verbindung zwischen dem Arbeitsrecht und dem Sozialversicherungsrecht ergibt sich daneben auch daraus, daß zahlreiche Sozialversicherungsleistungen darauf abzielen, einen Ausfall an Arbeitsentgelt auszugleichen. Diese Leistungen sind nicht

---

598 *Eichenhofer*, S. 8 RN 10; *Rüfner*, S. 16 f.; *Wannagat*, S. 1ff.. Zu den neueren Systematisierungen des Sozialrechts siehe die Darstellung von *Gitter*, Sozialrecht S. 5 f.

599 *Gitter*, Sozialrecht S. 41; *ders.*, in: FS für Wannagat, S. 141 (154) ist der Auffassung, daß beide Begriffe identisch sind. Zu den Beziehungen zwischen Arbeitsverhältnis und Beschäftigungsverhältnis siehe die ausführliche Darstellung von *Theile*, S. 25 ff., der im Ergebnis die Auffassung vertritt, die eigenständige Rechtsfigur des „Beschäftigungsverhältnisses" sei überflüssig und daher aufzugeben (S. 46, 62 f.).

600 *Rüfner*, S. 141.

nur durch ihre Funktion mit dem Arbeitsentgelt verknüpft, sondern auch dadurch, daß sich ihre Höhe an dem ausgefallenen Arbeitsentgelt orientiert.[601] Dies gilt gerade und im besonderen für das Arbeitslosengeld. Die Arbeitslosigkeit ist in Zeiten einer angespannten Wirtschafts- und Arbeitsmarktlage ein unberechenbares Risiko für den Arbeitnehmer. Dieser ist gerade im Falle des Verlustes seines Arbeitsplatzes auf die wichtige Kompensationsleistung des Arbeitslosengeldes angewiesen.

Ausgehend von dieser Verzahnung des Arbeitsrechts mit dem Sozialversicherungsrecht ist zunächst zu klären, ob der Widerspruch gegen einen Betriebsinhaberwechsel Auswirkungen auf die Beitragspflicht zur Sozialversicherung hat. Daran schließt sich die Untersuchung der für die Praxis sehr bedeutsamen Frage an, ob der Arbeitnehmer, der im Falle des § 613a BGB dem Übergang seines Arbeitsverhältnisses auf einen neuen Betriebsinhaber widerspricht und nach anschließender betriebsbedingter Kündigung arbeitslos wird, einer Sperrzeit für das Arbeitslosengeld unterliegt.

A. Bedeutung des Widerspruchs für die Beitragspflicht zur Sozialversicherung

Im (Außen)Verhältnis zum Versicherungsträger ist Schuldner der vollen Beiträge pflichtversicherter Arbeitnehmer zur Kranken-, Renten-, Arbeitslosen- und Pflegeversicherung in Form des sogenannten Gesamtsozialversicherungsbeitrags allein der Arbeitgeber. Dies ergibt sich aus §§ 28 d, 28 e SGB IV. Die Beitragszahlung durch den Arbeitgeber ist insofern mit der Zahlung des Arbeitsentgelts verknüpft, als der Arbeitgeber den Arbeitnehmeranteil gemäß § 28 g SGB III vom Bruttolohn einbehalten darf und der Arbeitnehmer im sogenannten Lohnabzugsverfahren zur Duldung dieses Abzugs verpflichtet ist.[602] In der gesetzlichen Unfallversicherung dagegen erfolgt die Finanzierung, soweit Träger der Versicherung eine Berufsgenossenschaft ist, grundsätzlich allein durch Beiträge der Unternehmer, die Versicherte beschäftigen oder die selbst versichert sind. Dies ist in den §§ 150 ff. SGB VII geregelt.

I. Widerspruch zeitlich vor dem Betriebsübergang

Widerspricht ein von einem Betriebsübergang betroffener Arbeitnehmer der Überleitung seines Vertragsverhältnisses von seinem Arbeitgeber als Betriebsveräußerer auf den Betriebserwerber auf der Grundlage des ihm vom BAG in ständiger Rechtsprechung zugestandenen Widerspruchsrechts, so verbleibt er im Arbeitsverhältnis beim Betriebsveräußerer. Damit verbleibt er gleichzeitig auch sozialversicherungsrechtlich im Beschäftigungsverhältnis. Erfolgt nun der Widerspruch zeitlich vor dem Betriebsübergang, ergeben sich bis zum Zeitpunkt des Übergangs keine vergütungsrechtlichen Konsequenzen. Der Arbeitnehmer wird wie bisher zu dem vereinbarten Arbeitsentgelt weiterbeschäftigt, was für

601 *Gitter*, Sozialrecht S. 41.

602 Vgl. zum Gesamtsozialversicherungsbeitrag und Lohnabzugsverfahren: *Bley/Kreikebohm*, S. 164 RN 441; *Eichenhofer*, S. 142 RN 284 f.; *Erlenkämper/Fichte*, S. 305 f.; *Schulin/Igl* S. 127 f. RNrn. 260 ff.

den Arbeitgeber keine Veränderung hinsichtlich der Abführung des Gesamtsozialversicherungsbeitrags bedeutet. Dies gilt zumindest so lange, wie eine „Beschäftigung" im Sinne des § 7 Abs. 1 SGB IV im bisherigen Umfang erfolgt. Eine solche liegt nach der ständigen Rechtsprechung des BSG immer dann vor, wenn Arbeit in persönlicher Abhängigkeit von einem Dritten, in der Regel dem Arbeitgeber, geleistet wird.[603] Solange also das sich mit dem Arbeitsverhältnis regelmäßig deckende Beschäftigungsverhältnis besteht, besteht auch das Versicherungsverhältnis mit den entsprechenden Beitragspflichten des Arbeitgebers fort.

II. Widerspruch zeitlich nach dem Betriebsübergang

Für die Beitragspflicht zur Sozialversicherung muß aber dann etwas anderes gelten, wenn der Arbeitnehmer erst nach dem Übergang eines Betriebsteils oder eines von mehreren Betrieben widersprochen hat und bis zu diesem Zeitpunkt an seinem Arbeitsplatz weitergearbeitet hat. Dann ist er einige Zeit beim Betriebserwerber in seiner bisherigen Position tätig geworden. Die ex tunc-Wirkung des ausgeübten Widerspruchs bewirkt jedoch, daß das nach § 613a Abs. 1 Satz 1 BGB bereits beim Betriebserwerber entstandene Arbeitsverhältnis beendet und gleichzeitig das Arbeitsverhältnis zum Betriebsveräußerer wieder hergestellt wird.[604] Das bedeutet, daß nach Erklärung des Widerspruchs lediglich im nachhinein kein wirksames Arbeitsverhältnis mit dem Betriebserwerber bestand.

In diesem Fall ist der Betriebserwerber verpflichtet, dem Arbeitnehmer unter dem Gesichtspunkt des fehlerhaft zustande gekommenen Arbeitsverhältnisses das Entgelt für die geleistete Tätigkeit zu zahlen.[605] Denn der vom Arbeitsrecht vermittelte soziale Schutz darf nicht versagt werden, wenn Arbeitnehmerleistung erbracht wurde. Es widerspräche aber dem Schutzzweck, den Arbeits- wie Sozialrecht gleichermaßen erfüllen, wenn dem effektiv Beschäftigten Sicherungsrechte vorenthalten würden, die er bei einem wirksamen Arbeitsverhältnis erlangt hätte. Daraus folgt gleichzeitig, daß auch die Sozialversicherungsbeiträge vom Betriebserwerber zu zahlen sind, da in der Zeit vom Betriebsübergang bis zur Ausübung des Widerspruchsrechts ein zwischengeschaltetes rechtswirksames sozialversicherungspflichtiges Beschäftigungsverhältnis des Arbeitnehmers beim Betriebserwerber bestanden hat.[606] Denn die sozialversicherungsrechtliche Beitragspflicht hängt am arbeitsrechtlich gekennzeichneten Arbeitsentgelt des Beschäftigungsverhältnisses. Da sich die Höhe der Beitragsleistungen, d.h. der Beitragssatz, an dem Bruttoarbeitsentgelt orientiert,[607] bedeutet dies, daß mögliche Veränderungen des Arbeitsentgelts in dieser Zeit, etwa auf Grund anderweitiger für den Betriebserwerber maßgebenden Tarifverträge, entsprechende Auswirkungen für die Beitragspflicht haben. Bei einem höheren

---

603 Siehe statt aller die zahlreichen Nachweise bei: *Gitter*, Sozialrecht S.74 dort in FN 6.

604 BAG AP Nr. 103 zu § 613 a BGB (II 7 der Gründe) m. Anm. *Moll.*

605 Siehe dazu bereits die Ausführungen unter 1. Teil D. II.

606 So auch: *Gaul*, Betriebsübergang S. 353.

607 *Bley/Kreikebohm*, S. 164 RN 442; *Kreßel/Wollenschläger*, S. 157 RN 210 a; *Wannagat*, S. 156.

Entgelt muß der neue Inhaber einen höheren Beitragssatz abführen, ein geringeres Entgelt bewirkt dementsprechend eine Senkung des Beitragssatzes.

Für den Betriebsveräußerer besteht bei einem Widerspruch eines Arbeitnehmers nach dem Betriebsübergang keine Entgeltzahlungspflicht nach § 615 Satz 1 BGB aus dem Gesichtspunkt des Annahmeverzugs für die Zeit zwischen Betriebsübergang und Ausspruch des Widerspruchs.[608] Dementsprechend besteht auch keine sozialversicherungsrechtliche Beitragspflicht. Ein sozialversicherungsrechtliches Beschäftigungsverhältnis ist vielmehr mit der Begründung des fehlerhaften Arbeitsverhältnisses auf der Seite des Betriebserwerbers entstanden, sodaß der betroffene Arbeitnehmer der Versicherungspflicht in den verschiedenen Zweigen der Sozialversicherung auch nur im Verhältnis zu diesem unterliegt.

B. Auswirkungen des Widerspruchs auf die Sperrzeit für das Arbeitslosengeld

Widerspricht der Arbeitnehmer dem Betriebsübergang und wird ihm daraufhin aus betriebsbedingten Gründen gekündigt, so kann sich die Kündigung als sozial ungerechtfertigt erweisen, wenn aus den bereits genannten Gründen eine soziale Auswahl durchzuführen ist und er sich gegenüber den vergleichbaren Arbeitnehmern als der sozial Schwächere erweist. Ist die Kündigung aber wirksam und findet der Arbeitnehmer keinen anderen Arbeitsplatz, so bewirkt sein Widerspruch und die darauf folgende Kündigung, daß er arbeitslos wird. Da der Widerspruch letztlich ursächlich für die betriebsbedingte Kündigung und somit für die spätere Arbeitslosigkeit gewesen ist, muß gefragt werden, ob der Arbeitnehmer bei der Gewährung des Arbeitslosengeldes mit einer Sperrzeit nach § 144 SGB III zu rechnen hat, innerhalb derer der Anspruch auf die Gewährung von Arbeitslosengeld ruht. Diese Frage ist – soweit ersichtlich – von der Rechtsprechung bislang nur in einem Fall[609] und im Schrifttum allenfalls am Rande erörtert worden.

I. Funktion des Arbeitsförderungsrechts als Teil des Sozialversicherungsrechts

Der Verdienstausfall wegen Arbeitslosigkeit und die sich daraus ergebenden Ansprüche der betroffenen Arbeitnehmer sind Gegenstand des Arbeitsförderungsrechts. Dieses war ursprünglich im Arbeitsförderungsgesetz (AFG) von 1969[610] geregelt. Durch Art. 1 des Gesetzes zur Reform der Arbeitsförderung (Arbeitsförderungs-Reformgesetz – AFRG) vom 24.3.1997[611] ist das Arbeitsförderungsrecht zum 1.1.1998 als Drittes Buch (SGB III) in das Sozialgesetzbuch eingeordnet worden.[612] Das bisherige Arbeitsförderungsrecht des AFG wurde durch das SGB III abgelöst und gleichzeitig insoweit reformiert, als es rechts-

---

608 Siehe dazu bereits die Ausführungen unter 1. Teil D. I.

609 SG Frankfurt Urt. v. 26.2.1992, AiB 1992 S. 471 f. m. zust. Anm. *Bichlmeier*.

610 AFG vom 25.6.1969 (BGBl. I S. 582).

611 BGBl. I S. 594.

612 Zur Vorgeschichte und Konzeption des AFRG siehe: *Hauck/Noftz-Noftz*, E 010 RNrn. 35 ff.; *Theile*, S. 125 ff.

systematisch sowie sprachlich vollkommen überarbeitet wurde.[613] Im Gegensatz zu der bisherigen Generalklausel des § 1 AFG und den konkretisierenden Vorschriften der §§ 2 und 3 AFG ist die Zielsetzung des AFRG in § 1 SGB III im wesentlichen auf flankierende Maßnahmen zur Beseitigung der Arbeitslosigkeit reduziert worden, da der bisherige Zielkatalog des § 2 AFG nicht erfüllbare Erwartungen und Forderungen an die Arbeitsförderung auslöste.[614] Das Arbeitslosengeld als wichtigste Leistung der Arbeitslosenversicherung ist nunmehr in den §§ 117 ff. SGB III geregelt, wobei gegenüber dem bisherigen Recht (§§ 100 ff. AFG) einige grundlegende Änderungen vorgenommen wurden.[615]

Das Recht der Arbeitsförderung und damit auch die Arbeitslosenversicherung wird gemäß dem gesetzlichen Sprachgebrauch getrennt von der Sozialversicherung geführt, ist jedoch wegen der nicht zu leugnenden Eigenschaft als Teil des Systems der sozialen Sicherheit und den vielfältigen Berührungspunkten mit den eigentlichen Sozialversicherungsgesetzen[616] rechtssystematisch zur Sozialversicherung zu rechnen.[617]

Wenn nachfolgend die Auswirkungen des Widerspruchs auf die Sperrzeit für das Arbeitslosengeld untersucht werden, handelt es sich somit um ein sozialversicherungsrechtliches Problem.

II. Die Regelung des § 144 SGB III (Ruhen des Anspruchs bei Sperrzeit)

Die Vorschrift des § 144 SGB III regelt zusammen mit § 147 Abs. 1 Nr. 2 SGB III (Erlöschen des Anspruchs aus Sperrzeitanlaß) die Tatbestände, bei denen der Anspruch auf Arbeitslosengeld wegen Eintritts einer Sperrzeit ruht, d.h. die Rechtsfolgen bei Verstößen gegen § 2 Abs. 3 Nrn. 2 und 3 SGB III in Einzelfällen.

1. Die Sperrzeittatbestände des § 144 Abs. 1 SGB III

Als tatbestandliche Voraussetzungen für die Verhängung einer Sperrzeit müssen gemäß § 144 Abs. 1 SGB III alternativ vorliegen:

---

613 Zur Reform der Arbeitsförderung siehe: *Bader*, ArbuR 1997 S. 381 ff.; *Baum*, NZS 1997 S. 315 ff.; *Gaul*, NJW 1998 S. 644 ff.; *Kopp*, NZS 1997 S. 456 ff.; *Marburger*, BB 1997 S. 1045 ff.; *Niesel*, NZA 1997 S. 580 ff.; *Rolfs*, NZA 1998 S. 17 ff.; *Scherle/Arıans*, NZS 1997 S. 212 ff.

614 Siehe die Begründung zum Entwurf des AFRG: BT-Drucks. 13/4941, B. I. zu § 1, S. 151. Siehe dazu auch: *Wolf*, AuA 1998 S. 7 ff.

615 Zum Regelungsgehalt, Gesetzgebungsverfahren, Inkrafttreten und den wichtigsten Änderungen des Arbeitsförderungsrechts durch das AFRG siehe: *Hauck/Noftz-Noftz*, E 010 RNrn. 35 ff., 45 ff.; *Niesel*, NZA 1997 S. 580 ff. (580, 584 ff.).

616 *Schmidt*, ArbuR 1997 S. 461 (466) betont, daß die Wechselbeziehungen zwischen Arbeits- und Sozialrecht im Bereich des Arbeitsförderungsrechts seit jeher im Mittelpunkt des Interesses gestanden hätten.

617 Siehe dazu: *Gitter*, Sozialrecht S. 292 f.; *Klohe*/Schwalb, S. 16 f.; *Wannagat*, S.38. Zur Versicherungsqualität der Arbeitslosenversicherung in Rechtsprechung und Literatur siehe auch: *Kamitz*, S. 13 ff.

Die Lösung oder arbeitsvertragswidriges Verhalten und schuldhafte Herbeiführung der Arbeitlosigkeit (Abs. 1 Nr. 1), die Ablehnung eines Arbeitsangebotes trotz Rechtsfolgenbelehrung (Abs. 1 Nr. 2), die Ablehnung einer zumutbaren Bildungsmaßnahme trotz Rechtsfolgenbelehrung (Abs. 1 Nr. 3) oder der Abbruch einer Maßnahme nach Nummer 3 bzw. Ausschluß wegen maßnahmewidrigen Verhaltens (Abs. 1 Nr. 4) ohne wichtigen Grund für das jeweilige Verhalten nach Abs. 1 Nrn. 1 bis 4 .

Der Wortlaut des § 144 Abs. 1 SGB III entspricht insoweit genau dem der Vorgängervorschrift des § 119 AFG. Im Zuge der Novellierung des Arbeitsförderungsrechts durch das AFRG vom 24.3.1997[618] wurde lediglich neu geregelt, daß eine Sperrzeit auch dann eintritt, wenn der Arbeitslose sich weigert, an einer Trainingsmaßnahme zur Verbesserung seiner Vermittlungsaussichten teilzunehmen bzw. eine solche Maßnahme abbricht oder Anlaß für seinen Ausschluß gibt. Die Regelsperrzeit beträgt nunmehr ohne zeitliche Befristung zwölf (bisher in § 119a AFG geregelt) anstatt früher acht Wochen. Abweichend von § 119 Abs. 3 AFG ist das Erlöschen des Arbeitslosengeldanspruchs jetzt in § 147 SGB III geregelt.[619]

2. Zweck der Vorschrift

Zweck des Ruhens des Anspruchs auf Arbeitslosengeld während des Laufs einer Sperrzeit ist es, die Versichertengemeinschaft davor zu schützen, daß einzelne Beitragszahler, ohne einen wichtigen Grund zu haben, die Arbeitslosigkeit selbst schuldhaft herbeiführen oder ihre Beendigung vereiteln und damit die Leistungspflicht der Gemeinschaft auslösen.[620] Die Sperrfrist hat keinen poenalen oder erzieherischen Charakter.[621] Sie soll vielmehr die Versichertengemeinschaft vor der Erhöhung des Versicherungsrisikos durch das Verhalten von Arbeitslosen schützen.[622] Die Versicherten sollen von Verhaltensweisen abgehalten werden, die eine Sperrzeit bewirken, um die Gemeinschaft der Beitragszahler vor vermeidbaren Leistungsfällen zu bewahren.[623]

Obwohl § 144 SGB III die Freiheit der Wahl des Arbeits- oder Ausbildungsplatzes oder gar des Berufs (Art. 12 GG) zentral berührt,[624] hat das BSG entschieden, daß die Verhängung von Sperrzeiten nicht im Widerspruch zu dem in Art. 12 GG gewährleisteten Grundrecht der freien Wahl des Arbeitsplatzes steht und dazu ausgeführt: „Art. 12 GG sichert, wie allgemein anerkannt ist, nur die Ausübung dieses Rechts, bewahrt jedoch nicht

618 BGBl. I S. 594.

619 Zu diesen Änderungen siehe die Begründung zum Entwurf des AFRG: BT-Drucks. 13/4941, B. I. zu §§ 144, 147, S. 180. Zu den Änderungen der §§ 119, 119a AFG durch das SGB III siehe auch: GK-*Marschner*, § 144 RN 1.

620 GK-*Marschner*, § 144 RN 5; *Hauck/Noftz-Valgolio*, K § 144 RN 2; *Hennig-Heuer*, § 119 RN 1; *Knigge-Wissing*, § 119 RN 4; *Niesel-Niesel*, § 144 RN 2; *Schönefelder-Wanka*, § 119 RN 1.

621 Siehe die Begründung zum Entwurf des AFG: BT-Drucks. 5/2291, B. Vorbem. zu §§ 114-120, S. 83: „Diese Maßnahme (Sperrfrist) hat weder einen erzieherischen Zweck noch ist sie als eine Art von Strafe anzusehen."

622 *Bubeck/Schneider*, S. 194 f.

623 *Klohe/Schwalb*, S. 162.

624 *Gagel-Winkler*, § 144 RN 22.

vor etwaigen ungünstigen Folgen, die im Einzelfall aus jener Ausübung erwachsen können. Wer den Versicherungsfall durch eigene Handlung auslöst, muß daher gegebenenfalls auch die Nachteile in Kauf nehmen, die durch spezielle Rechtsnormen hieran geknüpft sind. Mithin ist auch nicht zu beanstanden, daß der Gesetzgeber im Interesse der Beitragsgemeinschaft, welche die Mittel zur Arbeitslosenversicherung aufbringt, die Leistungen von bestimmten Bedingungen abhängig macht."[625]

III. Die Ausübung des Widerspruchsrechts bei anschließendem Arbeitsplatzverlust als Sperrzeittatbestand gemäß § 144 Abs. 1 Nr. 1 SGB III

Die Frage, ob bei Beendigung des Arbeitsverhältnisses als Folge eines ausgeübten Widerspruchs eine Sperre beim Arbeitslosengeld ausgelöst wird, ist – soweit ersichtlich – bislang nur in zwei Abhandlungen von *Pottmeyer*[626] und *Commandeur*[627] ausführlicher behandelt worden. Darüber hinaus finden sich im Schrifttum vereinzelt Stimmen, die dieses Problem lediglich andeuten und zum Teil ohne nähere Begründung eine Sperrfrist entweder befürworten[628] oder ablehnen.[629] Angesichts der für die Praxis erheblichen Bedeutung dieser Problematik soll nachfolgend untersucht werden, ob und unter welchen Voraussetzungen der Arbeitnehmer, der letztlich durch die Ausübung seines Widerspruchsrechts arbeitslos geworden ist, mit einer Sperrfrist nach § 144 SGB III rechnen muß.

Pottmeyer und *Commandeur* gehen der Frage nach, ob aufgrund der Ausübung des Widerspruchsrechts der Sperrzeittatbestand des § 119 Abs. 1 Nr. 1 AFG erfüllt ist. Danach wird eine Sperre ausgelöst, wenn der Arbeitnehmer, ohne einen wichtigen Grund für sein Verhalten vorweisen zu können, das Arbeitsverhältnis löst oder durch vertragswidriges Verhalten Anlaß für eine Kündigung gibt und dadurch vorsätzlich oder zumindest grobfahrlässig seine Arbeitslosigkeit herbeiführt. Die Norm des § 119 Abs. 1 Nr. 1 AFG ist mit der nunmehr geltenden Vorschrift des § 144 Abs. 1 Nr. 1 SGB III identisch.[630] Die übrigen Sperrzeittatbestände des § 144 Abs. 1 Nr. 2 (Sperrzeit wegen Arbeitsablehnung), Nr. 3 (Sperrzeit wegen Ablehnung einer beruflichen Eingliederungsmaßnahme) und Nr. 4 (Sperrzeit wegen Abbruchs einer beruflichen Eingliederungsmaßnahme) SGB III sind vom Wortlaut her nicht auf den Fall anwendbar, in dem ein Arbeitnehmer einem Betriebsinhaberwechsel widerspricht und daraufhin seinen Arbeitsplatz verliert. Zu erörtern ist vielmehr, ob zumindest der Tatbestand des § 144 Abs. 1 Nr. 1 SGB III (Sperrzeit wegen Arbeitsaufgabe) auf den Fall der Ausübung des Widerspruchsrechts anwendbar ist.

---

625 BSGE 3, S. 298 (301 f.).

626 *Pottmeyer*, NZA 1988 S. 521 ff.

627 *Commandeur*, NJW 1996 S. 2537 ff. (2544 ff.).

628 *Herschel*, ZfA 1977 S. 219 ff. (232); *ders.*, Anm. zum Urt. des BAG v. 6.2.1980, AP Nr. 21 zu § 613a BGB (II 4 c der Anm.); *Tschöpe*, S. 68 f.; so wohl auch: *Meilicke*, DB 1991 S. 1326.

629 *Bauer*, Unternehmensveräußerung S. 60; *ders.*, Aufhebungsverträge S. 414 RN 1044 b; *Gaul*, Betriebsübergang S. 354 f.; *Hauck/Noftz-Valgolio*, K § 144 RN 26; *Niesel-Niesel*, § 144 RN 14; *Seiter*, Betriebsinhaberwechsel, S. 66.

630 Soweit nachfolgend auf Kommentierungen zum AFG hingewiesen wird, ist davon auszugehen, daß diese inhaltlich den nachfolgenden Kommentierungen zum neuen Arbeitsförderungsrecht im SGB III entsprechen werden.

1. Kein Fall des § 144 Abs. 1 Nr. 1, 2. Alt. SGB III

Da nicht der Arbeitslose, sondern sein Arbeitgeber das Arbeitsverhältnis gekündigt hat, ist zunächst eine Sperrfrist gemäß § 144 Abs. 1 Nr. 1, 2. Alt. SGB III in Betracht zu ziehen. Danach wird eine Sperrfrist bei der Gewährung des Arbeitslosengeldes verhängt, wenn der Arbeitnehmer durch ein arbeitsvertragswidriges Verhalten Anlaß für eine Kündigung gegeben hat. Ein solches Verhalten liegt vor, wenn der Arbeitslose gegen die Arbeitnehmerpflichten verstößt, die ihm insbesondere nach dem Arbeitsvertrag obliegen, wobei ein schwerwiegend vertragswidriges Verhalten vorgelegen haben muß.[631]

Fraglich ist, ob die zum Verlust des Arbeitsplatzes führende Ausübung des Widerspruchsrechts ein solches vertragswidriges Verhalten darstellt. Diese Frage drängt sich insbesondere dann auf, wenn der Arbeitnehmer bereits vorher wußte bzw. damit rechnen konnte, daß ihm der Betriebsveräußerer nach Ausübung des Widerspruchs kündigen wird. Einen Verstoß gegen die Pflichten aus dem Arbeitsvertrag würde dies aber nur dann darstellen, wenn der Arbeitnehmer verpflichtet wäre, einen solchen Widerspruch aufgrund der Gefahr einer arbeitgeberseitigen Kündigung zu unterlassen. Eine dahingehende Pflicht besteht gerade nicht. Die Ausübung des Widerspruchsrechts erfolgt autonom und eigenverantwortlich und ist keinen vertraglichen Beschränkungen unterworfen. Wenn der Sinn und Zweck des Widerspruchsrechts als ein vom BAG in ständiger Rechtsprechung individuell eingeräumtes Freiheitsrecht, sich gegen einen gesetzlich angeordneten Vertragspartnerwechsel zu wehren, nicht ausgehöhlt werden soll, darf ein arbeitsvertragswidriges Verhalten in der Ausübung des Widerspruchsrechts nicht gesehen werden.[632]

2. Widerspruch als „Lösen" des Beschäftigungsverhältnisses gemäß § 144 Abs. 1 Nr. 1, 1. Alt. SGB III

Eine Sperre für die Auszahlung von Arbeitslosengeld wird nach § 144 Abs. 1 Nr. 1, 1. Alt. SGB III aber auch dann verhängt, wenn der Arbeitnehmer das Beschäftigungsverhältnis „gelöst" hat und dadurch vorsätzlich oder zumindest grobfahrlässig seine Arbeitslosigkeit herbeiführt, ohne einen wichtigen Grund für sein Verhalten vorweisen zu können. Wesentliche Bedeutung hat demnach die Frage, ob in dem Widerspruch des Arbeitnehmers gegen den Betriebsübergang ein Lösen des Beschäftigungsverhältnisses gesehen werden kann. Ob dies der Fall ist, kann nur beantwortet werden, wenn feststeht, was unter dem Begriff des „Lösens des Beschäftigungsverhältnisses" zu verstehen ist.

a) Der Begriff des „Lösens eines Beschäftigungsverhältnisses"

aa) Begriffsbestimmung in der Literatur und Rechtsprechung

Ein „Lösungsakt" wird zunächst immer dann angenommen, wenn der Arbeitslose das Beschäftigungsverhältnis entweder *selbst gekündigt* oder durch Vereinbarung mit seinem

---

631 *Niesel-Niesel*, § 144 RN 42.

632 So auch: *Commandeur*, NJW 1996 S. 2537 (2544); *Pottmeyer*, NZA 1988 S. 512 (522).

Arbeitgeber (Aufhebungsvertrag) *einvernehmlich beendet* hat,[633] wobei nicht entscheidend sein soll, von wem die Initiative zur einverständlichen Beendigung des Arbeitsverhältnisses ausging.[634] Entscheidend sei lediglich, daß seitens des Arbeitnehmers – gegebenenfalls auch konkludent – eine eindeutige Willenserklärung dahingehend vorliege, das Beschäftigungsverhältnis solle zu einem bestimmten Zeitpunkt beendet sein.[635] Darüber hinaus wird auch bei Fortsetzung des Arbeitsverhältnisses ein Fall für den Eintritt einer Sperrzeit angenommen, wenn die wöchentliche Arbeitszeit durch Vertragsänderung auf weniger als 15 Stunden herabgesetzt wird.[636] Auch in diesem Fall wird der Arbeitnehmer arbeitslos, weil die Restbeschäftigung unter 15 Stunden wöchentlich gemäß § 118 Abs. 2 Satz 1 und Abs. 3 Satz 2 SGB III eine Beschäftigungslosigkeit nicht ausschließt. Gleiches soll dann gelten, wenn der Arbeitnehmer seinem Arbeitgeber gegenüber auf die Einhaltung der Kündigungsfrist verzichtet,[637] da hier von einem Aufhebungsvertrag auszugehen sei.[638]

Keine Lösung im Sinne des § 144 Abs. 1 Nr. 1, 1. Alt. SGB III liegt demgegenüber vor, wenn der Arbeitnehmer eine sozial nicht gerechtfertigte oder aus sonstigen Gründen unwirksame Kündigung *hinnimmt*, indem er keine Klage erhebt. Da Sperrzeiten *nur bei aktiver Mitwirkung* des Arbeitnehmers an der Auflösung des Arbeitsverhältnisses eintreten, löst das bloße Schweigen, d.h. ein rein passives Verhalten auf die Kündigung, keine Sperrzeit aus. Das Unterlassen der Kündigungsschutzklage stellt keine Vereinbarung eines Aufhebungsvertrages dar, da der Arbeitnehmer weder verpflichtet ist, einer rechtswidrigen Kündigung zu widersprechen, noch gegen eine solche Kündigung arbeitsgerichtlich vorzugehen.[639]

In Anbetracht dessen wurde empfohlen, durch die arbeitsrechtliche Konstruktion des Abwicklungsvertrages die Verhängung einer Sperrzeit zu umgehen.[640] Dies soll dadurch geschehen, daß der Arbeitgeber zunächst eine Kündigung ausspricht und der Arbeitnehmer anschließend erklärt, daß er mit der Beendigung des Arbeitsverhältnisses aufgrund der Kündigung einverstanden ist. Die Willenserklärung, die beim Aufhebungsvertrag zur Beendigung des Arbeitsverhältnisses geführt hat, fehlt beim Abwicklungsvertrag, weil

---

633 *Bubeck/Schneider*, S. 195; *Gagel-Winkler*, § 144 RNrn. 42, 49; GK-*Marschner*, § 144 RN 13; *Hennig-Heuer*, § 119 RN 2; *Klohe/Schwalb*, S. 163; *Knigge-Wissing*, § 119 RN 19; *Kratz*, S. 122; *Niesel-Niesel*, § 144 RN 9.

634 BSG, NZA 1987 S. 180 (II der Gründe) m.w.N.; BSGE 66 S. 94 (96).

635 *Gagel-Winkler*, § 144 RN 49; *Hauck/Noftz-Valgolio*, K § 144 RN 20.

636 *Bubeck/Schneider*, S. 195; *Gagel-Winkler*, § 144 RN 50; *Niesel-Niesel*, § 144 RN 13.

637 *Bubeck/Schneider*, S. 195; *Gagel-Winkler*, § 119 RN 50; GK-*Marschner*, § 144 RN 16.

638 *Klohe/Schwalb*, S. 164. Zu der Frage des „Lösens" des Beschäftigungsverhältnisses im Zusammenhang mit Aufhebungs- und Abwicklungsverträgen siehe: GK-*Marschner*, § 144 RNrn. 15 ff.

639 *Bauer*, Aufhebungsverträge S. 415 RN 1045; *Gagel-Winkler*, § 144 RN 51; *Gagel/Vogt*, S. 50 RN 68; *Hennig-Heuer*, § 119 RN 2; *Knigge-Wissing*, § 119 RN 22; *Klohe/Schwalb*, S. 163 f.; *Niesel-Niesel*, § 144 RN 36, jeweils unter Hinweis auf BSG Urt. v. 20.4.1977 – 7 RAr 81/75 – = DBl.BA – R – § 117 AFG Nr. 2226a und BSG Urt. v. 12.4.1984 – 7 Rar 28/83 – = DBl.BA – R – § 119 AFG Nr. 2959.

640 So insbesondere: *Hümmerich*, NZA 1994 S. 200 ff.; *ders.*, NZA 1994 S. 833 f.; *ders.*, NJW 1996 S. 2081 f.; *ders.*, NZA 1997 S. 409 ff.

hier die Beendigung über die Kündigungserklärung des Arbeitgebers eingetreten ist. Eine Sperrzeit soll also dadurch vermieden werden, daß kein „klassischer“ Aufhebungsvertrag geschlossen wird, sondern eine Arbeitgeberkündigung erfolgt und durch einen Vertrag zwischen Arbeitgeber und Arbeitnehmer lediglich die Modalitäten der Abwicklung anläßlich des Ausscheidens geregelt werden.

Ob diese Vorgehensweise die Arbeitsämter zukünftig davon abhalten wird, Sperrzeiten zu verhängen, wird aufgrund der Entscheidung des BSG vom 9.11.1995[641] wohl zu verneinen sein. Darin bestätigt das BSG zunächst, daß die bloße Hinnahme einer Arbeitgeberkündigung und das Unterlassen einer Kündigungsschutzklage nach bisheriger Rechtsprechung den Eintritt einer Sperrzeit nicht begründet. Gleichwohl hat das BSG klargestellt, daß sich auch mit dem Abwicklungsvertrag der Arbeitnehmer an der Beendigung des Beschäftigungsverhältnisses beteiligt, weil er sich der Möglichkeit begibt, die Rechtswidrigkeit der ausgesprochenen Kündigung geltend zu machen.[642] Die Hinnahme der arbeitgeberseitigen Kündigung könne einen Aufhebungsvertrag verdecken, weshalb dies letztlich als Umgehungsgeschäft unbeachtlich sei (§ 117 Abs. 2 BGB).[643] Es wird auch klargestellt, daß eine rechtsgeschäftliche Erklärung zur Lösung eines Beschäftigungsverhältnisses nicht nur dann vorliegt, wenn der Arbeitslose diese ausdrücklich abgegeben hat. Entscheidend sei der auf die angestrebte Rechtsfolge grichtete wirkliche Wille der Arbeitsvertragsparteien, nicht der Wortlaut oder die äußere Form der von ihnen abgegebenen Erklärungen (§ 133 BGB).[644] Im Hinblick auf die bloße Hinnahme einer Arbeitgeberkündigung hat das BSG darüber hinaus einen *Rechtsprechungswandel* für den Fall angekündigt, daß der Arbeitnehmer eine offensichtlich rechtswidrige Arbeitgeberkündigung *im Hinblick auf eine zugesagte finanzielle Vergünstigung hinnimmt.* Eine solche Rechtsfortbildung im Sinne eines *offeneren Lösungsbegriffs* sei naheliegend.[645]

bb) Die Sperrzeit-Durchführungsanweisung der Bundesanstalt für Arbeit vom 19.12.1996

Das Urteil des BSG vom 9.11.1995 hat die Bundesanstalt für Arbeit zum Anlaß genommen, ihre Durchführungsanweisungen (im folgenden: DA) für die Verhängung einer Sperrzeit im Sammelerlaß vom 19.12.1996[646] zu aktualisieren und eine Reihe sperrzeitverschärfender Weisungen an die Sachbearbeiter der Arbeitsämter zu erteilen. Die DA systematisieren den Tatbestand der Auflösung des Arbeitsverhältnisses durch den Arbeitnehmer durch die Bildung von drei Fallgruppen. Danach hat der Arbeitslose das Beschäftigungsverhältnis *gelöst*, wenn er selbst gekündigt hat (DA 1.111), ein ausdrücklicher Aufhebungs-/Auflösungsvertrag (DA 1.112) oder eine Beteiligung des Arbeitnehmers an einer Kündigung des Arbeitgebers (DA 1.113) vorliegt. Der Auflösungssachverhalt der Beteiligung an der Beendigung des Beschäftigungsverhältnisses bei der Arbeitgeberkündigung (Kündigung mit zusätzlicher Vereinbarung) soll wiederum entweder bei voraus-

641 BSG SozR 3-4000, § 119 Nr. 9.
642 BSG SozR 3-4000, § 119 Nr. 9 (2.1 der Gründe).
643 BSG SozR 3-4000, § 119 Nr. 9 (2.2 der Gründe).
644 BSG SozR 3-4000, § 119 Nr. 9 (3.1 der Gründe).
645 BSG SozR 3-4000, § 119 Nr. 9 (3.2 der Gründe).
646 Auszugsweise abgedruckt in: NZA 1997 S. 427 ff.; ArbuR 1997 S. 108.

gegangener Absprache über eine noch auszusprechende Arbeitgeberkündigung (DA 1.113/1), nachträglicher Einigung über eine ausgesprochene Arbeitgeberkündigung (DA 1.113/2) oder einer (durch den Sammelerlaß vom 19.12.1996 neu eingefügten) Hinnahme einer offensichtlich rechtswidrigen Kündigung im Hinblick auf zugesagte finanzielle Vergünstigungen (DA 1.113/3) vorliegen.

Ein Auflösungssachverhalt liegt nach Ansicht der Bundesanstalt für Arbeit *nicht* vor, wenn das Beschäftigungsverhältnis ohne Beteiligung des Arbeitslosen gelöst worden ist. Das ist nach der DA der Fall, wenn das Arbeits-/Beschäftigungsverhältnis durch rechtmäßige arbeitgeberseitige Kündigung beendet worden ist, es sei denn, nach der im Betrieb geübten Praxis der Entlassung auf freiwilliger Basis muß kein Arbeitnehmer gegen seinen Willen ausscheiden (DA 1.113 Abs. 2). Auch die *Hinnahme* einer rechtmäßigen Kündigung kann sich unabhängig von der Höhe einer in diesem Zusammenhang gewährten Abfindung *nicht* als Auflösungssachverhalt im Sinne des § 144 Abs. 1 Nr. 1 SGB III darstellen (DA 1.113/3 Abs. 1).

cc) Versuch einer Definition des Merkmals „Lösen des Beschäftigungsverhältnisses"

Diese Ausführungen zum Lösungsbegriff lassen erkennen, daß eine abstrakte Definition des Tatbestandsmerkmals „Lösen des Beschäftigungsverhältnisses" nicht existiert. Vielmehr wird der Versuch unternommen, die Auflösungssachverhalte zu systematisieren bzw. zu schematisieren. Insbesondere die für die Festlegung der DA zur Sperrzeitenregelung zuständige Bundesanstalt für Arbeit versucht unter Einfluß der Rechtsprechung des BSG auch Tatbestände zu erfassen, die zwar nicht eigentlich als Lösung angesehen werden können, aber zumindest ohne Passivität des Betroffenen nicht wirksam werden könnten.[647] Dies erscheint im Hinblick auf die vielfältigen Versuche, durch arbeitsrechtliche Konstruktionen – wie etwa den Abwicklungsvertrag – unliebsame sozialrechtliche Folgen zu vermeiden, nachvollziehbar. Die Anwendung eines in dieser Weise *offeneren Lösungsbegriffs* entspricht dem Sinn und Zweck der Sperrzeitvorschrift als Instrument der Risikoverteilung in der Versichertengemeinschaft[648] und wird auch vom BSG als naheliegend erachtet.[649] Zudem vermag ein offenerer Lösungsbegriff am ehesten auch die Auflösungssachverhalte zu erfassen, die momentan noch nicht absehbar sind und sich aufgrund ändernder wirtschaftlicher und arbeitsmarktpolitischer Strukturen unter Umständen erst entwickeln werden.

Angesichts dessen muß bei dem Versuch einer Legaldefinition des Begriffs „Lösen" berücksichtigt werden, daß neben einem aktiven Tun des Arbeitslosen auch ein rein passives Verhalten zumindest dann einen Auflösungssachverhalt gemäß § 144 Abs. 1 Nr. 1,

---

647 Kritisch dazu: *von Seggern*, ArbuR 1997 S. 99 ff.

648 So auch: *Vogel*, NZS 1997 S. 249 (250).

649 BSG SozR 3-4000, § 119 Nr. 9 (3.2 der Gründe). *Niesel-Niesel*, § 144 RN 11 hält dagegen zur sachgerechten Behandlung speziell der Fälle des Abwicklungsvertrages die Ausweitung des Begriffs „Lösung" nicht für erforderlich. Denn entweder liege ein verdeckter Aufhebungsvertrag und damit aufgrund dieses Vertragsabschlusses eine Lösung des Beschäftigungsverhältnisses durch den Arbeitnehmer vor oder der Arbeitnehmer habe nicht aktiv mitgewirkt, so daß keine Lösung angenommen werden könne.

1. Alt. SGB III darstellen kann, wenn der Arbeitslose eine offensichtlich rechtswidrige Kündigung im Hinblick auf eine zugesagte finanzielle Vergünstigung hingenommen hat. Denn in diesem Fall wird das Verhalten des Arbeitnehmers (z.B. Schweigen, Unterlassen einer Kündigungsschutzklage) nicht etwa durch die fehlende Bereitschaft geprägt, sich gegen den Willen des Arbeitgebers im Beschäftigungsverhältnis weiter zu behaupten, sondern vielmehr von dem Willen bestimmt, durch Verzicht auf tarifliche und gesetzliche Schutzrechte die ihm zugedachten Vorteile als Belohnung zu sichern.[650]

„Lösen" im Sinne von § 144 Abs. 1 Nr. 1, 1. Alt. SGB III ist demnach jede ausdrückliche oder konkludente rechtsgeschäftliche Erklärung des Arbeitnehmers zum Zwecke der rechtlichen Beendigung des Beschäftigungsverhältnisses durch aktives Handeln oder Hinnahme einer rechtswidrigen Kündigung zur Erlangung finanzieller Vergünstigungen.

Niesel[651] vertritt die Auffassung, daß nach dem Wortsinn und dem Sachzusammenhang unter „Lösen" nur ein aktives Handeln des Arbeitnehmers und/oder des Arbeitgebers zu verstehen sei, das auf die rechtliche Beendigung des Beschäftigungsverhältnisses ausgerichtet ist. Auch aus der Entstehungsgeschichte des § 119 AFG sei abzuleiten, daß der Arbeitnehmer seinerseits einen „Lösungsakt" vorgenommen oder an einem solchen mitgewirkt haben müsse.[652] Nach der Ansicht von *Pottmeyer*[653] setzt ein „Lösen des Arbeitsverhältnisses" im Sinne des heutigen § 144 Abs. 1 SGB III eine ausdrückliche oder stillschweigend abgegebene Willenserklärung des Arbeitnehmers voraus, die für eine spätere rechtliche Beendigung des Arbeitsverhältnisses mindestens mitursächlich geworden ist und von der der Arbeitnehmer wußte, daß sie zu einer derartigen Konsequenz führen könnte und dies zumindest billigend in Kauf genommen hat. Damit stellt *Pottmeyer* klar, daß nicht jedes Verhalten des Arbeitnehmers, das ursächlich für die Beendigung des Arbeitsverhältnisses geworden ist, ein „Lösen" darstellt.

Welche Beziehung zwischen der Abgabe der Willenserklärung und der rechtlichen Beendigung des Beschäftigungsverhältnisses im Zusammenhang mit dem Widerspruchsrecht des Arbeitnehmers bestehen muß, ist Gegenstand der folgenden Darstellung.

b) Die Ausübung des Widerspruchs als Auflösungssachverhalt

Pottmeyer und *Commandeur* werten den Widerspruch als arbeitnehmerseitige Initiative zur Lösung des Arbeitsverhältnisses zumindest dann, wenn der Arbeitnehmer das Bewußtsein hatte, sein Widerspruch könne die rechtliche Beendigung des Arbeitsverhältnisses zur Folge haben und dies zumindest billigend in Kauf genommen hat.[654] Ob dies speziell vor dem Hintergrund der für die Verhängung einer Sperrzeit entscheidenden DA der Bundesanstalt für Arbeit und dem eigentlichen Sinn und Zweck des Widerspruchsrechts einen Auflösungssachverhalt darstellt, der letztlich zu einer Sperrzeit führt, wird nachfolgend zu untersuchen sein. *Niesel*[655] ist dagegen der Ansicht, der Arbeitnehmer habe sich

---

650 *Vogel*, NZS 1997 S. 249 (250).
651 *Niesel-Niesel*, § 144 RNrn. 8, 12.
652 *Niesel-Niesel*, § 144 RN 12.
653 *Pottmeyer*, NZA 1988 S. 521 (523).
654 *Commandeur*, NJW 1996 S. 2537 (2544); *Pottmeyer*, NZA 1988 S. 521 (524 ff.).
655 *Niesel-Niesel*, § 144 RN 14.

durch seinen Widerspruch nicht vom Beschäftigungsverhältnis „gelöst“, begründet dies jedoch nicht näher. Nach *Valgolio*[656] führt der Widerspruch nicht zur rechtlichen Beendigung des Arbeitsverhältnisses, da der Arbeitnehmer insoweit von seinem Recht Gebrauch mache, nicht wie Sacheigentum an Dritte übertragen zu werden. Das Arbeitsverhältnis bestehe trotz Betriebsüberganges zum Veräußerer des Betriebes fort und könne, falls hier keine anderweitige Beschäftigungsmöglichkeit bestehe, vom alten Arbeitgeber betriebsbedingt gekündigt werden, weshalb eine Sperrzeit nicht eintrete.

aa) Die Entscheidung des SG Frankfurt vom 26.2.1992

Die Rechtsprechung hat sich bisher zumindest in einem Fall mit der Frage befaßt, ob die Ausübung des Widerspruchsrechts die Verhängung einer Sperrzeit nach sich zieht. Das SG Frankfurt hat in seinem Urteil vom 26.2.1992[657] entschieden, daß der Arbeitnehmer mit der Ausübung des Widerspruchsrechts bekunde, am bisherigen Arbeitsverhältnis festhalten zu wollen. Hierin sei gerade nicht eine Lösung des Beschäftigungsverhältnisses zu sehen.[658]

Es hatte den Fall zu entscheiden, daß das Arbeitsamt eine Sperrzeit verhängte, nachdem einem Arbeitnehmer aus dringenden betrieblichen Gründen aufgrund seines Widerspruchs gegen einen Betriebsübergang gekündigt worden war. Es vertritt die Auffassung, daß die Ausübung des Widerspruchsrechts weder rechtlich noch tatsächlich zu einer Beendigung eines bestehenden Arbeitsverhältnisses führe, unter Umständen aber eine betriebsbedingte Kündigung des bisherigen Arbeitgebers zur Folge haben könne. Diese Kündigung setze aber ein arbeitsvertragswidriges Verhalten des Arbeitnehmers gemäß dem damaligen § 119 Abs. 1 Satz 1 Nr. 1 AFG voraus, welches in der Ausübung des Widerspruchsrechts selbst nicht gesehen werden könne. Aus dem Sinn und Zweck des Widerspruchsrechts, welcher es verbiete, über den Arbeitnehmer wie einen Gegenstand zu verfügen, folge, daß es dem Arbeitnehmer nicht verwehrt gewesen sei, von diesem Widerspruchsrecht – mit welcher Intention auch immer – Gebrauch zu machen. Hierin sei gerade nicht die Bekundung einer Lösung des Arbeitsverhältnisses, sondern die eines Festhaltens an dem bisherigen Arbeitsverhältnis zu sehen. Mangels rechtlicher Beendigung des bestehenden Arbeitsverhältnisses sei für die Verhängung einer Sperrzeit insoweit kein Raum.[659]

bb) Keine abschließende Sonderregelung in § 144 Abs. 1 Nr. 1, 2. Alt. SGB III

Zunächst ist klarzustellen, daß es sich bei der 2. Alt. des § 144 Abs. 1 Nr. 1 SGB III nicht um eine abschließende Sondervorschrift für den Fall einer Kündigung durch den Arbeitgeber handelt. Wäre dies der Fall, könnte eine Kündigung, die der ehemalige Betriebsinhaber nach dem Widerspruch des Arbeitnehmers erklärt hat, nicht nach der 1. Alt. beurteilt werden. Ein Sperrzeittatbestand wäre demnach im Falle einer Widerspruchsausübung

---

656 *Hauck/Noftz-Valgolio*, K § 144 RN 26.
657 SG Frankfurt, AiB 1992 S. 471 f.
658 SG Frankfurt, AiB 1992 S. 471 (472).
659 SG Frankfurt, AiB 1992 S. 471 (472).

nicht verwirklicht. Davon geht auch das SG Frankfurt aus.[660] Aus der Formulierung in der 2. Alt. („Anlaß gegeben") ergibt sich, daß nur verhaltensbedingte Kündigungen in Betracht kommen,[661] so daß insbesondere eine Kündigung aus betriebsbedingten Gründen aufgrund des Widerspruchs nicht den Tatbestand der 2. Alt. verwirklichen kann. Daneben handelt es sich bei der 1. und 2. Alt. des § 144 Abs. 1 Nr. 1 SGB III um zwei streng voneinander zu unterscheidende Tatbestände. Daraus folgert *Pottmeyer*[662] zutreffend, daß es weder durch den Wortlaut der 2. Alt. noch durch deren Sinn und Zweck ausgeschlossen sei, daß die Kündigung seitens des Arbeitgebers sich im Zusammenhang mit einem weiteren Verhalten des Arbeitnehmers (Widerspruch) als ein „Lösen des Arbeitsverhältnisses" darstelle und damit die Erfordernisse der 1. Alt. erfüllt seien. Der Widerspruch des Arbeitnehmers und die daraufhin ausgesprochene betriebsbedingte Kündigung des ursprünglichen Arbeitgebers kann daher generell ein „Lösen des Beschäftigungsverhältnisses" im Sinne von § 144 Abs. 1 Nr. 1, 1. Alt. SGB III darstellen.

cc) Keine unmittelbare Lösung durch den Widerspruch

Der rechtzeitig an den richtigen Adressaten gerichtete Widerspruch beendet das nach § 613a Abs. 1 Satz 1 BGB bereits entstandene Arbeitsverhältnis zum Betriebserwerber und stellt gleichzeitig das Arbeitsverhältnis zum Betriebsveräußerer wieder her. Dabei handelt es sich nach der Rechtsprechung des BAG um ein Rechtsfolgenverweigerungsrecht, dem Rückwirkung zukommt.[663] Eine solche rückwirkende Beendigung eines übergegangenen Arbeitsverhältnisses ist deshalb nicht als Lösen im Sinne des § 144 Abs. 1 Nr. 1, 1. Alt. SGB III anzusehen, weil das rückwirkende Wiederaufleben eines bereits übergegangenen Arbeitsverhältnisses nach der Rechtsprechung des BAG automatisch das Fortbestehen des bisherigen Arbeitsverhältnisses mit dem Veräußerer zur Folge hat. Auch bei einem Widerspruch vor Übergang des Betriebes oder Betriebsteils fehlt es zunächst an einer Beendigung, da hier das Arbeitsverhältnis ebenfalls unverändert mit dem Betriebsveräußerer fortbesteht. Demnach wird unabhängig vom Zeitpunkt der Ausübung des Widerspruchsrechts durch den Widerspruch unmittelbar ein Arbeitsverhältnis nicht gelöst.[664] Dies ist auch die Überlegung des SG Frankfurt.[665] Die Betrachtung darf damit aber noch nicht abgeschlossen werden. Vielmehr ist zu untersuchen, ob ein Beschäftigungsverhältnis unter Umständen durch einen Widerspruch auch mittelbar gelöst werden kann.

---

660 SG Frankfurt, AiB 1992 S. 471 (472).

661 *Gagel-Winkler*, § 144 RN 62; *Hauck/Noftz-Valgolio*, K § 144 RN 36; *Niesel-Niesel*, § 144 RN 39.

662 *Pottmeyer*, NZA 1988 S. 521 (524).

663 BAG AP Nr. 103 zu § 613a BGB (II 7 der Gründe) m. Anm. *Moll*. Zur ex tunc-Wirkung des Widerspruchsrechts siehe die Ausführungen unter 1. Teil D.

664 So auch: *Commandeur*, NJW 1996 S. 2537 (2544).

665 SG Frankfurt, AiB 1992 S. 471 (472).

dd) Mittelbarer Einfluß des Widerspruchsrechts auf das Lösen des Beschäftigungsverhältnisses

Der Widerspruch hat die Beendigung des Arbeitsverhältnisses aber dann mittelbar zur Folge, wenn der ehemalige Betriebsinhaber dem widersprechenden Arbeitnehmer keinen freien Arbeitsplatz zur Verfügung stellen kann und aus diesem Grunde zwangsläufig aus betriebsbedingten Gründen eine Kündigung ausspricht. Fraglich ist, ob hierin eine ausdrückliche oder konkludente rechtsgeschäftliche Erklärung des Arbeitnehmers zum Zwecke der rechtlichen Beendigung des Beschäftigungsverhältnisses gesehen werden kann.

(1) Kein Fall einer Kündigung, eines Aufhebungsvertrages oder der Beteiligung an einer Arbeitgeberkündigung

Das wäre sicherlich dann der Fall, wenn hierin eine Erklärung des Arbeitnehmers mit dem Ziel gesehen werden könnte, seinen Arbeitsvertrag beenden zu wollen, wie dies z.B. bei einer Kündigung durch den Arbeitnehmer der Fall ist. Der Arbeitnehmer widerspricht im Normalfall jedoch im Gegenteil gerade deshalb, weil er beim ursprünglichen Arbeitgeber verbleiben möchte. Will der Arbeitnehmer dagegen das Arbeitsverhältnis beenden, kann er eine Kündigung aussprechen. Da das Lösen des Beschäftigungsverhältnisses aber ein weitergehender Begriff als derjenige der Kündigung ist, braucht die vom Arbeitnehmer abzugebende Willenserklärung folglich nicht notwendig in einer Kündigung des Arbeitsverhältnisses bestehen.[666] Sie kann vielmehr – wie bereits erörtert – auch in Form eines Aufhebungsvertrages erfolgen, der im Falle eines Widerspruchs jedoch nicht vorliegt. Mit der Ausübung des Widerspruchs liegt schließlich auch keine Beteiligung des Arbeitnehmers an einer Kündigung des Arbeitgebers gemäß der DA 1.113 der Bundesanstalt für Arbeit vor. Denn in dem Widerspruch als einer einseitigen empfangsbedürftigen Willenserklärung kann weder eine vorausgegangene Absprache über eine noch auszusprechende Arbeitgeberkündigung (DA 1.113/1) noch eine nachträgliche Einigung über eine ausgesprochene arbeitgeberseitige Kündigung (DA 1.113/2) gesehen werden. Der Widerspruch kann schließlich auch nicht unter das Tatbestandsmerkmal der Hinnahme einer offensichtlich rechtswidrigen Kündigung im Hinblick auf zugesagte finanzielle Vergünstigungen (DA 1.113/3) subsumiert werden.

Der Widerspruch unterfällt damit keinem der geläufigen Auflösungssachverhalte. Dies kann aber nicht bedeuten, daß dadurch die Verhängung einer Sperrzeit automatisch ausgeschlossen ist. Vielmehr ist mit *Pottmeyer*[667] davon auszugehen, daß es sich bei den genannten Alternativen lediglich um die wichtigsten Fälle des § 144 Abs. 1 Nr. 1 SGB III handelt, darüber hinaus jedoch auch weitere Möglichkeiten gegeben sind, ein Arbeitsverhältnis im Sinne dieser Vorschrift zu lösen.

---

666 *Pottmeyer*, NZA 1988 S. 521 (523).
667 *Pottmeyer*, NZA 1988 S. 521 (522).

(2) Der Widerspruch als sonstige Form der rechtlichen Beendigung eines Beschäftigungsverhältnisses

Der Arbeitslose hat das Beschäftigungsverhältnis vielmehr auch dann im Sinne der Sperrzeitvorschrift gelöst, wenn er an dessen Beendigung nur mitgewirkt hat und im übrigen der Arbeitgeber das Arbeitsverhältnis den arbeitsrechtlichen Vorschriften entsprechend beendet.[668] In einem solchen Mitwirken kann ein Auflösungssachverhalt aber nur dann gesehen werden, wenn es – wie bereits ausgeführt – auf die rechtliche Beendigung des Beschäftigungsverhältnisses *ausgerichtet* ist. Die rechtliche Beendigung muß gerade Ziel und Zweck einer ausdrücklich oder stillschweigend abgegebenen rechtsgeschäftlichen Willenserklärung sein.

(a) Bewußtsein des Arbeitnehmers hinsichtlich einer Beendigung des Beschäftigungsverhältnisses

Voraussetzung für ein Lösen des Beschäftigungsverhältnisses im Sinne von § 144 Abs. 1 Nr. 1, 1. Alt. SGB III im Zusammenhang mit dem Widerspruch des Arbeitnehmers ist daher das Bewußtsein des Arbeitnehmers, daß sein Widerspruch die rechtliche Beendigung des Arbeitsverhältnisses zur Folge haben kann und dies auch in Kauf nimmt.[669] Bei der Frage, ob dieses Erfordernis vorliegt, ist zwischen dem Übergang des einzigen Betriebes und dem Übergang eines Betriebsteils oder eines von mehreren Betrieben zu unterscheiden.

Pottmeyer[670] ist der Ansicht, daß sich der Arbeitnehmer in aller Regel im klaren sei, daß sein Widerspruch zwangsläufig zu einer Kündigung durch den ehemaligen Inhaber führen müsse, wenn der einzige Betrieb des Arbeitgebers übertragen werde. Es sei die Regel, daß der Arbeitnehmer, der seinen Widerspruch ausübe, sich vorher über die Tragweite seiner Erklärung Gedanken gemacht habe. Erwäge er aber, was typischerweise der Fall sein werde, die Vor- und Nachteile der Ausübung seines Widerspruchsrechts, so müsse ihm bewußt werden, daß der Widerspruch zwangsläufig zu einer betriebsbedingten Kündigung des Arbeitgebers führen müsse, wenn dieser seinen einzigen Betrieb veräußere. Denn es leuchte jedem venünftig Denkenden unmittelbar ein, daß derjenige, der seinen Betrieb einem Dritten übertragen habe, nicht mehr über die entsprechenden Arbeitsplätze verfüge, um die bisher bei ihm tätigen Arbeitnehmer weiterbeschäftigen zu können. Anders seien nur die Konstellationen zu beurteilen, bei denen sich der Arbeitnehmer in einem Irrtum über tatsächliche oder rechtliche Gegebenheiten befinde oder sich bei der Abgabe seiner Willenserklärung überhaupt keine Gedanken gemacht habe. Hier fehle es an dem Bewußtsein hinsichtlich einer möglichen Beendigung des Beschäftigungsverhältnisses.

---

668 *Sauer*, NZA 1996 S. 415 (419).

669 *Commandeur*, NJW 1996 S. 2537 (2544) spricht insoweit von einer „billigenden Inkaufnahme" der Kündigung. *Pottmeyer*, NZA 1988 S. 521 (524) fordert einen auf die Beendigung des Arbeitsverhältnisses gerichteten (mindestens bedingten) Vorsatz.

670 *Pottmeyer*, NZA 1988 S. 521 (524 f.).

Nicht grundsätzlich anders beurteilt *Pottmeyer*[671] die Rechtslage bei der Betriebsteilübertragung und beim Übergang eines von mehreren Betrieben desselben Inhabers. Auch hier entspreche es der Regel, daß eine Weiterbeschäftigung widersprechender Arbeitnehmer in dem Betriebsteil, der bei dem bisherigen Arbeitgeber verbleibe bzw. in einem anderen seiner Betriebe nicht möglich sei. Jedoch sei es in diesem Fall immerhin denkbar, daß der bisherige Arbeitgeber den Widersprechenden weiterbeschäftigen könne, während dies bei der Veräußerung seines einzigen Betriebes ausgeschlossen sei. Der Arbeitnehmer könne daher bei der Betriebsteilsübertragung und dem Übergang eines von mehreren Betrieben weitaus eher und glaubhafter darlegen, – irrig – angenommen zu haben, daß sein Widerspruch im Ergebnis nicht zu einer rechtlichen Beendigung des Arbeitsverhältnisses führen würde.

(b) Eigenverantwortliche Einschätzung der Rechtsfolgen des ausgeübten Widerspruchs

Dem ist zuzustimmen. Bereits im Zusammenhang mit der Darstellung der Vorzüge des Widerspruchsrechts gegenüber der Eigenkündigung durch den Arbeitnehmer wurde dargelegt, daß bei der Veräußerung lediglich eines Teils eines Bertiebes oder eines von mehreren Betrieben zumindest die denkbare Möglichkeit besteht, der widersprechende Arbeitnehmer werde beim ursprünglichen Betriebsinhaber verbleiben können.[672] Da die Einschätzung der Rechtsfolgen des Widerspruchs dem Arbeitnehmer obliegt, kann er dementsprechend aber auch mit einer betriebsbedingten Kündigung rechnen, wenn eine anderweitige Beschäftigungsmöglichkeit für ihn nicht besteht. Er *muß* sogar damit rechnen, wenn der einzige Betrieb des bisherigen Inhabers veräußert wird. Auch *Commandeur*[673] ist der Auffassung, daß dem widersprechenden Arbeitnehmer vielfach die Gefahr einer betriebsbedingten Kündigung bekannt sei. Widerspreche der Arbeitnehmer in Kenntnis dieser Gefahr, nehme er eine Kündigung zumindest billigend in Kauf, so daß von bedingtem Vorsatz bezüglich des Lösens auszugehen sei. Da die Information des Betriebsveräußerers oder Betriebserwerbers über den Betriebsinhaberwechsel den Arbeitnehmer in die Lage versetzt, weiteren Rat und Erkundigungen einzuholen, ist er in der Lage, das Für und Wider eines Widerspruchs gegeneinander abzuwägen, wobei eine allumfassende Information des Arbeitnehmers jedoch nicht notwendig ist.[674] Daß er dies aufgrund der drohenden Arbeitslosigkeit nach einer arbeitgeberseitigen Kündigung tatsächlich tun wird, liegt auf der Hand. Alles andere wäre lebensfremd. Ob der Arbeitnehmer, der sich letztlich für die Ausübung des Widerspruchs entschließt, die dadurch mittelbar ausgelöste Beendigung seines Arbeitsverhältnisses billigend in Kauf nimmt, ist als Tatfrage im Einzelfall zu klären.[675] Am ehesten wird dies bei der Gesamtbetriebsübertragung anzunehmen sein.

---

671 *Pottmeyer*, NZA 1988 S. 521 (525 f.).

672 Siehe dazu bereits die Ausführungen unter 1. Teil A. II. 3.

673 *Commandeur*, NJW 1996 S. 2537 (2544).

674 Siehe dazu die Ausführungen unter 1. Teil B. I.

675 Insofern bestanden in dem vom SG Frankfurt, AiB 1992 S. 471 f. zu entscheidenden Sachverhalt keine entsprechenden Anhaltspunkte.

Somit steht fest, daß der Widerspruch generell als sonstige Form der rechtlichen Beendigung und daher als ein „Lösen" des Beschäftigungsverhältnisses in Betracht kommen kann. Die Betrachtung darf mit dieser Feststellung aber nicht abgeschlossen werden. Denn ob dies in der Praxis letztlich zur Verhängung einer Sperrzeit führt bzw. führen darf, ist – wie eingangs angedeutet – eher fraglich. Im Zusammenhang des Lösens eines Beschäftigungsverhältnisses durch Ausübung des Widerspruchsrechts ist vielmehr auch zu beachten, ob die Kündigung durch den Arbeitgeber rechtmäßig oder rechtswidrig war. Daneben muß der Sinn und Zweck des Widerspruchsrechts stärker in den Vordergrund gerückt und gefragt werden, ob er mit der Zielrichtung des Sperrzeittatbestandes des § 144 SGB III kollidiert.

c) Sperrzeit bei rechtmäßiger Arbeitgeberkündigung?

aa) Regelung in der Durchführungsanweisung der Bundesanstalt für Arbeit

Wie bereits erwähnt, lösen rechtmäßige arbeitgeberseitige Kündigungen nach der für die Verhängung von Sperrzeiten maßgeblichen DA *keinen* Eintritt einer Sperrzeit aus (DA 1.113 Abs. 2).[676] Denn der Arbeitnehmer war in diesem Fall nicht an der Beendigung des Beschäftigungsverhältnisses beteiligt. Dies gilt auch dann, wenn der Arbeitnehmer im Hinblick auf eine zugesagte Abfindung die rechtmäßige Kündigung hingenommen hat (DA 1.113/3 Abs. 1).

Bei einer aufgrund des Widerspruchs des Arbeitnehmers ausgesprochenen Kündigung durch den ehemaligen Betriebsinhaber handelt es sich um eine betriebsbedingte Kündigung gemäß § 1 Abs. 2 KSchG, da die fehlende Beschäftigungsmöglichkeit einer Weiterbeschäftigung des widersprechenden Arbeitnehmers entgegensteht. In allen Fällen, in denen diese Kündigung zu Recht ausgesprochen wurde, darf eine Sperrzeit nach dem Wortlaut der DA nicht verhängt werden. Das ist zumindest immer dann der Fall, wenn die Kündigung durch dringende betriebliche Erfordernisse bedingt ist (§ 1 Abs. 2 KSchG) und der Arbeitgeber eine ordnungsgemäße Sozialauswahl durchgeführt hat (§ 1 Abs. 3 KSchG). Dies würde bedeuten, daß nur wenige der widersprechenden Arbeitnehmer von einer Sperrzeit betroffen wären, während beim überwiegenden Teil eine Sperrzeit nicht verhängt werden dürfte.

bb) Notwendige Berücksichtigung der Wertungen des § 2 Abs. 3 SGB III

Das Ergebnis, daß eine Sperrzeit bei der rechtmäßigen Arbeitgeberkündigung so gut wie nie vorliegen wird, ist dann nicht gerechtfertigt, wenn man bedenkt, daß der Arbeitnehmer durch seinen Widerspruch letztlich die (rechtmäßige) Kündigung durch den Arbeitgeber verursacht und damit seinen sicheren Arbeitsplatz selbst aufgegeben hat. Fraglich ist, ob ein Widerspruch dazu führen darf, daß nach einer rechtmäßigen arbeitgeberseitigen Kündigung eine Sperrzeit nicht verhängt wird. Zu beachten ist, daß die Vorschrift des § 2

---

676 So auch: *Sauer*, NZS 1996 S. 415 (419); *ders.*, NZA 1997 S. 798 (804).

SGB III den Arbeitnehmern eine besondere Verantwortung für die Vermeidung von Arbeitslosigkeit auferlegt.[677]

Insbesondere § 2 Abs. 3 SGB III macht deutlich, daß die Arbeitnehmer eine besondere Verantwortung gegenüber den Problemstellungen am Arbeitsmarkt tragen. Der Gesetzgeber hat diese Vorschrift, die die Pflichten der Arbeitnehmer im gesetzlichen Rahmen ihrer Verantwortung betrifft, ausdrücklich gesetzlich verankert.[678] § 2 Abs. 3 SGB III hat folgenden Wortlaut:

„Die Arbeitnehmer haben zur Vermeidung von Arbeitslosigkeit

1. jede zumutbare Möglichkeit bei der Suche und Aufnahme einer Beschäftigung zu nutzen,

2. ein Beschäftigungsverhältnis, dessen Fortsetzung ihnen zumutbar ist, nicht zu beenden, bevor sie eine neue Beschäftigung haben und

3. jede zumutbare Beschäftigung anzunehmen."

Die Arbeitnehmer sollen sich nicht mit einer passiven, abwartenden Rolle begnügen, sondern haben aktiv und eigenverantwortlich die Weichen dafür zu stellen, daß der Arbeitsmarktausgleich reibungslos funktionieren kann, wobei dies nicht nur für die Schadensbehebung (Mangel an Arbeitskräften, Arbeitslosigkeit) gelten, sondern bereits mit der prophylaktischen Schadensbegrenzung im Vorfeld beginnen soll.[679] Danach muß oberste Handlungsmaxime für den Arbeitnehmer sein, Arbeitslosigkeit zu vermeiden.[680] Er soll für sich selbst bei unvermeidbarem oder selbstgeplantem Arbeitsplatzwechsel nicht die Arbeitslosigkeit als Zwischenschritt einkalkulieren, sondern zumutbare Arbeitsplätze anstreben und seinen bisherigen Arbeitsplatz erst dann aufgeben, wenn der entsprechende Anschluß an einen nachfolgenden Arbeitsplatz gesichert ist.[681] Durch die Vorschrift des § 2 Abs. 3 SGB III soll die Selbstverantwortung der Arbeitnehmer deutlich gemacht und die Erwartung beschränkt werden, die Solidargemeinschaft werde durch ihre Leistungen eigene Fehler und Versäumnisse ausgleichen.[682]

Gem. § 2 Abs. 3 Nr. 2 und 3 SGB III haben die Arbeitnehmer die Fortsetzung eines Arbeitsverhältnisses so lange anzustreben, soweit es zumutbar ist und ein Anschluß-Arbeitsverhältnis noch nicht sicher ist, und sie haben bei Arbeitslosigkeit jede zumutbare Arbeit anzunehmen. Wann eine Beschäftigung zumutbar ist, bestimmt § 121 SGB III näher.[683] Hiernach soll eine Beschäftigung unzumutbar sein, wenn das Einkommen eine gewisse Höhe nicht übersteigt (Abs. 3) oder wenn die Beschäftigung an einem weit entfernten Ort erfolgt (Abs. 4). Zu beachten ist, daß der Arbeitnehmer allein aufgrund der Vorschrift des § 2 Abs. 3 SGB III nicht angehalten ist, durch die ihm zuzumutenden Vorklärungen und Entscheidungen die Arbeitslosigkeit um jeden Preis zu vermeiden, zu beenden oder zu verkürzen. Ein solches erzieherisches Moment ist dem Wortlaut des § 144

677 Siehe hierzu: *Löwisch*, NZA 1998 S. 729 f.
678 Siehe hierzu: GK-*Feckler*, § 2 RN 1.
679 GK-*Feckler*, § 2 RN 1.
680 GK-*Feckler*, § 2 RN 14.
681 GK-*Feckler*, § 2 RN 13.
682 *Hauck/Noftz-Timme*, § 2 RN 10 mit Hinweis auf BT-Drucks. 13/4941 zu § 2, S. 152 f.
683 Zum „neuen Zumutbarkeitsbegriff" des § 121 SGB III siehe: *Löwisch*, NZA 1998 S. 729 (730).

SGB III nicht zu entnehmen, wird als Gesetzeszweck ausdrücklich verneint und ist auch mit der freiheitlichen Stellung des mündigen Bürgers in der Verfassung nicht zu vereinbaren.[684] Zwar erweitert § 2 SGB III die Sperrzeitbestände nicht und hat insoweit nur eine Appellfunktion, jedoch konkretisiert § 144 SGB III die Vorschrift des § 2 SGB III und bindet darin den Verlust des Arbeitslosengeldanspruchs an die hier genannten Voraussetzungen.[685]

Vorliegend ist entscheidend, daß der Arbeitnehmer durch die Arbeitgeberkündigung letztlich deshalb arbeitslos wird, weil er seinen gesicherten Arbeitsplatz durch den Widerspruch aufgegeben hat. Er führt seine Arbeitslosigkeit also aktiv – wenn auch nur mittelbar – selbst herbei. Dies widerspricht insbesondere den Wertungen des § 2 Abs. 3 Nr. 2 SGB III. Hieraus folgt, daß eine Sperrzeit trotz rechtmäßiger Kündigung durch den Arbeitgeber dann zu verhängen ist, wenn der Arbeitnehmer dem Übergang seines Arbeitsverhältnisses grundlos widersprochen hat. Welche Widerspruchsgründe dazu führen, daß der Arbeitnehmer, der das Arbeitsverhältnis durch seinen Widerspruch mittelbar gelöst hat, nicht mit einer Sperrzeit belegt wird, wird noch zu untersuchen sein.[686]

d) Keine Sperrzeit bei Unkenntnis von der Rechtswidrigkeit einer Arbeitgeberkündigung

Aber auch bei einer Beteiligung des Arbeitnehmers an einer rechtswidrigen arbeitgeberseitigen Kündigung kann ein Auflösungssachverhalt nur dann vorliegen, wenn der Arbeitslose die Rechtswidrigkeit der Kündigung erkannt hat oder die Rechtswidrigkeit für ihn offensichtlich war (DA 1.113 Abs. 1 Satz 1). Dabei umfaßt die Prüfung der Rechtmäßigkeit einer arbeitgeberseitigen Kündigung nach der DA der Bundesanstalt für Arbeit nicht nur die Frage, ob die individuell maßgebende Kündigungsfrist oder ein etwaiger Ausschluß der Kündigung durch den Arbeitgeber beachtet worden ist, sondern – in bestimmten Grenzen – auch die Prüfung der sozialen Rechtfertigung (DA 1.113 Abs. 2a). Ob der Arbeitnehmer insbesondere die soziale Rechtfertigung einer Kündigung von sich aus zuverlässig beurteilen kann, muß bezweifelt werden. Der Arbeitslose wird sich vielmehr darauf berufen können, eine Kündigung sei ihm rechtmäßig erschienen, bzw. deren Rechtswidrigkeit sei für ihn nicht offensichtlich gewesen.

Diese Möglichkeit wird durch den neuen Sammelerlaß der Bundesanstalt für Arbeit vom 19.12.1996 eingeschränkt. In der Einleitung zu den neuen DA heißt es: „Die Versichertengemeinschaft erwartet, daß er (der Arbeitnehmer) die ihm zumutbaren Möglichkeiten nutzt, um seine Beschäftigung zu erhalten. Hat er Erkundigungen bei einer kompetenten Stelle eingeholt, darf er auf deren Auskunft vertrauen. Ist die Rechtswidrigkeit der Kündigung auch nach dieser Auskunft ungewiß geblieben, ist ihm ein arbeitsgerichtliches Vorgehen gegen die Kündigung nicht zuzumuten.“[687]

Der Arbeitnehmer ist demnach dann nicht mehr schutzwürdig, wenn er Informationen unmittelbar über die Rechtswidrigkeit oder von solcher Qualität erhalten hat, daß die

684 Dazu: *Gagel-Winkler*, § 144 RN 29.

685 *Gagel-Winkler*, § 144 RN 29.

686 Siehe hierzu die Ausführungen unter 4. Teil B. III. 5.

687 I. Einleitung 2.3 b (abgedruckt in: NZA 1997 S. 427 (428)).

Rechtswidrigkeit der Kündigung nahe lag und somit für ihn offensichtlich sein mußte.[688] Zu bedenken ist aber, daß auch der Betriebsrat als kompetenter Ansprechpartner in Kündigungsfällen nicht immer eine verbindliche Auskunft über die Rechtmäßigkeit bzw. Rechtswidrigkeit einer Arbeitgeberkündigung geben kann. Die Entscheidung hierüber obliegt vielmehr den Arbeitsgerichten. Das bedeutet, daß es auch bei rechtswidrigen betriebsbedingten Kündigungen Fälle geben wird, in denen der Arbeitnehmer die Rechtswidrigkeit nicht erkannt hat oder diese für ihn nicht offensichtlich war. Auch in diesen Fällen kann eine Sperrfrist nicht verhängt werden.

e) Sinn und Zweck des Widerspruchsrechts kontra Sperrzeitenregelung?

Es wurde bereits eingangs erwähnt, daß die Verhängung einer Sperrzeit für das Arbeitslosengeld die Gemeinschaft der Beitragszahler davor schützen soll, daß einzelne Beitragszahler das Risiko der Arbeitslosenversicherung manipulieren und dadurch die Versichertengemeinschaft finanziell belasten, indem sie ohne wichtigen Grund die Arbeitslosigkeit schuldhaft herbeiführen oder die Beendigung der Arbeitslosigkeit vereiteln.[689] Durch das zeitweise Ruhen der Leistungen soll dem Arbeitslosen ein angemessener Teil der Aufwendungen aufgebürdet werden, die er der Gemeinschaft der Beitragszahler durch sein schuldhaftes Verhalten verursacht.[690] Die Vorschrift des § 144 SGB III übt insofern in gewisser Weise einen Zwang auf den Arbeitnehmer aus, in einem einmal abgeschlossenen Arbeitsverhältnis zu verbleiben. Nichts anderes besagt die Einleitung des Sammelerlasses der Bundesanstalt für Arbeit vom 19.12.1996 zu den neuen DA, wonach die Versichertengemeinschaft erwarte, daß der Arbeitnehmer die ihm zumutbaren Möglichkeiten nutze, um seine Beschäftigung zu erhalten.[691]

Fraglich ist, ob dies mit dem Sinn und Zweck des dem Arbeitnehmer zustehenden Widerspruchsrechts vereinbar ist. Das BAG hat es für die Schaffung eines Widerspruchsrechts als entscheidend angesehen, daß ein automatischer Übergang der Arbeitsverhältnisse gegen den in Art. 1 GG gewährleisteten Schutz der menschlichen Würde verstoße. Der Arbeitnehmer brauche sich nicht mit dem Betrieb „verkaufen" zu lassen.[692] Außerdem greife eine Zwangsübertragung des Arbeitsverhältnisses in das Grundrecht des Arbeitnehmers auf freie Wahl seines Arbeitsplatzes aus Art. 12 Abs. 1 GG ein.[693] Das auf § 613a BGB basierende Widerspruchsrecht ist dementsprechend als ein dem Arbeitnehmer individuell eingeräumtes Freiheitsrecht geschaffen worden, sich – egal aus welchen Gründen – keinen unerwünschten Arbeitgeber aufdrängen lassen zu müssen, ohne hierbei irgendwelchen Zwängen unterworfen zu sein.[694]

Dies steht nicht mit der Zielsetzung des § 144 SGB III im Einklang. Vordergründig verbietet sich die Ausübung des Widerspruchsrechts, wenn es aufgrund der (rechtswidri-

688 *Sauer*, NZA 1997 S. 798 (802).
689 Siehe dazu die Ausführungen unter 4. Teil B. II. 2.
690 *Schönefelder-Wanka*, § 119 RN 1.
691 I. Einleitung 2.3 b (abgedruckt in: NZA 1997 S. 427 (428)).
692 BAG AP Nr. 1 zu § 613a BGB (II 2 der Gründe).
693 BAG AP Nr. 1 zu § 613a BGB (III 2 b der Gründe).
694 Siehe dazu bereits die Ausführungen unter 1. Teil A. II. 2. b bb.

gen) betriebsbedingten Kündigung des ehemaligen Betriebsinhabers letztlich nicht doch zur Verhängung einer Sperrzeit kommen soll. Man könnte nun einwenden, daß man nicht einerseits ein Widerspruchsrecht mit der grundrechtlich geschützten Freiheit des Arbeitnehmers nach Art. 1, 2 und 12 GG legitimieren und es andererseits durch die eventuelle Verhängung einer Sperrzeit sanktionieren kann.

Diese Argumentation berücksichtigt jedoch nicht genügend, daß eine Sperrzeit nicht deshalb verhängt wird, weil der Arbeitnehmer widersprochen hat, sondern weil der Widerspruch das Beschäftigungsverhältnis mittelbar gelöst hat. Es handelt sich insoweit nur um eine mögliche Folge des ausgeübten Widerspruchs auf einer dem Widerspruchsrecht nachgeordneten Stufe. Bereits im Rahmen der Sozialauswahl nach ausgeübtem Widerspruch mußte begründet werden, warum der widersprechende Arbeitnehmer die Möglichkeit haben soll, neben seinem arbeitsplatzbezogenen Besitzstand durch § 613a Abs. 1 Satz 1 BGB sozial weniger schutzbedürftige Arbeitnehmer in den beim Veräußerer verbleibenden Betriebsteilen von ihrem Arbeitsplatz zu verdrängen.[695] Auch hinsichtlich der Auswirkungen des Widerspruchs auf die Sperrzeit für das Arbeitslosengeld muß gefragt werden, warum der Arbeitnehmer, der durch die Zubilligung des Widerspruchsrechts gegenüber der legislativen Regel des § 613a Abs. 1 Satz 1 BGB ohnehin bereits privilegiert ist, die Versichertengemeinschaft durch die Widerspruchsausübung soll belasten können.

Die Zahlung von Arbeitslosengeld *ohne* Verhängung einer Sperrzeit wäre nur in dem Fall gerechtfertigt, daß der Arbeitnehmer gegenüber Nachteilen – gleich welcher Art – , die ihm durch die Ausübung des Widerspruchsrechts entstehen könnten, generell geschützt werden müßte. Dieser Zweck wird vom Widerspruchsrecht aber gerade nicht verfolgt. Es soll den Arbeitnehmer primär allein vor der Aufdrängung eines unerwünschten Vertragspartners schützen. Die Frage, ob dies letztlich zu einem Verbleib beim Betriebsveräußerer führt, ist demgegenüber sekundär. Auch wenn der Verbleib beim Veräußerer für den Arbeitnehmer gerade das Ziel des ausgeübten Widerspruchs ist, kann dies nicht automatisch auch dessen Folge sein. Diesbezüglich hat das BAG zutreffend ausgeführt: „Darüber, ob er dem Übergang des Arbeitsverhältnisses widersprechen will, entscheidet allein der Arbeitnehmer. Er muß die Gründe und das mit dem Widerspruch verbundene Risiko eigenverantwortlich beurteilen.....Selbstverständlich geht ein Arbeitnehmer, der dem Übergang seines Arbeitsverhältnisses auf einen neuen Arbeitgeber widerspricht, ein Risiko ein. Er muß damit rechnen, daß der bisherige Arbeitgeber das Arbeitsverhältnis kündigt, weil er den Arbeitnehmer nicht mehr weiterbeschäftigen kann."[696]

Der Arbeitnehmer muß daher auch mit einer Sperrzeit rechnen, wenn er aufgrund dieser Kündigung arbeitslos wird. Eine andere Beurteilung würde zu einer qualitativen Veränderung des Widerspruchsrechts führen, da in diesem Fall nicht die Intention des Widerspruchsrechts selbst, sondern (auch) die Vermeidung der daraus folgenden Nachteile im Vordergrund stünde. Es muß vielmehr auch im Rahmen der Sperrzeitproblematik dabei verbleiben, daß der Arbeitnehmer mögliche negative Folgen des Widerspruchs eigenver-

695 Siehe dazu die Ausführungen unter 2. Teil C. II.
696 BAG AP Nr. 37 zu § 613a BGB (II 3 der Gründe).

antwortlich einschätzen muß. Der eigentliche Sinn und Zweck des Widerspruchsrechts wird damit nicht beeinträchtigt.[697]

Festzuhalten ist somit, daß der mittelbare Einfluß des Widerspruchsrechts auf die arbeitgeberseitige Kündigung zumindest in den Fällen von vornherein kein „Lösen" im Sinne von § 144 Abs. 1 Nr. 1, 1. Alt. SGB III darstellen wird, in denen die Kündigung des Betriebsveräußerers rechtmäßig erfolgt. Da dies auch bei einer rechtswidrigen Arbeitgeberkündigung der Fall ist, wenn der Arbeitnehmer die Rechtswidrigkeit nicht erkannt hat bzw. diese für ihn nicht offenkundig war, unterfallen fast alle Fälle bereits deshalb nicht der Sperrzeitenregelung, weil von einem „Lösen" des Beschäftigungsverhältnisses nicht gesprochen werden kann.

f) Unzulässige Umgehungsmöglichkeiten

Ungeachtet dessen ist trotzdem von einem Lösen auszugehen, wenn im Einzelfall feststeht, daß der Arbeitnehmer die sich ihm bietende Widerspruchsmöglichkeit nur genutzt hat, um nicht durch eine ohnehin beabsichtigte Eigenkündigung das Arbeitsverhältnis zu beenden.[698] Der Arbeitnehmer widerspricht hier aus dem Grund, die Vorschrift des § 144 SGB III zu umgehen und nicht, um sich gegen einen „Verkauf" an den Betriebserwerber zu wehren. Dies wäre einer der ganz wenigen Fälle, in denen das Widerspruchsrecht rechtsmißbräuchlich ausgeübt werden könnte.[699] In der Praxis wird eine solche Vorgehensweise in den meisten Fällen nicht offensichtlich sein.[700] Solange der Arbeitnehmer nicht offen bekennt, nur in der Absicht widersprochen zu haben, um nicht selbst kündigen zu müssen, kann eine Sperrzeit nicht verhängt werden. Denn die Ausübung des Widerspruchsrechts ist nicht abhängig vom Vorhandensein eines Widerspruchsgrundes.[701]

3. Kausalität des Widerspruchs für den Eintritt der Arbeitslosigkeit

Der Arbeitnehmer muß gemäß § 144 Abs. 1 Nr. 1 SGB III *durch* das Lösen des Beschäftigungsverhältnisses die Arbeitslosigkeit *herbeigeführt* haben. Es ist also ein Kausalzusammenhang zwischen dem Lösen und der Arbeitslosigkeit erforderlich.[702] In den Fällen, in denen in der Ausübung des Widerspruchs ein Lösen zu sehen ist, ist dieser auch ursächlich für die betriebsbedingte Kündigung des Betriebsveräußerers. Hätte der Arbeitnehmer nicht widersprochen, wäre der Betriebsveräußerer nicht veranlaßt gewesen, man-

---

697 *Commandeur*, NJW 1996 S. 2537 (2545) steht auf dem (auch vertretbaren) entgegengesetzten Standpunkt. Seiner Auffassung nach werde das eigentliche Ziel, dem Arbeitnehmer eine freie Entfaltung zu sichern, letztlich nicht erreicht, da durch die drohende „Sperre" quasi durch die Hintertür zumindest faktisch Druck auf den Arbeitnehmer ausgeübt werde, von dem ihm zugebilligten Widerspruchsrecht letztlich doch keinen Gebrauch zu machen.

698 Dazu: *Commandeur*, NJW 1996 S. 2537 (2544); *Pottmeyer*, NZA 1988 S. 521 (525).

699 Zu dem Rechtsmißbrauchsgedanken im Rahmen des Widerspruchsrechts siehe die Ausführungen unter 2. Teil C. II. 2. d aa, 2. Teil C. II. 3. e ee (2) (b).

700 So auch: *Commandeur*, NJW 1996 S. 2537 (2544).

701 Siehe dazu bereits die Ausführungen unter 1. Teil A. II. 2. b bb.

702 Vgl. dazu: *Gagel-Winkler*, § 144 RNrn. 80 ff.; GK-*Marschner*, § 144 RN 28; *Knigge-Wissing*, § 119 RN 26 f.; *Niesel-Niesel*, § 144 RNrn. 17 ff.; *Schönefelder-Wanka*, § 119 RN 7 f.

gels vorhandener Arbeitsplätze die Kündigung auszusprechen. Die Kündigung wird durch den Arbeitgeber also nicht unabhängig vom Widerspruch des Arbeitnehmers ausgesprochen. Die Kausalität wird auch nicht dadurch beseitigt, daß der bisherige Arbeitgeber durch seine Kündigung die letzte Ursache für die Arbeitslosigkeit gesetzt hat.[703] Denn grundsätzlich ist der tatsächliche Geschehensablauf maßgeblich,[704] wonach dem ehemaligen Betriebsinhaber, der den widersprechenden Arbeitnehmer nicht mehr weiterbeschäftigen kann, gar nichts anderes übrig bleibt, als ihm betriebsbedingt zu kündigen.[705] Der Widerspruch ist insofern für den Eintritt der Arbeitslosigkeit mittelbar kausal.

Dies entspricht der DA der Bundesanstalt für Arbeit, wonach die Kausalität nach dem tatsächlichen Geschehensablauf zu beurteilen ist und sich allein auf die Herbeiführung der Arbeitslosigkeit bezieht (DA 1.5 Abs. 1 Satz 1). Kausalität soll danach vorliegen, wenn der Arbeitslose die Arbeitslosigkeit als Folge seines Verhaltens übersehen konnte, z.B. weil er nicht zumindest konkrete Anhaltspunkte für die Annahme vorlagen, einen geeigneten Anschlußarbeitsplatz zu finden (DA 1.5 Abs. 1 Satz 2). Dies ist an sich eine Frage des Verschuldens der Arbeitslosigkeit, die nachfolgend behandelt wird.

4. Vorsätzliche oder grobfahrlässige Herbeiführung der Arbeitslosigkeit

Der Arbeitnehmer muß des weiteren durch seinen Widerspruch die Arbeitslosigkeit vorsätzlich oder grobfahrlässig herbeigeführt haben. Ob der Arbeitslose die Arbeitslosigkeit herbeigeführt hat und dies von ihm zu verantworten ist, ist nach dem tatsächlichen Geschehensablauf zu beurteilen, der zum Eintritt der Arbeitslosigkeit geführt hat.[706]

Vorsatz setzt voraus, daß der Arbeitslose die Arbeitslosigkeit durch sein Verhalten bewußt oder gewollt herbeigeführt hat. Vorsätzlich ist auch ein Verhalten, bei dem die Folge zwar nicht gewollt, aber doch billigend in Kauf genommen wurde (bedingter Vorsatz).[707] Dies erfordert zunächst das Bewußtsein des Arbeitnehmers, daß sein Widerspruch zu einer Kündigung führen kann.[708] Der Widerspruch muß darüber hinaus gerade das Mittel zum Zweck, d.h. zur Erlangung des Arbeitslosengeldes gedient haben bzw. der Arbeitnehmer muß die spätere Arbeitslosigkeit billigend in Kauf genommen haben. Damit werden unter anderem die Konstellationen erfaßt, in denen der Arbeitnehmer – wie bereits erörtert – nur deshalb widerspricht, um nicht selbst kündigen zu müssen und damit eine Sperrzeit umgeht. Gleichzeitig trifft dies auf die Fälle zu, in denen der Arbeitnehmer nicht selbst kündigt und nur aus dem Grunde widerspricht, weil er bei einer Entlassung durch den Arbeitgeber einer längeren Kündigungsfrist unterliegt und damit längere Zeit Lohn ohne Arbeit erhält.[709] Andere Situationen, in denen durch einen Widerspruch die Arbeitslosigkeit gerade herbeigeführt werden soll, werden in der Praxis nicht vorliegen.

703 *Pottmeyer*, NZA 1988 S. 521 (524, 526).

704 *Hauck/Noftz-Valgolio*, K § 144 RN 61; *Niesel-Niesel*, § 144 RN 20.

705 So auch: *Pottmeyer*, NZA 1988 S. 521 (524).

706 GK-*Marschner*, § 144 RN 32; *Niesel-Niesel*, § 144 RN 26 mit Hinweis auf BSG SozR 4100 § 119 Nr. 24.

707 GK-*Marschner*, § 144 RN 35; *Hennig-Heuer*, § 119 RN 6 (Nr. 5); *Knigge-Wissing*, § 119 RN 29; *Schönefelder-Wanka*, § 119 RN 6.

708 Siehe dazu die Ausführungen unter 4. Teil B. III. 2 b dd (2) (a).

709 *Pottmeyer*, NZA 1988 S. 521 (526).

Denn den meisten Arbeitnehmern wird daran gelegen sein, beim ehemaligen Arbeitgeber zu verbleiben und nicht arbeitslos zu werden.

Grobfahrlässig handelt der Arbeitnehmer dann, wenn eine besonders grobe und auch subjektiv schlechthin unentschuldbare Pflichtverletzung vorliegt, die das gewöhnliche Maß der Fahrlässigkeit erheblich übersteigt. Subjektiv unentschuldbar ist ein Verhalten, wenn schon einfachste, ganz naheliegende Überlegungen nicht angestellt werden, insbesondere wenn nicht beachtet wird, was im gegebenen Fall jedem einleuchten muß.[710]

Ein grobfahrlässiges Handeln wird dann anzunehmen sein, wenn der Arbeitnehmer dem Betriebsübergang widerspricht, ohne sich vorher in die Lage versetzt zu haben, die daraus resultierenden Konsequenzen besser einschätzen zu können. Holt er z.B. keinen Rat oder Erkundigungen bei kompetenten Stellen ein (Betriebsrat, Arbeitsamt, Rechtsabteilung des DGB usw.), kann er die Folgen des ausgeübten Widerspruchs meist nicht zuverlässig beurteilen. Subjektiv unentschuldbar dürfte es sein, wenn der Arbeitnehmer vom Arbeitgeber über den Verkauf des einzigen Betriebes informiert wurde und ihm deshalb einleuchten muß, daß ein Widerspruch logischerweise eine Kündigung nach sich ziehen wird.[711]

Durch einen Widerspruch führt der Arbeitnehmer seine Arbeitslosigkeit in der Regel auch dann mindestens grob fahrlässig herbei, wenn nicht konkrete Aussicht auf einen Anschlußarbeitsplatz besteht und wenn er auch aufgrund der allgemeinen Verhältnisse auf dem für ihn in Betracht kommenden Arbeitsmarkt vernünftigerweise mit einem Anschlußarbeitsplatz nicht rechnen konnte.[712]

Ob eine grobe Fahrlässigkeit bejaht werden kann, ist daneben aber von verschiedenen Faktoren abhängig. Zunächst ist zu beurteilen, inwieweit eine persönliche Urteils-, Kritik- und Einsichtsfähigkeit beim Arbeitnehmer vorhanden ist (subjektiver Fahrlässigkeitsbegriff).[713] *Pottmeyer*[714] weist darauf hin, daß daneben die Lage auf dem Arbeitsmarkt, die Berufssparte, das Alter, die gesundheitliche Verfassung und die Mobilität des widersprechenden Arbeitnehmers von Belang ist. Dies läuft auf eine Einzelfallbetrachtung hinaus. Auch muß festgestellt werden, ob statt grober eventuell nur leichte Fahrlässigkeit vorliegt, was eine Sperrzeit ausschließen würde. Wann dem Arbeitnehmer bei der Ausübung seines Widerspruchsrechts im Hinblick auf den Eintritt einer Arbeitslosigkeit die Verletzung der erforderlichen Sorgfalt in besonders schwerem Maße vorzuwerfen ist, wird man demnach in vielen Fällen nicht sagen können. Auch hierdurch wird die Gefahr der Verhängung einer Sperrzeit für den widersprechenden Arbeitnehmer verringert.

---

710 Vgl. dazu: GK-*Marschner*, § 144 RN 38 mit Hinweis auf BSG SozR 4100 § 152 Nr. 3.

711 *Hauck/Noftz-Valgolio*, K § 144 RN 65 gibt zu bedenken, daß in Zeiten hoher Erwerbslosigkeit jeder Arbeitnehmer im Prinzip wissen müsse, daß er mit der Aufgabe des Arbeitsplatzes leichtfertig seine Arbeitslosigkeit herbeiführe, wenn nicht konkrete Aussichten auf eine Anschlußarbeitsstelle bestünden.

712 *Gagel-Winkler*, § 144 RN 96;GK-*Marschner*, § 144 RN 37; *Hennig-Heuer*, § 119 RN 6 (Nr.5); *Knigge-Wissing*, § 119 RN 30; *Niesel-Niesel*, § 144 RN 25; *Pottmeyer*, NZA 1988 S. 521 (526 m.w.N. dort in FN 38); *Schönefelder-Wanka*, § 119 RN 6. Gemäß der DA 1.5 Abs. 1 Satz 2 der Bundesanstalt für Arbeit ist dies eine Frage der Kausalität.

713 *Hennig-Heuer*, § 119 RN 6 (Nr. 5); *Knigge-Wissing*, § 119 RN 30.

714 *Pottmeyer*, NZA 1988 S. 521 (526).

5. Vorhandensein eines wichtigen Grundes

Hat der Arbeitslose mit seinem Verhalten die Tatbestandsmerkmale des § 144 Abs. 1 Nr. 1, 1. Alt. SGB III erfüllt und hat er kein anderes Arbeitsverhältnis vorzuweisen, so tritt weiter eine Sperrzeit nur dann ein, wenn er für sein Verhalten keinen wichtigen Grund hatte. Neben der Frage, ob ein Widerspruch überhaupt ein Lösen eines Beschäftigungsverhältnisses darstellen kann, ist das Vorliegen bzw. Fehlen eines wichtigen Grundes im Zusammenhang mit dem Widerspruchsrecht für den Eintritt einer Sperrzeit von zentraler Bedeutung. Fraglich ist insbesondere, ob die sachlichen, objektiv vertretbaren, gewichtigen bzw. berechtigten Widerspruchsgründe, bei deren Vorliegen sich der Arbeitnehmer auf eine fehlerhafte Sozialauswahl berufen kann, mit einem wichtigen Grund gleichbedeutend sind und den Arbeitnehmer vor der Verhängung einer Sperrzeit bewahren können. Daneben ist zu untersuchen, ob der wichtige Grund – ähnlich wie die sachlichen, objektiv vertretbaren, gewichtigen oder berechtigten Gründe – eng auszulegen ist.

a) Charakterisierung des „wichtigen Grundes" des § 144 Abs. 1 SGB III

Der Begriff *wichtiger Grund* ist ein unbestimmter Rechtsbegriff, der in vollem Umfang der gerichtlichen Nachprüfung unterliegt.[715] Vor der Einführung der Generalklausel des wichtigen Grundes in § 119 AFG als Vorgängervorschrift zu § 144 SGB III zählte § 78 Abs. 2 AVAVG die *berechtigten Gründe* zur Arbeitsablehnung im einzelnen abschließend auf.

Nach dieser Vorschrift lag ein berechtigter Grund vor, wenn für die Arbeit nicht das tarifliche, oder soweit eine tarifliche Regelung nicht besteht, das im Berufe ortsübliche Arbeitsentgelt gezahlt wird oder bindende Bestimmungen über sonstige Arbeitsbedingungen oder Arbeitsschutzvorschriften nicht eingehalten werden (Nr. 1), die Arbeit dem Arbeitslosen nach seinem körperlichen oder geistigen Leistungsvermögen nicht zugemutet werden kann oder die künftige Ausübung seiner bisherigen überwiegenden Tätigkeit wesentlich erschweren würde (Nr. 2), die Arbeit durch Streik oder Aussperrung freigeworden ist, für die Dauer des Streiks oder der Aussperrung (Nr. 3), die Unterkunft gesundheitlich oder sittlich bedenklich ist (Nr. 4), der Arbeitslose sich zur Verrichtung der Arbeit an einem anderen Wohn- oder Aufenthaltsort als seine Angehörigen aufhalten muß, infolgedessen deren weitere Versorgung wirtschaftlich nicht hinreichend gesichert oder in anderer Hinsicht besonders gefährdet ist (Nr. 5) oder die Arbeit gegen ein Gesetz oder die guten Sitten verstößt (Nr. 6).

Diese ausdrücklich genannten „berechtigten Gründe" für die Ablehnung eines Arbeitsangebots sind zwar nicht in das AFG (SGB III) übernommen worden, jedoch sind diese als wichtige Gründe auch heute noch beachtlich.[716] Der Gesetzgeber hat die abschließende explizite Aufzählung der Gründe bewußt aufgegeben. Er ist davon ausgegangen, „daß die Vielzahl der Lebenstatbestände, die eine Aufgabe der Arbeit oder die Ablehnung eines Arbeitsangebots berechtigt erscheinen lassen, durch eine Aufzählung nicht

715 *Bubeck/Schneider*, S. 207; GK-*Marschner*, § 144 RN 55 ff.; *Klohe/Schwalb*, S. 167; *Niesel-Niesel*, § 144 RN 78.

716 *Gagel-Winkler*, § 144 RN 111; *Niesel-Niesel*, § 144 RN 84.

vollständig erfaßt werden kann. Eine derartige Aufzählung würde daher... notwendigerweise in Einzelfällen unbillige Härten zur Folge haben. Mit dem Begriff „wichtiger Grund" soll der den „berechtigten Gründen" des Regierungsentwurfs zugrunde liegende Rechtsgedanke verallgemeinert werden: *Eine Sperrzeit soll nur dann eintreten, wenn dem Arbeitnehmer unter Berücksichtigung aller Umstände des Einzelfalles und unter Abwägung seiner Interessen und der Interessen der Versichertengemeinschaft ein anderes Verhalten zugemutet werden kann.* Dabei geht der Ausschuß davon aus, daß in allen bisher im Gesetz aufgezählten Fällen ein wichtiger Grund gegeben ist."[717]

Damit wird der Begriff der *Zumutbarkeit* zum entscheidenden Maßstab, zu dem sich eine umfangreiche Kasuistik entwickelt hat. Daß das Kriterium der Zumutbarkeit in den Vordergrund gerückt wird, korrespondiert mit den bereits dargelegten Wertungen des § 2 Abs. 3 SGB III. Danach haben die Arbeitnehmer ihre Arbeitslosigkeit zu vermeiden, soweit ihnen dies zumutbar ist.[718]

Bei der Interpretation des unbestimmten Rechtsbegriffs „wichtiger Grund" kommt den Grundrechten besondere Bedeutung zu.[719] Denn es muß vor allem vermieden werden, daß sich der Sperrzeittatbestand, der lediglich der Risikoabgrenzung dient, letztlich zum Disziplinierungsinstrument in anderen grundrechtlich geschützten Bereichen (z.B. Berufs- und Arbeitsplatzwahl, Gewissensfreiheit, Schutz von Ehe und Familie usw.) auswirkt.[720] Die Abwägung der Interessen des Versicherten (Wahrung seiner grundrechtlich geschützten Freiheitsrechte) und den Interessen der Versichertengemeinschaft (Schutz vor finanzieller Inanspruchnahme) ist deshalb nicht einfach, da es sich um zwei nicht miteinander vergleichbare Größen handelt. Die Abwägung dieser unterschiedlichen Interessen wird in der Literatur daher als „Leerformel" erachtet.[721] Zumindest sollen wichtige Gründe aber immer solche Umstände darstellen, die zur fristlosen Kündigung des Beschäftigungsverhältnisses berechtigen würden.[722] Zu einer Sperrzeit kommt es deshalb nicht, da der Umweg über das Widerspruchsrecht dann nur ein Ergebnis herbeiführt, welches auch über eine fristlose Kündigung unmittelbar hätte erreicht werden können.[723] Darüber hinaus sind in der Rechtsprechung eine Reihe weiterer Umstände als wichtige Gründe im genannten Sinne anerkannt.[724]

---

717 Bericht des Ausschusses für Arbeit zu BT-Drucks. V/4110 zu § 108a, S. 21.

718 Siehe dazu die Ausführungen unter 4. Teil B. III. 2. c bb.

719 Vgl. dazu: *Hauck/Noftz-Valgolio,* K § 144 RNrn. 5 ff.; *Knigge-Wissing,* § 119 RN 50 ff.

720 *Gagel-Winkler,* § 144 RN 32; *Hauck/Noftz-Valgolio,* K § 144 RN 4 weist darauf hin, daß sich die Sperrzeit im wesentlichen auf die Gestaltung der persönlichen Lebensumstände außerhalb der Arbeitslosenversicherung auswirke, weshalb deren Auslegung und Anwendung einer besonderen Sensibilisierung gegenüber grundrechtlich geschützten Positionen bedürfe.

721 *Gagel-Winkler,* § 144 RN 98.

722 BSGE 21 S. 205 (207); *Bubeck/Schneider,* S. 210; *Gagel-Winkler,* § 144 RN 106; *Hauck/Noftz-Valgolio,* K § 144 RN 82; *Klohe/Schwalb,* S. 168; *Niesel-Niesel,* § 144 RN 81.

723 *Commandeur,* NJW 1996 S. 2537 (2544).

724 Vgl. dazu insbesondere: *Bubeck/Schneider,* S. 210 ff.; *Gagel-Winkler,* § 144 RNrn. 106 ff. und Anhang 1 zu § 144 (Das ABC des wichtigen Grundes) RNrn. 1 ff.; *Hauck/Noftz-Valgolio,* K § 144 RNrn. 83 ff.; *Niesel-Niesel,* § 144 RN 89.

b) Verhältnis des „wichtigen Grundes" zum beachtlichen Widerspruchsgrund im Rahmen der Sozialauswahl

Ohne an dieser Stelle auf einzelne wichtige Gründe einzugehen, soll zunächst geklärt werden, ob die sachlichen, objektiv vertretbaren, gewichtigen bzw. berechtigten Widerspruchsgründe, die nach der Rechtsprechung des BAG die Geltendmachung einer fehlerhaften Sozialauswahl ermöglichen sollen,[725] mit dem wichtigen Grund im Rahmen des Sperrzeittatbestandes gleichbedeutend sind. In diesem Fall wäre der Arbeitnehmer nicht nur beim Vorliegen eines wichtigen Grundes gemäß § 144 Abs. 1 SGB III vor der Verhängung einer Sperrzeit geschützt. *Commandeur*[726] entnimmt der Rechtsprechung des BAG im Hinblick auf die von ihr verwendeten Begriffsnormen „objektiv vertretbare" bzw. „sachliche" und „erhebliche" Gründe, daß an das Vorliegen derartiger objektivierbarer Gründe geringere Anforderungen zu stellen seien als an einen wichtigen Grund im Sinne von § 626 BGB.

Ein wichtiger Grund ist nach Auffassung des Gesetzgebers und des BSG – wie bereits ausgeführt – gegeben, wenn Umstände vorliegen, unter denen nach verständiger Abwägung mit den Interessen der Versichertengemeinschaft dem Arbeitnehmer die Fortsetzung des Arbeitsverhältnisses *nicht zumutbar* war, weil sonst seine Interessen in unbilliger Weise geschädigt werden.[727] Im Gegensatz dazu verlangt das BAG lediglich, daß ein sachlicher, objektiv vertretbarer, berechtigter oder gewichtiger Widerspruchsgrund vorliegt. Die diesbezügliche Rechtsprechung der Instanzgerichte läßt keine einheitlichen Kriterien im Hinblick auf die Frage erkennen, welche Umstände ein legitimes Interesse des Arbeitnehmers an einer Widerspruchserklärung begründen.[728]

Ob die Fortsetzung des Arbeitsverhältnisses beim Betriebserwerber unzumutbar ist, oder ob lediglich objektiv nachvollziehbare Widerspruchsgründe es bei verständiger Würdigung der Interessen des Arbeitnehmers naheliegend erscheinen lassen, daß er dem Betriebsübergang widerspricht, sind zwei unterschiedliche Bewertungsgrößen. Bereits im Rahmen der Problematik der Sozialauswahl nach ausgeübtem Widerspruch wurde vorgeschlagen, das von der Rechtsprechung des BAG für die Geltendmachung der Fehlerhaftigkeit der Sozialauswahl als entscheidend erachtete Kriterium des nachvollziehbaren Widerspruchsgrundes auf die Fälle der *Unzumutbarkeit der Weiterbeschäftigung beim Betriebserwerber* zu begrenzen.[729] Der Widerspruchsgrund der Unzumutbarkeit stellt insoweit höhere Anforderungen als ein sachlicher oder objektiv nachvollziehbarer Widerspruchsgrund.

Festzuhalten ist damit, daß nicht jeder nach der Rechtsprechung begründete Widerspruchssachverhalt auch ein wichtiger Grund nach § 144 Abs. 1 SGB III sein muß. Ein wichtiger Grund ist nach dieser Vorschrift vielmehr nur dann anzunehmen, wenn dem Arbeitnehmer die Fortführung des Arbeitsverhältnisses beim Erwerber unzumutbar ist. Daraus folgt, daß der Arbeitnehmer selbst bei sachlichen Gründen für den Widerspruch

---

725 Siehe dazu die Ausführungen unter 2. Teil C. II. 1. a, b, c und unter 2. Teil C. II. 3. e cc (3).

726 *Commandeur*, NJW 1996 S. 2537 (2545).

727 *Gagel-Winkler*, § 144 RN 97 m.w.N.; GK-*Marschner*, § 144 RN 65.

728 Siehe dazu die Ausführungen unter 2. Teil C. II. 1. d, e, f.

729 Siehe dazu die Ausführungen unter 2. Teil C. II. 3. e ee.

nicht automatisch vor einer Sperre für das Arbeitslosengeld geschützt ist. Kann der Arbeitnehmer selbst einen objektiv nachvollziehbaren Widerspruchsgrund nicht glaubhaft machen, wird der Sperrzeittatbestand als erfüllt angesehen weden müssen.[730]

Um den Arbeitnehmer zumindest in den Fällen vor einer Sperrzeit zu bewahren, in denen nicht einmal objektiv vertretbare Gründe für den Widerspruch zu erkennen sind, wird von *Commandeur* vorgeschlagen, das Vorliegen von sachlichen Gründen für die Wirksamkeit des Widerspruchs *als solchen* zu fordern. Fehlten solche, käme dem Widerspruch keine Wirkung mehr zu (was dann mangels einer Arbeitgeberkündigung folglich nicht zum Eintritt einer Sperrzeit führt). Das Problem der Sperrzeit würde sich in diesem Problembereich auf das Spektrum zwischen „sachlichen" und „wichtigen" Gründen reduzieren,[731] wobei jedoch gefragt werden muß, warum der Arbeitnehmer gerade dann geschützt werden soll, wenn ihm keine nachvollziehbaren Widerspruchsgründe zur Seite stehen.

Die Gefahr des Eintritts einer Sperrzeit kann auf diesem Wege jedoch nicht umgangen werden. Die Ausübung des Widerspruchs an sich kann nicht von Gründen, gleich welcher Art, abhängig gemacht werden. Es wurde bereits ausgeführt, daß dies dem Sinn und Zweck des Widerspruchsrechts zuwider laufen würde.[732] Eine eigenständige und selbstverantwortliche Entscheidung des Arbeitnehmers bezüglich des „ob" der Widerspruchsausübung wäre nicht mehr gewährleistet.

c) Keine Notwendigkeit einer engen Auslegung des wichtigen Grundes

aa) Das Zumutbarkeitskriterium als entscheidender Gesichtspunkt

Entscheidender Faktor bei der Beurteilung des Vorliegens eines wichtigen Grundes im Sinne des § 144 Abs. 1 SGB III ist die Zumutbarkeit bzw. Unzumutbarkeit der Fortsetzung des Arbeitsverhältnisses zum Arbeitgeber. Im Rahmen der Sozialauswahl nach ausgeübtem Widerspruch wurde bereits begründet, warum dieses Kriterium geeignet ist, die weitgefaßten Merkmale des sachlichen und objektiv vertretbaren Grundes und die daraus resultierende uferlose Einzelfallbetrachtung einzugrenzen und somit für die Praxis besser handhabbar zu machen.[733]

Hintergrund der Einführung des wichtigen Grundes und damit des Zumutbarkeitsaspekts im früheren § 119 AFG war die Überlegung, daß die Vielzahl der Sachverhalte, die eine Aufgabe der Arbeit oder die Ablehnung eines Arbeitsangebotes berechtigt erscheinen lassen, durch eine Aufzählung nicht vollständig erfaßt werden können.[734] Bei der Prüfung des Merkmals wichtiger Grund ist zu beachten, daß zwischen §§ 119 und 103

---

730 So auch: *Commandeur*, NJW 1996 S. 2537 (2545).

731 *Commandeur*, NJW 1996 S. 2537 (2545).

732 Siehe dazu die Ausführungen unter 2. Teil C. II. 3. c.

733 Siehe dazu die Ausführungen unter 2. Teil C. II. 3. e ee.

734 Bericht des Ausschusses für Arbeit zu BT-Drucks. V/4110 zu § 108a, S. 21.

AFG (nunmehr §§ 144 und 121 SGB III) eine Wechselbeziehung besteht.[735] D.h., bei der Beurteilung einer zumutbaren Beschäftigung müssen die gesetzlich (nunmehr in § 121 SGB III) geregelten diesbezüglichen Kriterien berücksichtigt werden.[736] Daneben erlangen die Grundrechte bei der Auslegung des unbestimmten Rechtsbegriffs „wichtiger Grund" besondere Bedeutung, da es wegen der unmittelbaren Freiheitsbeschränkung durch die Sperrzeittatbestände am Freiheitsanspruch der Verfassung orientierter Maßstäbe bedarf.[737] Dementsprechend hat sich unter dem Zumutbarkeitsaspekt ein umfangreicher Katalog von wichtigen Gründen im Sinne des § 144 Abs. 1 SGB III entwickelt.[738]

bb) Die Unzumutbarkeit der Weiterbeschäftigung im Rahmen der Sozialauswahl

Fraglich ist aber, ob dieser Katalog nicht eingeschränkt und das Vorliegen eines wichtigen Grundes auf wenige Ausnahmefälle begrenzt werden muß. Ausgangspunkt dieser Überlegung ist der Umstand, daß der Arbeitnehmer durch die Ausübung des Widerspruchs den Schutz des Fortbestandes seines Arbeitsverhältnisses durch die Norm des § 613a Abs. 1 Satz 1 BGB ausschlägt. Im Rahmen der Sozialauswahl nach ausgeübtem Widerspruch bedurfte dieses Verhalten einer besonderen Rechtfertigung, da dadurch die Gefahr der Kündigung eines unbeteiligten Arbeitnehmers der Restbelegschaft bestand. Es wurde ausgeführt, daß die Aufgabe eines sicheren (und auch weitgehend vom Inhalt geschützten) Arbeitsplatzes nur in dem Fall gerechtfertigt sein kann, in dem eine Weiterbeschäftigung beim Betriebserwerber *unzumutbar* ist.[739]

Neben der Heranziehung der gesetzlichen Wertungen des § 613a Abs. 1 Satz 1 BGB wurde zur Begründung des Kriteriums der Unzumutbarkeit unter anderem auch auf die in §§ 103, 119 AFG (nunmehr: §§ 121, 144 SGB III) enthaltene Grundwertung hingewiesen, daß derjenige Arbeitnehmer keinen sozialen Schutz verdiene, der seine Schutzbedürftigkeit selbst herbeigeführt habe.[740] Es wurde weiterhin klargestellt, daß eine Weiterbeschäftigung beim Betriebserwerber nur in dem Fall unzumutbar ist, wenn dem Arbeitnehmer existenzielle Nachteile entstehen, etwa durch den in absehbarer Zeit drohenden Verlust des Arbeitsplatzes. Nur dann wird ein gerechter Interessenausgleich mit den Arbeitnehmern des Restbetriebes erreicht, da auch diese im Falle des Widerspruchs eines ihrer Kollegen mit einer betriebsbedingten Kündigung rechnen müssen.[741]

---

735 Die Zumutbarkeit von Beschäftigungen wurde zum 1.4.1997 durch das AFRG vom 24.3.1997 (BGBl. I. S. 594) in dem neu gefaßten § 103 b AFG (nunmehr: § 121 SGB III) abschließend gesetzlich geregelt. Siehe dazu: *Niesel*, NZA 1997 S. 580 (582).

736 *Klohe/Schwalb*, S. 168.

737 *Gagel-Winkler*, § 144 RNrn. 22, 32, 98.

738 Vgl. dazu: *Bubeck/Schneider*, S. 210 ff.; *Gagel-Winkler*, § 144 RNrn. 106 ff.; GK-*Marschner*, § 144 RNrn. 76 ff.; *Hennig-Heuer*, § 119 RN 6 (Nr. 13); *Klohe/Schwalb*, S. 167 ff.; *Knigge-Wissing*, § 119 RN 53 ff.; *Niesel-Niesel*, § 144 RN 89; *Schönefelder-Wanka*, § 119 RN 16 ff.

739 Siehe dazu die Ausführungen unter 2. Teil C. II. 3. e ee.

740 Siehe dazu die Ausführungen unter 2. Teil C. II. 3. e ee (5).

741 Siehe dazu die Ausführungen unter 2. Teil C. II. 3. e ee (1).

cc) Andere Interessenlage im Rahmen der Sperrzeitproblematik

Zwar soll der Arbeitnehmer auch im Rahmen des § 144 SGB III eine soziale Einbuße in Form einer Sperrzeit erleiden, wenn ihm die Fortsetzung des Arbeitsverhältnisses zumutbar war. Eine Unzumutbarkeit und damit ein wichtiger Grund gemäß § 144 Abs. 1 SGB III soll neben den in § 78 Abs. 2 AVAVG ursprünglich aufgeführten berechtigten Gründen z.B. bereits dann vorliegen, wenn sich das Betriebsklima tiefgreifend verschlechtert hat, beim Zuzug zum Ehegatten (wenn die bisherige Arbeitsstelle nicht von der gemeinsamen Wohnung zumutbar erreichbar ist), wenn der Gewissensposition des einzelnen höheres Gewicht zukommt als der Funktionsfähigkeit der Arbeitslosenversicherung, bei Mobbing und Ortswechsel (zur Betreuung von Angehörigen).[742] Existenzielle Beeinträchtigungen, d.h. konkret die Gefahr eines Arbeitsplatzverlustes durch drohende Insolvenz und Illiquidität des Arbeitgebers sind insoweit ebenso anerkannt, aber nicht zwingende Voraussetzung für das Vorliegen eines wichtigen Grundes.

Demgegenüber vertreten *Commandeur*[743] und *Pottmeyer*[744] die Ansicht, daß sich das Vorliegen eines wichtigen Grundes im Sinne des § 119 Abs. 1 AFG (§ 144 Abs. 1 SGB III) nur auf wenige Ausnahmefälle beschränken müsse. Sie folgern dies ebenfalls aus dem Umstand, daß der Arbeitnehmer durch die Regelungen des § 613a BGB weitestgehend vor Nachteilen im Zusammenhang mit dem Betriebsinhaberwechsel geschützt sei. Im Regelfall werde der Betriebsübergang für den Arbeitnehmer keine Verschlechterung mit sich bringen, so daß es ihm normalerweise zugemutet werden könne, sein Arbeitsverhältnis unter der Leitung des neuen Betriebsinhabers zunächst fortzusetzen. Es werde daher relativ wenige Fallkonstellationen geben können, in denen bei Erkennbarkeit einer drohenden betriebsbedingten Kündigung durch den Veräußerer ein wichtiger Grund anzunehmen sei.

Diesbezüglich muß jedoch zwischen den Konstellationen der Sozialauswahl und der Verhängung einer Sperrzeit nach ausgeübtem Widerspruch differenziert werden. Es bestehen insoweit unterschiedliche Interessenlagen, denen Rechnung getragen werden muß.

Richtig ist, daß der Arbeitnehmer durch die Zubilligung des Widerspruchsrechts gegenüber der legislativen Regel des § 613a Abs. 1 Satz 1 BGB privilegiert ist. Er kann durch die Ausübung dieses Widerspruchsrechts auf seinen arbeitsplatzbezogenen Bestandsschutz verzichten, der ihm an sich im Rahmen des Betriebsinhaberwechsels gerade erhalten bleiben soll. Die Interessenlage ist insoweit aber eine andere als bei der Sozialauswahl nach ausgeübtem Widerspruch. Dort standen sich die (vergleichbaren) Interessen zweier Arbeitnehmergruppen – die der widersprechenden Arbeitnehmer und die der vom Betriebsübergang nicht betroffenen Restbelegschaft – gegenüber, da der widersprechende Arbeitnehmer ohne weiteres durch eine eigene freie Willensentscheidung zumindest indirekt über den Fortbestand des Arbeitsverhältnisses eines seiner Kollegen entscheiden konnte.

Hinsichtlich einer Sperrzeit nach ausgeübtem Widerspruch muß dagegen zwischen den Interessen des Arbeitnehmers als Versichertem und der Versichertengemeinschaft ab-

742 Vgl. insbes. die von *Niesel-Niesel*, § 144 RN 89 aufgeführten Einzelfälle aus der Rechtsprechung.

743 *Commandeur*, NJW 1996 S. 2537 (2545).

744 *Pottmeyer*, NZA 1988 S. 521 (526).

gewogen werden. Hier führt der Arbeitnehmer mit seinem Widerspruch nicht die mögliche Kündigung eines Arbeitskollegen herbei, sondern „nur“ die finanzielle Belastung der Gemeinschaft. Dies hat zur Folge, daß dem Arbeitslosen für einen Teil der durch den Versicherungsfall entstandenen Schäden die Versicherungsleistung versagt wird. Der Tatbestand des § 144 Abs. 1 Nr. 1 SGB III stellt insoweit bereits eine Sanktion für das Verhalten im Arbeitsverhältnis und damit eine Beschränkung der Entscheidungsfreiheit in diesem Bereich dar.[745] Da für den auf die Arbeitslosenversicherung angewiesenen Arbeitnehmer die Sperrzeittatbestände eine unmittelbare Freiheitsbeschränkung darstellen,[746] dürfen an den „Rechtfertigungsgrund“ des wichtigen Grundes keine überzogenen Anforderungen gestellt werden.

Zu bedenken ist weiterhin, daß das Recht der Arbeitsförderung im SGB III in erster Linie ein Instrument der Verwirklichung von Freiheitsrechten darstellt und nicht primär den Ausschluß von sozialen Leistungen zum Inhalt hat. Da die Entscheidung, eine Stelle aufzugeben, oftmals mit Ansichten, Wünschen und Gegebenheiten der persönlichen Lebensführung zusammenhängt, muß dies vor der Verhängung einer Sperrzeit Berücksichtigung finden. Möglich wird dies dadurch, daß den grundrechtlich geschützten Interessen, wozu auch das Interesse des Arbeitnehmers an der Wahrnehmung seines Widerspruchsrechts zu zählen ist, dem Interesse der Versichertengemeinschaft (Schutz vor ungerechtfertigter Inanspruchnahme) in bestimmten Fällen Vorrang zu gewähren ist. Insoweit stehen sich im Gegensatz zur Sozialauswahl nach ausgeübtem Widerspruch zwei unterschiedlich zu gewichtende Größen gegenüber.

Feszuhalten bleibt, daß der wichtige Grund gemäß § 144 Abs. 1 SGB III nicht in dem Sinne eng auszulegen ist, als die Fortsetzung des Arbeitsverhältnisses mit dem Betriebserwerber einen drohenden Arbeitsplatzverlust nach sich ziehen müßte. Im Zusammenhang des Widerspruchsrechts mit dem Eintritt einer Sperrzeit können vielmehr auch andere Umstände für den Arbeitnehmer unzumutbar sein, da sie seine Interessen in unbilliger Weise schädigen würden. Ob dies der Fall ist, ist im jeweiligen Einzelfall festzustellen. Zu beachten ist hierbei, daß der wichtige Grund nach herrschender Auffassung objektiv vorhanden sein muß, wobei dieser aber ganz oder teilweise auch in subjektiven Bedürfnissen und Vorstellungen liegen kann.[747] Da ein wichtiger Grund im Sinne von § 144 Abs. 1 SGB III dementsprechend nicht nur in Ausnahmefällen vorliegen wird,[748] wird die Gefahr einer Sperrzeit für das Arbeitslosengeld für den widersprechenden Arbeitnehmer auch unter diesem Gesichtspunkt eingeschränkt.

---

745 *Gagel-Winkler*, § 144 RN 22.

746 *Gagel-Winkler*, § 144 RN 32.

747 *Gagel-Winkler*, § 144 RN 99.

748 Einen Überblick über die Fälle der in der Rechtsprechung und im Schifttum diskutierten wichtigen Gründe geben insbesondere: *Karasch*, AuA 1995 S. 12 ff.; *Vogel*, NZS 1997 S. 249 (251 f.).

d) Die Durchführungsanweisungen der Bundesanstalt für Arbeit hinsichtlich des wichtigen Grundes

Die DA 1.7 der Bundesanstalt für Arbeit, die verbindlich festlegt, wann ein wichtiger Grund vorliegt, ist eher unübersichtlich und nur mit größerem Aufwand zu erschließen. Sie unterteilt sich in Grundsätze (DA 1.71), Sachverhalte in Beschäftigungsverhältnissen (DA 1.72), einvernehmliche Beendigung des Beschäftigungsverhältnisses (DA 1.73) und personenbezogene wichtige Gründe (DA 1.74), wobei neben den unterschiedlichsten Umständen, die einen wichtigen Grund darstellen sollen, zahlreiche Beispielsfälle gebildet werden.

Vom *Grundsatz* her sind – wie oben bereits angesprochen – „wichtig" im Sinne des § 144 SGB III alle objektiven Gründe, die es für den Arbeitslosen unter Berücksichtigung aller Umstände des Einzelfalles und unter Abwägung seiner Interessen mit denen der Gesamtheit der Beitragszahler unzumutbar erscheinen lassen, einen Sperrzeitsachverhalt zu vermeiden. Der Arbeitslose braucht sie weder zu kennen, noch anzuführen. Ein wichtiger Grund ist von Amts wegen zu prüfen (DA 1.71 Abs. 1). Er soll nicht vorliegen, wenn der Arbeitslose irrigerweise Umstände als gegeben angesehen hat, die als wichtiger Grund zu werten wären, oder tatsächlich richtig erkannte Umstände fehlerhaft als wichtigen Grund bewertet hat (DA 1.71 Abs. 2). Ein an sich vorliegender, dem Arbeitslosen bekannter wichtiger Grund kann nach der DA 1.71 Abs. 3 nur anerkannt werden, wenn zeitliche Übereinstimmung mit dem Ereignis besteht, das als Sperrzeitsachverhalt zu werten ist und der Arbeitslose erfolglos einen zumutbaren Versuch unternommen hat, den Grund zu beseitigen oder feststeht, daß ein unterlassener zumutbarer Versuch zur Beseitigung des Grundes erfolglos geblieben wäre.

Ausgehend von diesem Grundsatz werden eine ganze Reihe von Sachverhalten als wichtiger Grund angesehen, von denen an dieser Stelle nur einige Beispiele angeführt werden sollen: Die vom Arbeitnehmer erwartete oder verlangte Arbeit verstößt gegen gesetzliche Bestimmungen (z.B. Arbeitsschutzvorschriften), sonstige bindende Bestimmungen über Arbeitsbedingungen (z.B. den anzuwendenden Tarifvertrag) oder die guten Sitten; der Arbeitnehmer war berechtigt, das Arbeitsverhältnis fristgerecht oder aus wichtigem Grund außerordentlich zu beenden; psychischer Druck oder Mobbing bzw. sexuelle Belästigung am Arbeitsplatz wurde konkret festgestellt; die Arbeit kann dem Arbeitslosen nach seinem körperlichen oder geistigen Leistungsvermögen nicht zugemutet werden (DA 1.72 Abs. 1); der Arbeitnehmer durfte aus wichtigem Grund unter besonderen Umständen (die im einzelnen aufgeführt werden) einer arbeitgeberseitigen Kündigung durch Eigenkündigung oder ausdrücklichen Aufhebungsvertrag zuvorkommen (DA 1.73 Abs. 1); der Arbeitnehmer will zur Begründung oder Wiederherstellung eines gemeinsamen Haushalts außerhalb des zumutbaren Pendelbereichs zu seinem Ehegatten ziehen oder mit seinem Partner die Erziehungsgemeinschaft zugunsten des Kindes bzw. der Kinder (wieder)herstellen, sofern dies zu dem gewählten Zeitpunkt im Interesse des Kindeswohls naheliegt (DA 1.74 Abs. 3).

In diesen und den übrigen in der DA 1.7 genannten Fällen, die sich an der Rechtsprechung des BSG und der Instanzgerichte orientieren, kann der Arbeitnehmer dem Betriebsinhaberwechsel widersprechen, ohne den Eintritt einer Sperrzeit befürchten zu müssen. Denn die Rechtswirkungen des wichtigen Grundes treten ein, sobald dieser objektiv vorliegt. Es ist nicht erforderlich, daß der Arbeitslose ihn gekannt hat. Hat er ihn jedoch gekannt, muß er versuchen, diesen aus der Welt zu schaffen. Unterläßt er dies, kann er sich auf einen wichtigen Grund nicht berufen.[749]

e) Einheitlicher Maßstab von BAG und BSG hinsichtlich der geforderten nachvollziehbaren Widerspruchsgründe und des wichtigen Grundes?

Es wurde zwar festgestellt, daß vom Verständnis bzw. der Interpretation her nicht jeder sachliche oder objektiv vertretbare Grund für einen Widerspruch gleichzeitig einen wichtigen Grund im Sinne von § 144 Abs. 1 SGB III, der auf dem Zumutbarkeitsgedanken beruht, darstellen *muß*.[750] Es erscheint jedoch nicht ausgeschlossen, daß sich aufgrund der herausgebildeten Kasuistik in Rechtsprechung und Literatur ein bestehender nachvollziehbarer Widerspruchsgrund auch einen wichtigen Grund im Sinne der Sperrzeitenregelung beinhalten *kann*. Die vorstehenden Ausführungen haben gezeigt, daß eine ganze Reihe von Sachverhalten es unzumutbar erscheinen lassen, einen Sperrzeittatbestand zu vermeiden.

Das BAG hat ausgeführt, daß ein beachtlicher Widerspruchsgrund dann vorliegt, wenn der widersprechende Arbeitnehmer einen baldigen Arbeitsplatzverlust oder eine baldige wesentliche Verschlechterung seiner Arbeitsbedingungen bei dem Erwerber zu befürchten hat.[751] Auch die Instanzgerichte haben versucht zu bestimmen, wann ein entsprechender Widerspruchsgrund anzunehmen ist. Erwähnt werden insoweit feststehende Stillegungsabsicht und frühere Konkurse des Erwerbers, Betriebsteilveräußerung zur Umgehung von betriebsverfassungsrechtlichen Mitbestimmungsregelungen, äußerste Unzuverlässigkeit des Betriebserwerbers, Übergang des Arbeitnehmers von einem mittelständischen Betrieb auf einen Kleinbetrieb und erkennbare Illiqidität der Betriebsgesellschaft.[752] Im Schrifttum werden die vorgebrachten Gründe ebenfalls nur daraufhin überprüft, ob sie den Widerspruch als sachlich oder objektiv vertretbar erscheinen lassen. Als objektiv nachvollziehbare Widerspruchsgründe werden unter anderem genannt: Illiqudität des Erwerbers, längere Anfahrtswege oder Erschwerungen der Arbeitsleistung, starke persönliche Animositäten zwischen übergehendem Arbeitnehmer und Erwerber, Unanwendbarkeit des KSchG wegen Absinkens der Beschäftigtenzahl.[753]

Diese Gründe sind zum Teil mit der Gewichtung bzw. Intensität der anerkannten wichtigen Gründe vergleichbar. Bereits in dem Fall, in dem in einem Widerspruchsgrund ein Umstand gesehen werden kann, der ein Kündigungsrecht des Arbeitnehmers begründet, ist gleichzeitig von einem wichtigen Grund im Sinne des § 144 Abs. 1 SGB III auszugehen. Denn bezüglich des wichtigen Grundes ist ein Sachverhalt ausreichend, der arbeitsrechtlich eine ordentliche bzw. fristlose Kündigung durch den Arbeitnehmer rechtfertigen würde.[754] Das BAG legt in seiner Entscheidung vom 18.3.1999[755] einen strenge-

749 Siehe dazu: *Hauck/Noftz-Valgolio*, K § 144 RN 77; *Karasch*, AuA 1995 S. 12.

750 Siehe dazu die Ausführungen unter 4. Teil B. III. 5. b.

751 Siehe dazu die Ausführungen unter 2. Teil C. II. 1. c bb.

752 Siehe dazu die Ausführungen unter 2. Teil C. II. 1. d, e, f.

753 Siehe dazu die Ausführungen unter 2. Teil C. II. 3. e dd.

754 *Gagel-Winkler*, § 144 RNrn. 106 f.; *Niesel-Niesel*, § 144 RN 81.

ren Maßstab an. Es rückt den Zumutbarkeitsgedanken insoweit in den Vordergrund, als es einen gewichtigen Widerspruchsgrund nur dann bejaht, wenn es zu einem baldigen Arbeitsplatzverlust oder zu baldigen wesentlichen Verschlechterungen der Arbeitsbedingungen beim Erwerber kommt. Vor diesem Hintergrund ist nicht davon auszugehen, daß das BAG hinsichtlich des Vorliegens von nachvollziehbaren Widerspruchsgründen eine ähnliche Kasuistik entwickeln wird, wie das BSG bezüglich des wichtigen Grundes. Während das BSG unter dem Zumutbarkeitsaspekt einen umfangreichen Katalog von wichtigen Gründen i.S.v. § 144 Abs. 1 SGB III entwickelt hat, hat das BAG zu erkennen gegeben, daß es die Bejahung beachtlicher Widerspruchsgründe bei der Frage, ob sich der Arbeitnehmer auf eine fehlerhafte Sozialauswahl berufen kann, zumindest dann restriktiv handhaben will, wenn dem widersprechenden Arbeitnehmer keine gesteigerte soziale Schutzbedürftigkeit zukommt.

Da das BSG letztinstanzlich über die Frage der Sperrzeit zu entscheiden hat, wird entscheidend sein, in welchen Fällen es einen wichtigen Grund für ein „Lösen" des Beschäftigungsverhältnisses durch den Widerspruch bejaht. Dies wird auch davon abhängen, ob und inwieweit es die Bestandsschutznorm des § 613a Abs. 1 Satz 1 BGB in seine Überlegungen einbezieht. Ob das BSG das Vorliegen des Sperrzeittatbestandes gemäß § 144 Abs. 1 Satz 1, 1. Alt. SGB III im Falle eines Widerspruchs im Vergleich zu den übrigen Sachverhalten eher bejahen wird, bleibt abzuwarten. Eine engere Auslegung des wichtigen Grundes durch das BSG für den Fall des Widerspruchs gegen einen Betriebsinhaberwechsel dürfte aber aus den bereits genannten Gründen eher unwahrscheinlich sein.

6. Objektive Beweislast für das Vorliegen eines Sperrzeittatbestandes

Die objektive Beweislast für die die Sperrzeit begründenden Umstände trägt regelmäßig die Bundesanstalt für Arbeit,[756] d.h. letztlich das über eine Sperrzeit entscheidende Arbeitsamt. Dies ergibt sich unmittelbar aus der DA 1.0 Abs. 4, die wie folgt lautet: „Wird ein Sperrzeitsachverhalt festgestellt, ist nach DA 1.7 zu prüfen, ob der Arbeitslose einen wichtigen Grund für sein Verhalten hat. Dabei ist zu bedenken, daß die Beweislast für das Vorliegen der Voraussetzungen nach § 144 grundsätzlich beim Arbeitsamt liegt." Die Arbeitsämter müssen also nachweisen, daß der Widerspruch gegen einen Betriebsinhaberwechsel ein Lösen des Beschäftigungsverhältnisses ohne wichtigen Grund darstellt, wenn sie eine Sperrzeit verhängen wollen. Sie haben die Folgen der objektiven Beweislosigkeit oder des Nichtfestgestelltseins eines Sperrzeittatbestandes zu tragen. Die DA 4.21 Abs. 3 lautet dementsprechend: „Können Zweifel an den Voraussetzungen für den Eintritt einer Sperrzeit nicht beseitigt werden, tritt keine Sperrzeit ein."

Daher wird in DA 4.1 eine umfassende Sachverhaltsfeststellung, zu der die Bundesanstalt für Arbeit gemäß §§ 20, 21 SGB X von Amts wegen verpflichtet ist, vorgeschrieben. Um dem Arbeitslosen konsequent die Zielfragen stellen zu können, deren Beantwortung eine zuverlässige Sperrzeitentscheidung erlaubt, werden dem Arbeitnehmer Fragebögen zur Verfügung gestellt. Diese erheben in sehr ins einzelne gehender Weise die Vorge-

---

755 BAG, ZIP 1999 S. 1537 ff.

756 *Gagel-Winkler*, § 144 RN 238; *Hauck/Noftz-Valgolio*, K § 144 RN 79; *Niesel-Niesel*, § 144 RN 90.

schichte der Kündigung, näheres zur Vereinbarung von Abfindungen, zur Reaktion des Arbeitnehmers auf die Kündigung, Angaben zur Kündigungsfrist und zu den wichtigen Gründen für die Lösung des Beschäftigungsverhältnisses. Ergänzt werden diese Fragebögen durch einen an den Arbeitgeber gerichteten Katalog von Fragen, die in erster Linie die Rechtmäßigkeit seiner ausgesprochenen Kündigung betreffen.[757]

Auch ein derart detaillierter Fragenkatalog wird nicht immer einwandfrei klären können, ob sich der Arbeitnehmer der Möglichkeit einer durch den Widerspruch mittelbar ausgelösten Arbeitgeberkündigung bewußt gewesen ist und dies auch zumindest billigend in Kauf genommen hat. Wann den Arbeitnehmer bei der Ausübung seines Widerspruchsrechts im Hinblick auf den Eintritt der Arbeitslosigkeit ein Verschulden (Vorsatz, grobe Fahrlässigkeit) trifft, dürfte wegen der schwierigen Abgrenzung der groben von der leichten Fahrlässigkeit ebenfalls nicht ohne weiteres festzustellen sein, zumal die persönliche Urteils-, Kritik- und Einsichtsfähigkeit bei jedem Arbeitnehmer unterschiedlich ausgeprägt sein wird. In den Vordrucken an die Arbeitnehmer ist denn auch zu lesen, daß „in vielen Fällen weitere Fragen zu klären sind, die schon aus Platzgründen nicht in diesen Vordruck aufgenommen werden können." Darüber hinaus kann nur der Arbeitslose selbst die Tatsachen schildern, die der Arbeitsverwaltung das Feststellen einer Sperrzeit erst ermöglichen. Gerade die Angaben, die dem subjektiven Vorstellungsbild des Arbeitnehmers entspringen, werden dazu führen, daß bei der Sachverhaltsaufklärung eventuelle Zweifel an den Voraussetzungen für den Eintritt einer Sperrzeit nicht ausgeräumt, sondern eher verstärkt werden. Auch in diesen Fällen tritt keine Sperrfrist ein.

7. Das Verhältnismäßigkeitsprinzip bei der Verhängung einer Sperrzeit

Immer wenn der versicherte Arbeitnehmer einen Grund vorbringt, der nicht als „wichtig" anerkannt wird, ist zu prüfen, ob er nicht wenigstens so gewichtig ist, daß er eine Herabsetzung der Sperrzeit rechtfertigt.[758] Gemäß § 144 Abs. 3 Satz 1 SGB III umfaßt die Sperrzeit (nur) sechs Wochen wenn eine (Regel)Sperrzeit von zwölf Wochen für den Arbeitslosen nach den für den Eintritt der Sperrzeit maßgebenden Tatsachen eine besondere Härte bedeuten würde. Der Begriff der besonderen Härte ist ein unbestimmter Rechtsbegriff, der vom Gericht voll nachzuprüfen ist und bei dem für die Bundesanstalt für Arbeit kein Ermessen und keine Beurteilungsermächtigung besteht.[759]

Eine Härte kann sich aus den unterschiedlichsten Gründen ergeben.[760] Sollte das BSG die Auffassung vertreten, die hinsichtlich der Ausübung des Widerspruchsrechts im Rahmen des Sozialauswahl vorgebrachten sachlichen oder objektiv vertretbaren Widerspruchsgründe seien weniger starke Gründe als der „wichtige" Grund nach § 144 Abs. 1 SGB III – was nach der neuesten Rechtsprechung des BAG zur Sozialauswahl nach ausgeübtem Widerspruch nicht anzunehmen ist – käme hier unter Umständen eine verkürzte

---

757 Siehe dazu: *Gagel-Winkler*, Anhang 2 zu § 144 (Fragebögen der Bundesanstalt für Arbeit).

758 *Gagel-Winkler*, § 144 RN 221.

759 *Gagel-Winkler*, § 144 RN 221; *Hauck/Noftz-Valgolio*, K § 144 RN 158.

760 Siehe dazu insbesondere: *Gagel-Winkler*, § 144 RNrn. 223 ff.; *Niesel-Niesel*, § 144 RN 111.

Sperrzeit von sechs Wochen in Betracht.[761] In einer unzureichenden oder falschen Information, auf die der Arbeitslose sich verlassen durfte, kann ebenfalls eine besondere Härte liegen.[762] Dies ist bei einer Unterrichtung vom Betriebsübergang durch den Arbeitgeber aber nicht der Fall. Ausreichend ist, daß überhaupt eine Information bezüglich des Betriebsinhaberwechsels erfolgt ist und der Arbeitnehmer daraufhin weitere Modalitäten erfragen kann.[763] Auch ein Irrtum über das Vorliegen eines wichtigen Grundes kann die Annahme einer besonderen Härte nur rechtfertigen, wenn er unvermeidbar war, z.B. auch nicht durch Rückfrage bei einer kompetenten Stelle auszuräumen war.[764] Dies ergibt sich direkt aus DA 3.1 Abs. 4. Zu beachten ist schließlich, daß die allgemeinen Lebensumstände bzw. Umstände persönlicher oder wirtschaftlicher Art (z.B. Größe der Familie, ungünstige wirtschaftliche Lage) oder Umstände, die die Stellung des Arbeitlosen als Arbeitnehmer kennzeichnen (z.B. erstmaliger Sperrzeiterlaß, alsbaldige Arbeitsaufnahme) die Herabsetzung der Sperrzeit nicht rechtfertigen. Dies ist nach DA 3.1 Abs. 2 nur dann der Fall, wenn sie in direktem Zusammenhang mit den für den Eintritt der Sperrzeit maßgebenden Tatsachen stehen, z.B. sich auf die Tatsachen zwangsläufig auswirken.

IV. Zusammenfassung

Der Verlust des Arbeitsplatzes als Folge eines ausgeübten Widerspruchs kann generell die Verhängung einer Sperrzeit gemäß § 144 SGB III nach sich ziehen. Dies folgt daraus, daß der Widerspruch ein „Lösen" des Beschäftigungsverhältnisses gemäß § 144 Abs. 1 Nr. 1, 1. Alt. SGB III darstellt, wenn er auf die rechtliche Beendigung des Beschäftigungsverhältnisses ausgerichtet ist. Dem Arbeitnehmer muß insoweit bewußt gewesen sein, daß sein Widerspruch eventuell die Beendigung des Arbeitsverhältnisses nach sich zieht und dies auch billigend in Kauf genommen haben.

Das Risiko einer Sperrzeit nach ausgeübtem Widerspruch wird jedoch in mehrfacher Hinsicht abgeschwächt. Hat der Betriebsveräußerer dem Arbeitnehmer nach dessen Widerspruch rechtmäßig betriebsbedingt gekündigt, darf eine Sperrzeit an sich nicht eintreten. Dasselbe gilt für den Fall, daß die Kündigung zwar rechtswidrig war, der Arbeitnehmer dies aber nicht erkannt hat oder dies für ihn nicht offensichtlich war. Trotz rechtmäßiger Arbeitgeberkündigung ist der Arbeitnehmer aber dann mit einer Sperrzeit zu belegen, wenn er durch seinen Widerspruch grundlos die Arbeitslosigkeit selbst mittelbar herbeigeführt hat. Dies ergibt sich bereits aus den Wertungen des § 2 Abs. 3 SGB III, wonach der Arbeitnehmer seine Arbeitslosigkeit zu vermeiden hat, soweit ihm dies zumutbar ist.

Da der Arbeitnehmer seine Arbeitslosigkeit vorsätzlich oder grobfahrlässig herbeigeführt haben muß, tritt dann keine Sperrzeit ein, wenn ihm nur leichte Fahrlässigkeit vorzuwerfen ist. Insoweit ist die persönliche Urteils-, Kritik- und Einsichtsfähigkeit jedes

---

761 So auch: *Commandeur*, NJW 1996 S. 2537 (2546) mit Hinweis auf die Rechtsprechung des BSG (Urt. v. 9.2.1995 – 7 RAr 34/94 = BSGE 76, S. 12 ff.).

762 *Gagel-Winkler*, § 144 RN 225.

763 Siehe dazu die Ausführungen unter 1. Teil B. I.

764 *Niesel-Niesel*, § 144 RN 110 mit Hinweis auf BSG SozR 3-4100, § 119 Nr. 11.

einzelnen Arbeitnehmers von Bedeutung. Darüber hinaus ist eine Sperrzeit dann ausgeschlossen, wenn dem Arbeitnehmer für seinen Widerspruch ein „wichtiger“ Grund im Sinne des § 144 Abs. 1 SGB III zur Seite gestanden hat. Dieser ist vom Verständnis her nicht gleichbedeutend mit den „sachlichen“, „objektiv vertretbaren“, „gewichtigen“ oder „berechtigten“ Gründen im Rahmen der Sozialauswahl, da er auf die Unzumutbarkeit der Fortsetzung des Arbeitsverhältnisses abstellt. Der diesbezüglich vom BSG und vom Schrifttum entwickelte Fallkatalog zeigt, daß der wichtige Grund mit den vom BAG im Rahmen der Sozialauswahl nach ausgeübtem Widerspruch seit neuestem diskutierten nachvollziehbaren Widerspruchsgründen nicht vergleichbar ist, da diese auf den Fall des drohenden Arbeitsplatzverlustes und der drohenden Verschlechterung der Arbeitsbedingungen beschränkt sind. Der umfangreiche Katalog der wichtigen Gründe bedarf im Gegensatz zur befürworteten restriktiven Handhabung der beachtlichen Widerspruchsgründe im Rahmen der Sozialauswahl auch keiner Einschränkung auf wenige Ausnahmefälle, da hinsichtlich der Sperrzeitproblematik eine andere Interessenlage besteht. Schließlich tritt eine Sperrzeit dann nicht ein, wenn die Arbeitsämter die die Sperrzeit begründenden Umstände nicht nachweisen oder diesbezügliche Zweifel nicht ausräumen können. Liegen weniger starke Gründe als wichtige Gründe vor, kommt gemäß § 144 Abs. 3 SGB III in besonderen Härtefällen zumindest eine Herabsetzung der Regelsperrzeit von zwölf auf sechs Wochen in Betracht.

Zu beachten ist, daß eine Sperrzeit nicht durch den Sinn und Zweck des Widerspruchsrechts ausgeschlossen wird. Die Verhinderung des Übergangs des Arbeitnehmers auf einen ungewollten Betriebserwerber als primäres Ziel des Widerspruchs ist nach wie vor erreichbar. Die drohende Sperre ist einer der (unliebsamen) Risiken des ausgeübten Widerspruchs, die der Arbeitnehmer selbst einzuschätzen und zu tragen hat.

Zusammenfassung der wichtigsten Ergebnisse

Überträgt der Betriebsveräußerer seinen Betrieb oder Betriebsteil auf den Betriebserwerber, gehen die Arbeitsverhältnisse und Arbeitsplätze der Arbeitnehmer automatisch gemäß § 613a Abs. 1 Satz 1 BGB auf den neuen Betriebsinhaber über. Das BAG hat in diesem gesetzlich angeordneten Vertragspartnerwechsel einen Eingriff in die Grundrechte des Arbeitnehmers aus Art. 1, 2 und 12 GG gesehen und ihm deshalb in richterlicher Rechtsfortbildung und ständiger Rechtsprechung das Recht zuerkannt, dem Betriebsinhaberwechsel zu widersprechen. Das Widerspruchsrecht ist ein subjektives Gestaltungsrecht mit freiheitlicher Schutzfunktion und kann nicht wirksam ausgeschlossen werden. Die Ausübung des Widerspruchsrechts an sich ist keinerlei Beschränkungen unterworfen und kann auch ohne Angabe von Gründen erfolgen.

Der Widerspruch muß unverzüglich nach der Unterrichtung über den Betriebsübergang entweder ausdrücklich oder konkludent gegenüber dem Betriebsveräußerer oder dem Bertiebserwerber erklärt werden. Dies bewirkt, daß ein nach § 613a Abs. 1 Satz 1 BGB bereits entstandenes Arbeitsverhältnis zum Betriebserwerber beendet und gleichzeitig das Arbeitsverhältnis zum Betriebsveräußerer wiederhergestellt wird (ex tunc-Wirkung).

Als Folge davon wird der Betriebsveräußerer den widersprechenden Arbeitnehmer mangels vorhandener freier Arbeitsplätze nicht weiterbeschäftigen können. Der widersprechende Arbeitnehmer muß daher im Falle einer Gesamtbetriebsübertragung immer und bei einer Teilbetriebsübertragung bzw. einer Übertragung eines von mehreren Betrieben meistens mit einer betriebsbedingten Kündigung rechnen.

Diese ist nur dann wirksam, wenn der Betriebsveräußerer eine Sozialauswahl nach § 1 Abs. 3 Satz 1 KSchG durchgeführt hat. Erweist sich dabei der widersprechende Arbeitnehmer als der sozial Schwächere, muß statt seiner unter Umständen einem Arbeitskollegen gekündigt werden, der vom Betriebsübergang ursprünglich gar nicht betroffen war. Da er nicht dem Bestandsschutz des § 613a Abs. 1 Satz 1 BGB unterfällt, wird er letztlich aufgrund einer freien Entscheidung seines widersprechenden Arbeitskollegen, der seinerseits die Option des Übergangs seines Arbeitsverhältnisses auf den Beriebserwerber ausgeschlagen hat, arbeitslos.

Das BAG erwägt daher, dem widersprechenden Arbeitnehmer die Geltendmachung einer fehlerhaften Sozialauswahl zu verwehren, wenn dieser keinen sachlichen, objektiv vertretbaren, berechtigten oder gewichtigen Widerspruchsgrund für die Ausübung seines Widerspruchsrechts hatte. Einen solchen Widerspruchsgrund sieht das BAG dann als gegeben an, wenn der widersprechende Arbeitnehmer, der gegenüber den vergleichbaren Arbeitnehmern nur geringfügig schutzwürdiger ist, mit einem baldigen Arbeitsplatzverlust oder mit einer baldigen wesentlichen Verschlechterung der Arbeitsbedingungen beim Betriebsteilerwerber rechnen muß. Die Berücksichtigung von Widerspruchsgründen ist dem Gesetzteswortlaut nicht zu entnehmen und bedarf daher einer besonderen Rechtfertigung.

Diese ergibt sich zum einen daraus, daß der Schutz des Arbeitnehmers vor einem aufgedrängten Arbeitgeber als primärer Zweck des Widerspruchsrechts nicht beeinträchtigt wird, da die Ausübung des Widerspruchsrechts selbst nicht vom Vorliegen nachvollziehbarer Widerspruchsgründe abhängig gemacht wird. Es geht vielmehr um die Beurteilung einer möglichen Folge des Widerspruchs auf einer dem Widerspruchsrecht selbst nachgeordneten Stufe. Widerspruchsausübung und Widerspruchsfolgen müssen insoweit voneinander unterschieden werden. Zum anderen würde ein ungeschmälerter Kündigungsschutz den widersprechenden Arbeitnehmer, dessen Arbeitsverhältnis vom Bestand und Inhalt her an sich durch § 613a Abs. 1 Satz 1 BGB geschützt ist, in ungerechtfertigter Weise privilegieren, weshalb die Sozialauswahl nach deren ratio einzuschränken ist.

Die vom BAG und den Instanzgerichten geforderten beachtlichen Widerspruchsgründe sind auf solche Sachverhalte einzugrenzen, die eine Weiterbeschäftigung beim Betriebserwerber als unzumutbar erscheinen lassen. Dies ist insbesondere dann der Fall, wenn der widersprechende Arbeitnehmer in absehbarer Zeit konkret mit dem Verlust seines Arbeitsplatzes rechnen muß. Eine solche Einschränkung ist nicht nur sinnvoll, um im Interesse der Rechtssicherheit eine ausufernde Einzelfallbetrachtung zu vermeiden, sondern ist auch notwendig, um zu einem gerechten Interessenausgleich zwischen dem widersprechenden Arbeitnehmer und dessen Kollegen der Restbelegschaft zu gelangen. Für beide Arbeitnehmergruppen geht es nun um den Erhalt des Arbeitsplatzes. Die Gefahr einer ungerechtfertigten Kündigung eines unbeteiligten Arbeitnehmers aufgrund weniger bedeutsamer Widerspruchsgründe – etwa der vom BAG genannten baldigen Verschlechterung der Arbeitsbedingungen – wird auf diesem Wege am ehesten minimiert. Der allein beachtliche Widerspruchsgrund des drohenden Arbeitsplatzverlustes beim Betriebserwerber darf jedoch entgegen der Auffassung des BAG aus Gründen der Rechtssicherheit nicht nach der Devise „je geringer die Unterschiede hinsichtlich der sozialen Schutzbedürftigkeit, desto gewichtiger die Widerspruchsgründe“ verwässert werden.

Die Legitimation der Steigerung der Unzumutbarkeit gegenüber dem sachlichen und objektiv vertretbaren Grund ergibt sich insbesondere aus dem Verzicht auf den Bestandsschutz nach § 613a Abs. 1 Satz 1 BGB durch den widersprechenden Arbeitnehmer und der Überlegung, daß derjenige nicht schutzwürdig ist, der seine Schutzbedürftigkeit selbst herbeigeführt hat.

Der einfache Lösungsweg, die Sozialauswahl von vornherein auf die widersprechenden Arbeitnehmer zu beschränken, um die von dem Betriebsinhaberwechsel nicht betroffenen Beschäftigten vor einer Kündigung zu schützen, kommt nicht in Betracht. Dies würde eine Belastung der vom Betriebsübergang betroffenen Arbeitnehmer darstellen, die dem Gesetz nicht zu entnehmen ist. Auch wäre eine Beschränkung der Sozialauswahl auf die widersprechenden Arbeitnehmer nicht interessengerecht, wenn diese gerade wegen eines drohenden Arbeitsplatzverlustes beim neuen Arbeitgeber widersprochen haben. Zudem wird ein gerechter Ausgleich der Interessen auch dadurch erreicht, daß zwar eine Sozialauswahl durchgeführt wird, auf deren Fehlerhaftigkeit sich der widersprechende Arbeitnehmer aber nur im Falle der Unzumutbarkeit der Weiterbeschäftigung beim neuen Inhaber berufen kann.

Dies ist bereits im Vorfeld einer erforderlichen betriebsbedingten Kündigung bei der Durchführung der Sozialauswahl durch den Arbeitgeber und nicht erst im Rahmen einer Kündigungsschutzklage des widersprechenden Arbeitnehmers durch das Arbeitsgericht zu prüfen. Erhebt nämlich ein unbeteiligter Arbeitnehmer, dem statt des widersprechenden Arbeitnehmers gekündigt wurde, keine Kündigungsschutzklage, würde er vom widersprechenden Arbeitnehmer verdrängt, ohne daß dieser – wegen einer nicht ausreichenden Berücksichtigung des Widerspruchgrundes durch den Arbeitgeber – die Unzumutbarkeit der Weiterarbeit beim neuen Inhaber belegen müßte.

Trotz der Schwierigkeit für den widersprechenden Arbeitnehmer, seine Zukunftsaussichten in dem übergehenden Betrieb oder Betriebsteil einzuschätzen, ist eine Notwendigkeit eines Widerspruchs unter Vorbehalt nicht begründbar.

Widerspricht ein ordentlich unkündbarer Arbeitnehmer und wird diesem fristlos gekündigt, findet eine Interessenabwägung zu Gunsten des Arbeitgebers statt, wenn der Übergang für den Arbeitnehmer zumutbar gewesen ist. War der Übergang des Arbeitsverhältnisses auf den neuen Inhaber für den widersprechenden unkündbaren Arbeitnehmer zumutbar, kommt eine vorrangige Kündigung von ordentlich kündbaren Arbeitnehmern nicht in Betracht.

Da der Betriebserwerber keinen gesetzlichen Anspruch auf Rückgängigmachung oder Rückabwicklung des Betriebsübergangs hat, kann er den Übergang des Betriebes vertraglich gemäß § 158 Abs. 1 BGB von der aufschiebenden Bedingung des Verbleibs eines oder mehrerer Arbeitnehmer im übergehenden Betrieb oder Betriebsteil abhängig machen. Praktikabler ist es jedoch, die übergehenden Arbeitnehmer dazu zu befragen, ob sie ihr Widerspruchsrecht ausüben werden.

In sozialversicherungsrechtlicher Hinsicht gilt, daß der Arbeitnehmer einer Sperrzeit für das Arbeitslosengeld nach § 144 Abs. 1 Nr. 1, 1. Alt. SGB III unterliegen kann, wenn er dem Übergang seines Arbeitsverhältnisses auf den neuen Betriebsinhaber widersprochen hat und nach anschließender betriebsbedingter Kündigung arbeitslos wird. Der Sinn und Zweck des Widerspruchsrechts steht dem nicht entgegen, da der Arbeitnehmer die aus dem Widerspruch entstehenden Nachteile selbst einzuschätzen und zu tragen hat. Der Widerspruch stellt immer dann ein „Lösen" des Beschäftigungsverhältnisses gemäß § 144 Abs. 1 Nr. 1, 1. Alt. SGB III dar, wenn er auf die rechtliche Beendigung des Beschäftigungsverhältnisses ausgerichtet ist. Das ist der Fall, wenn sich der Arbeitnehmer der möglichen Beendigung seines Arbeitsverhältnisses bewußt gewesen ist und dies zumindest billigend in Kauf genommen hat.

Eine Sperrzeit tritt aber nur dann ein, wenn der Arbeitnehmer für sein Verhalten keinen wichtigen Grund im Sinne von § 144 Abs. 1 SGB III hatte. Der dazu von der Rechtsprechung und der Literatur entwickelte und in der DA der Bundesanstalt für Arbeit enthaltene umfangreiche Fallkatalog ist nicht eng auszulegen, da der Sperrzeittatbestand bereits eine Beschränkung der Entscheidungsfreiheit im Bereich des Arbeitsverhältnisses darstellt und der widersprechende Arbeitnehmer hier im Gegensatz zur Sozialauswahl nach ausgeübtem Widerspruch nicht die Kündigung eines unbeteiligten Dritten herbeiführen kann. Der Arbeitnehmer ist beim Vorliegen von sachlichen oder objektiv vertretbaren Gründen für seinen Widerspruch auch vor einer Sperre für das Arbeitslosengeld geschützt, wenn hierin gleichzeitig ein wichtiger Grund im Sinne von § 144 Abs. 1 SGB III gesehen werden kann. Die von der Rechtsprechung und vom Schrifttum herausgearbeitete Kasuistik hat diesbezüglich bislang keine gravierenden Gewichtungsunterschiede erkennen lassen.

Die Gefahr der Verhängung einer Sperrzeit relativiert sich dadurch, daß eine Sperrzeit dann nicht eintritt, wenn die Kündigung des Arbeitgebers rechtmäßig war und der Arbeitnehmer für das Lösen seines Beschäftigungsverhältnisses wichtige Gründe vorbringen kann, der Arbeitnehmer die Rechtswidrigkeit der arbeitgeberseitigen Kündigung nicht erkannt hat oder dies für ihn nicht offensichtlich war, dem Arbeitnehmer bei der Herbeiführung seiner Arbeitslosigkeit nur leichte Fahrlässigkeit vorzuwerfen ist oder die Arbeitsämter die die Sperrzeit begründenden Umstände nicht nachweisen oder diesbezügliche Zweifel nicht ausräumen können.

Fazit

Das vom BAG in richterlicher Rechtsfortbildung geschaffene Widerspruchsrecht wurde konzipiert, um die Stellung des Arbeitnehmers bei Betriebsübergängen zu festigen, ohne alle sich daraus ergebenden Rechtsfolgen zu bedenken. Der an sich gewollte Schutz des Arbeitnehmers kann sich bei einer betriebsbedingten Kündigung oder der Verhängung einer Sperrzeit für das Arbeitslosengeld in sein Gegenteil verkehren. Da der Arbeitnehmer in der Regel gerade deshalb widerspricht, weil er beim veräußernden Arbeitgeber verbleiben will, wird ihm die Erreichung des primären Ziels des Widerspruchsrechts – ein unerwünschter Betriebserwerber soll ihm nicht gegen seinen Willen aufgezwungen werden – im Falle einer Kündigung durch den Betriebserwerber wenig hilfreich sein. Zu begründen ist dies nur damit, daß der Arbeitnehmer die Folgen seiner frei ausgeübten Willensentscheidung eigenverantwortlich einschätzen und letztlich auch zu tragen hat. Der Arbeitnehmer wird daher unter Umständen nur deshalb nicht widersprechen, weil sich die Frage zweifelhaft gestaltet, ob die Widerspruchsausübung von einem sachlichen, objektiv vertretbaren oder wichtigen Grund getragen wird.

Ihm und dem ebenfalls vom Widerspruch betroffenen Betriebserwerber ist daher dringend anzuraten, sich die möglichen Folgen des Widerspruchs vor Augen zu führen und sich dementsprechend abzusichern. Ein gewisser Zustand der Rechtsunsicherheit wird sich jedoch nicht vermeiden lassen. Insofern hat die Rechtsprechung des BAG zum Widerspruchsrecht einige Probleme aufgeworfen.

Literaturverzeichnis

Ascheid, Reiner: Beweislastfragen im Kündigungsschutzprozeß, Diss., Pfaffenweiler 1989

Bachner, Michael: Individualarbeits- und kollektivrechtliche Auswirkungen des neuen Umwandlungsgesetzes, NJW 1995 S. 2881 f.

Bader, Peter: Das Arbeitsförderungsreformgesetz, ArbuR 1997 S. 381 ff.

Bauer, Jobst-Hubertus: Unternehmensveräußerung und Arbeitsrecht: Arbeitsrechtliche Probleme bei der Übertragung von Unternehmen, Betrieben, Betriebsteilen und Gesellschaftsanteilen, Heidelberg 1983 (zit.: *Bauer*, Unternehmensveräußerung, S. ...)

–: Beendigung von Arbeitsverhältnissen beim Betriebsübergang, DB 1983 S. 713 ff.

–: Kein Widerspruchsrecht der Arbeitnehmer bei Betriebsübergang, NZA 1990 S. 881 ff.

–: Nochmals: Kein Widerspruchsrecht, NZA 1991 S. 139 f.

–: Arbeitsrechtliche Aufhebungsverträge: Arbeits-, gesellschafts-, steuer- und sozialversicherungsrechtliche Hinweise zur einvernehmlichen Beendigung von Dienst- und Arbeitsverhältnissen, 6. Aufl., München 1999 (zit.: *Bauer*, Aufhebungsverträge, S. ... RN ...)

Bauer, Jobst-Hubertus/ Lingemann, Stefan: Das neue Umwandlungsrecht und seine arbeitsrechtlichen Wirkungen, NZA 1994 S. 1057 ff.

Baum, Marius: Stand und Entwicklung des Arbeitsförderungsrechts im Übergang vom AFG zum SGB III, NZS 1997 S. 315 ff.

Berger-Delhey, Ulf: Anmerkung zum Urteil des EuGH vom 5.5.1988, EzA § 613a BGB Nr. 89

Berkowsky, Wilfried: Die betriebsbedingte Kündigung: Eine umfassende Darstellung unter Berücksichtigung des Betriebsverfassungsrechts und des Arbeitsgerichtsverfahrens, 4. Aufl., München 1997

Berscheid, Ernst-Dieter: Personalabbau vor und in der Insolvenz unter Berücksichtigung des Betriebsüberganges, AnwBl 1995 S. 8 ff.

Bichlmeier, Wilhelm: Anmerkung zum Urteil des SG Frankfurt vom 26.2.1992, AiB 1992 S. 472 f.

Birk, Rolf: Anmerkung zum Urteil des BAG vom 17.11.1977, AP Nr. 10 zu § 613a BGB

–: Der EuGH und das Widerspruchsrecht des Arbeitnehmers beim Betriebsinhaberwechsel nach § 613a BGB, EuZW 1993 S. 156 ff.

Bley, Helmar/ Kreikebohm, Ralf: Sozialrecht, 7. Aufl., Neuwied, Kriftel, Berlin 1993

Boecken, Winfried: Der Übergang von Arbeitsverhältnissen bei Spaltung nach dem neuen Umwandlungsrecht, ZIP 1994 S. 1087 ff.

–: Unternehmensumwandlungen und Arbeitsrecht, Köln 1996 (zit.: *Boecken*, Unternehmensumwandlungen, S. ... RN ...)

Borngräber, Helmut: Arbeitsverhältnis bei Betriebsübergang, Düsseldorf, Frankfurt 1989

Bracker, Ulrich: Betriebsübergang und Betriebsverfassung, Diss., Berlin 1979

Bubeck, Thomas/ Schneider, Phillipp: Arbeitsförderungsrecht: Systematische Darstellung für Ausbildung und Praxis, 2. Aufl., Freiburg i. Br. 1994

Busche, Jan: Anmerkung zum Urteil des BAG vom 7.4.1993, DZWir 1994 S. 115 ff.

Buschmann, Rudolf: Gemeine Marktwirtschaft, ArbuR 1996 S. 285 ff.

Commandeur, Gert: Betriebs-, Firmen- und Vermögensübernahme: Eine Gesamtdarstellung der haftungsrechtlichen Probleme bei Einzelrechtsnachfolge (§§ 613a, 419 BGB, § 25 HGB, § 75 AO), München 1990 (zit.: *Commandeur*, Betriebsübernahme S. ...)

–: Individualrechtliche Probleme des Widerspruchs des Arbeitnehmers beim Betriebsübergang, NJW 1996 S. 2537 ff.

Däubler, Wolfgang: Das Widerspruchsrecht des Arbeitnehmers bei Betriebsübergang – ein Verstoß gegen EG-Recht?, NZA 1991 S. 134 ff.

–: Das Arbeitsrecht im neuen Umwandlungsgesetz, RdA 1995 S. 136 ff.

–: Das Gesetz zu Korrekturen in der Sozialversicherung und zur Sicherung der Arbeitnehmerrechte – Ein Kurswechsel im Arbeitsrecht –, NJW 1999 S. 601 ff.

Dorndorf,Eberhard/ Weller, Bernhard/ Hauck, Friedrich/ Kriebel, Volkhart/ Höland, Armin/ Neef, Klaus: Heidelberger Kommentar zum Kündigungsschutzgesetz, 3. Aufl., Heidelberg 1999

Ehrich, Christian: Das Widerspruchsrecht des Arbeitnehmers beim Betriebsübergang (§ 613a BGB) – keine Makulatur!, NZA 1993 S. 635 ff.

Eichenhofer, Eberhard: Sozialrecht, 2. Aufl., Tübingen 1997

Ende, Monika: Das Recht des Arbeitnehmers auf Beendigung seines Arbeitsverhältnisses bei Betriebsübergang im EG-Recht, NZA 1994 S. 494 ff.

Erdmann, Gerhard-Hellmuth: Unternehmensbezogener Kündigungsschutz, Diss., 1990

Erfurter Kommentar zum Arbeitsrecht: München 1998 (zit.: Erfurter Kommentar-Bearbeiter, §... RN...)

Erlenkämper, Arnold/ Fichte, Wolfgang: Sozialrecht: Allgemeine Rechtsgrundlagen, Sozialgesetzbücher und sonstige Sozialgesetze, Verfahrensrecht, 4. Aufl., Köln, Berlin, Bonn, München 1999

Erman, Walter: Handkommentar zum Bürgerlichen Gesetzbuch, Band 1, 9. Aufl., Aschendorff, Münster 1993 (zit.: *Erman*-Bearbeiter, §... RN ...)

Färber, Peter: Die horizontale und vertikale Vergleichbarkeit von Arbeitnehmern im Rahmen der Sozialauswahl, NZA 1985 S. 175 ff.

Gagel, Alexander: SGB III, Arbeitsförderung, Kommentar (Loseblatt), 4. Aufl., Stand: 1. Juli 1999, München (zit.: *Gagel*-Bearbeiter, § ... RN ...)

Gagel, Alexander/ Vogt, Norbert: Beendigung von Arbeitsverhältnissen: Sozial- und steuerrechtliche Konsequenzen, 5. Aufl., Neuwied, Kriftel, Berlin 1996

Gaul, Björn: Neues im Arbeitsförderungsrecht nach dem Ersten SGB III-Änderungsgesetz, NJW 1998 S. 644 ff.

Gaul, Dieter: Das Arbeitsrecht im Betrieb: von der Einstellung bis zur Entlassung, Band II, 8. Aufl., Heidelberg 1986 (zit.: *Gaul*, Arbeitsrecht S. ... RN ...)

–: in Boewer, Dietrich (Hrsg.): Aktuelle Aspekte des Arbeitsrechts, Fest- und Jubiläumsschrift zum 65. Geburtstag und zum 30jährigen Bestehen der arbeitsrechtlichen Arbeitskreise Dieter Gaul, Berlin, Heidelberg 1987, S. 140 ff. (zit.: *Gaul* in Boewer, Aktuelle Aspekte, S. ...)

–: Anmerkung zum Urteil des EuGH vom 5.5.1988, EzA § 613a BGB Nr. 89

–: Das Widerspruchsrecht des Arbeitnehmers beim Betriebsübergang und seine Rechtswirkungen, ZfA 1990 S. 87 ff.
–: Der Betriebsübergang, 2. Aufl., Ehningen bei Böblingen 1993 (zit.: *Gaul*, Betriebsübergang S. ...)
Gentges, Peter: Anmerkung zum Urteil des BAG vom 7.4.1993, AP Nr. 22 zu § 1 KSchG 1969 Soziale Auswahl
Gitter, Wolfgang: Betriebsübergang und Arbeitsverhältnis unter besonderer Berücksichtigung der Zustimmung des Arbeitnehmers: Festschrift 25 Jahre Bundesarbeitsgericht, München 1979, S. 133 ff. (zit.: *Gitter*, FS BAG (1979) S. ...)
–: Beschäftigungsverhältnis und Arbeitsverhältnis: Festschrift für Georg Wannagat, Köln, Berlin, Bonn, München 1981, S. 141 ff. (zit.: *Gitter*, FS für Wannagat, S. ...)
–: Sozialrecht, 4. Aufl., München 1996 (zit.: *Gitter*, Sozialrecht S. ...)
GK-SGB III Gemeinschaftskommentar zum Arbeitsförderungsrecht, (Loseblatt),Band 2: §§ 1-147, Stand: Dezember 1999; Neuwied, Kriftel, Berlin 1998 (zit.: GK-Bearbeiter, §... RN ...)
Hauck, Karl/ Noftz, Wolfgang: Sozialgesetzbuch, SGB III – Arbeitsförderung, Kommentar (Loseblatt), Band 1: §§ 1-216, Stand: Januar 1999, Berlin (zit.: *Hauck/Noftz*-Bearbeiter, Buchstabe, (§ ...), RN ...)
Heinze, Meinhard: Die Arbeitgeber-Nachfolge bei Betriebsübergang, DB 1980 S. 205 ff.
Heither, Friedrich: Zum Widerspruchsrecht der Arbeitnehmer bei Betriebsübergang, NZA 1991 S. 136 f.
Helle, Michael: Konzernbedingte Kündigungsschranken bei Abhängigkeit und Beherrschung durch Kapitalgesellschaften, Diss., Berlin 1989
Helpertz, Stefan: Widerspruch des Arbeitnehmers und Sozialauswahl beim Betriebsteilübergang, DB 1990 S. 1562 ff.
Henckel, Wolfram: Haftung für Altverbindlichkeiten eines insolventen Unternehmers wegen Betriebsübergangs: Festschrift für Theodor Heinsius, Berlin, New York 1991, S. 261 ff.
Hennig, Werner/ Kühl, Horst/ Heuer, Ernst/ Henke, Norbert: Arbeitsförderungsgesetz, Kommentar (Loseblatt), Band 2: §§ 100-251, Stand: Mai 1998, Neuwied, Kriftel, Berlin (zit.: *Hennig*-Bearbeiter, § ... RN ... (Nr. ...))
Hennrichs, Joachim: Zum Formwechsel und zur Spaltung nach dem neuen Umwandlungsgesetz, ZIP 1995 S. 794 ff.
Henssler, Martin: Aufspaltung, Ausgliederung und Fremdvergabe, NZA 1994 S. 294 ff.
–: Aktuelle Rechtsprobleme des Betriebsübergangs, NZA 1994 S. 913 ff.
Hergenröder, C.W.: Anmerkung zum Urteil des BAG vom 21.5.1992, AR-Blattei ES 500 Nr. 92 Betriebsinhaberwechsel
Herschel, Wilhelm: Anmerkung zum Urteil des BAG vom 2.10.1974, AP Nr. 1 zu § 613a BGB, ArbuR 1975 S. 382 ff.
–: Betriebsübergang und Arbeitsvertrag, ZfA 1977 S. 219 ff.
–: Anmerkung zum Urteil des BAG vom 24.10.1979, AP Nr. 8 zu § 1 KSchG 1969 Betriebsbedingte Kündigung
–: Anmerkung zum Urteil des BAG vom 6.2.1980, AP Nr. 21 zu § 613a BGB
–: Anmerkung zum Urteil des BAG vom 15.2.1984, AP Nr. 37 zu § 613a BGB

Hess, Harald: Gesetzlicher Übergang des Arbeitsverhältnisses bei Betriebsveräußerung nur mit Einwilligung des Arbeitnehmers?, BB 1977 S. 501 ff.

Hitzfeld, Ulrike: § 613a BGB im System der europäischen Rechtsprechung, BB 1991 S. 199 ff.

Hoffmeister, Karl-Heinz: Soziale Auswahl nach Widerspruch bei Betriebs(teil)übergang, ArbuR 1995 S. 132 ff.

v. Hoyningen-Huene, Gerrick: Anmerkung zum Urteil des BAG vom 7.4.1993, AR-Blattei ES 1020. 1. 2, Nr. 1

Hueck, Alfred/ Hueck, Götz/ v. Hoyningen-Huene, Gerrick/ Linck, Rüdiger: Kündigungsschutzgesetz, Kommentar, 12. Aufl., München 1997 (zit.: *Hueck/v. Hoyningen-Huene,* § ... RN ...)

Hutzler, Kurt: Kündigung und Kündigungsausschluß bei Betriebsübergang, BB 1981 S. 1470 ff.

Hümmerich, Klaus: Abschied vom arbeitsrechtlichen Aufhebungsvertrag, NZA 1994 S. 200 ff.

–: Letztmals: Abschied vom arbeitsrechtlichen Aufhebungsvertrag, NZA 1994 S. 833 f.

–: Abwicklungsvertrag contra Aufhebungsvertrag, NJW 1996 S. 2081 f.

–: Neue Einflußgrößen auf den Aufhebungs- und Abwicklungsvertrag, NZA 1997 S. 409 ff.

Hüper, Rolf: Der Betrieb im Unternehmenszugriff: Arbeitnehmerinteresse und Mitbestimmung bei Betriebsübergang, Betriebsaufspaltung und Betriebsparzellierung, Diss., Köln 1986

Ingelfinger, Helmar: Widerspruch des Arbeitnehmers beim Betriebsübergang und Sozialauswahl bei anschließender betriebsbedingter Kündigung, ZfA 1996 S. 591 ff.

Jaeger, Georg: Die Betriebsaufspaltung durch Ausgliederung einzelner Betriebsteile als sozialplanpflichtige Betriebsänderung, BB 1988 S. 1036 ff.

Joost, Detlev: Der Widerspruch des Arbeitnehmers beim Betriebsübergang und das europäische Recht, ZIP 1991 S. 220 ff.

–: Der Widerspruch des Arbeitnehmers beim Betriebsübergang – nunmehr europaweit?, ZIP 1993 S. 178 ff.

Junker, Abbo: Arbeits- und Sozialrecht in der Europäischen Union, JZ S. 277 ff.

–: Kurzkommentar zum Urteil des BAG vom 18.3.1999, EWiR 1999 S. 829 f.

Kaestel, Maria: Anmerkung zum Urteil des BAG vom 21.7.1977, AP Nr. 8 zu § 613a BGB, BB 1978 S. 155

Kamitz, Günter: Versicherbarkeit des Arbeitslosigkeitsrisikos, Diss., Konstanz 1989

Karasch, Jürgen: Der „wichtige Grund" im Sperrzeitbereich gemäß AFG, AuA 1995 S. 12 ff.

Kittner, Michael/ Däubler, Wolfgang/ Zwanziger, Bertram: Kündigungsschutzrecht: Kommentar für die Praxis zum Kündigungsschutzgesetz und zu den anderen Kündigungsvorschriften, 4. Aufl., Frankfurt/Main 1999 (zit.: *Kittner*-Bearbeiter, § ... RN ...)

Klohe, Dieter/ Schwalb, Harm Arbeitslosengeld, 2. Aufl., Stuttgart 1994

Knigge, Arnold/ Ketelsen, Jörg-Volker/ Marschall, Dieter/ Wissing, Gerhard: Kommentar zum Arbeitsförderungsgesetz (AFG), Band II 3. Aufl., Baden-Baden 1993, (zit.: *Knigge*-Bearbeiter, § ... RN ...)

Konzen, Horst: Die Rechtsprechung des Bundesarbeitsgerichts im Jahre 1977, ZfA 1978 S. 451 ff.
Kopp, Joachim: Reform der Arbeitsförderung: Neue Fördermöglichkeiten für Betriebe und wichtige Neuregelungen in Versicherungs- und Leistungsrecht der Arbeitslosenversicherung, NZS 1997 S. 456 ff.
KR: Gemeinschaftskommentar zum Kündigungsschutzgesetz und zu sonstigen kündigungsrechtlichen Vorschriften, 5. Aufl., Neuwied, Kriftel, Berlin 1998, (zit.: KR-Bearbeiter, § ... RN ...)
Kraft, Alfons: Betriebsübergang und Arbeitsverhältnis in der Rechtsprechung des Bundesarbeitsgerichts: Festschrift 25 Jahre Bundesarbeitsgericht, München 1979, S. 299 ff.
Kratz, Hans-Jürgen: Arbeitslosengeld, 4. Aufl., Saarbrücken 1985
Kreitner, Jochen: Kündigungsrechtliche Probleme beim Betriebsinhaberwechsel, Diss., 1989
Kreßel, Eckhard/ Wollenschläger, Michael: Leitfaden zum Sozialversicherungsrecht, 2. Aufl., Neuwied, Kriftel, Berlin 1996
Kreuzer, Karl/ Stehle, Hans-Joachim: Grundprobleme des Gläubigerverzugs, JA 1984 S. 69 ff.
Lenz, C.O./ Mölls, Walter: Arbeitsrecht vor dem Gerichtshof der Europäischen Gemeinschaften: Eine Übersicht über die Grundlagen, die Rechtsprechung zu den einzelnen Gebieten und den Rechtsschutz, DB 1990, Beilage 15, S. 1 ff.
Lieb, Manfred: Arbeitsrecht, 6. Aufl., Heidelberg 1997
Liessem, Georg: Der Übergang der Arbeitsverhältnisse bei Betriebsverpachtung, Diss., 1983
Linck, Rüdiger: Die soziale Auswahl bei betriebsbedingter Kündigung, Diss., Köln, Berlin, Bonn, München 1990
Löw, Friederike: Steht das europäische Recht einem Widerspruchsrecht des Arbeitnehmers bei Betriebsübergang entgegen?, DB 1991 S. 546 ff.
Lunk, Stefan: Widerspruch gegen Betriebsübergang und Sozialauswahl, NZA 1995 S. 711 ff.
Lüke, Gerhard: Anmerkung zum Urteil des BAG vom 30.10.1986, AP Nr. 55 zu § 613a BGB
Löwisch, Manfred: Die besondere Verantwortung der „Arbeitnehmer" für die Vermeidung von Arbeitslosigkeit, NZA 1998 S. 729 f.
Marburger, Horst: Die Reform der Arbeitsförderung, BB 1997 S. 1045 ff.
Medicus, Dieter: Allgemeiner Teil des BGB, 7. Auflage, Heidelberg 1997
Meilicke, Wienand: EuGH zu § 613a BGB: Widerspruch des Arbeitnehmers hindert nicht Übergang des Arbeitsverhältnisses, DB 1990 S. 1770
–: Widerspruchsrecht des Arbeitnehmers bei Betriebsübergang – Wirkungen des Europarechts, DB 1991 S. 1326 ff.
Meisel, Peter G.: Anmerkung zum Urteil des BAG vom 24.3.1983, AP Nr. 12 zu § 1 KSchG 1969 Betriebsbedingte Kündigung
Mertens, Kai: Zur Universalsukzession in einem neuen Umwandlungsrecht, AG 1994 S. 66 ff.
Metzke, Maria: Besprechung der Diss. von Peter Wickler, ArbuR 1987 S. 240 f.

Moll, Wilhelm: Betriebsübergang und Arbeitsverhältnisse – § 613a Abs. 1 Satz 1 BGB: Anwendungsbereich und Voraussetzungen, AnwBl 1991 S. 282 ff.

–: Die Rechtsstellung des Arbeitnehmers nach einem Betriebsübergang, NJW 1993 S. 2016 ff.

–: Anmerkung zum Urteil des BAG vom 22.4.1993, AP Nr. 103 zu § 613a BGB

Münchener Handbuch zum Arbeitsrecht: Herausgegeben von Reinhard Richardi und Otfried Wlotzke, Band 1 (§§ 1-110) Individualarbeitsrecht I, München 1992, Band 2 (§§ 111-232), Individualarbeitsrecht II, München 1993, (zit.: Münchener Handbuch-Bearbeiter, § ... RN ...)

Münchener Kommentar zum Bürgerlichen Gesetzbuch: Band 4, Schuldrecht, Besonderer Teil II (§§ 607-704), 3. Aufl., München 1997 (zit.: Münch-Komm-Bearbeiter, § ... RN ...)

Neef, Klaus: Betriebsübergang und Betriebsänderung: Eine Analyse der Rechtsprechung, NZA 1994 S. 97 ff.

Neye, Hans-Werner: Die Reform des Umwandlungsrechts, DB 1994 S. 2069 ff.

Niesel, Klaus: Sozialgesetzbuch, Arbeitsförderung – SGB III – Kommentar, München 1998 (zit.: *Niesel*-Bearbeiter, § ... RN ...)

–: Die wichtigsten Änderungen des Arbeitsförderungsrechts durch das Arbeitsförderungs-Reformgesetz (AFRG), NZA 1997 S. 580 ff.

Oetker, Hartmut: Das Widerspruchsrecht der Arbeitnehmer beim Betriebsübergang und die Rechtsprechung des EuGH, NZA 1991 S. 137 ff.

–: Das Widerspruchsrecht der Arbeitnehmer beim Betriebsübergang zwischen Freiheitsschutz und Bestandsschutz: Zugleich Anmerkung zum Urteil des EuGH vom 16.12.1992, DZWir 1993 S. 136 ff.

Palandt, Otto: Bürgerliches Gesetzbuch, Kommentar, 59. Aufl., München 2000, (zit.: *Palandt*-Bearbeiter, § ... RN ...)

Pietzko, Joachim: Der Tatbestand des § 613a BGB, Diss., Berlin 1988

Pollmann, Michael: Die Sozialauswahl bei der betriebsbedingten Kündigung: Ein Vergleich der Auswahlrichtlinien von Beendigungs- und Änderungskündigungen, Diss., Münster 1996

Posth, Martin: Arbeitsrechtliche Probleme beim Betriebsinhaberwechsel (§ 613a BGB), Diss., Köln 1978

Pottmeyer, Klaus: Das Widerspruchsrecht des Arbeitnehmers im Falle des Betriebsinhaberwechsels und die Sperrzeit nach § 119 Abs. 1 AFG, NZA 1988 S. 521 ff.

–: Praktische Probleme im Zusammenhang mit dem Widerspruchsrecht des Arbeitnehmers beim Betriebsinhaberwechsel (§ 613a BGB): Zugleich ein Beitrag zur Rechtsnatur des Widerspruchsrechts, ZfA 1989, S. 239 ff.

Preis, Ulrich: Prinzipien des Kündigungsrechts bei Arbeitsverhältnissen, Diss., München 1987

–: Aktuelle Tendenzen im Kündigungsschutzrecht, NZA 1997 S. 1073 ff.

Preis, Ulrich/ Steffan, Ralf: Anmerkung zum Urteil des BAG vom 7.4.1993, EzA Nr. 30 zu § 1 KSchG Soziale Auswahl

Ramrath, Ulrich: Anmerkung zum Urteil des BAG vom 24.11.1994, AP Nr. 60 zu § 615 BGB

Reuter, Dieter: Anmerkung zum Urteil des BAG vom 7.12.1978, AP Nr. 6 zu § 1 KSchG 1969 Betriebsbedingte Kündigung

RGRK: Das Bürgerliche Gesetzbuch: mit besonderer Berücksichtigung der Rechtsprechung des Reichsgerichts und des Bundesgerichtshofes, Kommentar, §§ 611-620, 12. Aufl., Berlin, New York 1997, (zit.: RGRK-Bearbeiter, § ... RN ...)

Roemheld, Bernhard: Zum Übergang der Arbeitsverhältnisse nach § 613a BGB, BB 1976 S. 845 ff.

–: Anmerkung zum Urteil des BAG vom 25.10.1976, SAE 1976 S. 199 f.

Rolfs, Christian: Arbeitsrechtliche Aspekte des neuen Arbeitsförderungsrechts, NZA 1998 S. 17 ff.

Rüfner, Wolfgang: Einführung in das Sozialrecht, 2. Aufl., München 1991

Sauer, Franz-Josef: Der Eintritt einer Sperrzeit nach der Beendigung des Beschäftigungsverhältnisses, NZS 1996 S. 415 ff.

–: Die Beendigung von Arbeitsverhältnissen mit Blick auf die Sperrzeit nach dem Arbeitsförderungsgesetz: Ein Beitrag zum Verständnis der arbeits- und sozialrechtlichen Aspekte der Vorschrift, NZA 1997 S. 798 ff.

Schaub, Günter: Arbeitsrechts-Handbuch, 8. Aufl., München 1996

Schäfer, Horst: Zur Lohnzahlungspflicht des Arbeitgebers nach verlorenem Kündigungsschutzprozeß, NZA 1984 S. 105 ff.

Scherle, Klaus/ Arians, Karl-Heinz: Die Reform der Arbeitsförderung: Gesetz zur Reform der Arbeitsförderung (Arbeitsförderungs-Reformgesetz), NZS 1997 S. 212 ff.

Scheuring, Ottheinz: Anmerkung zum Urteil des BAG vom 17.5.1984, AP Nr. 3 zu § 55 BAT

Schiefer, Bernd: Arbeitsrechtliche Voraussetzungen und Folgen des Betriebsübergangs gem. § 613a BGB, RdA 1994 S. 83 ff.

–: Gesetz zu Korrekturen in der Sozialversicherung und zur Sicherung der Arbeitnehmerrechte – Arbeitsrecht 1999 – oder: Zurück in die Vergangenheit –, DB 1999 S. 48 ff.

Schipp, Johannes: Arbeitsrechtliche Probleme bei der Privatisierung öffentlicher Einrichtungen, NZA 1994 S. 865 ff.

Schlachter, Monika: Die Rechtsstellung des widersprechenden Arbeitnehmers bei Betriebsübergang, NZA 1995 S. 705 ff.

Schlüter, Wilfried: Die Rechtsprechung des Bundesarbeitsgerichts im Jahr 1974, ZfA 1975 S. 437 ff.

Schmalenberg, Werner: Die Tatbestandsvoraussetzungen des Betriebsübergangs gemäß § 613a BGB, NZA 1989, Beilage 3 S. 14 ff.

Schmidt, Ingrid: Verschiebung von Konflikten und Lösungen zwischen Arbeitsrecht und dem Sozialrecht, ArbuR 1997 S. 461 ff.

Schmitt, Jochem: Zur Rechtsnatur des Übergangs des Arbeitsverhältnisses nach § 613a BGB, ZfA 1979 S. 503 ff.

Schönefelder, Erwin/ Kranz, Günter/ Wanka, Richard: Kommentar zum Arbeitsförderungsgesetz – AFG –, Band II, §§ 108 ff. AFG, Stand: 1992, Stuttgart, Berlin, Köln, Mainz (zit.: *Schönefelder*-Bearbeiter, § ... RN ...)

Schramm, Dieter-Ludwig: Die Willensbeteiligung der Arbeitnehmer bei Betriebsinhaberwechsel, Frankfurt a. M. 1978

Schreiber, Klaus: Das Arbeitsverhältnis beim Übergang des Betriebes, RdA 1982 S. 137 ff.
Schulin, Bertram/ Igl, Gerhard: Sozialrecht, 6. Aufl., Düsseldorf 1999
Schwerdtner, Peter: Anmerkung zum Urteil des BAG vom 24.3.1977, SAE 1978 S. 60 ff.
–: Individualrechtliche Probleme des Betriebsübergangs: Festschrift für G. Müller, Berlin 1981 S. 557 ff. (zit.: *Schwerdtner*, FS G. Müller (1981), S ...)
von Seggern, Burkhard: Sperrzeit gegen Arbeitslose wegen Lösung des Beschäftigungsverhältnisses, ArbuR 1997 S. 99 ff.
Seiter, Hugo: Anmerkung zum Urteil des BAG vom 2.10.1974, AP Nr. 1 zu § 613a BGB
–: Betriebsinhaberwechsel: Arbeitsrechtliche Auswirkungen eines Betriebsübergangs unter besonderer Berücksichtigung des § 613a BGB i.d.F. vom 13.8.1980, Stuttgart-Wiesbaden 1980 (zit.: *Seiter*, Betriebsinhaberwechsel S. ...)
Stahlhacke, Eugen/ Preis, Ulrich/ Vossen, Reinhard: Kündigung und Kündigungsschutz im Arbeitsverhältnis, 7. Aufl., München 1999
v. Staudinger, Julius: Kommentar zum Bürgerlichen Gesetzbuch, 2. Buch, §§ 611-619, 12. Aufl., Berlin 1993 (zit.: *Staudinger*-Bearbeiter, § ... RN ...)
von Stebut, Dietrich: Anmerkung zum Urteil des BAG vom 26.5.1977, AP Nr. 14 zu § 102 BetrVG 1972
Stratmann, Marita: Anmerkung zum Urteil des BAG vom 2.10.1974, SAE 1976 S. 78 ff.
Stückemann, Wolfgang: Vorkonkursliche Arbeitnehmerkündigung: Gesteigerte Bedeutung des Lemgoer Modells, BB 1981 S. 1102 f.
Theile, Peter: Die Gewährung von Arbeitslosengeld im Zeitraum der rechtlichen Ungewissheit über den Fortbestand des Arbeitsverhältnisses, Diss., Frankfurt a. M. 1997
Trieschmann, Günther: Anmerkung zum Urteil des BAG vom 5.8.1976, AP Nr. 1 zu § 1 KSchG 1969 Krankheit
Tschöpe, Ulrich: Rechtsfolgen eines arbeitnehmerseitigen Widerspruchsrechts beim Betriebsinhaberwechsel, Frankfurt a. M. 1984
Vogel, Friedrich-Karl: Die Sperrzeittatbestände der §§ 119, 119a AFG in der Rechtsprechung der Sozialgerichte, NZS 1997 S. 249 ff.
Waas, Bernd: Anmerkung zum Urteil des BAG vom 19.5.1993, AP Nr. 31 zu § 2 KSchG 1969
–: Rechtsfragen des Annahmeverzugs bei Kündigung durch den Arbeitgeber, NZA 1994 S. 151 ff.
–: Anmerkung zum Urteil des EuGH vom 7.3.1996 , EuZW 1996 S. 215 f.
Walker, Wolf-Dietrich: Der Vollzug des Arbeitsverhältnisses ohne wirksamen Arbeitsvertrag, JA 1985 S. 138 ff.
–: Anmerkung zum Urteil des BAG vom 5.2.1998, EzA § 626 Unkündbarkeit Nr. 2
Wannagat, Georg: Lehrbuch des Sozialversicherungsrechts, 1. Band, Tübingen 1965
Weller, Bernhard: Kündigungsschutz in Betrieb und Unternehmen (Unter besonderer Berücksichtigung von Fragen der sozialen Auswahl), ArbuR 1986 S. 225 ff.
Wendeling-Schröder, Ulrike: Outsourcing out?: Zur aktuellen Debatte um Funktionsnachfolge und Betriebsübergang, ArbuR 1995 S. 126 ff.
Wickler, Peter: Die Arbeitgeberkündigung beim rechtsgeschäftlichen Betriebsinhaberwechsel, Diss., Frankfurt a. M. 1985

Wiedemann, Herbert: Anmerkung zum Urteil des BAG vom 14.10.1982, AP Nr. 1 zu § 1 KSchG 1969 Konzern

Willemsen, Heinz Josef: Arbeitsrecht im Umwandlungsgesetz – Zehn Fragen aus der Sicht der Praxis, NZA 1996 S. 791 ff.

Windbichler, Chr.: Anmerkung zum Urteil des BAG vom 27.11.1991, AP Nr. 6 zu § 1 KSchG 1969 Konzern

Wlotzke, Otfried: Arbeitsrechtliche Aspekte des neuen Umwandlungsrechts, DB 1995 S. 40 ff.

–: Einschränkung des Kündigungsschutzes durch Anhebung der Schwellenzahl und Veränderungen bei der Sozialauswahl, BB 1997 S. 414 ff.

Woeller, Walter: Widerspruchsrecht nach § 613a BGB unter Vorbehalt?, AiB 1994 S. 598 f.

Wolf, Manfred: Anmerkung zum Urteil des BAG vom 6.2.1980, SAE 1981 S. 12

Wolf, Roland: Gemeinsame Verantwortung für den Arbeitsmarkt, AuA 1998 S. 7 ff.

Wollenschläger, Michael/ Pollert, Dirk: Rechtsfragen des Betriebsübergangs nach § 613a BGB unter Berücksichtigung betriebsverfassungsrechtlicher Fragen und des Rechts der Europäischen Union, ZfA 1996 S. 547 ff.

Ziege, Hans-Joachim: Nochmals: Widerspruch des Arbeitnehmers bei Betriebsveräußerung, BB 1978 S. 203 f.

Peter Lang · Europäischer Verlag der Wissenschaften

Schnapp, Friedrich E. (Hrsg.)

Finanzierungsfragen der Sozialversicherung

Am Beispiel des Arbeitsförderungsrechts
Tagungsband zum 31. Praktikerseminar des Instituts für Sozialrecht am 28. November 1998 in Bochum

Frankfurt/M., Berlin, Bern, Bruxelles, New York, Wien, 2000. 120 S.
Bochumer Schriften zum Sozialrecht. Bd. 4
Herausgegeben von Friedrich E. Schnapp
ISBN 3-631-35799-0 br. DM 45.–*

Die aktuelle Situation der Systeme der sozialen Sicherheit ist seit geraumer Zeit durch erhebliche Finanzierungsprobleme gekennzeichnet, die auf die demographische und gesamtwirtschaftliche Entwicklung mit nachlassendem Wirtschaftswachstum und einer zunehmenden Anzahl von Arbeitslosen und Frührentnern zurückzuführen ist. Dem Arbeitsförderungsrecht kommt in diesem Zusammenhang insofern besondere Bedeutung zu, als die anhaltend hohe Arbeitslosigkeit sowohl Einnahmeausfälle als auch Ausgabensteigerungen zur Folge hat. Im Rahmen des 31. Praktikerseminars des Instituts für Sozialrecht haben sich ausgewiesene Fachleute mit dem Problem der Beitragsfinanzierung in der Arbeitslosenversicherung befaßt und alternative Finanzierungsformen vorgestellt.

Aus dem Inhalt: Ferdinand Kirchhof: Sozialversicherungsbeitrag und Finanzverfassung – Stefan Sell: Versicherungsfremde Leistungen und Beitragsfinanzierung – Robert Reichling: Finanzierungsfragen der Sozialversicherung – am Beispiel des Arbeitsförderungsrechts – Alternative und ergänzende Finanzierungsformen.

Frankfurt/M · Berlin · Bern · Bruxelles · New York · Oxford Wien
Auslieferung: Verlag Peter Lang AG
Jupiterstr. 15, CH-3000 Bern 15
Telefax (004131) 9402131
*inklusive Mehrwertsteuer
Preisänderungen vorbehalten

FSC
www.fsc.org
MIX
Papier | Fördert
gute Waldnutzung
FSC® C083411

Kolibri 360 GmbH
Ferdinand-Jühlke-Straße 7
99095 Erfurt, Deutschland
produktsicherheit@kolibri360.de

Druck:
CPI Druckdienstleistungen GmbH
im Auftrag der
Kolibri 360 GmbH
Ferdinand-Jühlke-Str. 7
99095 Erfurt